現場からみる

障害者の雇用と就労

法と実務をつなぐ

長谷川珠子

石﨑由希子

永野仁美

飯田　高

著

弘文堂

はじめに

1. 本書の問題意識：法は実際にどのような影響をもたらしたか

　障害をもつ人たちを取り巻く法的環境は変わりつつあります。平成25（2013）年には、障害者差別解消法が制定されるとともに、障害者雇用促進法が改正され、どちらも平成28（2016）年4月から施行されています。これらは、障害者政策の中に「差別禁止法理」を導入しました。

　当時の新聞の社説には、法への大きな期待がみられます。「とかく横並びの協調性が重視される社会に息苦しさを感じる人は多いはずだ。障害者だけでなく誰もが個性を認め合える社会にするため、この法律を生かしていくべきである」（毎日新聞平成28（2016）年3月31日朝刊5面）、「法施行を機に障害の有無に関係なく、個人がもてる能力を生かし、社会に参加し、活躍できる環境づくりを進めたい。周知が進んでいるとも言いがたいので、政府は法の趣旨の徹底も図ってもらいたい」（日本経済新聞平成28（2016）年4月5日朝刊2面）。

　社会を変える上で鍵となるものの1つに、雇用や就労のあり方があります。差別禁止法理の導入は、障害者雇用・就労の現場に多大な影響を与えることが予想されたため、これには現場から非常に高い関心が寄せられました。

　それでは、実際のところ、法改正はどのような影響を障害者雇用・就労の現場に与えたのでしょうか。新たな法規制に直面した現場において、障害者雇用・就労の実態はどのようなものになったのでしょうか。また、これに限らず、障害者雇用・就労の現場は、様々な法の枠組み（雇用義務制度や自立支援制度等）の中で、障害者に雇用・就労の機会を提供しています。これらも、障害者雇用・就労の実態に大きな影響を与えているといえます。これらも含めた新たな法的環境の中で、障害者雇用・就労の現場は、どう変わり、また、どのような要望を法制度に対してもつようになっているのでしょうか。

2．本書のねらい・特色

　本書は、以上の問いに答えようとするひとつの試みです。本書の第1の特色は、障害者雇用・就労を担っている人たちを対象とする調査を行い、それをもとに考察を進めているという点にあります。具体的には、特例子会社・A型事業所・B型事業所——就労への困難度がより高い障害者が働いていると思われるところ——に対して、質問票調査とインタビュー調査を実施しました。現在の障害者雇用・就労の実態や実務を調査・分析すると同時に、それをもとにして障害者雇用・就労に関して法が果たす役割や、これからの障害者雇用・就労政策のあり方について検討しています。

　第2の特色は、障害者の雇用と福祉的就労の双方を検討しているということです。本書の「障害者の雇用と就労」というタイトルには、これら双方を検討するものだという意味が込められています。昨今、障害者の一般就労（労働市場への包摂）を促す政策が推し進められています。もちろんそれ自体は望ましいことですが、一般就労移行施策が福祉的就労の領域に及ぼす影響も考慮しなければなりません。そこで、雇用と福祉的就労の双方を検討の対象とし、非常に多様な存在である「障害者」が「働く」ということを支える法制度を、全体としてみていく必要があると考えました。

　なお、本書のサブタイトルは、このような視点から書かれた本書が「法と実務をつなぐ」ための一助となるようにとの願いを反映しています。「法と実務をつなぐ」ことは、他の分野でもそうであるように、障害者雇用・就労の分野においても重要です。障害者雇用・就労の現場は、法が実現しようとする理念を受け止め、それを実践しようとします。しかし、法制度が現場における理念の追求の足かせになるケースもあるかもしれません。また、法理念がうまく現場に浸透しない場合もあります。そこで、法制度の側でも、こうした点を受け止め、改善すべき点を検討することが必要になります。現場は、再度の検討を経て改正された法制度をふまえて、自らの実践を再考することになるでしょう。法と実務との間のこうした相互作用は、障害者雇用・就労をより良いものとしていくために不可欠なものです。

　本書はこうした視点のもとで執筆されました。障害者雇用・就労の現場で働

いている方や研究者だけでなく、障害当事者、家族、行政に携わる人、さらには特別支援学校等で働いている方にも手にとっていただければと考えています。

3．本書の構成

本書の概要は次のとおりです。

まず、第1章では、本書で行った研究の背景や目的、研究手法等について説明しています（第1節）。そして、本書による研究の背景となる事情の理解に資するために、これまでの障害者雇用・就労政策の流れを簡潔にまとめるとともに（第2節）、質問票調査やインタビュー調査の内容・結果の理解に資するため、関連する現行制度についても解説しています（第3節）。

第2章では、特例子会社・Ａ型事業所・Ｂ型事業所に対して行った質問票調査・インタビュー調査についてまとめています。平成29（2017）年から平成30（2018）年にかけて実施した調査の概要・質問事項について、調査を行った意図とともに解説しています（第1節）。そして、質問票調査について、単純集計から導き出せる調査結果を整理して提示するとともに（第2節）、インタビュー調査で得られた結果について、特例子会社・Ａ型事業所・Ｂ型事業所のそれぞれを比較することを意識しつつ、まとめてあります（第3節）。さらに、質問票調査・インタビュー調査を通じて得ることのできた現場からの障害者雇用・就労政策に関する意見・要望についても節を改めて紹介しています（第4節）。

第3章では、これからの法制度設計に資する情報を提供することを目的として、質問票調査の回答をもとに、特例子会社・Ａ型事業所・Ｂ型事業所の運営方針について分析しています。まず、特例・Ａ型・Ｂ型の各会社・事業所でみられる実際の雇用・就労管理について、因子分析の手法を用いてスコア化し、運営方針の可視化を試みました（第1節）。その後、このスコアをもとに特例・Ａ型・Ｂ型を4つの類型に分類し、それぞれが直面する課題等を整理しています（第2節）。

第4章では、さらに、第2章・第3章での分析をもとにして、「法」と「ネットワーク」が障害者の雇用・就労に関してもつ影響や役割について検討しています。まず、関係する様々な法制度が障害者雇用・就労の実態に及ぼしてい

る影響について分析・整理し（第1節）、次いで、2つのネットワーク（支援に携わる関係機関の連携ネットワークおよび同業・関係者で構成されるネットワーク）が、障害者雇用・就労に関して果たしている役割を検討しています（第2節）。

最後に、第5章では、本書における研究により得られた知見をもとに、これからの障害者雇用・就労政策のあり方について検討を加えました。本調査の対象である特例子会社・A型事業所・B型事業所に関する法制度上の個別の論点について考察すると同時に（第1節）、中長期的な視野で包括的に障害者雇用・就労のあり方を検討した（第2節）重要な章となっています。

4. 謝　辞

本書における研究は、質問票調査・インタビュー調査を引き受けてくださった特例子会社・A型事業所・B型事業所の方々、その他のインタビュー調査に応じてくださった方々の協力なくしては実現できないものでした。この場を借りて、改めて心からの感謝を申し上げます。また、本研究のそもそものきっかけを与えてくださった「特定非営利活動法人　障がい者ダイバーシティ研究会」にご参加の特例子会社の方々、そして、同研究会の理事・顧問の方々にもお礼を申し上げます。同研究会での障害者雇用の実務に携わる方々との交流・意見交換がなければ、本書の構想は生まれませんでした。

そして、本書の出版にあたっては、弘文堂の登健太郎さんにも大変お世話になりました。目次の作成や本書のタイトルについても快く相談に乗ってくださる優しいお人柄に感謝すると同時に、原稿の執筆が遅れがちなときにみせてくださる厳しさにも心から感謝申し上げます。

令和2（2020）年12月

著者一同

※本書は、科学研究費基盤研究（B）「障害者差別禁止法理の福祉的就労への影響—ソフト・ローからのアプローチ」（課題番号16H03556）（平成28（2016）年度〜平成30（2018）年度）、および、科学研究費基盤研究（B）「障害者の雇用・就労政策—多様なニーズに応える雇用と福祉の連携」（課題番号19H01418）（令和元（2019）年度〜（令和3（2021）年度）の研究成果の一部です。本書における研究で十分に扱うことのできなかった部分は、引き続き、後者において検討中です。

第3章　会社・事業所のあり方のモデル分析　195

凡　例

【一般】

指定基準	障害者の日常生活及び社会生活を総合的に支援するための法律に基づく指定障害福祉サービスの事業等の人員、設備及び運営に関する基準（平成18（2006）年厚生労働省令第171号）
差別解消法基本方針	障害を理由とする差別の解消の推進に関する基本方針
合理的配慮指針	雇用の分野における障害者と障害者でない者との均衡な機会若しくは待遇の確保又は障害者である労働者の有する能力の有効な発揮の支障となっている事情を改善するために事業主が講ずべき措置に関する指針（平成27（2015）年厚生労働省告示117号）
差別禁止指針	障害者に対する差別の禁止に関する規定に定める事項に関し、事業主が適切に対応するための指針（平成27（2015）年厚生労働省告示116号）
促進法Q&A〔第2版〕	障害者雇用促進法に基づく障害者差別禁止・合理的配慮に関するQ&A〔第2版〕（厚生労働省）
福祉事業者向けガイドライン	福祉分野における事業者が講ずべき障害を理由とする差別を解消するための措置に関する対応指針

【法令等】

権利条約	障害者権利条約（障害者の権利に関する条約）
基本法	障害者基本法
差別解消法	障害者差別解消法（障害を理由とする差別の解消の促進等に関する法律）
自立支援法	障害者自立支援法
総合支援法	障害者総合支援法（障害者の日常生活及び社会生活を総合的に支援するための法律）
精神保健福祉法	精神保健及び精神障害者福祉に関する法律
促進法	障害者雇用促進法（障害者の雇用の促進等に関する法律）
労災保険法	労働者災害補償保険法

【文献】

野村総研調査結果（2016年）	野村総合研究所コンサルティング事業本部「障害者雇用及び特例子会社の経営に関する実態調査・調査結果」（2016年）
野村総研調査結果（2018年）	野村総合研究所コンサルティング事業本部「障害者雇用及び特例子会社の経営に関する実態調査・調査結果」（2018年）
SACEC 報告書（2018年）	一般社団法人 障害者雇用企業支援協会（SACEC）「特例子会社の雇用管理等に関する調査報告書」（2018年）
SACEC 報告書（2020年）	一般社団法人 障害者雇用企業支援協会（SACEC）「障害者の雇用状況等に関する調査報告書」（2020年）
全 A ネット報告書（2017年）	NPO 法人 就労継続支援 A 型事業所全国協議会（全 A ネット）「就労継続支援 A 型事業の課題と今後のあり方について―就労継続支援 A 型事業所全国実態調査報告書」（2017年）
日本財団報告書（2018年）	公益財団法人 日本財団「就労支援 B 型事業所に対するアンケート調査報告書（2017年度）」（2018年）
全国精神障害者地域生活支援協議会報告書（2020年）	
	特定非営利活動法人 全国精神障害者地域生活支援協議会「精神障害者における就労継続支援 B 型事業実態調査報告書」（2020年）
福祉報酬改定検証調査（2019年）	厚生労働省社会・援護局障害保健福祉部「平成30年度障害福祉サービス等報酬改定検証調査結果（平成30年度調査）」（2019年）
JEED 調査研究報告書143号（2019年）	高齢・障害・求職者雇用支援機構・障害者職業総合センター「障害者雇用制度の改正等に伴う企業意識・行動の変化に関する研究（調査研究報告書143号）」（2019年）
永野ほか編詳説促進法（2018年）	永野仁美＝長谷川珠子＝富永晃一編『詳説 障害者雇用促進法〔増補補正版〕』（弘文堂・2018年）
促進法逐条解説（2003年）	厚生労働省職業安定局高齢・障害者雇用対策部『障害者雇用促進法の逐条解説』（日刊労働通信社・2003年）

【その他】

JEED	独立行政法人 高齢・障害・求職者雇用支援機構
SACEC	一般社団法人 障害者雇用企業支援協会
全 A ネット	NPO 法人 就労継続支援 A 型事業所全国協議会
セルプ協	全国社会就労センター協議会
障害者雇用分科会	労働政策審議会障害者雇用分科会（厚生労働省）
障害者部会	社会保障審議会障害者部会（厚生労働省）
報酬改定検討チーム	障害福祉サービス等報酬改定検討チーム（厚生労働省）

【判例】

最判（決）	最高裁判所第一〜第三小法廷判決（決定）	集民	最高裁判所裁判集民事
高判（決）	高等裁判所判決（決定）	労判	労働判例
地判（決）	地方裁判所判決（決定）	判時	判例時報

※引用しているウェブサイトの最終閲覧日は、令和2（2020）年12月20日である。

第 1 章

なぜ「現場からみる」のか？：研究の背景

本章は、本書全体（特に次章以下の記述）の理解を助けることを目的として設けられた章である。第1節では、本書の問題意識を共有するために、本書で行った研究の背景や目的の説明を行っている。また、研究手法や研究対象の設定についても説明を加えている。第2節では、これまでの障害者雇用・就労政策の流れを簡潔に紹介している。雇用政策と福祉的就労政策とは独立して紹介されることが多かったが、時代背景も念頭において両者を相互に関連づけながら、それぞれの沿革を整理している点に特徴がある。第3節では、本書での調査の対象とした特例子会社・Ａ型事業所・Ｂ型事業所に関連する現行制度について、簡潔にまとめている。次章以下で登場する制度については、基本的にはここで説明がなされているので参照して欲しい。

第 **1** 節　本書における研究の背景

本節では、本書における研究の背景や目的（Ⅰ）、および、本書がとった研究手法や研究対象の設定（Ⅱ）について紹介する。本書で行った研究がいかなる背景のもとでなされたのかを確認すると同時に、本書がどのような方法で研究目的を達成しようとしたのかを確認することで、本書全体（特に、次章以下）の理解につなげたい。

Ⅰ　本書の背景・目的

1 障害者雇用政策の進展

日本の障害者[1]雇用政策は、昭和35（1960）年に身体障害者雇用促進法が制定されて以降、雇用義務制度を中心に展開してきた（➡本章第2節）。企業は、法定雇用率を上回る数の障害者を雇用することを義務づけられ、昭和51（1976）年法改正以降は、法定雇用率未達成の場合に納付金を支払うことも課されてきた。また、雇用義務の履行に際し、特例子会社を設立して[2]、特例子会社で雇用する障害者を親会社に雇用されているものとみなすことも可能とされてきた。そして、この間、雇用義務の対象となる障害者の範囲も、身体障害者のみから始まって、知的障害者、精神障害者へと次第に拡大されていった。

---

[1]　障害者の表記については様々な考え方があるが、本書においては、固有名詞や引用の場合を除き、法令で使用されている「障害者」という表記を使用する。

[2]　特例子会社の設立は、昭和51（1976）年以降通知により可能とされ、昭和62（1987）年法改正で法定化された。

こうした雇用義務制度は、その創設以降、障害者雇用の進展、とりわけ、働く障害者の「数」の増大に寄与してきたということができる▶3。

　長らく雇用義務制度を中心に据えてきた障害者雇用政策を大きく転換させたのが、平成25（2013）年に行われた障害者雇用促進法（以下「促進法」という）の改正である。平成18（2006）年12月に採択された障害者権利条約（以下「権利条約」という）▶4を1つの契機としてなされた同法改正は、障害者雇用政策の中に、新たに「差別禁止法埋」（障害者に対する差別禁止および合理的配慮の提供義務）を導入した。

　障害者は、これまで、往々にして保護すべき「客体」として扱われてきた。そうした傾向は、障害者雇用の現場においてもみられたといえよう。しかし、新たに導入された差別禁止法理は、障害者を権利の「主体」としてとらえる。こうしたとらえ方の変化は、障害者をめぐる社会政策を大きく転換させる。すなわち、同法理の導入によって、障害者をめぐる社会政策は、自律的な権利の主体である障害者が、それぞれのもつ労働能力を活用し、就労に参加していくことを支えるものへと、よりいっそう転換することとなったといえる。それは、これまでもっぱら障害者の雇用の「数」に着目してきた障害者雇用政策に雇用の「質」という観点をもたらすことにもなった。

2 福祉的就労分野における進展

　障害者をめぐる雇用政策がこうした進展をみせる一方で、労働市場で雇用されて働くことが困難な障害者を対象とする施策（福祉的就労）の分野でも、

▶3　令和2（2020）年6月1日現在、雇用義務の対象である民間企業で雇用された障害者数は57万8292.0人（ただし、ダブルカウント・ハーフカウントされた数字➡本章第3節Ⅱ1（2））であり、実雇用率は2.15％に及んだ（「令和元年 障害者雇用状況の集計結果」）。雇用義務制度がスタートした当時（昭和52（1977）年）の民間企業における実雇用率は1.09％であったことと比較すると、大きな伸びを確認することができる（➡**図表1-1-1**〔6頁〕）。また、近年、特例子会社の数も大きく増大している（➡**図表1-1-2**〔7頁〕）。

▶4　日本は、平成19（2007）年9月28日に権利条約に署名し、一連の国内法の整備（障害者基本法改正（平成23（2011）年）、障害者差別解消法制定・促進法改正（平成25（2013）年）等）を経て、平成26（2014）年1月20日に批准書を寄託した。権利条約は、同年2月19日以降、日本においても効力を発生させている。

2000年代以降、様々な新たな展開がみられている（➡本章第2節Ⅳ2、Ⅴ2）。

　福祉的就労の場は、第2次世界大戦後、次第に整備され、障害者福祉各法（身体障害者福祉法、知的障害者福祉法、精神保健福祉法）に基づく「福祉工場」や「授産施設」により提供されてきた。この仕組みを大きく転換させたのが、平成17（2005）年の障害者自立支援法（以下「自立支援法」という）[5]である。すなわち、同法によって、福祉的就労の場は、すべての障害に共通の、①就労移行支援、②就労継続支援Ａ型[6]、③就労継続支援Ｂ型に再編され、以降、この体制のもと、労働市場での一般就労が困難な障害者に対して訓練や就労機会の提供が行われるようになった（事業所数・利用者数の推移については➡図表1-1-3〔7頁〕）。平成28（2016）年の法改正では、新たに④職場定着支援も導入され、福祉分野における障害者の一般就労移行支援に大きな注目が集まっている。

　また、福祉的就労の場にも差別禁止の要請は及んでいる。平成25（2013）年促進法改正で導入された差別禁止法理は、就労継続支援Ａ型での就労に適用されるものである。他方、就労継続支援Ｂ型での就労には促進法の適用はないが、権利条約や平成25（2013）年制定の障害者差別解消法によって示された差別禁止という規範は、Ｂ型での就労に一定の影響を与えているといえよう。

　さらには、近年の障害福祉サービス等報酬（以下「報酬」または「福祉報酬」という）の改定も、福祉的就労の分野で事業を展開する者に大きな影響を与えている。本書でも取り上げる①工賃・賃金の向上や②一般就労への移行促進等の観点からなされた一連の近年の報酬改定は、その一例といえるものである[7]。

▶5　平成24（2012）年改正で、「障害者総合支援法」（以下「総合支援法」という）に改称されている。

▶6　就労継続支援（Ａ型）での就労は、雇用契約に基づくものであるが、自立支援法・総合支援法に基づく仕組みであることから、ここで整理している。

▶7　平成30（2018）年報酬改定で導入された基本報酬のあり方（Ａ型における1日の平均労働時間に応じた基本報酬、Ｂ型における平均工賃月額に応じた基本報酬）は、令和3（2021）年の報酬改定で見直される予定である。報酬改定検討チーム「令和3年度障害福祉サービス等報酬改定の基本的な方向性について」（令和2（2020）年12月11日）。なお、石﨑由希子＝永野仁美＝長谷川珠子「障害者の多様なニーズと法制度上の課題」日本労働法学会第137回大会ワークショップ（2020年）では、近年の法改正や報酬改定でみられた移行促進や一般就労に近い働き方（＝より長時間、より生産性を上げて働くこと）を奨励する施策について、「一般就労志向型」の政策であるとの性格づけをした上で、その課題について検討した（日本労働法学会誌134号（2021年）掲

報酬改定は事業者の収入に直結するため、その事業者への影響はとりわけ大きいといえよう。

3 新たな政策のもとでの障害者雇用・就労▶8

このように障害者をめぐる法制度に大きな動きがみられ、かつ、実態としても障害者の雇用・就労数が伸びている中で（➡**図表1-1-1**〔6頁〕~**1-1-3**〔7頁〕）、障害者雇用・就労の実務は、どのような展開をみせているのか。また、障害者雇用・就労の現場は、何を拠り所にして、どのような反応をみせているのか▶9。

本書は、以上の関心のもと、障害者雇用・就労の「現場」で起きていることを明らかにすると同時に、法▶10と実務とがどのように連接し、互いに影響を与え合っているのかを明らかにすることを試みるものである（第2~4章）▶11。そして、そこからみえてくる課題を抽出し、今後の障害者の雇用・就労政策のあり方について検討を加えることが、本書の最終的な目的となっている（第5章）。

なお、「現場」で起きていることにこだわった理由は、法政策が上記のように大きな展開をみせている中において、障害者雇用・就労の「現場」で何が起きているかを知り、その視点もふまえて今後の障害者雇用・就労政策のあり方

載予定）。

▶8 「はじめに」にもあるとおり、本書において「障害者雇用・就労」は、障害者の「雇用」と「福祉的就労」とを指す用語として使用している。

▶9 平成25（2013）年の促進法改正による企業意識・行動の変化に関する先行研究として、JEED調査研究報告書143号（2019年）がある。また、SACEC報告書（2018年）でも、促進法改正に伴う労働環境等の見直しについての問いがなされている。

▶10 本書における研究のきっかけは、平成25（2013）年促進法改正や、2000年代半ば以降の福祉的就労分野における政策の動きにあるが、特に、障害者雇用・就労において法が果たす役割を分析する第4章第1節では、関連する労働・福祉関係法令も含めて検討を行っており、「法」を促進法や総合支援法に限定していない。本書では、関係する法全般が障害者雇用・就労に与える影響の検討を行っている。

▶11 より具体的で詳細な調査の目的については、本書が行った質問票調査・インタビュー調査の概要説明のところに記している（➡第2章第1節）。

を検討することが重要だと思われたからである▶12。法が実現しようとしていることを「現場」がどのように受け止め、どのように対応しているのかを知ることは、法制度の効果を理解するにあたり有用である。また、これからの法政策のあり方を模索するにあたって、「現場」からの声は無視することのできないものでもある▶13。これを無視すると、次の法政策を実際に実現していくことはより困難なものになると予想される。法と実務との間の相互のやり取りは、障害者雇用・就労をより良いものとしていくために不可欠なものといえよう。

【図表1-1-1：民間企業で就労する障害者数の推移】

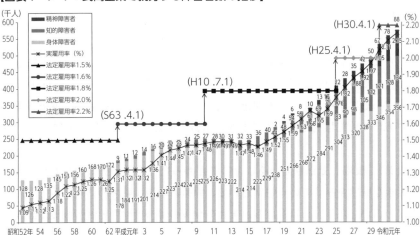

＊1　雇用義務のある企業についての集計であり、障害者の数はダブルカウント・ハーフカウントにより計算されている。

出典：第95回労働政策審議会障害者雇用分科会（資料3-2）、令和2年障害者雇用状況の集計結果

▶12　日本の障害者雇用・就労政策のあり方を検討するにあたり、諸外国の法制度を調査するという手法（比較法研究）もありうるが、本書では「現場」で起きていることを調査する実態調査の手法を採用した。比較法研究を行う先行研究としては、松井亮輔＝岩田克彦編『障害者の福祉的就労の現状と展望』（中央法規出版・2011年）、永野仁美『障害者の雇用と所得保障』（信山社・2013年）、長谷川珠子『障害者雇用と合理的配慮』（日本評論社・2018年）等がある。

▶13　法改正や報酬改定に際しては、関係者（障害者団体、企業や事業所の代表団体等）が参画する審議会（分科会・部会）や検討会等であらかじめ議論が行われることから（議論に際し関係団体へのヒヤリングもなされる）、現場の声を反映させる機会は政策決定過程において保障されている。もっとも、すべての声が反映されるわけではないこと、新たな課題は常に発生しうること等から、法制度に対する現場からの要請は常に存在することとなっている（➡第2章第4節、第5章第1節1）。本研究では、そうした現場からの声・要請を集めることを試みている。

以上のことをふまえつつ、本書では、本書の副題が示すとおり、「法と実務をつなぐ」あるいは「実務と法をつなぐ」ことを試み（➡はじめに）、法政策が大きな展開をみせている中において障害者雇用・就労の現場で起きていることを明らかにするとともに、法が果たす役割、さらには、これからの障害者雇用・就労政策のあり方を考察することとしたい。

【図表1-1-2：特例子会社数・就労障害者数の推移（各年6月1日）】

年	平成16	17	18	19	20	21	22	23	24	25	26	27	28	29	30	令和元	2
特例子会社数	153	174	195	219	242	265	283	319	349	380	391	422	448	464	486	517	542
障害者数（重度ダブルカウント）	6,861	7,838	9,109	10,509.5	11,960.5	13,306.0	145,625	16,429.5	17,743.5	20,478.5	22,309.0	24,445.0	26,980.5	29,769.0	32,518.0	36,774.5	38,918.5
うち身体	5,078	5,629	6,127	6,639	7,107	7,470	7,752	8,168.5	8,384	9,047.5	9,453.5	9,751.0	10,277.0	10,699.5	11,478.5	11,939.5	11,573.0
うち知的	1,783	2,209	2,932	3,721	4,612	5,478	6,356	7,594.5	8,470.5	10,117.5	11,194.0	12,459.0	13,815.0	15,402.0	16,211.0	18,885.5	20,552.5
うち精神	-	-	50.0	149.5	241.5	358.0	454.5	666.5	889	1,313.5	1,661.5	2,235.0	2,888.5	3,667.5	4,828.5	5,949.5	6,793.0
障害者数（実人員）	(4,186)	(4,853)	(5,695)	(6,650)	(7,679)	(8,635)	(9,516)	(10,883)	(11,892)	(13,863)	(15,262)	(17,003)	(18,950)	(21,134)	(23,488)	-	-

出典：「特例子会社制度の概要」（厚生労働省ウェブサイト（https://www.mhlw.go.jp/content/11600000/000523775.pdf））、令和元・2年障害者雇用状況の集計結果

【図表1-1-3：A型・B型事業所数／利用実人員数の推移（各年10月1日／9月）】

事業所数

年	平成21	22	23	24	25	26	27	28	29	30	令和元
A型	328	451	629	1,374	1,811	2,382	3,018	3,455	3,776	3,839	3,860
B型	2,891	3,564	4,590	7,360	7,936	8,722	9,431	10,214	11,041	11,835	12,497

利用実人員数

年	平成21	22	23	24	25	26	27	28	29	30	令和元
A型	6,368	8,321	12,309	23,523	29,513	40,771	58,377	68,070	70,684	85,428	86,031
B型	61,685	77,546	99,182	157,019	159,968	173,585	226,749	252,597	258,357	297,259	332,487

＊1　旧法に基づく福祉工場・授産施設数、および、その利用者数は含まない。
＊2　職業安定局社会・援護局障害保健福祉部「障害者雇用・福祉施策の現状について」（令和2（2020）年11月）では、A型事業所の利用者は約7万人、B型事業所の利用者は約26万人とされている（平成31（2019）年3月）。なお、同様のデータで、平成30（2018）年3月時点のA型事業所の利用者は約6.9万人、B型事業所の利用者は約24万人とされており、根拠となるデータの相違により数値に差異がある。
出典：「社会福祉施設等調査」

II 研究の手法

1 障害者雇用・就労の実態調査

　本書では、以上で提示した研究目的に資するため、障害者雇用・就労に実際に携わっている会社・事業所を対象に実態調査を実施するという手法を採用した。具体的には、実際に障害者が就労している特例子会社、就労継続支援A型事業所（以下「A型事業所」という）、および、就労継続支援B型事業所（以下「B型事業所」という）に対し、質問票調査とインタビュー調査とを実施した[14]。

　このような実態調査を行いたいと考えるに至ったきっかけとしては、環境行政法分野における類似の研究[15]を挙げることができる（⇒コラム…1）。促進法や総合支援法は、国が企業や事業所を規制するという行政法としての性格を有していることから、環境行政法分野でなされたのと同様の研究が、障害者雇用・就労の分野でも行えないかと考えた。そして、この先行研究に触発される形で、社会法（労働法・社会保障法）分野の研究者と法社会学の研究者とが協力し、本書における研究を行うこととなったのであるが、社会法と法社会学の研究者による共同研究である点も、本書における研究の特徴となっている。

[14]　調査の詳細については、次章を参照。なお、特例子会社やA型・B型事業所に対する実態調査の先行研究としては、以下のものがある。まず、特例子会社に対する実態調査として、①野村総合研究所コンサルティング事業本部「障害者雇用及び特例子会社の経営に関する実態調査・調査結果」（2016年、2017年、2018年）、②障害者雇用企業支援協会（SACEC）「特例子会社の雇用管理等に関する調査報告書」（2018年）、③同「障害者の雇用状況等に関する調査報告書」（2020年）がある。また、A型事業所に対する実態調査としては、就労継続支援A型事業所全国協議会（全Aネット）「就労継続支援A型事業の課題と今後のあり方について」（2017年）がある。最後に、B型事業所に対する実態調査としては、①日本財団「就労支援B型事業所に対するアンケート調査報告書（2017年度）」（2018年）、②全国精神障害者地域生活支援協議会「精神障害者における就労継続支援B型事業実態調査報告書」（2020年）がある。次章以下では、これらの調査結果についても、本書での調査を補完・補足する観点から適宜触れている。

[15]　平田彩子『行政法の実施過程』（木鐸社・2009年）、同『自治体現場の法適用』（東京大学出版会・2017年）。

コラム…1
▶▶ 法の効果と社会科学

　法律が制定または改正されようとする際、法律がどんな影響を及ぼすと予想されるかをめぐっては、しばしば活発な議論が展開される。他方、ひとたび法律が成立すると議論が忘却の彼方に去ってしまう、ということも少なくない。社会では次から次へと新たな問題が湧き上がってくるので、世間の関心や論点も移ろいやすい。法律の影響を事後的に検証するには、ある種の粘り強さがまずもって必要である。

　法（法律をはじめとする制定法に限らず、判例も含む）の効果の検証を行おうとする場合、他の社会科学分野の方法を応用するのが通例である。法律学自体は効果を測るためのツールを持ち合わせていないので、たとえば経済学・社会学・統計学などの助力を得ることになる。

　このとき、法と社会がどのような関係にあると考えるかでアプローチは異なってくる。大別すると、（A）法と社会をひとまず別個のものとしてとらえ、法は社会をいわば外から制御しているとする考え方と、（B）法は社会の中に埋め込まれて存在し、法の内容は社会内で変化していくとする考え方がある。（B）の考え方では、（A）と比べて法はより流動的な性質をもつことになる。別にどちらが正しいというわけではなく、法に関わる現象を社会科学的に解明しようとすると結局は双方の視点が不可欠となる。

　（A）の考え方は、計量経済学の手法を応用した研究でとられていることが多い。法規制の有無や程度によって社会の状態（たとえば犯罪率、失業率、規制対象行為の数など）を説明しようとする研究が（A）の例である。そこでは、少なくともモデルの上では法と社会は分けて考えられており、観察対象である社会の状態を左右する要因として法が登場する。そのようなモデル化を経ることで、自然科学における実験と類似した方法で分析を行うことが可能になる。計量経済学では、観察データから因果関係を見極めるための様々な手法が開発されている。具体的な手法に関心のある方は、森田果『実証分析入門』（日本評論社・2014年）を参照していただきたい。

　法社会学の分野では、（A）の考え方だけでなく、（B）の「社会抜きでは法は固まらない」という考え方も重視されてきた。もっとも、私人間の関係を規律する私法であれば、法の内容が社会の中で変わっていくのはむしろ当然であろう。だが、社会における相互作用の中で変わっていくのは何も私法だけでなく、国家が私人の行動を規律する行政規制法でも同様の現象がみられる。平田彩子『自治体現場の法適用』（東京大学出版会・2017年）は、環境規制法（土壌汚染対策法・水質汚濁防止法）の内容が社会的に紡ぎ出されていくことを実証的に示して

いる。

　法の執行は、一般に思われているほど
に単純な作業ではない。法の内容は不確
定なことがあり、適用にあたってはそれ
ぞれの背景事情にも考慮する必要があ
る。したがって各自治体が現場で法の具
体的な意味を確定させるほかないが、平
田が示したのは、その確定プロセスでは
自治体間ネットワークが多大な役割を果
たしているということであった。さら
に、被規制者もまた確定プロセスに一定
の影響を及ぼしていることも示唆されて
いる。

　本書の研究の一部は、上記の平田の研
究に触発されて生まれたものだといえ
る。障害者雇用・就労の場面でも法の内
容はあいまいであることが多く、実践と
の反復を重ねながら具体的な意味を確定
させていくことになる。しかし、「社会」
のどの部分が意味の確定プロセスに寄与
しているのかは法律によって異なり、法
が紡ぎ出されるメカニズムもおのずと違
ってくるであろう。法の効果に関する社
会科学的研究を進めていくためには、実
態調査を通じてこうした知見を少しずつ
でも積み重ねていき、将来につなげるこ
とが重要なのである。

2 調査の対象

(1) 調査対象の設定

　調査の対象としては、特例子会社・Ａ型事業所・Ｂ型事業所を選択すること
とした（➡図表1-1-4〔12頁〕）。調査対象としてこの3か所を選んだ理由は、
主として次のことにある。

　まず、この3か所には、障害者の中でも就労能力の低減の程度が大きい障害
者が働いている可能性が高いことがある。障害者の中でも就労能力の低減がな
い、あるいは、小さい者は、昨今の法環境（雇用義務制度や差別禁止法理）および
技術的環境（障害を補う技術の進展やアクセシビリティの保障）の中で、労働市場・
一般企業で働くことへの困難は小さくなってきている[16]。しかし、就労能力
の低減の程度が大きい障害者は、昨今の法環境および技術的環境においてもな
お、雇用・就労に困難があることが予想される。そこで、そうした障害者を主
に雇用し、あるいは就労させている特例子会社・Ａ型事業所・Ｂ型事業所を対

[16]　もちろん、個々の障害者に目を向ければ、それぞれがそれぞれの困難を有しているであろうが、
　　相対的にみると困難はより小さく、雇用・就労へのアクセスもより容易であるといえよう。

象に、法改正等の影響や雇用・就労の現状について調べることとした。雇用や就労の実現において、悩んだり困難を感じたりすることがより多いであろう会社・事業所にこそ、昨今の法制度・施策の変化の影響が、より顕著に表れる可能性が高いと考えられるからである。

　また、権利条約の影響のもと、障害者雇用・就労政策においてインクルーシブでオープンな労働市場での就労が重要視される傾向がみられる近年の状況の中で、改めて、特例子会社・Ａ型事業所・Ｂ型事業所の三者の役割や機能等を検討する必要もあると考えた▶17。とりわけ、これらの就労場所は、現に就労能力が低減しており、一般企業での就労が困難で、また、それを希望しない障害者にとって重要な働く場所であることから、その存在意義について慎重に議論する必要がある。さらに、雇用と福祉の連接・連携も重要な政策課題とされる中で（➡本章第２節Ⅳ・第３節Ⅳ**3**）▶18、これらはそのカギを握る存在ともいえる。三者の境界は曖昧にならざるをえない部分もあるが、ニーズにおいても希望においても多様な障害者が働くことを支える法制度全体のあり方を検討するためにも、これら３つの障害者の就労場所についてその実態を明らかにし、その核となる役割や機能を改めて再考する必要性は高いといえる。そして、その上で、インクルーシブな障害者雇用・就労とは何かを検討することが求められるのではないだろうか（➡第５章第１節コラム…4）。

　なお、本書において「就労能力の低減の程度」や「就労に対する困難さ」という表現を使っている場合、それは、現在の障害者雇用・就労政策にみられる障害の程度の把握とは一線を画するためであることを付記しておく。現在の障

▶17　特例子会社・Ａ型事業所・Ｂ型事業所は、障害者を集めて就労機会を提供する側面があることから、権利条約が求める「インクルージョン」の観点から、その縮小ないし廃止が主張されることがある。もっとも、少なくとも現段階において、福祉的就労の存在が完全に否定されているともいえない。権利条約は、その27条において、「障害者に対して解放され、障害者を包容し、及び障害者にとって利用しやすい労働市場及び労働環境」という文言を使っており、障害者の就労する場所を労働市場には限定していない。

▶18　令和２（2020）年11月には、厚労省内に設置された「障害者雇用・福祉施策の連携強化に関する検討会」での議論もスタートしている。同検討会のもと、①障害者の就労能力等の評価のあり方、②障害者就労を支える人材の育成・確保、③障害者の就労支援体系のあり方についてのワーキングチームが設置されており、障害者の雇用・福祉における課題を横断的に検討することとなっている。

害者雇用・就労政策における障害の程度の把握は、主として医学的な側面から障害を把握するもので（「医学モデル」に立脚）、障害者雇用・就労政策の対象となる障害者を把握する手段としては、適切ではなくなってきている（➡第5章第1節Ⅱ1・第2節Ⅰ）。本書では、可能な限り、就労との関係において生じる「困難」に着目して、障害者雇用・就労政策について検討することとしたい。

【図表1-1-4：障害者の雇用・就労】

(2) 本調査の限界と残された課題

　本節の最後に、本書における研究の限界と課題についても、あらかじめ示しておきたい。

　まず、以上で述べたとおり、本研究は、調査対象を特例子会社・A型事業所・B型事業所に限定して行われたものである[19]。その点に1つ目の限界があり、一般企業の中で就労する障害者に関する雇用・就労実態調査を可能な範囲で行うことが、今後の研究課題として残されている。

　次に、新たな政策のもとでの障害者の雇用・就労のあり方を調査・検討するにあたり、本書では、障害当事者に対する質問票調査やインタビュー調査は行っていない。障害者に関する政策については、権利条約の作成過程において、

▶19　本書における研究の問題・関心からいえば、すべての障害者雇用・就労に携わる企業・事業所を対象にして実態調査を行うことが理想ではある。しかし、本研究でそれを行うことは、調査の実現可能性の面からも不可能であったことから、また、先に述べた理由から、特に就労困難性の高い障害者が働いている可能性の高い3つの箇所に調査対象を絞ることとした。

スローガンとして「Nothing about us without us（私たちのことを私たち抜きで決めないで）」が叫ばれたことからもわかるように、障害当事者の参加のもと検討することが求められる。しかし、本書での調査では障害当事者に対する調査は行っておらず、障害当事者の声を聴く作業を行っていない。その点においても、本書には不足する部分があるといえる。ただ、本書における研究は、「法の規制を受ける者」が当該規制に対してどのような反応を示したのか、また、そこからどのような影響を受けたのかという点の調査に主眼をおくものであった。そのため調査対象は規制を受ける企業（特例子会社）および事業所（A型・B型事業所）となったのではあるが、障害当事者に対する調査についても、今後の課題としたい。

最後に、障害者政策を考える上では、障害者に対する所得保障の仕組みや、就労系以外の福祉サービスの利用に関する仕組みにも目を配る必要がある。しかし、本書では、これらについては若干の言及を行うにとどまっている。障害者の雇用・就労政策が障害者施策全体の中でどのように位置づけられ、また、どのような課題に直面しているのか[20]に関する検討も、今後の研究課題としたい[21]。

▶20　障害概念が広がっていく中で、障害者政策が社会政策全体の中でどのように位置づけられるのかに関する検討も行っていく必要がある。
▶21　本研究は、科学研究費基盤研究（B）「障害者差別禁止法理の福祉的就労への影響─ソフト・ローからのアプローチ」（課題番号16H03556）（平成28（2016）年度〜平成30（2018）年度）により開始したものであるが、残された課題については、科学研究費基盤研究（B）「障害者の雇用・就労政策─多様なニーズに応える雇用と福祉の連携」（課題番号19H01418）（2019（令元）年度〜2021（令3）年度）において引き続き検討中である。

第2節 障害者雇用・福祉的就労施策のあゆみ

　本書は、今後の障害者雇用・就労施策のあり方を検討することを重要な目的とする。その検討に際しては、現行制度が、法制度の制定・改正の経緯の中で構築され、その時々の方針や背景事情等に影響を受けてきたことをふまえる必要がある。そこで、本節では、①一般の労働市場での就労（一般雇用）が可能な障害者に対する「雇用施策」と、②一般雇用が困難な障害者に対する「福祉的就労施策」について、これまでのあゆみを年代ごとに整理する[1]。

第2次世界大戦後～1950年代： 身体障害者福祉法の制定

　第2次世界大戦の終了とともに日本の国家行政が大きく改革される中で、傷痍軍人を対象に優先的に行われていた各種の施策がすべての国民に拡大された。雇用施策としては、「職業安定法」の制定（昭和22（1947）年）により職業指導や職業紹介等がすべての身体障害者に適用されることとなったが、障害者独自の雇用施策がはかられたわけではなかった。一方で、福祉施策として昭和24（1949）年に「身体障害者福祉法」が制定され、身体障害者に対する、医療、生活相談、更生訓練等が行われ、国は身体障害者更生援護施設の1つとして身体障害者収容授産施設を設置しなければならないこととなった。

　各種の施策の対象が身体障害者に限られていたこと、および、身体障害者に

[1]　歴史的背景をすでにご存知の方は、本節は読み飛ばしていただいて差し支えない。なお、より詳細な歴史的背景については、永野ほか編詳説促進法（2018年）2頁以下、長谷川珠子『障害者雇用と合理的配慮』（日本評論社・2018年）190頁以下、永野仁美『障害者の雇用と所得保障』（信山社・2013年）41頁以下参照。

対する福祉施策が開始されたことがこの時期の特徴として挙げられる。

II 1960〜1970年代：雇用義務制度の確立と福祉的就労施策の萌芽

　この時代の特徴は、昭和35（1960）年の身体障害者雇用促進法の制定により雇用率制度が開始され、昭和51（1976）年同法改正により雇用義務制度が確立した点にある。ただし、同法の対象は身体障害者に限定され、知的障害者と精神障害者は含まれていなかった。雇用義務制度が身体障害者を前提として作られたものであり、当時の基本的骨格が現行制度にも引き継がれていることや、「障害の範囲は、全国的・画一的判定が可能である」ことを重視する方針がその後の展開においても貫かれていることは、今後の制度のあり方を検討する上でも重要といえよう。

　福祉的就労については、労働関係法令の適用のない授産施設と労働関係法令の適用のある福祉工場という、労働法的な保護が異なる2つのカテゴリーが生じたことが注目される。また、福祉の面においても、障害種別により施策の展開に差があったことが指摘できる。

1 雇用施策

（1）昭和35（1960）年制定：雇用率制度の導入

　身体障害者の雇用率制度を定めた法制度の導入がヨーロッパを中心にみられた中で、日本においても検討が開始され、昭和35（1960）年に、国、地方公共団体および民間の事業主に対して障害者の雇用を義務づける「雇用率制度」を創設する「身体障害者雇用促進法」が制定された。

　雇用率制度を導入する根拠として、障害者が職業を通じて自立するためには雇用の場の確保が重要であるが、自由競争を原則とする限りは困難であること、雇用の場を確保するにはそれを直接管理する事業主の協力がなければ不可能であること、事業主としても社会の一員として障害者に雇用の場を提供する

という社会全体の責務の実現に協力する責務（社会連帯責任）を有し、その責任を公平に負担すべきであること等が挙げられた[2]。

同法により、日本の障害者雇用施策の中心となる雇用率制度が開始されたが、①事業主に義務を課すものであり、「全国的・画一的な判定が可能であることが必須の要件である」という理由から、判定基準が明確な身体障害者に法の対象が限定され[3]、②雇用関係は人間関係の上に立つものであり、事業主の理解と協力の上に立った雇用であってはじめて障害者の定着と雇用促進の真の実行が担保されるとの観点から、民間事業主については努力義務とされた[4]。

（2）昭和51（1976）年改正：雇用義務化と納付金制度導入

身体障害者雇用促進法の制定以降、障害者の雇用状況は少しずつ改善したが、企業規模間[5]や産業間において雇用率の達成に著しい格差がみられ、障害者の雇用に伴う経済的負担のアンバランスに基づく不公平感をもたらした[6]。

そこで、昭和51（1976）年の改正では、①民間事業主の障害者雇用を努力義務から雇用義務に転換し、法定雇用率を1.5％に引き上げるとともに、②事業主間の障害者雇用に伴う経済的負担を調整するための「障害者雇用納付金制度」（以下「納付金制度」という）が創設された[7]。これにより、現行の雇用義務制度の骨格が確立したといえる。

[2] 促進法逐条解説（2003年）90頁以下。なお、民間の事業主の法定雇用率は、現場的事業所について1.1％、事務的事業所について1.3％、国、地方公共団体は1.5％とされた。

[3] 知的障害者と結核回復者についても検討されたが、知的障害者については明確な判断基準がないとして、また結核回復者については、症状が不安定であること（障害のない者と変わらない状態になる場合がきわめて多いこと）や対象者の人数把握が困難であること等を理由に、法の対象とはされなかった。

[4] 堀秀夫『身体障害者雇用促進法解説』（労働法令協会・1961年）107頁以下、征矢紀臣『障害者雇用対策の理論と解説』（労務行政研究所・1998年）56頁以下。

[5] 当時は現在とは逆で、中小規模の事業所での実雇用率が高く、従業員規模500人以上の事業所の実雇用率は低い状況にあった。

[6] 遠藤政夫『新しい身体障害者雇用促進法の早わかり』（国際労働経済研究所・1976年）17頁。

[7] 中小企業の負担能力に鑑み、当分の間、常用労働者300人以下の規模の事業主からは納付金を徴収しないものとされた（その後の法改正については➡本節Ⅳ1（3））。また、障害者の雇用に伴う経済的負担の調整等をはかるという納付金制度の性格から、国、地方公共団体等は、納付金の徴収対象とはされなかった（その後の法改正については➡本節Ⅴ1（2））。

このほか、③身体障害者福祉法の身体障害者の範囲に合わせた、身体障害者の範囲の変更と▶8、④事業所単位から企業全体を1つの単位とする雇用率の適用方式の変更が行われ、⑤雇用率の算定に対する除外労働者制度（除外率制度）▶9、⑥重度身体障害者（身体障害者福祉法施行規則別表第5号の1級・2級に相当する身体障害者）の雇用を1人をもって2人とみなすダブルカウント制度、⑦雇用義務の履行を確保するための法定雇用率未達成企業の公表制度、および、⑧障害者を解雇する際の届出制度が導入された。

2 福祉的就労施策：授産施設と福祉工場の設置

障害種別の縦割りと施設中心の施策が課題となり、障害者施策の総合的な推進をはかることをねらいとして、昭和45（1970）年に「心身障害者対策基本法」が制定され、心身障害者における国・地方公共団体の責務や、心身障害の予防・福祉施策についての基本的事項が定められた。

ただし、福祉的就労に関する施策は障害の種別ごとの対応が続けられた。身体障害者収容授産施設の設置に続き、昭和47（1972）年の通知▶10により身体障害者のための福祉工場が設置された。知的障害者については、昭和35（1960）年の精神薄弱者福祉法（平成10（1998）年同法改正により「知的障害者福祉法」に改称）により更生援護施設の設置が決定し、昭和39（1964）年の通知▶11により知的障害者を対象とする収容授産施設の設置が可能となった。

「授産施設」は、雇用されることの困難な者や生活に困窮する者を収容し、必要な訓練を行い、かつ、職業を与え、自活させる施設として位置づけられ、

▶8　その理由としては、①厚生省（当時）の福祉行政と労働省（当時）の雇用行政の一体化をはかることにより総合的な身体障害者対策に大きく寄与できるようになること、②雇用義務化および納付金制度の創設に伴い法的公平性を確保するため、対象とする身体障害者を明確かつ容易に判定することができるようにする必要があることが挙げられている（遠藤・前掲注6）41頁）。

▶9　除外率制度とは、機械的に一律の雇用率を適用することになじまない職務もあるとの認識から、障害者の就業が一般的に困難であると認められる業種について、雇用する労働者数を計算する際に、除外率に相当する労働者数を控除する制度である（その後の法改正については➡本節Ⅳ1(1)）。

▶10　「身体障害者福祉工場の設置及び運営について」（昭和47（1972）年7月22日社更第128号）。

▶11　「精神薄弱者収容授産施設の設置及び運営について」（昭和39（1964）年5月27日社発第279号）。

利用者は労働関係法令の適用を受けないとされる。これに対し、「福祉工場」は、その障害ゆえに一般企業で雇用されることが困難な者に、職場を与え、様々な配慮をした環境のもとで健全な社会生活を営ませることを目的とするものとされ、利用者は労働関係法令の適用を受ける。

Ⅲ 1980～1990年代：障害者基本法の制定と対象となる障害者の拡大

この時代の特徴は、施策の対象が身体障害者から知的障害者および精神障害者へ拡大した点にある。特に、知的障害者については雇用義務化が実現し、これに伴い法定雇用率が1.6％から1.8％へ引き上げられた。本調査の対象である特例子会社が法律上制度化されたのもこの時期である。

国際的な流れを受け、「障害者の自立」と「あらゆる分野の活動への参加を促進すること」を目的とした障害者基本法が制定されたことも、その後の障害者施策にとって大きな契機となった。

福祉的就労に関しては、知的障害者の福祉工場と、精神障害者の福祉工場および授産施設が設置され、これにより、身体・知的・精神の3障害それぞれについて、授産施設と福祉工場の双方が存在することになった。

1 雇用施策

(1) 昭和62（1987）年改正：対象となる障害者の拡大・特例子会社制度の法定化

1980年代に入り、実雇用率が横ばいとなったことや、身体障害者だけでなく知的障害者や精神障害者を含むすべての障害者に雇用対策を行うことが国際的な潮流となったことを背景に、昭和62（1987）年に身体障害者雇用促進法が改正され、①法の対象となる者の範囲を、知的障害者および精神障害者を含むすべての障害者に拡大し、法律名が「障害者の雇用の促進等に関する法律」（障害者雇用促進法。以下「促進法」という）に改称された[12]。このほか、②現に雇

用されている知的障害者を実雇用率にカウントすることや、③一定の要件を満たした場合に、子会社で雇用されている障害者を親会社に雇用されている者とみなし、実雇用率に算定できる仕組みである「特例子会社制度」を法定化すること等が行われた▶13。

(2) 平成9（1997）年改正：知的障害者の雇用義務化

知的障害者の雇用の拡大が身体障害者の雇用促進に影響を及ぼすようになったことから、平成9（1997）年の促進法改正により、①知的障害者の雇用義務化が実現し、②これにより法定雇用率が1.6％から1.8％へと引き上げられた。また、③助成金の支給対象を短時間労働▶14に従事する精神障害者に拡大する措置や、④特例子会社の認定要件の緩和が行われた。

2 福祉的就労施策：障害者基本法の制定

昭和56（1981）年の「国際障害者年」とこれに続く「国連障害者の10年」を1つの契機として、施設入所を中心とする障害者福祉施策から、在宅福祉の推進や社会参加の促進へとシフトしていった。平成5（1993）年には障害者施策の理念の変化を反映させる形で心身障害者対策基本法が改正され、「障害者基本法」に改められた。その中で「障害者の自立」と「あらゆる分野の活動への参加を促進すること」が同法の目的として定められるとともに、身体障害と知的障害だけでなく、精神障害が同法の対象となることが明記された。

福祉的就労施策としては、昭和60（1985）年の通知により知的障害者に対する福祉工場が設置されることとなった。精神障害者に対する授産施設は昭和62（1987）年の精神保健法により導入され、精神障害者の福祉工場については、平成7（1995）年の精神保健法改正（「精神保健及び精神障害者福祉に関する法

▶12　ただし、雇用義務の対象は身体障害者に限られていた。
▶13　特例子会社制度自体は、昭和51（1976）年の局長通達によりすでに開始されており、同通達による特例子会社に認定要件が踏襲された。
▶14　促進法において、「短時間労働者」とは週所定労働時間20時間以上30時間未満である常時雇用する労働者をいう。

律」（以下「精神保健福祉法」という）に名称変更）によりその設置が規定された。

 ## Ⅳ 2000年代：多様な働き方への対応・障害者自立支援法の制定

　この時代の特徴の1つが、特例子会社制度の拡充である。それまで親会社と特例子会社間の2社関係でのみ認められていた実雇用率の算定特例が、企業グループ内でも認められることとなり、さらに、特例子会社がない場合であっても企業グループ全体で実雇用率の通算が可能となる特例制度が導入された。その背景には、分社化や持ち株会社制度の導入による企業合併の進展があった（これらの制度について➡本章第3節Ⅱ3）。

　また、平成17（2005）年の障害者自立支援法（その後、障害者総合支援法に名称変更）の制定は、福祉的就労のあり方を大きく変革し、現行制度の枠組みが形成された。その背景には、就労系の福祉サービスを再編し、「雇用施策と連携」をはかりつつ、個々人の適性をふまえ明確な目標をもった計画的な取り組みに基づき計画的に就労につなげる体制を確立するという政策目標▶15が存在した。雇用施策の側からも「雇用と福祉の連携」が重視され始め、在宅就業障害者支援制度の創設等が行われた。

1 雇用施策

(1) 平成14（2002）年改正：グループ適用の導入

　平成14（2002）年促進法改正では、①親会社・子会社間でのみ認められていた特例子会社制度を拡大し、企業グループ単位での雇用率制度の適用を可能とするグループ適用制度が創設された。また、②除外率の廃止が決定されたが、除外率を直ちに廃止することは現実的に容易ではないことから、経過措置

▶15　厚生労働省障害保健福祉部「今後の障害保健福祉施策について（改革のグランドデザイン案）」（平成16（2004）年10月12日）。

として、当分の間、廃止に向けて段階的に縮小するものとされた▶16。

(2) 平成17 (2005) 年改正：精神障害者の雇用率への算定

平成17 (2005) 年促進法改正では、①精神障害者に対する雇用対策の強化として、現に雇用する精神障害者 (精神障害者保健福祉手帳の所持者) を実雇用率に算定 (短時間労働者については1人を0.5人としてカウント) することを可能とし、納付金等の算定にあたっても、身体障害者や知的障害者と同様に取り扱うこととされた。ただし、精神障害者の雇用義務化は見送られた。

また、同改正においては、同年に制定された障害者自立支援法の影響を受け、促進法6条 (国および地方公共団体の責務) に「障害者の福祉に関する施策との有機的な連携を図りつつ」必要な施策を推進するとの文言が追加され、雇用と福祉の連携を目指した施策が導入された。その1つが、②自宅や福祉的就労の場において働く障害者の就業機会の確保等を支援するため、これらの障害者に業務を発注した事業主に対して、障害者に対して支払われた報酬に応じて特例調整金等を支給する制度 (在宅就業障害者支援制度) の創設である (➡本章第3節Ⅱ2 (4))。もう1つが、③福祉施策との有機的な連携をはかりながら、一般雇用への移行を促進するための施策であり、具体的には、ハローワークが福祉施設等と連携して、就職を希望する障害者に応じた支援計画に基づき一貫して就職支援を行うモデル事業の実施や、就業面・生活面からの一体的な支援を行う障害者就業・生活支援センター (通称「ナカポツセンター」) の増設が実施された (➡本章第3節Ⅳ1)。

(3) 平成20 (2008) 年改正：短時間労働者のハーフカウント・
　　企業グループ算定特例の創設

中小企業による障害者雇用が進まない状況を受け、平成20 (2008) 年促進法改正では、①納付金の支払い義務を負う事業主の規模が、常用労働者数300人超から同100人超の事業主へと段階的に引き下げられることとなった。また、②週所定労働時間が30時間以上の労働者を算定の基礎とする雇用率制度

▶16　令和2 (2020) 年時点においても、除外率は経過措置として存続している。

の原則を見直し、短時間労働者を0.5カウント（ハーフカウント）することや、③除外率の一律10ポイント引下げ、④特例子会社がない場合であっても企業グループ全体で雇用率を算定するグループ適用（企業グループ算定特例）の創設等が行われた。

2 福祉的就労施策

(1) 障害者自立支援法の制定

福祉施策にとって大きな転換点となったのが、平成17（2005）年の障害者自立支援法（以下「自立支援法」という）の制定である。同法は、身体・知的・精神の障害種別ごとの異なる法律に基づいて提供されてきた福祉サービスや公費負担医療等を、共通の制度のもとで一元的に提供することを目的として制定された（平成18（2006）年4月および10月に段階的に施行）。

(2) 福祉的就労施策の再編成

福祉的就労についても障害種別ごとに提供されていた施策が改められ、すべての障害を対象とした、「就労継続支援A型」、「就労継続支援B型」および「就労移行支援」の3つに再編成された▶17。新体系の導入に際し、「障害者が『もっと働ける』社会」の実現という自立支援法の目的が考慮され、働く意欲と能力のある障害者が企業等で働けるよう、福祉の側から支援していくことが確認された▶18。また、その背景には、雇用施策と連携をはかり、就労につな

▶17　平成16（2004）年の「今後の障害保健福祉施策について（改革のグランドデザイン案）」の時点では、授産施設や福祉工場等を「就労移行支援」と「要支援障害者雇用（就労継続支援）」に再編する案が示され、後者の要支援障害者雇用では雇用契約を締結することが前提とされていた。その時点では、雇用契約を締結しない現在のB型事業所は想定されていなかったが、その後の障害者部会において、授産施設の利用者等の受け皿が問題となり、就労継続支援の中に雇用型（A型）と非雇用型（B型）を設けることとなった（第24回同部会（平成17（2005）年1月25日）において、厚生労働省障害福祉課長から「非雇用型の就労継続事業を検討して」いるという発言がある）。

▶18　永野・前掲注1）57頁。厚生労働省ウェブサイト：障害者自立支援法の概要（https://www.mhlw.go.jp/topics/2005/02/tp0214-1a.html）。

げるという政策目標が存在しており、福祉的就労の場の確保に加え、福祉的就労から一般就労への移行が当時から意識されていた。

「就労継続支援」は、一般企業に雇用されることが困難な障害者に対して、就労や生産活動に関わる機会を提供し、知識や能力の向上をはかるための支援を行うものであり、利用者（労働者）と事業所との間で雇用契約を締結する A 型（雇用型）と、雇用契約を締結しない B 型（非雇用型）がある（➡本章第 3 節 V）。「就労移行支援」とは、一般企業での雇用、在宅就労または起業を希望する障害者に対して、事業所での実際の作業や企業での実習を通して、仕事に就くために必要な知識や能力の向上をはかる訓練を行うものである（➡本章第 3 節 IV 2（1））。

従来の福祉的就労施策との関係では、福祉工場が就労継続支援 A 型へ、授産施設が就労継続支援 B 型へ移行すると想定されており、多くはそのように再編された。新体系の導入後、社会福祉法人以外の株式会社等が事業の運営に参入するようになり、A 型および B 型の事業所数は急激に増加している。

このほか、B 型事業所で働く障害者の工賃向上[19]のために、平成 19（2007）年度から平成 23（2011）年度にかけて「工賃倍増 5 か年計画」が作成され、官民一体となった取組みが進められた。その後も、個々の事業所に各年度の目標工賃や具体的方策を定めた「工賃向上計画」の作成を求めるなどの対応がとられている。

V 2010年代：障害者差別禁止・合理的配慮規定の導入

2010年代は、障害者差別禁止と合理的配慮の提供義務が、初めて実質的な形で[20]法律上規定された時代といえる。この背景には、平成 18（2006）年に国連で採択された障害者権利条約（以下「権利条約」という）があった。同条約の

▶19 　B 型事業所で働く障害者は（それまでの授産施設の利用者と同様）最低賃金法を含む労働関係法令の適用を受けない。なお、平成 18（2006）年度の B 型事業所および授産施設の平均工賃は 1 万 2222 円であった。
▶20 　平成 16（2004）年の障害者基本法改正の際に障害者差別の禁止が定められたが（3 条〔当時〕）、基本理念を定めたものにすぎず、実効性がないものと解されていた。

批准を目指し、まず、平成23（2011）年の障害者基本法改正により差別禁止原則が導入され、それを具体化するため、平成25（2013）年に促進法の改正と障害者差別解消法（以下「差別解消法」という）の制定が行われた。

　また、平成25（2013）年促進法改正によって精神障害者の雇用義務化が実現したことにより、雇用と福祉の両面において、身体障害者、知的障害者および精神障害者が、原則として同じ制度の適用を受けることとなった。発達障害者や難病患者等が一部の施策の対象となることが明確化されるなど、障害の範囲の拡大もみられている。

　福祉的就労施策については、新体系の導入後A型やB型の事業所数が急激に増加したが、一部で不適切な事業所がみられ、報酬改定や指定基準▶21の見直しが頻繁に行われている。

1 雇用施策

（1）平成25（2013）年改正：差別禁止・合理的配慮規定の導入、精神障害者の雇用義務化

　平成25（2013）年の促進法改正では、①障害者基本法の障害者の定義に合わせる形で、促進法の障害者の定義にも「発達障害」と「その他の心身の機能の障害」が明記された（促進法2条1号。同年6月19日施行）。また、②障害者差別の禁止（同34条・35条）と合理的配慮の提供義務が新設され（同36条の2・36条の3。平成28（2016）年4月1日施行）、③長年の検討事項であった精神障害者（精神障害者保健福祉手帳の所持者）の雇用義務化が実現した（同37条以下。平成30（2018）年4月1日施行）。

　②差別禁止と合理的配慮については（➡本章第3節Ⅲ）、内容の明確化のために、それぞれ、「障害者に対する差別の禁止に関する規定に定める事項に関し、事業主が適切に対処するための指針」（平成27（2015）年厚生労働省告示116号。

▶21　「障害者の日常生活及び社会生活を総合的に支援するための法律に基づく指定障害福祉サービスの事業等の人員、設備及び運営に関する基準」（平成18（2006）年厚生労働省令第171号。以下「指定基準」という）。

以下「差別禁止指針」という）と、「雇用の分野における障害者と障害者でない者との均等な機会若しくは待遇の確保又は障害者である労働者の有する能力の有効な発揮の支障となっている事情を改善するために事業主が講ずべき措置に関する指針（平成27（2015）年厚生労働省告示117号、以下「合理的配慮指針」という）が策定されている。また、「障害者雇用促進法に基づく障害者差別禁止・合理的配慮に関するQ&A〔第2版〕」（以下「促進法Q&A〔第2版〕」という）や「合理的配慮指針事例集」が作成されている▶22。

③精神障害者の雇用義務化により、精神障害者が法定雇用率の算定基礎に加わることとなった。法定雇用率の計算式に従えば2.4%となったが、急激な引上げを回避するため激変緩和措置がとられ、平成30（2018）年4月1日に2.2%、令和3（2021）年3月1日に2.3%と段階的に引き上げられた。

(2) 令和元（2019）年改正：特例給付金と中小事業主認定制度の創設

平成30（2018）年8月、中央省庁等による障害者雇用の不適切計上問題が発覚し、社会的に大きな注目を集めた▶23。これを受け、国および地方公共団体に対する新たな措置▶24を中心とする促進法改正が令和元（2019）年に行われたが、ここでは民間事業主に関する改正点のみ紹介する。①週所定労働時間が10時間以上20時間未満の者（特定短時間労働者）を雇用する事業主に対して、納付金制度に基づく「特例給付金」を支給する仕組み（➡本章第3節Ⅱ2(2)）と、②障害者の雇用促進等に関する取組みの実施状況が優良なものであること等の基準に適合する中小事業主（常用労働者数300人以下）を認定する制度（もにす認定制度➡本章第3節Ⅱ4(2)）が創設された。

▶22 これらは適宜改版され、令和2（2020）年12月現在、促進法Q&Aは第2版、事例集は第3版となっている。

▶23 雇用義務の対象となる障害者は、原則として障害者手帳の所持者とされるが（➡本章3節Ⅰ1）、多くの中央省庁等は、長期にわたり恣意的な判断により対象者を把握し、雇用障害者数を計算していた。平成29（2017）年の国の行政機関における実雇用率は2.49%と報告されていたが、再調査の結果1.18%であったことが判明した（当時の法定雇用率は2.3%）。また不足数は2.0人から3478.5人へと修正された。

▶24 国および地方公共団体は制度導入時から納付金制度の対象とされていなかったが（➡本節Ⅱ1(2)）、同改正により、法定雇用率を達成できない場合には、不足する障害者数1人につき年間60万円（納付金と同額）を翌年度の庁費の算定上減額する措置がとられることになった。

2 福祉的就労施策

(1) 平成24（2012）年障害者総合支援法制定

　平成24（2012）年6月20日に自立支援法が改正され、「障害者の日常生活及び社会生活を総合的に支援するための法律（障害者総合支援法）」（以下「総合支援法」という）に名称変更された（同月27日公布。施行日は一部を除き平成25（2013）年4月1日）。福祉的就労については、自立支援法によって導入された就労継続支援A型、就労継続支援B型、就労移行支援が継続された。

(2) 平成25（2013）年差別解消法制定

　障害者基本法に定められた障害者差別禁止の基本原則（差別禁止（4条1項）と合理的配慮（同条2項））を具体化するため、平成25（2013）年6月に差別解消法が制定された（➡本章第3節Ⅲ1）。同法は、差別を解消するための措置として、国・地方公共団体（7条）と民間の事業者（8条）について、①障害を理由とする差別的取扱いの禁止と②合理的配慮の提供義務を定める。差別解消法は広範な分野を対象とする法律であり、多種多様な配慮がある中で一律に義務を果たすことには困難な面が多いことから、民間の事業者について、合理的配慮の提供は努力義務とされている。

(3) 平成28（2016）年総合支援法改正

　施行3年後の見直しを受け、総合支援法は平成28（2016）年6月に障害者の望む地域生活の支援や障害児支援に関する改正が行われた。就労との関係では、就労継続支援や就労移行支援を利用して一般就労へ移行した障害者の職場定着に課題があることをふまえ、障害者の職場定着に向けた支援を行う「就労定着支援」が創設された（平成30（2018）年4月施行。➡本章第3節Ⅳ2 (2)）。

(4) 報酬改定等

　総合支援法制定後、不適切な事業所への対応や一般就労への移行促進、工賃額の向上等を目的として、障害福祉サービス等に関する報酬や基準が何度も改

定されている。

　就労継続支援A型について、新体系移行後、利用者数、費用額、事業所数が毎年大きく増加した一方で、報酬単価が利用者数に基づいていたため、利用者の意向にかかわらず、すべての利用者の労働時間を一律に短くする事業主など、不適切な事例が増えていることが指摘されていた。そこで、まず、利用者のうち短時間利用者の占める割合が多い場合の減算措置▶25が平成24（2012）年度報酬改定において実施された。次に、平成27（2015）年度報酬改定では、短時間利用減算の仕組みを利用者割合から平均利用時間に見直すとともに、減算割合（90〜30％）を強化する改定が行われた。また、生産活動の内容が適切ではない事業所への対応として、適正な事業運営に向けた指導を自治体に依頼するとともに、不適切な事業運営の事例を示す等の対応もはかられた。これらの報酬改定後の平成29（2017）年には、A型事業所閉鎖に伴う大量解雇事件が各地で発生した（➡第2章第4節Ⅱ1）。その後も、平成30（2018）年度報酬改定では、それまで定員別に設定されていた基本報酬について、1日の平均労働時間が長いほど基本報酬額が段階的に高くなる設定が導入された。

　このほか、指定基準等の改正により、A型事業所は、就労の機会の提供にあたり、利用者の障害の特性や希望をふまえなければならないこととされ（指定基準191条）、また、生産活動による事業収入から必要経費を控除した額に相当する金額が利用者に支払われる賃金総額以上であることや、自立支援給付から賃金の支払いを行うことの原則禁止（同192条）が明記された（平成29（2017）年4月施行）。

　就労継続支援B型については、工賃額の高さや上昇率を福祉報酬に反映させる方針のもと、平成24（2012）年度報酬改定では目標工賃を達成した場合の加算単価の増額、平成27（2015）年度報酬改定ではより高い工賃目標を達成した場合により加算されるとする算定要件の見直しが行われた。さらに平成30（2018）年度報酬改定では、それまで定員別に設定されていた基本報酬について、平均工賃月額が高いほど基本報酬額が段階的に高くなる設定が導入された。

▶25　短時間利用者が現員数の50〜80％の場合に90％、80％以上の場合に75％を算定する措置。

就労移行支援については、平成24（2012）年度報酬改定時に、一般就労への定着支援に効果を上げている事業所への就労移行支援体制加算の単価を引き上げる一方で、移行実績がない事業所に対しては減算する対応がとられた。この就労移行支援体制加算は平成27（2015）年に廃止されたが、利用者の就労定着期間に着目した加算が新たに創設されるとともに、移行実績がない事業所に対する減算が強化されるなど、一般就労への移行実績を報酬に反映させる方針がとられた。この方針は平成30（2018）年度報酬改定においても強化され、移行実績を基本報酬に反映するものとされた。

　平成30（2018）年度報酬改定は、障害者部会の報告書[26]において示された「実績を踏まえた評価」や「メリハリを付けた評価」をふまえたものである（これら一連の報酬改定に対する意見については➡第2章第4節Ⅱ2）。

▶26　「障害者総合支援法施行3年後の見直しについて」（平成27（2015）年12月14日厚生労働省障害者部会報告書）。

第3節　現行制度

　本節では、障害者雇用・就労に関する制度が対象とする障害者の範囲を確認した上で（Ⅰ）、雇用義務制度（Ⅱ）、差別禁止・合理的配慮提供義務（Ⅲ）、就労（移行）支援（Ⅳ）、福祉的就労等（Ⅴ）およびその他の制度（Ⅵ）を解説する。

　本調査の対象とした特例子会社は、障害者雇用促進法（以下「促進法」という）の中の雇用義務制度に基づく制度であり、Ａ型・Ｂ型事業所は障害者総合支援法（以下「総合支援法」という）に基づく福祉的就労に位置づけられる。なお、Ａ型事業所での就労は雇用契約に基づくものとされ、雇用義務制度の対象ともなっている。

Ⅰ　各制度の対象となる障害者

　各制度の解説に先立ち、各制度の対象となる障害者の範囲を確認する。法律や制度によって障害（者）の範囲が微妙に異なることが、制度のあり方の課題ともなっている（➡第5章第1節Ⅱ1）。

1　促進法：雇用義務、差別禁止、職業リハビリテーション

　促進法2条1号は、「障害者」を「身体障害、知的障害、精神障害（発達障害を含む。第6号において同じ。）その他の心身の機能の障害（以下「障害」と総称する。）があるため、長期にわたり、職業生活に相当の制限を受け、又は職業生活を営むことが著しく困難な者をいう」と定義する。この障害者には、①身体

障害者（同2条2号）▶1、②知的障害者（同条4号、同施行規則1条の2）▶2、③精神障害者保健福祉手帳の所持者（促進法2条6号、同施行規則1条の4第1号）、④精神障害者保健福祉手帳を所持しない統合失調症、そううつ病またはてんかんに罹患する者（促進法2条6号、同施行規則1条の4第2号）、および、⑤その他、①〜④に該当しない、発達障害、難病に起因する障害または高次脳機能障害等のため長期にわたる職業生活上の相当の制限を受ける者が含まれる。

　このうち、雇用義務の対象は、①②③の者（原則として「障害者手帳」の所持者）に限られる（促進法では「対象障害者」と呼ばれる（37条2項））。これに対し、促進法における差別禁止・合理的配慮および職業リハビリテーションは、①〜⑤のすべての障害者が対象となる▶3。

2 総合支援法：就労支援、福祉的就労

　総合支援法における「障害者」とは、①身体障害者福祉法4条に規定する身体障害者、②知的障害者福祉法にいう知的障害者、③精神保健福祉法5条に規定する精神障害者、④発達障害者支援法2条2項に規定する発達障害者、⑤難病（治療方法が確立していない疾病その他の特殊の疾病）であって政令で定めるものによる障害の程度が厚生労働大臣が定める程度である者のうち、18歳以上の者▶4をいう（総合支援法4条1項）。同項に含まれる者が、就労移行支援、就労定着支援および就労継続支援等を含む障害福祉サービスの対象となる。

　①は身体障害者手帳の交付を受けた者をいい、③は統合失調症、精神作用物

▶1　身体障害者手帳または都道府県知事の定める医師・産業医による促進法別表に掲げる身体を有する旨の診断書・意見書の交付を受けた者がこれにあたる。

▶2　療育手帳の所持者および知的障害者判定機関に知的障害があると判定された者がこれにあたる。

▶3　①〜⑤に該当するかどうかの確認は、障害者手帳所持者はその手帳により、総合支援法に基づく障害福祉サービス受給者または難病法に基づく医療受給者については受給者証の提示により、障害者手帳や受給者証を所持しない者で、統合失調症、そううつ病（そう病およびうつ病を含む）、てんかん、発達障害、高次脳機能障害の者等については、本人の了解を得た上で、障害者名または疾患名を記載した医師の診断書または意見書により確認を行うとされる（促進法Q&A〔第2版〕1-4-1）。

▶4　児童福祉法4条2項の定める障害を有する18歳未満の者は「障害児」として、総合支援法の障害福祉サービスの対象となる（総合支援法4条2項）。

質による急性中毒またはその依存症、知的障害、精神病質その他の精神疾患を有する者を指す。また、④は、発達障害がある者であって発達障害および社会的障壁により日常生活または社会生活に制限を受けるものをいう。「発達障害」とは、自閉症、アスペルガー症候群その他の広汎性発達障害、学習障害、注意欠陥多動性障害その他これに類する脳機能の障害であってその症状が通常低年齢において発現するものとして政令で定めるものをいう（発達障害者支援法2条1項）。⑤難病患者については、平成25（2013）年4月から総合支援法の対象となり、それ以降5回の対象疾病見直しによる対象者の拡大がはかられ、令和元（2019）年7月から361疾病に拡大されている。

②について、知的障害者福祉法に知的障害者の定義はおかれていないが、昭和48（1973）年の厚生省による通知「療育手帳制度の実施について」（昭和48（1973）年9月27日厚生省発児第156号厚生事務次官通知）に基づき都道府県知事または政令指定都市市長により交付される「療育手帳」を所持する者が、総合支援法の対象となると考えられる。

3 障害者差別解消法

障害者差別解消法（以下「差別解消法」という）2条1号は、「障害者」を「身体障害、知的障害、精神障害（発達障害を含む。）その他の心身の機能の障害（以下「障害」と総称する。）がある者であって、障害及び社会的障壁により継続的に日常生活又は社会生活に相当な制限を受ける状態にあるものをいう」と定義する。

差別解消法6条1項に基づき策定された「障害を理由とする差別の解消の推進に関する基本方針」（以下「差別解消法基本方針」という）は、差別解消法2条1号の「障害者」について、以下のように説明を加えている。すなわち、「障害者が日常生活又は社会生活において受ける制限は、身体障害、知的障害、精神障害（発達障害を含む。）その他の心身の機能の障害（難病に起因する障害を含む。）のみに起因するものではなく、社会における様々な障壁と相対することによって生ずるものとのいわゆる『社会モデル』の考え方をふまえている。したがって、法が対象とする障害者は、障害者手帳の所持者に限られない。なお、高次

脳機能障害は精神障害に含まれる」(第2の1 (1))。

II 雇用義務制度

1 雇用率制度

(1) 法定雇用率の算定方法

　事業主は、「法定雇用率」以上の障害者を雇用しなければならない (促進法43条1項)。この法定雇用率は、「労働者〔失業者を含む〕の総数に対する対象障害者である労働者〔失業者である対象障害者を含む〕の総数の割合を基準として設定するものとし、少なくとも5年ごとに、当該割合の推移を勘案して政令で定め」られる (同条2項)。

　精神障害者の雇用義務化を受け、法定雇用率の引上げ幅とその時期が検討された結果、急激な上昇を避けるための激変緩和措置として、「当該割合の推移」だけでなく、「対象障害者の雇用の状況その他の事情」を勘案する措置が令和5 (2023) 年までとられることとなった (平成25 (2013) 年改正促進法附則4条)。民間の事業主の法定雇用率は平成30 (2018) 年4月1日から2.2%、令和3 (2021) 年3月1日から2.3%[5]に引き上げられている。

　障害者の雇用義務を負うのは、「常時雇用する労働者」を1人以上雇用する事業主であるが (促進法43条1項)、法定雇用率が2.3% (労働者43.5人に1人の障害者を雇用することで達成される) であることから、常時雇用する労働者が43.5人以上の事業主に雇用義務が課せられているという表現が使われることが多い。

　法定雇用率の計算式を前提とすると、対象となる障害者の拡大や雇用障害者数の増加によって、法定雇用率は上昇する。実際に、法定雇用率の引上げ速度が近年速まっており、また、次回の法定雇用率の見直し (令和5 (2023) 年) の際には法定雇用率のさらなる引上げが予想されることから、使用者は、年々引

---

[5]　国・地方公共団体および特殊法人については2.6%、都道府県等の教育委員会については2.5%。

き上げられる法定雇用率の達成と多様な障害への対応に迫られている。

(2) 実雇用率のカウント方法

　雇用義務の対象となる「常時雇用する労働者」（促進法43条1項。以下「常用労働者」という）とは、労働契約の形式のいかんを問わず、事実上期間の定めなく雇用されている者を指す[6]。このうち、週の所定労働時間が20時間[7]以上30時間未満の者を「短時間労働者」（同条3項）という[8]。

　実雇用率のカウント方法は、**図表1-3-1**のとおりである。週の所定労働時間が30時間以上の常用労働者が実雇用率の算定基礎となっており、そのような雇用形態の障害者を1人雇用することにより1人として雇用率にカウントされる。重度障害者の雇用が一般的に困難であることにかんがみ、重度身体障害者（身体障害者手帳の障害等級が1級と2級の者）および重度知的障害者（知的障害者判定機関により知的障害の程度が重いと判定された者を含む）については、1人を雇用したことをもって2人としてカウントされる（ダブルカウント）。精神障害者に

【図表1-3-1：実雇用率のカウント方法】

週の所定労働時間		30時間以上	20時間以上30時間未満 （短時間労働者）
身体障害者		○	△
	重度	◎	○
知的障害者		○	△
	重度	◎	○
精神障害者		○	△ (※)

○＝1カウント、◎＝2カウント（ダブルカウント）、△＝0.5カウント（ハーフカウント）
※一部の短時間労働者である精神障害者については1カウントされる。
出典：厚生労働省「事業主のみなさまへ　障害者雇用促進法が改正されました」を一部改変の上引用

▶6　詳しくは、促進法逐条解説（2003年）147頁以下、永野ほか編詳説促進法（2018年）96頁以下〔長谷川珠子〕参照。
▶7　「通常の労働者の1週間の所定労働時間の半分にも満たない時間しか労働しない場合には、それにより職業生活において自立しているとはいえないと考えられる」として、1週間の所定労働時間が20時間未満の者は、法の対象となる短時間労働者に含まれないこととされた（促進法逐条解説（2003年）148頁）。
▶8　雇用義務制度については、その事務を取り扱う高齢・障害・求職者雇用支援機構のウェブサイト（https://www.jeed.or.jp/）が詳しい。

は重度分類がないため、ダブルカウントの適用はない。重度身体障害および重度知的障害のある短時間労働者については、1人をもって1人として、重度ではない身体障害および知的障害ならびに精神障害のある短時間労働者は、1人をもって0.5人としてカウントされる（ハーフカウント）。ただし、精神障害者の雇用義務化に合わせ、精神障害のある短時間労働者の一部について、1人をもって1人としてカウントする対応が暫定的にはかられることとなった。対象となるのは、精神障害者保健福祉手帳の所持者で新規雇入れから3年以内の者または精神障害者保健福祉手帳取得から3年以内の者である▶9。

　このように、障害の程度および週所定労働時間に応じた雇用率カウントは行われているが、障害者の定着率や勤続年数、障害者の年齢などを雇用率カウントにあたって評価する仕組みは存在しない（➡第5章第1節Ⅱ2）。

2 納付金制度

（1）納付金と調整金

　納付金制度は、障害者の雇用に伴う事業主間の経済的負担の調整と、障害者の雇用水準を全体として引き上げるための助成・援助のために設けられた制度である。雇用率未達成事業主から不足1人につき月額5万円の「納付金」を徴収し、雇用率達成事業主に対し超過1人につき月額2万7000円の「調整金」を支給する。常用労働者数100人以下の事業主は納付金の支払義務を負わないが、6人を超えて障害者を雇用している場合は超過1人につき月額2万1000円の「報奨金」が支給される。

（2）特例給付金

　令和元（2019）年促進法改正により、週所定労働時間が10時間以上20時間未満の者（特定短時間労働者）を雇用する事業主に対して、納付金制度に基づく

▶9　退職した事業主に3年以内に再雇用された場合や、雇用されている障害者が療育手帳の交付後に精神障害者保健福祉手帳を取得した場合は、対象とならない。

「特例給付金」を支給する仕組みが導入された（促進法49条1号の2）▶10。支給額の単価は、調整金の単価および短時間労働者のハーフカウントとの均衡をふまえ調整金の単価の4分の1程度とし、週20時間未満の安易な雇用促進とならないよう支給対象の下限労働時間は週10時間とされた。常用労働者数100人超の事業主が特定短時間労働者である障害者を雇用した場合、1人につき月7000円（100人以下の場合は月5000円）の特例給付金が支給される。当該事業主が雇用する週20時間以上の障害者数（ダブル／ハーフカウントを反映）が、特例給付金の支給上限人数となる。支給期間に限定はない。

（3）助成金

　納付金を財源として、障害者の雇用にあたって必要となる施設・設備の整備、適切な雇用管理をはかるための特別な措置のための費用（助成金）が支給される（納付金以外の財源による助成金については➡本節Ⅵ1）。

　具体的には、障害者雇用のために作業施設や福祉施設等の設置または整備を行う事業主に支給される「障害者作業施設設置等助成金」および「障害者福祉施設設置等助成金」や、障害者の雇用管理のために必要な介助者等を配置または委嘱する事業主に対して支給される「障害者介助等助成金」がある。

　このほか、障害者の通勤を容易にするための措置を行う事業主に支給される「重度障害者等通勤対策助成金」や、重度障害者を多数雇用し、これらの障害者のために事業施設等の整備等を行う事業主に対して助成を行う「重度障害者多数雇用事業所施設設置等助成金」がある。

（4）在宅就業障害者支援制度

　在宅就業障害者支援制度とは、自宅等において就業する障害者の就業機会の確保等を支援するため、これらの障害者に直接または在宅就業支援団体▶11を

▶10　特定短時間労働者である障害者は、特例給付金制度の対象とはなるが、実雇用率にはカウントされない。
▶11　在宅就業支援団体となるためには、在宅就業障害者の希望に応じた就業の機会を確保し、および在宅就業障害者に対して組織的に提供することその他の在宅就業障害者に対する援助の業務を行う法人であること、常時10人以上の在宅就業障害者に継続的に支援を行うこと、障害者の在宅就業に関して知識および経験を有する3人以上の者を置くこと（うち1人は専任の管理者とするこ

介して、業務を発注した事業主に対して、障害者に対して支払われた報酬に応じて、特例調整金等を支給する制度であり（促進法74条の2以下）、平成18 (2006) 年から開始された。

　制度の対象となる障害者は、雇用義務制度の対象者と同様であり、原則として障害者手帳の所持者に限られる。また、制度の対象となる就業場所は、自宅のほか、障害者が業務を実施するために必要な施設・設備を有する場所、就業に必要な知識・能力の向上のために必要な訓練等が行われる場所（具体的には、就労移行支援事業所や一定の要件を満たした就労継続支援B型事業所）および障害の種類・程度に応じて必要な職業準備訓練が行われる場所等が含まれる。

　この制度は、調整金・報奨金に関する特別な制度として位置づけられており、在宅就業障害者支援制度を使用した場合でも、実雇用率にはカウントされない。在宅就業支援団体として登録するための要件が厳しいこと▶12や制度が複雑なこと、あるいは、実雇用率への反映がないこと等から、利用が進んでいない。

3 特例子会社

(1) 制度概要

　本調査の対象である「特例子会社」の制度について、以下で紹介する。

　雇用義務は法人単位で課されるため、親会社と子会社の関係であっても、子会社で雇用されている障害者を親会社の雇用率に算定することができないのが原則である。しかし、一定の要件を満たす特例子会社を設立し厚生労働大臣の認定を受けた場合、特例子会社を親会社に合算して実雇用率を算定できる仕組みがある。これが「特例子会社制度」であり、昭和62 (1987) 年促進法改正により法律上規定された（促進法44条）。

と）、在宅就業支援を行うために必要な施設および設備を有することを要し、かつ、厚生労働大臣による登録を受けなければならない（促進法74条の3）。
▶12　令和2 (2020) 年7月現在、登録を受けている団体は全国で23団体である。JEEDウェブサイト (https://www.challenge.jeed.or.jp/shien/job_grp.html)。

【図表1-3-2：特例子会社制度・グループ適用】

〔特例子会社制度〕　　　　　　〔グループ適用〕　　　（平成14（2002）年10月から施行）

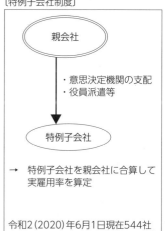

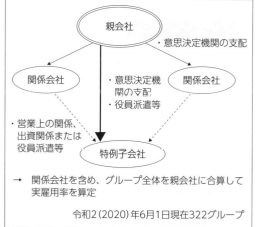

出典：厚生労働省「『特例子会社』制度の概要」

　さらに、平成14（2002）年から、特例子会社をもつ企業グループにおいて、関係会社を含め、親会社に合算して実雇用率を算定できる「グループ適用」の制度[13]が（促進法45条）、また、平成21（2009）年から、一定の要件を満たす企業グループとして厚生労働大臣の認定を受けたものについては、特例子会社がない場合であっても、企業グループ全体で実雇用率の通算が可能となる「企業グループ算定特例」（以下「グループ算定特例」という）が、それぞれ導入されている（同45条の2）[14]。

----

[13]　インタビュー調査を行った特例子会社3社は、いずれもこのグループ適用を利用している（➡第2章第3節1（1））。

[14]　グループ算定特例導入と同時に、「事業協同組合等算定特例」（特定事業主特例）も創設された。これは、中小企業が事業協同組合等を活用して共同事業を行い、一定の要件を満たすものとして厚生労働大臣の認定を受けたものについて、事業協同組合等（特定組合等）とその組合員である中小企業（特定事業主）で実雇用率の通算を可能とするものである。令和2（2020）年6月1日現在の利用件数は8件で、活用されているとはいいがたい。

【図表1-3-3：企業グループ算定特例】

（平成21（2009）年4月から施行）

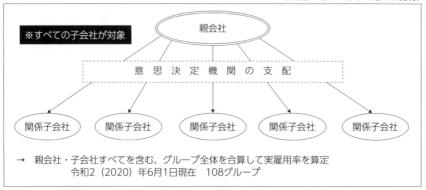

出典：厚生労働省「『企業グループ算定特例』（関係子会社特例）の概要」

（2）認定要件等

（a）特例子会社　　「特例子会社」の認定要件は、親会社側については、親会社が当該子会社（特例子会社）の意思決定機関（株主総会等）を支配していることとされる（促進法44条1項、同施行規則8条の2。具体的には、特例子会社の議決権の過半数を有すること等）。これに対し、特例子会社側の要件は、①親会社との人的関係が緊密であること、②（特例子会社に）雇用される障害者が5人以上で、全常用労働者に占める障害者の割合が20％以上であること、また、雇用される障害者に占める重度身体障害者、知的障害者および精神障害者の割合が30％以上であること、③障害者の雇用管理を適正に行うに足りる能力を有していること（具体的には、障害者のための施設の改善、専任の指導員の配置等）、④その他、障害者の雇用の促進および安定が確実に達成されると認められることとされる（促進法44条1項1～4号）。

（b）グループ適用　　「グループ適用」を利用するためには、上述の特例子会社の設立に加え、①親会社が関係会社の意思決定機関を支配していること、②関係会社と特例子会社の人的関係もしくは営業上の関係が緊密であること、または、関係会社が特例子会社に出資していること、③親会社が障害者雇用推進者を選任し、かつ、その者が特例子会社および関係会社

についても、障害者雇用促進等のための業務を行うこと、④親会社が、親会社・特例子会社・関係会社に雇用される障害者の雇用の促進および安定を確実に達成されると認められること、が要件となる（促進法45条1項1～3号）。

（ｃ）グループ算定特例　「グループ算定特例」の認定要件は、以下のとおりである。親会社の要件として、①親会社が、関係子会社の意思決定機関（株主総会等）を支配していること、②親会社が障害者雇用推進者を選任していること。関係子会社の要件として、①各子会社の規模に応じて、それぞれ常用労働者数に1.2％を乗じた数以上の障害者を雇用していること、②障害者の雇用管理を適正に行うことができると認められることまたは他の子会社が雇用する障害者の行う業務に関し人的関係もしくは営業上の関係が緊密であること、③その他、障害者の雇用の促進および安定が確実に達成されると認められること、とされる（促進法45条の2第1項1～4号）。

（ｄ）各制度の特徴と利用状況　特例子会社制度は親会社と特例子会社の2社関係であるのに対し、グループ適用とグループ算定特例は関係（子）会社が関わる点に大きな違いがある。

グループ適用とグループ算定特例は同じような制度にみえるが、以下の点が異なる。第1に、グループ適用の場合には特例子会社の設立が必要であるのに対し、グループ算定特例では不要であること、第2に、グループ適用の場合は合算対象とする関係会社を選ぶことができるのに対し、グループ算定特例の場合には親会社のもとにあるすべての子会社（関係子会社）が合算の対象となること、第3に、グループ適用では関係会社による一定率・数以上の障害者雇用を要件としていないが、グループ算定特例の場合にはすべての関係子会社が1.2％以上の障害者を雇用していることが要件となることである。

特例子会社に関する2000年代の法改正、法定雇用率の引上げあるいは企業の社会的責任の意識の高まり等の影響もあり、令和2（2020）年6月1日時点の、特例子会社数は544、グループ適用の利用は322グループ、グループ算定特例の利用は108グループと、順調に増加している。

なお、グループ適用やグループ算定特例に関して、企業グループ内にＡ型事業所を設立し、Ａ型利用者を実雇用率に算入することが認められている（その賛否については➡第2章第4節Ⅰ4・第5章第1節Ⅱ5(3)）。

4 実効性確保のための措置

（1）企業名の公表・解雇の届出等

　常用労働者数43.5人（法定雇用率が2.3%の場合）以上のすべての事業主は、毎年6月1日時点の障害者の雇用状況を厚生労働大臣に報告しなければならない（雇用状況報告。促進法43条7項）。厚生労働大臣（公共職業安定所長）は、障害者の実雇用率が著しく低い事業主に対して、障害者を雇入れるための計画（雇入れ計画）の作成を命じることができる（同46条1項）。雇入れ計画の実施状況が悪い事業主には適正な実施の勧告が行われ（同条6項）、雇用状況の改善が特に遅れており、法定雇用率への不足分が特に多い事業主については、最終的に企業名の公表が行われる（同47条）。

　事業主は、障害者を解雇する場合には、労働者に帰責事由のある場合等を除き、公共職業安定所長に届け出なければならない（同81条1項。国および地方公共団体については同条2項）。

（2）中小事業主に対する認定制度（もにす認定制度）

　令和元（2019）年促進法改正により、障害者の雇用の促進および雇用の安定に関する取組みの実施状況などが優良な中小事業主（常用労働者数300人以下）について、その申請により、厚生労働大臣が認定する制度が創設された（促進法77条以下）。この背景には、100人以下の事業主については障害者雇用の状況が停滞していることや、障害者をまったく雇用していない中小事業主も多く存在するという課題があった。

　認定基準は、障害者の雇用状況や定着状況だけでなく、満足度やキャリア形成、職務環境や働き方等、多岐の項目にわたるとともに、障害者就労施設への発注も認定基準に含まれている点が注目される。項目と達成具合ごとに評価点を加点する方式で、50点満点中20点以上（特例子会社の場合は35点以上）の得点のある事業主が認定される。認定を受けた事業主は、障害者雇用優良中小事業主認定マーク（愛称：もにす[15]）の使用を認められる。認定を受けた事業主側のメリットとしては、自社の商品、広告等へのマークの使用や求人票への表示、

ダイバーシティ・働き方改革等の広報効果、地方公共団体の公共調達等における加点の促進等がある。また、認定を受けた事業主の取組状況を、地域における障害者雇用のロールモデルとして公表し、他社においても参考とできるようにすることなどを通じ、中小事業主全体で障害者雇用の取組みが進展することが期待されてもいる。

　令和2（2020）年12月末時点において、22の事業主がこの認定を受けている（うち、特例子会社は10）。

 # III　差別禁止・合理的配慮提供義務

1　促進法と差別解消法の役割分担

　障害者基本法4条に定められた差別禁止の基本原則を具体化するため、差別解消法が制定され、促進法に差別禁止に関する規定が設けられた。適用の場面について、労働者に対して行われる障害者差別等は促進法の適用を受け、それ以外の生活・社会分野における障害者差別等は差別解消法の適用を受ける（差別解消法13条）。また、合理的配慮の提供について、促進法は事業主の法的義務として定めるが、差別解消法では民間の事業者については努力義務とされる（国・地方公共団体等については法的義務）。

　本調査において対象とした特例子会社は促進法の適用を受け、B型事業所は差別解消法の適用を受ける。A型事業所は、労働者としての障害者との関係では促進法の適用を受け、利用者としての障害者との関係では差別解消法の適用を受ける。

▶15　愛称の「もにす」は、「共に進む（ともにすすむ）」という言葉と、企業と障害者が共に明るい未来や社会に進んでいくことを期待して名づけられた。

2 差別禁止

(1) 促進法

促進法における差別の禁止は、募集・採用時と採用後とに分けて定められている。事業主は、労働者の募集および採用について、障害者に対して、障害者でない者と均等な機会を与えなければならない（促進法34条）。また、採用後において、賃金の決定、教育訓練の実施、福利厚生施設の利用その他の待遇について、労働者が障害者であることを理由として、障害者でない者と不当な差別的取扱いをしてはならない（同35条）。差別禁止および合理的配慮提供義務の規定は、企業規模にかかわりなくすべての事業主が規制の対象となる。

促進法が禁止する差別は、差別意思のある不利益取扱い（直接差別）であるとされる。他方、障害以外の一見中立的な基準等を適用することにより、障害者に（著しく）不利益な結果が生じるような場合を「間接差別」というが、促進法はこの間接差別については禁止していないと解されている。ただし、車いす、補助犬その他の支援器具等の利用、介助者の付添等を理由とする不当な不利益取扱いは、禁止される差別に該当する（差別禁止指針第2）。

差別禁止指針第3は、募集・採用、賃金、配置、昇進、降格、教育訓練、福利厚生、職種の変更、雇用形態の変更、退職の勧奨、定年、解雇、労働契約の更新を列挙し、各場面において禁止される差別を説明する。それらの差別は、①障害者のみを対象から外すまたは障害者のみを対象とすること、②障害者に対してのみ不利な条件を付すこと、③障害のない者を優先することの3類型に整理することができる。

禁止される差別に該当しない例として、①積極的差別是正措置として障害のない者より障害者を有利に取り扱うこと、②合理的配慮を提供し労働能力等を適正に評価した結果として障害者でない者と異なる取扱いをすること、③合理的配慮に関する措置を講じること（結果として障害のない者と異なる取扱いとなること）、④障害者専用求人の採用選考や採用後において、仕事をする上での能力や適性の判断、合理的配慮の提供のためなど雇用管理上必要な範囲で、プライバシーに配慮しつつ障害者に障害の状況等を確認すること、が挙げられている

（差別禁止指針第3の14）。①の理由から、障害者の採用枠を設定し優先的に採用することは、差別とならない。特例子会社制度も、積極的差別是正措置であり差別禁止規定には違反しないと解される。

（2）差別解消法

　国・地方公共団体等および事業者は、その事業を行うにあたり、障害を理由として障害者でない者と不当な差別的取扱いをすることにより、障害者の権利利益を侵害してはならない（差別解消法7条1項・8条1項）。「事業者」とは、「商業その他の事業を行う者（国、独立行政法人等、地方公共団体及び地方独立行政法人を除く。）」をいう（同2条7号）。差別解消法基本方針によれば、「商業その他の事業を行う者……であり、目的の営利・非営利、個人・法人の別を問わず、同種の行為を反復継続する意思をもって行う者である」とされる。

　差別解消法基本方針に即し、主務大臣は不当な差別的取扱いの禁止および合理的配慮の提供に関し、事業者が適切に対応するために必要な指針を定めるものとされていることを受け、厚生労働大臣は、平成27（2015）年11月に「福祉事業者向けガイドライン〜福祉分野における事業者が講ずべき障害を理由とする差別を解消するための措置に関する対応指針〜」（以下「福祉事業者向けガイドライン」という）を策定し、公表している。

3 合理的配慮提供義務

（1）促進法

　促進法は、合理的配慮についても、募集・採用時と採用後に分けて規定している。募集・採用において、事業主は、障害者と非障害者との均等な機会の確保の支障となっている事情を改善するため、労働者の募集・採用にあたり障害者からの申出により当該障害者の障害の特性に配慮した必要な措置を講じなければならない（促進法36条の2）。採用後は、障害者である労働者について、障害者でない労働者との均等な待遇の確保または障害者である労働者の有する能力の有効な発揮の支障となっている事情を改善するため、その雇用する障害者

である労働者の障害の特性に配慮した職務の円滑な遂行に必要な施設の整備、援助を行う者の配置その他の必要な措置を講じなければならない（同36条の3）。

　具体的な合理的配慮例は、合理的配慮指針別表に、視覚障害、聴覚・言語障害、肢体不自由、内部障害、知的障害、精神障害、発達障害、難病に起因する障害、高次脳機能障害ごとに、募集・採用時と採用後に分けて示されている。

　合理的配慮の提供が事業主にとって過重な負担となる場合は、提供義務を負わない（促進法36条の2ただし書・36条の3ただし書）。過重な負担にあたるか否かは、①事業活動への影響の程度（事業所における生産活動やサービス提供への影響その他の事業活動への影響の程度）、②実現困難度（事業所の立地状況や施設の所有形態等による当該措置を講ずるための機器や人材の確保、設備の整備等の困難度）、③費用・負担の程度、④企業の規模、⑤企業の財務状況、⑥公的支援の有無を総合的に勘案しながら、個別に判断する（合理的配慮指針第5）。

　合理的配慮の提供に際し、事業主は、障害者との話し合いの場を設けることや障害者の意向を十分に尊重することが求められる（促進法36条の4第1項・合理的配慮指針第3）。この背景には、合理的配慮が、個々の障害の状態や職場の状況に応じて提供されるものであり、多様かつ個別性が高いものであるとの考えがある（合理的配慮指針別表2）。特例子会社およびＡ型事業所においても多様な合理的配慮が提供されている一方で、合理的配慮の範囲の不明確さゆえに困難を抱える会社や事業所が存在することが予想される（合理的配慮に関して寄せられた悩みについては➡第2章第2節Ⅴ2・第4節Ⅰ2）。

（2）差別解消法

　すでに述べたように、差別解消法における合理的配慮の提供について、国・地方公共団体等は法的義務であるのに対し（7条2項）、民間の事業者は努力義務とされている（8条2項）。合理的配慮の実施に伴う負担が過重であるときは合理的配慮の提供義務を負わないとする点は（同項）、促進法の規定と同様である。合理的配慮の具体例は「福祉事業者向けガイドライン」に示されている。

Ⅳ 就労（移行）支援

　以下では、一般雇用を目指す障害者に対して実施される、促進法上の職業リハビリテーションと総合支援法上の就労支援について紹介する。

1 促進法における職業リハビリテーション

　職業リハビリテーションとは、障害者に対して職業指導、職業訓練、職業紹介等の措置を講じ、その職業生活における自立をはかることをいう（促進法2条7号）。職業リハビリテーションを担う機関には、公共職業安定所（ハローワーク）、都道府県、障害者職業センター、障害者就業・生活支援センター（ナカポツセンター）がある▶16。

（1）ハローワーク

　ハローワークは、求職者に対して就職・転職に関する相談・指導、適性や希望にあった職場への職業紹介を行うとともに、雇用保険の受給手続を受ける機関であるところ、促進法は、ハローワークが障害者に対して行うべき業務として、以下を挙げる。すなわち、①障害者の求職に関する情報の収集、事業主に対する当該情報の提供および障害者の雇入れの勧奨等の実施、障害者の能力に適合する求人の開拓（促進法9条）、②求人者に対する求人条件についての指導・障害者の職業能力に関する資料の提供（同10条）、③障害者に対する適性検査の実施、雇用情報の提供、職業指導等（同11条）、④障害者に対する適応訓練を受けることについてのあっせん（同14条）▶17、⑤就職後の障害者への必要な助言・指導（同17条）、⑥事業主に対する障害者の雇用に関する助言・指導（同18条）である。

▶16　永野ほか編詳説促進法（2018年）74頁以下〔永野仁美〕。
▶17　都道府県は、必要があると認めるときは、その能力に適合する作業の環境に適応することを容易にすることを目的として、適応訓練を行う（促進法13条1項）。

(2) 障害者職業センター

　障害者職業センターは、障害者の職業生活における自立を促進する職業リハビリテーションの中核的な機関として設置されており、①障害者職業総合センター、②広域障害者職業センター、③地域障害者職業センターがある（促進法19条1項）。その業務の全部または一部は、独立行政法人高齢・障害・求職者雇用支援機構に委ねられている（同条2項）。

　千葉県千葉市に設置された障害者職業総合センターは、①職業リハビリテーションに関する調査・研究、②障害者雇用に関する情報の収集・分析・提供、③障害者職業カウンセラーおよび職場適応援助者（ジョブコーチ）の養成・研修、④広域障害者職業センター、地域障害者職業センター、障害者就業・生活支援センター等への職業リハビリテーションに関する助言・指導・援助、⑤障害者に対する職業評価、職業指導、基本的な労働の習慣を体得するための訓練、職業に必要な知識・技能を習得するための講習の実施、⑥雇用されている知的障害者等への職場適応に関する助言・指導、⑦事業主に対する障害者の雇用管理に関する事項についての助言・援助等を行う（同20条）。

　広域障害者職業センターは、埼玉県所沢市にある国立職業リハビリテーションセンターと、岡山県加賀郡吉備中央町にある国立吉備高原職業リハビリテーションセンターの2つがある。同センターは、系統的に職業リハビリテーションの措置を受けることを必要とする障害者を対象に、職業評価、職業指導、職業講習等を実施する（同21条）。

　地域障害者職業センターは、都道府県の区域内で、①障害者に対する職業評価、職業指導、職業準備訓練、職業講習の実施、②雇用されている知的障害者等への職場適応に関する助言・指導、③事業主に対する障害者の雇用管理に関する事項についての助言・援助、④ジョブコーチの養成・研修、⑤障害者就業・生活支援センター等への職業リハビリテーションに関する助言・援助等を行う（同22条）。

(3) 障害者就業・生活支援センター

　障害者就業・生活支援センターは、障害者の身近な地域において、就業面と

生活面の一体的な相談・支援を行う機関として設置されている。同センターは、都道府県知事による指定を受けた一般社団法人や一般財団法人、社会福祉法人、NPO法人等が運営する（促進法27条）。同センターの主な業務は、支援対象障害者（職業生活における自立をはかるために就業およびこれに伴う日常生活または社会生活上の支援を必要とする障害者）からの相談に応じ、必要な指導・助言を行うとともに、ハローワークや地域障害者職業センター、社会福祉施設、医療施設、特別支援学校等の関係機関との連絡調整、支援対象障害者に関する状況の把握、支援対象障害者を雇用する事業主に対する雇用管理に関する助言、その他の援助を総合的に行うことである（同28条、同施行規則4条の9）。

　具体的には、就業面での支援として、就職に向けた準備支援や就職活動の支援、職場定着に向けた支援が、生活面での支援として、生活習慣の形成、健康管理、金銭管理等の日常生活上の自己管理に関する助言、住居・年金・余暇活動等の地域生活および生活設計に関する助言がなされる。

2 総合支援法における就労移行支援・就労定着支援

　総合支援法は、障害者の就労を支援するサービスとして、①就労継続支援A型、②就労継続支援B型、③就労移行支援、④就労定着支援の4つを有する。以下では③および④について解説し、①と②はVで解説する。

(1) 就労移行支援

　「就労移行支援」とは、「就労を希望する障害者につき、厚生労働省令で定める期間にわたり、生産活動その他の活動の機会の提供を通じて、就労に必要な知識及び能力の向上のために必要な訓練その他の厚生労働省令で定める便宜を供与することをいう」（総合支援法5条13項）。

　期間は原則として2年であり（総合支援法施行規則6条の8）、厚生労働省令で定める便宜とは、就労を希望する65歳未満の障害者または一部の65歳以上の障害者「であって、通常の事業所に雇用されることが可能と見込まれるものにつき、生産活動、職場体験その他の活動の機会の提供その他の就労に必要な知識及び能力の向上のために必要な訓練、求職活動に関する支援、その適性に応

じた職場の開拓、就職後における職場への定着のために必要な相談その他の必要な支援」とされる（同6条の9）。

　就労移行支援の主たる目的は、当該サービスの利用によって一般就労等へ移行することであり、原則2年間のプログラムに基づいて、生産活動や職場体験等を通じて、就労に必要な知識や能力の向上のために必要な訓練等が行われる。具体的な利用者像は、①企業等への就労を希望する者および②技術を習得し在宅で就労・起業を希望する者とされる。

（2）就労定着支援

　就労移行支援等を利用し、一般就労に移行する障害者が徐々に増加する中で、一般就労へ移行した障害者の職場定着が課題となり、就労定着に向けた支援を行う新たなサービス（就労定着支援）が、平成30（2018）年4月1日から開始された。

　「就労定着支援」とは、「就労に向けた支援として〔就労移行支援や就労継続支援等▶18を利用して〕通常の事業所に新たに雇用された障害者につき、厚生労働省令で定める期間にわたり、当該事業所での就労の継続をはかるために必要な当該事業所の事業主、障害福祉サービス事業を行う者、医療機関その他の者との連絡調整その他の厚生労働省令で定める便宜を供与することをいう」（総合支援法5条15項）。

　支援期間は、就労移行支援事業所による職場定着支援▶19の期間（原則6か月）終了後、最大3年とされる（総合支援法施行規則6条の10の3）。厚生労働省令で定める便宜とは「障害者が新たに雇用された通常の事業所での就労の継続を図るために必要な当該事業所の事業主、障害福祉サービス事業を行う者、医療機関その他の者との連絡調整、障害者が雇用されることに伴い生ずる日常生活又は社会生活を営む上での各般の問題に関する相談、指導及び助言その他の必要な支援」である（同6条の10の4）。

▶18　このほか、総合支援法に基づく「生活介護」や「自立訓練」（➡本節Ⅴ2）を利用して一般就労に移行した障害者も就労定着支援の対象者となる（総合支援法施行規則6条の10の2）。

▶19　就労移行支援は、利用者が就職した日から6か月以上、職業生活における相談等の支援を継続しなければならないこととされ、定着率が高いほど基本報酬額が高くなる仕組みとなっている。就労継続支援A型およびB型は、就労定着支援が努力義務とされている。

福祉的就労等から一般就労に移行した障害者であって、就労に伴う環境変化により生活面の課題（生活リズム、体調の管理、賃金の浪費等）が生じている者が対象とされ、障害者が新たに雇用された事業所での就労の継続をはかることを目的とする。具体的なサービス内容は、①事業主、障害福祉サービス事業者（就労移行支援事業所、就労継続支援事業所、障害者就業・生活支援センター、社会福祉協議会等）、医療機関等との連絡調整と、②雇用に伴い生じる日常生活または社会生活を営む上での問題に関する相談、指導および助言等の支援である。

3 雇用と福祉の連携

雇用と福祉の連携は、平成17（2005）年の障害者自立支援法（その後、総合支援法に名称変更）の制定過程において意識され始め、促進法においても、福祉施策との有機的な連携をはかりながら、一般雇用への移行を促進する施策が平成17(2005) 年促進法改正において導入された（➡本章第2節Ⅳ 1（2））[20]。その1つが、ハローワークを中心とした「チーム支援」と呼ばれるものである。福祉施設等を利用する障害者のうち、就職を希望する者1人ひとりに対し、ハローワークの職員を主査、福祉施設等の職員を副主査とし、その他の就労支援者も加わってチームを結成し、就職から職場定着まで一貫した支援を実施する。福祉施設等には、地域障害者職業センター、障害者就業・生活支援センター、就労移行支援事業所、特別支援学校などが含まれる。また、その他の就労支援者には、ジョブコーチ、相談支援事業所、福祉事務所、発達障害者支援センター、難病相談・支援センター、医療機関が想定されている。

---

[20] 雇用と福祉の連携に関し、近年以下の動きがみられる。平成30（2018）年8月に厚生労働大臣を本部長とする「2040年を展望した社会保障・働き方改革本部」が設置され、そのもとに、部局横断的な政策課題について、従来の所掌にとらわれることなく取り組むためのプロジェクトチームが8つ設けられた。その1つである「障害者雇用・福祉連携強化プロジェクトチーム」は、「障害者就労支援の更なる充実・強化に向けた主な課題と今後の検討の方向性（中間取りまとめ）」を令和2（2020）年9月29日に取りまとめ、その中で、雇用施策と福祉施策の縦割りを課題として取り上げている。これを受け、同年11月から「障害者雇用・福祉施策の連携強化に関する検討会」が開催されており、雇用と福祉の連携は今後さらに強化されることが予想される。

Ⅴ 福祉的就労等

以下では、総合支援法に基づく①就労継続支援Ａ型と②就労継続支援Ｂ型について紹介する。

1 就労継続支援

「就労継続支援」とは、「通常の事業所に雇用されることが困難な障害者につき、就労の機会を提供するとともに、生産活動その他の活動の機会の提供を通じて、その知識及び能力の向上のために必要な訓練その他の厚生労働省令で定める便宜を供与することをいう」（総合支援法5条14項）。「厚生労働省令で定める便宜」は、Ａ型とＢ型という2つの区分に応じ、以下のように定められている。

（1）就労継続支援Ａ型

Ａ型における便宜とは、「通常の事業所に雇用されることが困難であって、雇用契約に基づく就労が可能である者に対して行う雇用契約の締結等による就労の機会の提供及び生産活動の機会の提供その他の就労に必要な知識及び能力の向上のために必要な訓練その他の必要な支援」をいう（総合支援法施行規則6の10第1号）。

サービス内容は、通所により、原則雇用契約に基づく就労の機会を提供するとともに、一般就労に必要な知識、能力が高まった者について支援することとされ、利用期間の制限はない[21]。

▶21　就労継続支援Ａ型事業所の指定を受けるには、法人でなければならないが、社会福祉法人である必要はなく、株式会社、合同会社、NPO法人、一般社団法人等も就労継続支援事業を営むことができる。それゆえ、企業グループ内にＡ型事業所を設立する動きもみられている（➡第2章第4節Ⅰ4）。ただし、福祉法人以外の者である場合は、「専ら社会福祉事業を行う者」でなければならない（障害者の日常生活及び社会生活を総合的に支援するための法律に基づく指定障害福祉サービスの事業等の人員、設備及び運営に関する基準189条1項）。また、特例子会社はＡ型事業者となることができない（同条2項）。

（2）就労継続支援B型

　B型における便宜とは、「通常の事業所に雇用されることが困難であって、雇用契約に基づく就労が困難である者に対して行う就労の機会の提供及び生産活動の機会の提供その他の就労に必要な知識及び能力の向上のために必要な訓練その他の必要な支援」とされる（総合支援法施行規則6の10第2号）。

　サービスの内容は、B型事業所内において、就労の機会や生産活動の機会を提供するとともに、一般就労に向けた支援をすることとされ、利用期間の制限はない。

（3）具体的な利用者像等

　就労継続支援は、一般就労が困難な障害者を対象とするが、その中で、雇用契約に基づく就労が可能である者（A型）と、雇用契約に基づく就労が困難である者（B型）に分かれる。

　具体的な利用者像について、A型は、①就労移行支援事業を利用したが企業等の雇用に結びつかなかった者、②特別支援学校を卒業して就職活動を行ったが企業等の雇用に結びつかなかった者、③企業等を離職した者等就労経験のある者、現に雇用関係のない者であって、就労に必要な知識・能力の向上をはかることにより雇用契約に基づく就労が可能な障害者とされる。65歳未満との年齢制限が設けられていたが、平成30（2018）年4月に見直され、65歳に達する前日までにA型利用者であった者については、65歳以降も利用継続が可能となった。

　B型の利用者像は、①企業等やA型での就労経験がある者であって年齢や体力の面で雇用されることが困難となった者、②就労移行支援事業を利用したが企業等またはA型の雇用に結びつかなかった者、③以上に該当しない者であって50歳に達している者等であり、就労の機会等を通じて生産活動に関する知識および能力の向上や維持が期待される障害者であるとされる。利用に関する年齢要件はない。

2 地域生活等を支援する制度

　総合支援法は、上述の就労支援だけでなく、地域での生活や充実した日常生活を送るために必要となるサービスの提供についても規定する。以下では、生活介護、自立訓練および生活援助について紹介する。

（1）生活介護

　「生活介護」とは、常時介護を要する障害者に対し、主に昼間に障害者支援施設等において提供されるサービスであり、具体的には、入浴、排せつおよび食事等の介護、調理、洗濯および掃除等の家事、生活等に関する相談・助言、創作的活動・生産活動の機会等を提供する（総合支援法5条7項、同施行規則2条の6）。

　創作活動や生産活動として、自主製品の制作やパン・菓子等の製造を行うことや、企業からの作業（内職）を請け負うことがあるが、就労支援とは異なるものと整理されている▶22。

（2）自立訓練

　「自立訓練」とは、自立した日常生活または社会生活を営むことができるよう、身体機能または生活能力の向上のための訓練等を提供するものであり、機能訓練と生活訓練の2つがある（総合支援法5条12項）。「機能訓練」とは、理学療法、作業療法その他必要なリハビリテーション、生活等に関する相談および助言その他の必要な支援であり、「生活訓練」とは、入浴、排せつおよび食事等に関する自立した日常生活を営むために必要な訓練、生活等に関する相談および助言その他の必要な支援である。いずれも、障害者支援施設、サービス事

▶22　総合支援法における自立支援給付には、主に「介護給付費」と「訓練等給付費」の2種類があり、生活介護は介護給付費の1つである。介護給付費の場合は、障害支援区分（非該当、区分1〜6）の認定が必要とされ（総合支援法施行令10条1項）、区分により利用できるサービスに違いがある。一方、就労移行支援、就労継続支援、自立訓練、共同生活援助、自立生活援助は、訓練等給付費に含まれ、障害支援区分の認定を受ける必要はない（ただし、共同生活援助の利用に際し、利用者が介護（入浴、排せつまたは食事の介護）の提供を希望する場合等は、障害支援区分の認定を要する）。

業所または障害者の居宅において行われる（同施行規則6条の7）。期間は、原則として、機能訓練は1年6か月、生活訓練は2年とされる（同6条の6）。

(3) 生活援助

　生活援助には「共同生活援助」と「自立生活援助」がある。「共同生活援助」とは、施設ではなく共同生活を営むべき住居（グループホーム）で生活をしている人に対して提供されるサービスで、相談、入浴、排せつまたは食事の介護その他の日常生活上の援助を行う（総合支援法5条17項）。

　障害者支援施設やグループホームを利用していた障害者が一人暮らしに移行した場合等には、「自立生活援助」として、定期的な巡回訪問によりまたは随時通報を受け、障害者に関する状況の把握、必要な情報の提供・助言・相談、障害福祉サービス事業者や医療機関等との連絡調整その他の障害者が居宅における自立した日常生活を営むために必要な援助が行われる（同5条16項、同施行規則6条の10の7）。期間は原則として1年である（同6条の10の6）。

Ⅵ　その他の制度

　以下では、障害者雇用・就労に関わる制度として、各種の助成金と障害者優先調達推進法について紹介する。

1　障害者雇用に関する助成

　納付金を財源とする助成金に加え（➡本節Ⅱ2（3））、障害者の雇用に関する助成金制度が、雇用保険二事業を財源[23]として実施されている[24]。

▶23　後述する特定就職困難者コースの財源の一部は一般会計である。
▶24　以下は、令和2（2020）年度における制度に基づく記述である。年度により変更があるため、詳細は、厚生労働省・都道府県労働局・ハローワークほか等が作成する当該年度の「雇用・労働分野の助成金のご案内」を参照していただきたい（詳細版と簡易版がある）。

（1）雇入れ時

　障害者を雇い入れた際に事業主に支給される助成金には以下のものがある。

（a）特定求職者雇用開発助成金

特定求職者雇用開発助成金（特開金）には、①障害者や高年齢者等の就職困難者をハローワーク等の紹介により雇い入れた場合に事業主に助成金を支給する「特定就職困難者コース」、②発達障害者や難病患者をハローワーク等の紹介により雇い入れ、雇用管理に関する事項を把握・報告する事業主に助成金（50万円（中小事業主の場合は120万円））を支給する「発達障害者・難治性疾患患者雇用開発コース」、③障害者雇用の経験のない中小事業主が、初めての雇入れにより法定雇用障害者数以上の障害者を雇用した場合に助成金（120万円）を支給する「障害者初回雇用コース」の３種類がある▶25。

　①特定就職困難者コースの場合、ハローワークまたは民間の職業紹介事業者等の紹介により雇い入れたことと、雇用保険一般被保険者として雇い入れ、継続して雇用することが確実であると認められることが要件となる。対象労働者の年齢が65歳以上に達するまで継続して雇用し、かつ、当該雇用期間が継続して２年以上である場合に、「継続した雇用」であるとされる。身体障害者と知的障害者の場合、助成期間は１年、支給額は50万円（中小事業主の場合は２年、120万円）である。また、重度の身体・知的障害者、45歳以上の障害者、または精神障害者の場合は、支給額が２倍となる。短時間労働者の場合には支給額が下がる。助成対象期間中に対象労働者を解雇・雇止めした場合には、以後３年間、当該事業所に対し特開金が支給されない。また、支給対象期の途中で対象労働者が離職した場合、当該支給対象期（６か月）分の特開金は原則支給されない。

（b）トライアル雇用助成金

「障害者トライアル雇用」とは、障害者を原則３か月間試行雇用することで、適性や能力を見極め、継続雇用のきっかけとすることを目的とする制度である。事業主が、障害者トライアル雇用求人を事前にハローワーク等に提出し、これらの紹介によ

▶25　中小事業主の範囲は、コースや産業分類により違いがある。なお、障害者初回雇用コースは、支給申請時点で、常用労働者数が43.5〜300人の事業主が対象となる。

り、促進法2条1号の障害者に該当する者▶26 を原則3か月の有期雇用で雇い入れ、一定の要件を満たした場合に、助成金を受け取ることができる。支給額は対象者1人あたり月額最大4万円で、最長3か月支給される。精神障害者を雇用する場合は、原則6〜12か月のトライアル雇用期間を設けることができ、月額最大8万円（支給期間は6か月間で、最初の3か月は最大8万円、その後の3か月は最大4万円）が事業主に支給される。

精神障害者や発達障害者で、週20時間以上の就労が困難な者を雇用する場合に支給される「障害者短時間トライアル雇用」制度もある。

(2) 職業能力開発

人材開発支援助成金（障害者職業能力開発コース）は、障害者の職業に必要な能力を開発、向上させるため、一定の教育訓練を継続的に実施する施設の設置・運営を行う事業主または事業主団体に対してその費用を一部助成するものであり、障害者の雇用促進や雇用の継続をはかることを目的とする。訓練対象となる障害者は、障害者手帳所持者に限られず、発達障害者や高次脳機能障害のある者、難病患者等が含まれる。

助成の対象となる障害者職業能力開発訓練事業は、障害者の職業に必要な能力の開発・向上のための教育訓練でなければならず、訓練期間、訓練時間、訓練科目、訓練人員、訓練施設等、要件をすべて満たさなければならない▶27。

(3) 雇用の安定

障害者雇用安定助成金には、「障害者職場定着支援コース」と「障害者職場適応援助コース」がある。

職場定着支援コースとは、障害特性に応じた雇用管理・雇用形態の見直しや柔軟な働き方の工夫等の措置を講じる事業主に対して助成金を支給するものであり、障害者の雇用促進と職場定着をはかることを目的とする。対象となる職場定着に関する措置には、①柔軟な時間管理・休暇取得、②短時間労働者の勤

▶26　就労経験のない職業に就くことを希望する障害者、紹介日の前日から過去2年以内に2回以上離職・転職を繰り返している障害者、離職期間が6か月を超えている障害者等が対象となる。
▶27　就労継続支援事業や就労移行支援事業は、この障害者職業能力開発訓練事業から除かれる。

務時間延長、③有期契約労働者の正規雇用・無期雇用労働者への転換、④職場支援員の配置、⑤職場復帰支援、⑥中高年障害者の雇用継続支援、⑦社内理解の促進（社内での講習の実施等）があり、措置ごとに助成金の支給額や支給期間、対象となる障害者が異なる。

　職場適応援助コースとは、職場適応・定着に課題を抱える障害者に対し、職場適応援助者（ジョブコーチ）による援助を実施する事業主に対し助成を行うものであり、訪問型の場合は支援時間に応じて、企業在籍型の場合は月額（精神障害者の支援の場合はそれ以外の支援と比べ高額）で助成が行われる。職場適応援助者養成研修の受講料も助成対象となる。

[追記]
障害者雇用に関する助成金の見直しにより、令和3（2021）年度は、特定求職者雇用開発助成金の障害者初回雇用コース、障害者雇用安定助成金の①柔軟な時間管理・休暇取得、②短時間労働者の勤務時間延長、⑥中高年障害者の雇用継続支援、⑦社内理解の促進が廃止され、障害者職場適応援助コースの財源が納付金助成金に移管されることとなった。

2　障害者優先調達推進法

　障害者優先調達推進法は、障害者就労施設、在宅就業障害者および在宅就業支援団体（以下「障害者就労施設等」という）の受注の機会を確保するため、国や地方公共団体等に、障害者就労施設等から物品等を優先的に調達するよう努力義務を課すものである。平成24（2012）年に制定され、平成25（2013）年4月から施行されている。

　具体的には、国および独立行政法人等は、物品および役務（以下「物品等」という）の調達にあたって、優先的に障害者就労施設等から物品等を調達するよう努めなければならないこと（障害者優先調達推進法3条）や、地方公共団体は、障害者就労施設等の受注の機会の増大をはかるための措置を講ずるよう努めなければならないことが定められている（同4条）。また、国および独立行政法人等は、公契約について、競争参加資格を定めるにあたって法定雇用率を満たしていることまたは障害者就労施設等から相当程度の物品等を調達していることに配慮するよう努めるものとされる（同10条1項）。

第 2 章

現場はどうなっているか？：実態調査の実施

　本章は、特例子会社・Ａ型事業所・Ｂ型事業所に対して行った質問票調査・インタビュー調査についてまとめた章である。第１節では、質問票の内容やインタビューでの調査項目について質問の意図とともに紹介している。また、調査方法・調査対象についての説明も行っている。第２節では、質問票調査で得られた単純集計の結果を、第３節では、質問票調査を補足することを目的として行ったインタビュー調査の結果をまとめている。両節を通じて、特例子会社・Ａ型事業所・Ｂ型事業所それぞれの相違点や類似点を確認すること、および、それぞれの中でみられる多様性を浮き彫りにすることが目指されている。最後に、第４節では、質問票調査・インタビュー調査を通じて得ることのできた「現場の声」をまとめている。ここで取り上げられている「現場の声」は、「法と実務をつなぐ」上でもきわめて重要なものである。

第1節　調査概要

本節では、主として平成30（2018）年に実施した質問票調査およびインタビュー調査（以下「本調査」という）の目的や内容について解説する。まず、本調査が設定した目的を整理する（Ⅰ）。続いて、その目的に資するためになされた質問票調査について、質問項目やその意図、具体的な調査方法や調査対象を紹介する（Ⅱ）。最後に、インタビュー調査について、質問事項や調査対象を整理して紹介する（Ⅲ）。

 ## Ⅰ　調査の目的

障害者の雇用・就労に関する法制度に様々な変化がみられる中、それにより障害者雇用・就労の現場はどのような影響を受け、どのような変容を遂げようとしているのか。この点を調査するため、本書では、特例子会社・A型事業所・B型事業所に対して質問票調査とインタビュー調査とを実施した。本調査で明らかにしようとした点は、具体的には次の3点である。

1　障害者雇用・就労の実態

1つ目は、特例子会社・A型事業所・B型事業所のそれぞれにおいて、障害者に対してどのような形で雇用・就労が保障されているのか、障害者の雇用・就労の実態はどのようになっているのかである。特例子会社・A型事業所・B型事業所の三者は、障害者雇用促進法（以下「促進法」という）および障害者総合支援法（以下「総合支援法」という）の枠組みの中で、それぞれに与えられた目

的のもと、障害者に雇用・就労の場を提供している。それぞれの場所で働いている障害者の像には重複するところがあり、また、三者の境界にも曖昧なところがあるが、本調査では、まず、これら３つの就労場所においてみられる実態、および、それぞれの特徴・相違について明らかにすることを目指した[1]。

　実態および特徴・相違を明らかにすることを目指したのは、この作業が、障害者が有している多様なニーズへの対応について考察する際に必要な材料を提供してくれると考えたからである。特例・Ａ型・Ｂ型の各場所が、どのような障害者に対し、どのような雇用・就労条件を保障しているのか、また、どのような配慮・支援を行って障害者が働くことを可能にしているのか。これらの点を明らかにすることは、障害者権利条約の影響の中にある昨今の障害者雇用・就労政策において、改めて障害者の多様なニーズについて考察し、また、これからの障害者雇用・就労のあり方を探るにあたって有用であると考える。

2 法制度が実務に与える影響

　２つ目は、法制度が実務に与える影響である。日本では、昭和35（1960）年の身体障害者雇用促進法以降、長きにわたり雇用義務制度を通じて障害者の雇用促進をはかってきた。しかし、この雇用義務中心の法政策は、平成25（2013）年の法改正により「差別禁止」という新たな規範が導入されたことで大きく転換することとなった。現在では、雇用義務制度と差別禁止法理とが両輪となって障害者の雇用の促進をはかっているといえる。また、福祉的就労についても、平成17（2005）年の障害者自立支援法の制定（平成24（2012）年改正で「障害者総合支援法」に改称）、さらには、近年の一般就労移行施策（障害福祉サービス等報酬改定を含む）によって、そのあり方は大きく変化している。こうした法政策の変化に対し、障害者に雇用・就労の場所を提供する現場は、どのような反応を示しているのか。

　加えて、障害者雇用・就労の現場は、新たな動きをみせている促進法や総合

▶1　この点の調査結果については、本章第２節における質問票調査の単純集計の整理、第３節におけるインタビュー調査のまとめ、第３章における主として質問票調査を利用した分析を参照していただきたい。

支援法のみならず、その他の様々な労働・福祉関連法令（労働基準法・最低賃金法・労働契約法・雇用保険法等）の影響のもとで、障害者の雇用・就労を実現させてもいる[2]。すなわち、これらによる規制や助成金の仕組みも、障害者雇用・就労の実務に大きな影響を与えているといえる。

　そこで、本調査では、これらも含めた法制度のあり方や法が実現しようとする目的が、障害者の雇用・就労の実務にどのような影響を与えているのかという点を明らかにすることも目指すこととした[3]。様々な法制度の影響のもと、障害者の雇用・就労の現場では、どのようなことが起きているのか。また、いまある法制度の中で、現場は何を必要とするに至っているのか。これらの点を明らかにすることも、将来の障害者雇用・就労政策のあり方を検討するにあたり、きわめて重要であると考える。また、この点は、本書の副題である「法と実務をつなぐ」ことにも資するといえよう。

3 ネットワークが実務に与える影響

　3つ目は、障害者雇用・就労の現場に影響を与えていると思われる法以外のものの役割である。本調査では、法以外のものとして「ネットワーク」の存在に着目し、その役割と機能についても検討することとした。

　障害者雇用・就労の現場は、促進法が定める雇用義務や差別禁止、総合支援法が定める各種の基準を遵守しつつ、また、Ａ型・Ｂ型事業所については障害福祉サービスの報酬に関するルールの影響を受けながら、事業を展開することを求められている。しかし、法の趣旨や目的に鑑みつつ障害者に雇用・就労を保障していく具体的な方法について、法は必ずしも明らかにしていない部分がある。

　たとえば、平成25（2013）年の法改正で新たに導入された「差別禁止」という規範の実現は、法が障害者の雇用・就労の現場に求めるものの１つといえ

---

[2]　本書においては、総合支援法に基づくＡ型・Ｂ型事業所の「指定」に関連する影響については検討しているが、社会福祉法に基づく社会福祉法人の認可に関する影響は検討するに至らなかった。Ａ型事業所やＢ型事業所の運営・経営主体には、社会福祉法人のほか、株式会社やNPO法人も含まれるが、こうした運営・経営主体に関連する検討については、今後の課題としたい。

[3]　この点についての検討は、本調査により得られた結果をベースに、第４章第１節で行われている。

る。しかし、何が差別に該当する行為なのか、あるいは、合理的配慮として提供しなければならないのはどのようなことなのかは、必ずしも明らかではない。同様に、雇用義務についても、雇用率を遵守しなければならないという点では義務の内容は明らかであるが、どのような形で障害者の雇用を実現するのかは各企業に委ねられている点で曖昧さが残る。さらに、A型・B型事業所についても、たとえば、賃金・工賃の向上が法政策上要請されているが、どのようにこれを実現するのかについては、各事業所に委ねられている。

このように必ずしも明らかではない内容の規範を遵守しようとするとき、あるいは、実現の方法に様々な選択肢がある場合、障害者雇用・就労の現場は、どのようにこれに取り組もうとするのか。また、何を拠り所にしようとするのか。差別禁止の例で考えると、行為規範を明確化する趣旨で厚生労働省が作成した差別禁止指針や合理的配慮指針[4]を参照する企業や事業所は多いのではないかと思われる。しかし、こうした国が作成する指針等のみならず、他社・他事業所での実践を参考にしている企業や事業所も多いのではないか。

そこで、企業や事業所の横のつながりに着目し、同業・関係者が作るネットワーク[5]が果たす役割についても明らかにすることとした[6]。その際には、企業や事業者らが自ら作り出す自主規制的なルール（ソフトロー：法的拘束力は有しないが、関係する人々・団体が守ろうとする規範）の存在も意識することとした[7]。それが、障害者の雇用・就労のあり方に一定の影響を与えていると予想された

[4] これらも、法的拘束力がないという意味では後述の「ソフトロー」に該当する。なお、これらの指針が現場にどのような影響を与えているかは、法が実務に与える影響を扱う第4章第1節で検討を加えている。

[5] 規制を実施する側のネットワークであるという点で、本書で扱うネットワーク（規制を受ける側のネットワーク）とは性格を異にするが、平田彩子『自治体現場の法適用』（東京大学出版会・2017年）でも、法の具体的な意味の確定プロセスにおいてネットワーク（自治体間ネットワーク）が果たす役割について検討がなされている（➡第1章第1節コラム…1）。

[6] この点については、第4章第2節Ⅱで検討されている。なお、実際の調査では、性格を異にするネットワークではあるが、障害者の雇用・就労に際して生じる具体的な問題に対応するために関係機関が連携するネットワークの役割にも着目することとした。これについては、第4章第2節Ⅰで整理している。

[7] 本書による研究では、実態調査を行うに際して、「ソフトロー」の存在にも着目することとしたが、こうした視点で調査を行うこととしたきっかけは、東京大学グローバルCOEプログラム「国家と市場の相互関係におけるソフトロー」（拠点リーダー：岩村正彦）におけるソフトロー研究にある（同プログラムウェブサイト（http://www.gcoe.j.u-tokyo.ac.jp））。

からである。また、同業・関係者で作る団体は、現場で生じている課題や要望を国や行政に届ける活動をしていることも多く、それが法制度の見直しにつながることもある。したがって、この点について調査することも、本書が目指す「法と実務をつなぐ」（あるいは「実務と法をつなぐ」）ことに寄与することが期待された。

II 質問票調査

1 質問項目

　以上の点を明らかにするという本調査の目的に資するため、質問票調査では、以下の項目について質問を行った。質問票の質問事項は、特例子会社・A型事業所・B型事業所の3つの類型の比較をしやすくするために、雇用（特例子会社およびA型事業所[8]）と福祉的就労（B型事業所）との間に存する相違に留意しつつ、可能な限り同様のものとした。結果として、特に、雇用契約の締結を前提としないB型事業所に対するものとしては適切でない質問事項も加わることとなったが、その旨は質問票の冒頭に記し、了承の上で回答していただいた。

　なお、以下の質問事項に基づく質問票調査の回答については、その単純集計を本章第2節で、因子分析の結果を第3章で示している。また、自由記述欄から得られた回答については、法制度に関する要望等を本章第4節で、それ以外を本章第2節で整理するとともに、第3章で分析（テキスト分析）を行っている。

（1）基本情報

　まず、各会社・事業所の特徴をあぶりだすものとして、以下の質問を用意した。

▶8　A型事業所は、雇用の場であり、福祉的就労の場でもあるが、調査に際しては、A型事業所では雇用契約が締結され、労働法の適用もあることから、「雇用」であることを前提に質問票を作成した。

①各会社・事業所の規模（全従業員数、障害のある労働者数／利用者数）

②障害のある労働者／利用者の内訳（障害種別、重度）

③事業内容・受注先

　③'特例子会社について、最新の雇用率・親会社の事業内容

④会社・事業所の「理念」

⑤経営状況

　⑤'発注促進税制や障害者優先調達推進法による施策の評価（＊Ａ型・Ｒ型事業所のみへの質問）

（2）就労条件

　続いて、障害者の就労条件に関するものとして、以下の質問を行った。これらの質問は、主として、障害者の雇用・就労の実態把握を目的として用意したものであるが、その中で法制度が実務に与える影響についても明らかにすることを目指した。

①採用／サービス利用開始の経緯

②就労年数（勤続年数／サービス利用年数）

③契約の形態（無期／有期）（＊特例子会社・Ａ型事業所のみへの質問）

④離職理由

⑤一般雇用／特例子会社／Ａ型事業所への移行の有無

　⑤'特例子会社について、親会社や関連会社への出向・転籍の有無

⑥加齢・症状の悪化への対応

⑦解雇・雇止め／サービスの利用停止の有無・理由

⑧就業規則／就労条件についての定めの有無

⑨週の所定労働時間／サービスの利用時間

⑩賃金水準／工賃の決め方・水準

　⑩'特例子会社・Ａ型については最低賃金減額特例の利用の有無

　⑩'特例子会社・Ａ型について退職金の有無／Ｂ型について収益分配の有無

⑪障害者の処遇（就労時間の調整、賃金減額や懲戒、昇給・減給・降格、障害のない労働者との職務内容の差異、配転可能性、解雇・雇止め／サービス利用停止の可能性、職務内容に応じた賃金／工賃設定、時間外労働、個別対応の程度等）

⑫家族や他機関との連携（家族との関係、就業時間外の過ごし方の把握、課外活動、

問題やトラブルへの対応等）
　⑬職務・就労に関する配慮
　⑭就労と間接的に関係する配慮、または、私生活上の配慮
　⑮配慮における困難
　⑯配慮内容の決定方法

　⑬～⑭において、合理的配慮という言葉を使用せず、「配慮」という言葉を使ったのは、各会社・事業所において、「合理的配慮」として法が行うことを求める範囲を超える配慮がなされていることが予想されたためである▶9。

　なお、⑪の障害者の処遇についての回答は、特に、第3章において、特例・Ａ型・Ｂ型の各会社・事業所が、一般企業に近い形で事業運営を行っているのか、それとも福祉に重点をおいて一般企業とは異なる形で運営しているのかという分析に使用した。また、⑫については、各会社・事業所が、障害をもつ個人の自主・独立性を重視しているのか、それとも家族や他機関と連携しているのかという分析に使った。

（3）雇用・就労の改善のための策

　さらに、障害者雇用・就労の改善のための策に関し、次の2つの観点から質問を行った。①障害者の雇用・就労に関して具体的に生じている問題の解決方法、および、②雇用・就労をより良いものにしていくために参考にしているものの2つである。これらは、ネットワークの役割や機能を明らかにすることを目指すものである。

　　①生じた問題の解決方法（会社・事業所内）
　　②会社・事業所外の相談先
　　③参考にしている他社・他事業所
　　④参考にしている情報源

▶9　特例子会社の認定を受けるための申請書には、「身体障害者、知的障害者又は精神障害者のための特別な配慮の状況」について記載する欄が設けられている（促進法施行規則8条の3・様式第6号の6）。また、Ａ型・Ｂ型事業所は、就労の機会および知識・能力の向上のために必要な訓練のほか「厚生労働省令で定める便宜」を提供するものとされており、「便宜」には「その他の必要な支援」が含まれるとされている（総合支援法5条14項、同施行規則6条の10）（➡第4章第1節Ⅲ1）。

⑤促進法の内容の把握方法

(4)「差別禁止法理」導入の影響

　昨今の法政策の変化に対する現場の反応を調査するため、障害者雇用政策に
「差別禁止法理」を導入した平成25（2013）年促進法改正の影響についても尋
ねた。同改正は、本調査を実施する直接のきっかけとなったものであることか
ら、特にその影響を尋ねる質問をおいた。なお、B型事業所については、促進
法の適用はないが、その間接的な影響を勘案して、特例子会社・A型事業所
と同様の質問を行った。

　　①「差別禁止法理」の影響の有無
　　②「差別禁止法理」の影響により行ったこと
　　③「差別禁止法理」の影響がなかった場合について、その理由

(5) 自由記述

　最後に、自由記述欄を設け、特例子会社制度、雇用率制度、納付金制度等の
現在の障害者雇用施策、および、総合支援法に基づく就労継続支援施策に関連
して、実務上どのような不満や使いづらさがあるのかに関し、質問をした。
　自由記述は、上記の質問票の内容からは拾いきれなかった事項、漏れてしま
った事項について補足するために用意したものである。

> 調査に使用した質問票そのものについては、弘文堂ウェブサイト（https://
> www.koubundou.co.jp）の本書の紹介ページで閲覧できる。

2 調査方法・調査対象および回答状況

　以上の質問事項について、特例子会社・A型事業所・B型事業所のそれぞれ
に対して質問票調査を実施した。調査対象および回答状況は、下記のとおりで
ある。

(1) 特例子会社

特例子会社に関しては、平成30 (2018) 年1月時点において設立されていた特例子会社469社 (うち2社は宛先不明) に対し、質問票を郵送した。なお、郵送先住所等については、SACEC▶10にご協力をいただいた。調査実施期間は、平成30 (2018) 年5月17日から同年6月14日であった。

特例子会社については、うち137社から回答を得ることができた (有効回答率29.2%)。

(2) A型事業所

A型事業所に関しては、全Aネット▶11のホームページに平成29 (2017) 年11月22日時点で掲載されていた228事業所 (うち7事業所は宛先不明) に対し質問票を郵送した。調査実施期間は、平成30 (2018) 年1月17日から同年2月15日であった。

A型事業所については、74事業所から回答を得ることができた (有効回答率32.5%)。

(3) B型事業所

B型事業所に関しては、セルプ協▶12を通じて、約1000の会員事業所に対

▶10　SACECは、障害者の雇用を進めようとする企業に対し民間の立場から支援を行うことを目的として、平成22 (2010) 年に設立された一般社団法人である。①企業に対する障害者雇用相談事業、②特例子会社の設立支援、③障害者雇用相談企業のための関係機関への紹介および取次、④企業内における障害者雇用への理解促進のための啓発支援事業、⑤障害者雇用に関わる諸制度の改正動向および内容に関する情報提供、⑥障害者の雇用促進のための研究会・セミナー・講演会・企業見学会の開催および講師派遣、⑦企業における障害者雇用の動向に関する各種調査研究と情報提供、⑧障害者の雇用促進と社会参加に関する政策提言等を事業内容としている (➡第4章第2節Ⅱ1 (2))。SACECウェブサイト (http://sacec.jp)。

▶11　全Aネットは、平成26 (2014) 年より設立準備を進め、平成27 (2015) 年にNPO法人として誕生したA型事業所の全国組織である。事業者の質的向上と、障害者の「労働の可能性」を拡大し、障害者のエンパワメントをはかることを設立趣旨としている。障害者が雇用契約を締結して働くA型事業所の「在るべき姿」を全国的な情報交換と議論を通じて検討し、政策提言につなげる活動を実施している (➡第4章第2節Ⅱ1 (3))。全Aネットウェブサイト (http://zen-a.net)。

▶12　セルプ協は、昭和52 (1977) 年に結成された全国の障害者の働く施設 (旧法授産施設) の関係者が設立した組織である。社会福祉法人全国社会福祉協議会に事務局をおいている。厚生労働

しメーリングリストで質問票調査への協力依頼を送付し、ウェブ上での質問票への回答をお願いした▶13。調査実施期間は、平成30 (2018) 年7月24日から同年8月10日であった。

　B型事業所については、最終的に230事業所からの回答を得ることができた（質問票への総アクセス数は1642件）。

（4）質問票調査の留意点

　最後に、質問票調査の限界・留意点についても記しておきたい。

　まず、特例子会社については、質問票郵送時に設立されていたほぼすべての会社を対象として質問票を送ることができた。しかし、A型事業所およびB型事業所については、すべての事業所を対象として調査を実施することは、数の面からも事業所把握の面からも困難であったことから、上記2つの団体に加入する事業所に絞っての調査となった。そのため、A型・B型事業所については、すべての事業所を網羅して得られた結果ではなく、加入する団体の性格によるバイアスが、調査結果に反映されている可能性があることを留意点として指摘しておきたい。

　次に、用意した質問項目の中には、質問の意図が十分に伝わらないものもあった。質問票作成の難しさを実感する結果となったが、必ずしも意図したとおりに質問ができなかった事項については、単純集計をまとめた次節において、その旨の言及を行うこととした。

　以上のような限界はあるものの、特例子会社・A型事業所・B型事業所のそれぞれの特徴や相違点をあぶりだすことは、本質問票調査からも十分に可能であったと考えている。

省や国会等への関係制度の改善や予算に関する要望活動を行うと同時に、社会就労センターのあり方の検討や、社会就労セクターの職員や事業の向上、働く障害者への社会からの理解の獲得と工賃・賃金向上のための活動等を行っている（➡第4節第2節Ⅱ1（4））。セルプ協ウェブサイト（https://www.selpweb.com）。

▶13　B型事業所の調査では、株式会社マクロミルが提供しているクラウド型の質問票作成ツールを利用した。

III インタビュー調査

1 質問事項

　質問票調査を補足することを目的として、インタビュー調査も実施した。インタビュー調査に際し事前に用意した質問事項は、質問票への回答内容によりインタビュー対象ごとに異なるが、おおむね次の5点を軸とした。①事業所の概要（業種・規模・経営理念・経営状況）、②設立・開設の経緯、③障害者の就労条件・配慮を決めるに際し重視している点、④就労上の問題やトラブルへの対応、⑤事業を展開する上で活用しているネットワークの5点である。

　また、インタビュー調査においては、質問票調査で自由記述を求めた「特例子会社制度、雇用率制度、納付金制度等の現在の障害者雇用施策、および、総合支援法に基づく就労継続支援施策に関連して、実務上、どのような不満や使いづらさがあるのか」に関しても、より詳細な説明を求めた。

　インタビュー調査は、事前に用意した質問事項に沿った形には必ずしも進まなかったが、逆に、その脱線の中で、意図・予測していなかった現場の人たちの率直な声を聴くこともできた。インタビュー調査の軸として設定した上記①〜⑤については本章第3節で、現行制度に求めること、および、インタビューを進める中ででてきた率直な意見については、質問票調査における自由記述とともに第4節で整理している。

2 調査対象

　インタビュー調査の対象については、質問票調査に回答してくださった特例子会社・A型事業所・B型事業所の中から、それぞれの中のバリエーションや、自由記述欄への記述の詳細等を考慮して選択した。なお、会社・事業所の選択に際しては、地域特性も考慮し、可能な限り同地域に固まらないよう留意した。

　まず、特例子会社については、関東地方にある3か所でインタビューを実施

した。ビジネス志向[▶14]のより強い事業所から1か所（T1）、特例子会社の中では福祉的側面のより強い事業所から2か所（T2[▶15]、T3）を選択した。次に、A型事業所については、中部地方と中国地方の2か所で調査を行った。ビジネス志向が強く、独立した事業運営をしている事業所から1か所（A1）、福祉的側面を多分にもち、他機関との連携もみられた事業所から1か所（A2）を選んだ。最後に、B型事業所については、中部地方1か所、関東地方2か所でインタビュー調査を実施した。B型事業所の中では、ビジネス志向の傾向が強いと思われた事業所から2か所（B1、B3）、福祉的側面を重視していると思われた事業所から1か所（B2）を選択した[▶16]。

　これらの会社・事業所に対する調査結果は、上述の箇所でまとめているが、第3章第2節Ⅱ2において、上記の各会社・事業所が「運営方針の4類型」の中でどのように位置づけられているのかについても分析している。

　なお、A型事業所については、雇用義務制度におけるグループ適用（➡第1章第3節Ⅱ3(2)(b)）の対象となっているA型事業所（いわゆる、グループ内A型）を対象として、関東地方2か所（G1[▶17]、G2）でもインタビュー調査を実施した。特に現行制度のあり方に関して話をうかがうことを目的としたインタビュー調査であり、その結果は本章第4節でまとめている。

3 補足インタビュー

　以上の調査を補足する観点から、一般企業で障害者雇用に力を入れている企業1社（I）、岡山県の保健福祉部保健福祉課の担当者、および、中国地方にある同業者団体の理事にもインタビュー調査を行った。これらへのインタビュ

▶14　ここでいう「ビジネス志向」は、いわゆる一般企業における働き方と近似性のある働き方を障害者がしていることを指している（➡第3章第1節Ⅱ3(1)）。

▶15　T2は、第3章第2節の「運営方針の4類型」の中ではビジネス・連携型に属するが、特例子会社の中ではビジネス志向が弱く、福祉的要素が強い。座標軸上でみても、T1よりT3に近い（➡第3章第2節Ⅱ2）。

▶16　もっとも、インタビュー調査を行ってみると、ビジネス志向が強いと思われた会社・事業所においても、手厚い支援がなされていた（たとえばT2やB1➡第2章第3節Ⅰ1・Ⅲ1）。

▶17　G1事業所については、ネットワークの活用に関する話も詳細にうかがえたことから、これについては第4章第2節Ⅱ3(2)で取り上げている。

一調査の結果は、前2者については現行制度のあり方に対する意見をまとめる本章第4節で、最後の同業者団体については、ネットワークの役割について検討する第4章第2節で取り上げている。

4 インタビュー調査先一覧

インタビュー調査先の一覧は、下記のとおりである。インタビュー調査の結果得られた内容については、担当者から確認をしていただいている。また、令和2（2020）年6月から8月にかけて、追加の情報もいただいた。

【図表2-1-1：インタビュー調査先一覧】

特例子会社	T₁会社（関東地方）（➡第3節・第4節） 日時：平成30（2018）年7月13日 T₂会社（関東地方）（➡第3節・第4節） 日時：平成30（2018）年7月13日 T₃会社（関東地方）（➡第3節・第4節） 日時：平成30（2018）年8月28日
A型事業所	A₁事業所（中部地方）（➡第3節・第4節） 日時：平成30（2018）年5月28日 A₂事業所（中国地方）（➡第3節・第4節） 日時：平成30（2018）年6月8日 G₁事業所（関東地方）（➡第4節・第4章第2節） 日時：平成30（2018）年9月26日 G₂事業所（関東地方）（➡第4節） 日時：平成29（2017）年6月7日
B型事業所	B₁事業所（中部地方）（➡第3節・第4節） 日時：平成30（2018）年9月20日 B₂事業所（関東地方）（➡第3節・第4節） 日時：平成30（2018）年9月12日 B₃事業所（関東地方）（➡第3節・第4節） 日時：平成30（2018）年10月16日
その他	Ｉ会社（関東地方）（➡第4節） 日時：平成30（2018）年8月27日 岡山県保健福祉部保健福祉課（➡第4節） 日時：平成30（2018）年6月15日 Ａ型事業所の同業者団体（中国地方）（➡第4章第2節） 日時：平成30（2018）年7月19日

第2節 質問票調査の集計結果

　本節では、質問票調査の単純集計の結果として[1]、調査対象となる会社・事業所の基本情報（Ⅰ）、経営理念と経営状況（Ⅱ）、就労開始や終了に係る事情（Ⅲ）、労働時間（利用時間）や賃金（工賃）のほか、障害者の処遇や運営方針（Ⅳ）、配慮の内容や相談体制のあり方（Ⅴ）、法制度による影響やその評価（Ⅵ）、自由記述欄（Ⅶ）について紹介する。なお、調査結果を分析する過程で、設問の設計の不適切性に気がつくことがあったが、この点についてはその都度明示することとする。また、実態の理解・把握に資すると思われる場合には、第1章第1節で取り上げた先行調査の結果[2]も脚注において引用する。本節では、特例子会社については「特例」、A型・B型事業所については、「A型」「B型」と表記する。

Ⅰ　調査対象となる会社・事業所の概要

1　従業員数・就労する障害者数：「20〜39人」が最多

　特例・A型・B型のいずれにおいても、従業員数は「20〜39人」が最も多い。特にA型では「20〜39人」が5割強である。小規模の会社・事業所が多いといえる。ただし2.5割（24.2%）程度である。

---

[1]　集計結果は基本的に割合で示しているが、特に断りのない限りは、当該設問に対する有効回答数を分母としている（そのため、無回答割合については示していない）。

[2]　特に、特例子会社の実態については、野村総研調査結果（2016年）、同（2018年）、SACEC報告書（2018年）、A型・B型事業所の実態については、福祉報酬改定検証調査（2019年）208頁、全Aネット報告書（2017年）、日本財団報告書（2018年）等の調査結果を参照。

【図表２−２−１：従業員数（割合）】

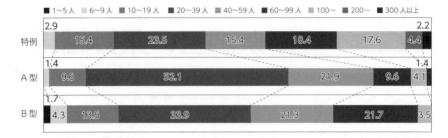

就労する障害者数についても、「20〜39人」が最も多く、Ａ型・Ｂ型では約半数を占める▶3。Ａ型・Ｂ型では40人未満のところが８〜９割であるが（Ａ型：90.4％、Ｂ型：77.3％）、特例では６割程度（59.5％）である。100人以上の障害者を雇用する特例も１割強（12.4％）ある。

【図表２−２−２：就労する障害者数（割合）】

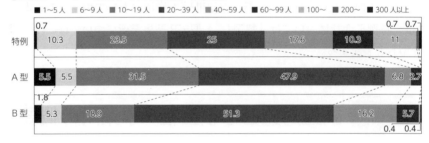

▶3　全Ａネット報告書（2017年）13〜15頁によれば、Ａ型利用者の定員は、60.6％の事業所が「11〜20名」、25.9％の事業所が「10名以下」と設定している。他方、実員数でみると、「11〜20名」は36.2％となっており、「21〜30名」が22.9％となっているなど、定員超過の状態にある事業所があることがうかがわれる。なお、定員超過となっている事業所の割合は36.8％、定員割れとなっている割合は50％である。定員割れの事業所のうち55％が１〜４名の欠員である。

　他方、日本財団報告書（2018年）２〜３頁によれば、Ｂ型利用者の定員は、50.9％の事業所が「20〜30名」、28.6％の事業所が「10〜20名」と設定しているが、実利用者数では、「10〜20名」は35.9％、「20〜30名」は28.5％、「10名未満」が12.9％であり、定員割れの状態にある事業所があることがうかがわれる。なお、定員割れと定員超過の割合は、いずれも45％前後であり、定員割れの事業所のうち、53％程度が１〜４名の欠員である。

2 実雇用率（特例）：合算では「2.0〜2.5％」が最多

　特例子会社単独での実雇用率では、60〜140％未満が7.5割（74％）を占め、100％以上が4割強（41.9％）である。雇用率制度のもと、重度身体障害者・重度知的障害者は1人を2人としてカウントされるため、100％を超える数値になっているものと推測される。80〜100％未満が最も多く（22.2％）、次いで100〜120％未満（18.5％）である（次頁の【図表2-2-3】参照。以下同じ）。

　親会社との合算での実雇用率では、調査時の法定雇用率（2.2％）を含む2.0〜2.5％未満が4割（41％）と最も多く、2.0〜3.0％未満で6割弱（57.4％）となる。親会社との合算での実雇用率が法定雇用率を下回っているのは14社（23％）である。

　実雇用率について回答した81社のうち、グループ適用をしている会社は62社（76.5％）であり、そのなかでは、2.0〜2.5％未満が7割（69.4％）と最も多く、2.0〜3.0％未満で8割強（82.3％）である[4]。グループ適用の下での実雇用率が法定雇用率を下回っているのは18社（29％）である。

　親会社との合算・グループ適用のいずれにおいても、2.0〜3.0％未満について、0.1％ごとにみた場合には、法定雇用率と一致する2.2％との回答が最も多い。もっとも、2.2％ちょうどでは、実雇用率の分母となる常時雇用する労働者の増加状況によっては、法定雇用率未達成に転じる可能性があるといえる。また、令和3（2021）年の法定雇用率の引上げ（2.3％）や令和5（2023）年に予定される法定雇用率の見直しも踏まえると（➡第1章第3節Ⅱ1（1））、障害者雇用をさらに進める必要に迫られている特例子会社はそれなりに多いといえる。

　なお、親会社との合算での実雇用率を100％以上と回答した2社は、グループ適用においては、2.0〜2.2％の範囲の実雇用率となっている。特例子会社単独で100％以上と回答した34社のうち、親会社との合算あるいはグループ適用の結果が2.2％未満となっているのは7社、2.2％が8社、2.3〜5％が15

▶4　なお、SACEC報告書（2018年）12頁によると、1グループあたりの適用関係会社数は、1〜2社が35.4％、3〜4社が26.5％で多い。適用関係会社数が10社以上というところも13.3％である。

【図表2-2-3：実雇用率】

特例子会社単独

20%未満	40%未満	60%未満	80%未満	100%未満	120%未満	140%未満	160%未満	160%以上	計
4.9%	2.5%	11.1%	17.3%	22.2%	18.5%	16%	3.7%	3.7%	100%
4社	2社	9社	14社	18社	15社	13社	3社	3社	81社

親会社との合算・グループ適用

	1.0%未満	1.5%未満	2.0%未満	2.5%未満	3.0%未満	5.0%未満	10.0%未満	20.0%未満	100%未満	100%以上	計
親会社	0	1.6%	8.1%	41%	16.4%	14.8%	6.6%	4.9%	3.3%	3.3%	100%
	0社	1社	5社	25社	10社	9社	4社	3社	2社	2社	61社
グループ	1.6%	0%	6.5%	69.4%	12.9%	3.2%	3.2%	3.2%	0%	0%	100%
	1社	0社	4社	43社	8社	2社	2社	2社	0社	0社	62社

	2%～	2.1%～	2.2%～	2.3%～	2.4%～	2.5%～	2.6%～	2.7%～	2.8%～	2.9%～3.0%	計
親会社	2社	6社	8社	4社	5社	4社	1社	4社	1社	0社	35社
グループ適用	5社	8社	15社	7社	8社	3社	4社	1社	0社	0社	51社

社、5％以上が3社である。

3 障害種別：知的障害者が就労しているとの回答が9割超

　どの障害種別の障害者が就労しているかという点（複数回答）については、知的障害者が就労している会社・事業所の割合が最も高く（9～9.5割）[5]、次いで、精神障害者（6～9割）、肢体不自由者と続く（5～6.5割）。ただし、精神障害者が就労しているとする事業所の割合はA型で高く（9割）[6]、B型はやや

▶5　SACEC報告書（2018年）29頁によると、回答した特例子会社の常用従業員人数（1万177名）に占める障害種別の割合は、「知的」が51.7％、「身体」が31.1％、「精神」が17.1％である（なお、重複障害についてはそれぞれの障害において計算されているため、実際の人数とは一致しない）。

▶6　全Aネット報告書（2017年）18～19頁によると、A型利用者の実員総数（1万7370名）に占める障害種別の割合は、「精神」が43.9％、「知的」は37.5％、「身体」は17.3％である。また、実員に占める精神障害者の割合が「50％以上」であるとする事業所が54.0％である。他方、日本財団報告書（2018年）5頁によると、B型利用者の実員総数（9万519名）に占める障害種別の割合は、「知的」が57％、「精神」が29.1％、「身体」が12.3％である（なお、重複障害についてはそれぞれの障害において計算されているため、実際の人数とは一致しない）。

低い（6割）。また、特例・A型・B型のいずれにおいても、視覚障害者が就労している会社・事業所の割合が1〜2割程度であるのに対し、聴覚・言語障害者は3〜4割程度である。

【図表2-2-4：障害種別】

特例

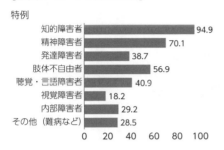

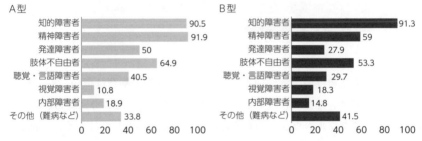

　重度障害者[7]が就労しているとの回答割合は特例において特に高い。特に、重度知的障害者では8割強にのぼる。雇用率の算定の際のダブルカウントの仕組みの影響とみることができる（➡第1章第3節Ⅱ1）。また、全体として、重度身体障害者よりも重度知的障害者が就労しているとする回答割合が高い。この点、知的障害者については、療育手帳を所持する者については、「療育手帳制

▶7　重度障害者には、重度身体障害者と重度知的障害者が含まれる。重度身体障害者については、①身体障害者手帳の等級が1級、2級の者または②3級で重複障害がある者について（促進法2条3号、同施行規則1条・別表第一、身体障害者福祉法施行規則別表第5号）、重度知的障害者は、①療育手帳で程度が「A」とされている者、②児童相談所または知的障害者福祉法に規定する知的障害者更生相談所、療育手帳の「A」に相当する程度とする判定書をもらっている者、③障害者の雇用の促進等に関する法律に規定する障害者職業センターにより「重度知的障害者」と判定されている者について認められる（促進法2条5号、同施行規則1条の3）。

度の実施について」（昭和48年児発第725号）の基準により、「A」（重度）判定を受けていない者でも、地域障害者職業センターにより「重度知的障害者」と判定を受けることで、ダブルカウントの対象となる仕組みがあり、ハローワークの職業紹介プロセス等の中で、この仕組みが利用されていることが予想される[8]。

【図表2-2-5：重度障害者の割合】

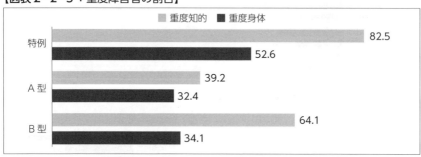

利用者の中に重度障害者がいるとするA型・B型の割合は低い。もっとも、本調査を通じて、A型・B型において、「重度障害者」という言葉は、雇用率制度のもとでダブルカウントの対象となる「重度障害者」ではなく、福祉報酬算定の際の加算の対象となる重度障害者としてとらえられた可能性があることが明らかとなった。すなわち、A型・B型においては、障害基礎年金1級受給者が就労している場合、その就労割合に応じて、重度者支援体制加算の対象となる。また、生活介護等においては、「四肢すべてに麻痺等があり、寝たきり状態にある障害者」や強度行動障害を抱える者がサービスを利用している場合、重度障害者支援加算の対象となるが、生活介護を営む多機能型事業所においては、こうした重度障害者を前提に回答がなされた可能性がある。

[8] この点に関し、「障害者の雇用の促進等に関する法律の一部を改正する法律等による『重度知的障害者』の取扱いに関する公共職業安定所との連携等について」（平成4年12月22日児企第48号・児障第39号）参照。

4 業務内容・受注先

（1）業務・作業内容：清掃はいずれにおいても多い

障害者が従事している業務・作業（複数回答）について、トップスリーをまとめると、特例では①文書管理（5.5割）、②清掃（5割強）、③データ入力（4割強）[9]、A型では①製造・加工・検品（4割）、②食品製造（3割）、③清掃（2.5割強）、B型では、①製造・加工・検品（5.5割）、②食品製造（5割弱）、③清掃（4割）の順に多い。清掃は、特例・A型・B型のいずれにおいても多いといえる。

特例では、「文書管理」、「データ入力」のほか、「名刺作成」（4割強）、「郵便物の仕分け」（3.5割）、「封詰め」（3割強）など、親会社等のオフィスサポート業務とみられるものが多く[10]、「総務・経理」も1割強みられる。A型・B型では、「食品製造」（A型：3割、B型：5割弱）のほか、「農林水産業」も2割程度みられるが、特例では少ない（以上につき次頁の**【図表2-2-6】**参照）。

（2）特例の親会社の業態

特例の親会社の主な業態としては、「製造業」が最も多く（36.5%）、次いで、「卸売・小売業」（17.5%）、「その他サービス業」（15.3%）となっている。その他の業態としては、「金融業・保険業」（8.8%）、「運輸業」（7.3%）、「情報通信業」（5.1%）、「建設業」、「教育・学習支援業」、「医療、福祉」（いずれも2.9%）等がある。

---

[9] SACEC報告書（2018年）35頁におけるクロス分析によると、特例子会社において、身体障害者は「データ入力、処理」、「一般事務」、知的障害者は「清掃、緑化」、「メール（社内 社外 宅配便）」、精神障害者は「データ入力・処理」作業に従事している傾向がうかがわれる。

[10] SACEC報告書（2018年）26頁によれば、特例子会社において、発注元別の受注量のウェイトの1位は、「親会社の副次的業務」（46%）であるとする割合が最も多く、次いで、「親会社の基幹業務の一部」（34.6%）となっている。

【図表2-2-6：障害者が従事している業務・作業（複数回答）】

	特例	A型	B型
清掃	52.6	26	40.4
クリーニング	8	12.3	15.2
郵便物の仕分け	35	0	0.9
名刺作成	42.3	5.5	17
封詰め	33.6	13.7	22.6
製造・加工・検品	24.8	39.7	55.7
文書管理	54.7	4.1	4.3
データ入力	43.1	8.2	9.6
ポスター・チラシ作成	19	9.6	9.6
食品製造	5.1	30.1	48.3
経理	10.2	2.7	0.4
総務・経理	13.9	1.4	0
接客（カフェ等）	4.4	17.8	17.8
農林水産業（造園業も含む）	10.2	23.3	24.3
上記以外の業種	34.3	16.4	31.7

（3）業務の受注先

　業務の受注先（複数回答）について、特例では、「親会社」（91.2%）、「グループ会社」（43.8%）、「親会社の関連会社」（34.3%）と、「関連会社・事業所」が圧倒的多数であり、「その他の民間企業」（22.6%）、「官公庁」（10.9%）、「個人」（8.8%）は少ない。A型・B型では、「その他の企業・事業所」が最も多く（A型：64.9%、B型：83.4%）、次いで、「関連会社・事業所」（A型：50.0%、B型：46.3%）が多い。なお、B型では、「官公庁」（53.3%）や「個人」（51.1%）から受注を受けている事業所も5割程度認められるが、A型では、「官公庁」（24.7%）や「個人」（28.8%）からの受注は2.5〜3割である。A型は、B型と比べると、障害者優先調達推進法等によるメリットを十分に受けられていない可能性がある（➡本節Ⅵ2）[11]。

5 設立年数：平成17（2005）年以降設立が多い特例・Ａ型

　平成2（1990）年以前については10年刻み、以降については5年刻みでみた場合に、特例とＡ型は、平成17（2005）年以降の設立が多く、特例で6.5割（64％）、Ａ型では9割強（91.7％）である。特に、Ａ型は平成22（2010）～26（2014）年設立の割合が6割弱と高い[12]。Ｂ型は1970・80年代・90年代の設立がそれぞれ1.5割程度を占めているものの、2000年代に入ってから、

【図表2-2-7：設立年数】

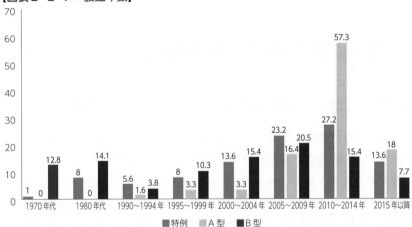

▶11　全Ａネット報告書（2017年）50頁は、Ａ型の主な取引先・販売先として民間企業が多く、官公庁は少ないことを指摘した上で、民需への発注促進策の検討が望まれるとする。

▶12　全Ａネット報告書（2017年）11頁によれば、自立支援法制定直後に開設したＡ型事業所はそれほど多くないが、その後、増加をたどり、平成24（2012）年以降急増したこと、特に平成27（2015）年頃がピークであることがうかがえる。なお、運営主体別にみると、社会福祉法人では「2011年以前」に設立したとする回答が半数を超え、社団法人や企業では「2015年以降」に設立したとの回答が4割を占める（同67頁）。また、厚生労働省第99回障害者雇用分科会（2020年9月25日）参考資料3に引用されたデータにおいても、Ａ型事業所数は平成28年（2016）年度まで大きく増加していたが、平成29（2017）年からの指定基準の見直し等もあり、伸び率はおさまっているとの指摘がある。

設立されたところが多いことがうかがわれる[13]。

　なお、特例子会社の設立は、昭和51（1976）年の局長通達により認められていたが、昭和62（1987）年の身体障害者雇用促進法改正によって法定化され、平成14（2002）年には雇用率のグループ適用が認められるに至っている（➡第1章第2節Ⅳ **1**（1））。また、法定雇用率は平成9（1997）年（1.6%→1.8%）、平成24（2012）年（→2.0%）、平成30（2018）年（→2.2%）にそれぞれ引き上げられている。また、A型・B型は、平成17（2005）年の障害者自立支援法制定により、従来の福祉工場・授産施設がA型・B型に再編され（➡第1章第2節Ⅳ **2**）、その後、増加傾向にあることがうかがえる。

 Ⅱ　経営理念・経営状況

1 経営理念：「障害者の自立支援」が共通の価値観

　事業を営むにあたって重視している価値観（最大3つまで回答）については、特例では、①障害者の雇用継続（6割強）、②社会的責任・社会貢献（4.5割）、③障害者の自立支援（4.5割）の順に多く、④法令遵守（4割）がこれに続く。「法令遵守（雇用率達成）」[14]、「社会的責任・社会貢献」を選択した割合は、特例において特に多い。これは、特例子会社が、法定雇用率達成のために設立されていることや企業に対するCSRの要請がふまえられたものといえる。

　A型では、①障害者の自立支援（7割）、②障害者の雇用継続（5.5割）、③障害者のやりがい（4.5割）の順に多く、④利益・売上（4割）がこれに続く。

　B型では、①障害者のやりがい（7.5割）、②障害者の自立支援（6割弱）、③利益・売上（5割強）の順に多い。また、B型では、④障害者の活動の場の受け皿がこれに続いている（5割弱）。

▶13　令和元（2019）～令和2（2020）年にかけて実施された調査をまとめた厚生労働省社会・援護局障害保健福祉部・前掲注2）208頁によれば、5年以内、10年以内、それ以前に設立されたB型事業所の割合はそれぞれ3割程度である。

▶14　なお、B型に対する質問票においても、「法令遵守」に（雇用率達成）を付記していた。

【図表２-２-８：重視する価値観（複数回答・３つまで）】

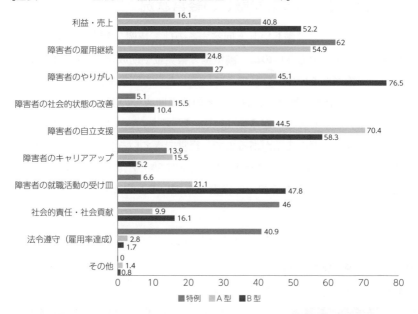

　特例・Ａ型・Ｂ型のいずれにおいても重視されている理念は、「障害者の自立支援」であり、「障害者のキャリアアップ」、「障害者の社会的状態の改善」はいずれにおいても少ない。

　「障害者のやりがい」はＡ型・Ｂ型で多く、特例において少ない。Ａ型・Ｂ型においては、サービス提供に際し、障害者である利用者の「意向」や「希望する生活」をふまえることが求められているが▶15、こうしたことからも、「障害者のやりがい」が重視されているといえる。また、「利益・売上」はＡ型・Ｂ型において４〜５割強と多いのに対し、特例では1.5割程度である。営利を目的としないＡ型・Ｂ型においてこそ、むしろ「利益・売上」が課題となっていることがうかがえる（➡第２章第４節Ⅱ **2**（2））。

▶15　この点に関し、「障害者の日常生活及び社会生活を総合的に支援するための法律に基づく指定障害福祉サービスの事業等の人員、設備及び運営に関する基準」（以下「指定基準」という）３条・58条・197条（Ａ型準用）・202条（Ｂ型準用）参照。

2 経営状況：約３割が厳しい経営状況

　経営状況について「厳しい」と回答するのは、特例2.5割、Ａ型３割、Ｂ型３割強であるが、最も多いのは、調整金・報奨金や助成金、あるいは訓練等給付費の「支給があるので、経営できている」という回答である[16]。このうち、特例では、「調整金・報奨金、およびその他の助成金の支給があるので、経営できている」とするところが多い（20.0%）[17]。また、Ａ型では、「調整金・報奨金と訓練等給付費の支給があるので、経営できている」（25.0%）、「訓練等給付費の支給があるので、経営できている」（22.2%）とするところが多く、「調整金・報奨金の支給があるので、経営できている」（4.2%）とするところは少ない。

【図表２-２-９：経営状況】

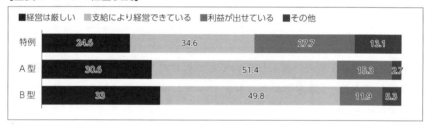

▶16　Ａ型・Ｂ型においては、生産活動に係る事業の収入から生産活動に係る事業に必要な経費を控除した額に相当する金額が、利用者に支払う賃金の総額以上となるようにしなければならないとされる（指定基準192条２項・３項・201条１項）。すなわち、利用者の賃金・工賃は事業収入（就労会計）から支出することとされている。これに対し、指導員の給与等は、原則として訓練等給付費（福祉会計）からの支出となる。

▶17　SACEC報告書（2018年）25頁においても、「助成金受給がなくても利益確保が可能であるとする特例子会社の割合は、３社に１社にとどまっている。なお、同24頁によると、「売上・経営利益ともに安定的に推移」しているとの回答が最多の35.4%であり、「売上・経常利益ともに上昇傾向」と併せると５割にのぼる。他方、「売上・経常利益ともに低下傾向」は８%であり、「売上は安定的だが利益率は低下」も８%、「売上は上昇だが利益は低下」も12%を占める。

Ⅲ 就労の開始から就労の終了まで

1 就労開始に至るまで

(1) 新卒・既卒の別

採用にあたり、新卒者以外の者がいると回答した特例は8割強、A型・B型は10割弱となっている。他方、新卒者がいるとの回答は、特例で8割、A型で5割、B型で7割となっている。

(2) 採用方法

採用方法（複数回答）としては、特例では、「特別支援学校」（78.1%）、「就労移行支援事業所」（61.3%）、「ハローワーク」（59.9%）からの紹介を受けたとの回答割合が多く、「A型からの紹介」（12.4%）、「知り合いからの紹介」（8.0%）、「民間の人材紹介会社からの紹介」（5.8%）は少ない。このほか、その他回答では、職業能力開発校、職業能力開発センター等、職業訓練施設を挙げるものがみられた（5.1%）。

A型では、「ハローワーク」からの紹介を受けたとする事業所が多数であり（74.6%）、「就労移行支援事業所」（43.7%）、「特別支援学校」（40.8%）と続く。A型ではまた、「障害者就業・生活支援センター」（36.6%）、「B型事業所」（35.2%）からの紹介を受けているところも多い。

B型でも、「特別支援学校」を挙げるものが圧倒的多数であるが（77.9%）、「市町村」（50.4%）や「障害者就業・生活支援センター」（40.7%）も多く挙げられる。「就労移行支援事業所」（24.8%）や「相談支援事業所」（19.9%）も一定程度認められる。

(3) 前職は一般の民間企業が6割

直前に働いていた場所（複数回答）としては、特例では、「親会社やグループ会社以外の民間会社」が最も多く（54.7%）、次いで、「B型事業所」（33.6%）、

「A型事業所」（24.1％）、「他の特例子会社」（16.1％）となっている。A型では、「B型事業所」（74.6％）、「一般の民間企業」（62.0％）、「他のA型事業所」（52.1％）の順に多く、就労移行支援事業所を挙げるものも一定程度認められた（16.9％）。B型では、「他のB型事業所」（69.6％）と「一般の民間会社」（60.2％）、「A型事業所」（25.4％）を挙げるものが比較的多い。A型・B型いずれにおいても、「特例子会社」と回答したところは少ない（A型2.8％、B型4.4％）。A型・B型から特例子会社への移行が一定程度認められる。また、前職が一般民間企業であるとの回答はいずれにおいても6割程度となっている。

2 勤続・就労年数と雇用形態

　勤続・就労年数として最も多いのは、特例において「5〜10年未満」が、A型において「1〜3年未満」が、B型において「10年以上」である。なお、この結果は、設立年数の長さとも関わるため、定着率を明らかにするものではない。

【図表2-2-10：勤続・就労年数】

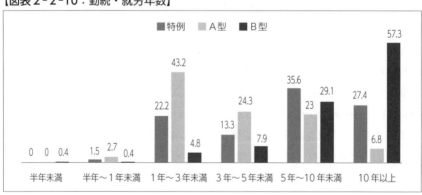

　無期契約で雇用される障害者がいるのは、特例80.9％、A型79.5％、有期契約で雇われている者がいるのは、特例59.1％、A型30.1％である。もっとも、当該設問ではトライアル雇用の位置づけについて明記しなかったため、トライアル雇用を有期契約として回答した者としていない者の両者が存在する可

能性がある。また、質問表調査およびインタビュー調査を通じて、自動更新を予定する有期契約を締結しているケースがあることが明らかとなっている[18]。

3 就労終了に至るまで

(1) 離職理由は事業所内の人間関係が3割

　離職および契約終了の理由のうち多いもの（複数回答）としては、特例では、①本人の体調の変化（加齢以外）（5割弱）、②仕事内容と本人の能力との不一致、事業所内の人間関係、本人の性格（3割弱）が同一順位、次いで、③仕事内容

【図表2-2-11：雇用・就労の終了理由（複数回答）】

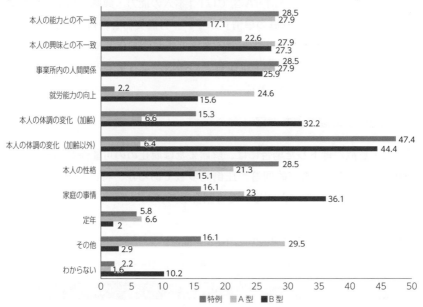

▶18　なお、SACEC報告書（2018年）59頁によれば、特例子会社における雇用契約の形態としては「初めから無期限契約を結ぶ」と「試用期間終了後、無期限契約を結ぶ」が63％であり多数を占めるのに対し、「最長通算5年間は有期契約」が26.5％である。また、有期契約の契約更新にあたっては、「特に問題なければ自動更新」が74％を占める。

と本人の興味との不一致（2割強）である。

　A型では、①本人の能力・興味との不一致、事業所内の人間関係がいずれも3割弱であり、②就労能力の向上（2.5割）、③家庭の事情（2割強）が続く。就労能力の向上を離職理由として挙げる事業所が比較的多いことがA型の特徴として指摘できる。

　B型では、①本人の体調の変化（加齢以外）が最も多く（4.5割）、②家庭の事情（3.5割）、③本人の体調の変化（加齢）（3割強）と続く。その他、「本人の興味との不一致」（3割弱）、「事業所内の人間関係」（2.5割）も一定割合を占める。このうち、「本人の体調の変化」は、特例においても多く挙げられていたが、B型では、加齢に伴う体調変化の問題が現実に生じていることがうかがわれる。

　特例・A型・B型いずれにおいても、「事業所内の人間関係」は3割程度と一定割合を占めている。特例・A型では、「本人の能力・興味との不一致」が多く、A型・B型では「家庭の事情」が多い。労働契約を締結して働く特例・A型において、労働能力や適性とのミスマッチが深刻化しやすいこと、福祉的就労の場であるA型・B型では家族との連携がより重要となることがうかがわれる（➡第4章第2節Ⅰ3(2)）。

(2) 契約終了には慎重な対応

　「能力・意欲が低下した場合には、解雇または雇止めの可能性がある」という問いについては、否定的回答が圧倒的多数であるが、特に、B型（9.5割）、A型（8.5割）、特例（7.5割）の順にその割合が高い。

【図表2-2-12：能力低下の場合の雇用終了可能性】

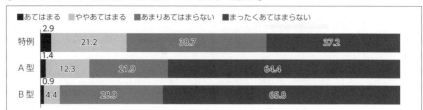

加齢や症状の悪化に伴い、業務ができなくなった場合の対応としては、「自己都合退職／利用契約の解消を促す」（特例：17.8%、A型：7.8%、B型：5.8%）、「解雇・雇止めにする／利用契約を打ち切る」（特例：0.8%、A型：4.7%、B型：0.9%）、「それでも雇用を継続する」（特例：13.6%、A型：15.6%、B型：14.7%）などの回答は少なく、「受入れ先（特例についてはA型・B型事業所等、A型についてはB型事業所等、D型については生活介護・デイケア等）を見つけた上で移行を促す」（特例：25.4%、A型：42.2%、B型：67.9%）とする回答が多い。また、「その他」（特例：42.4%、A型：29.7%、B型：10.7%）の中には、本人・家族の意向を確認し、支援機関と相談の上決定するとの回答が多くみられる。

　特例・A型・B型のいずれにおいても、加齢や症状の悪化による労務提供不能以外の理由での解雇・雇止め、退職勧奨や利用契約の打ち切りをしたことが実際に「ある」と回答した割合は10～15%程度と低い。契約終了理由としては、暴力行為等他の障害者への危害（のおそれ）などが多く挙げられている。

4 就労終了後の行先

(1) 一般就労等への移行者がいるA型・B型が7～8割

　A型事業所から、一般就労に移行した者がいる事業所は8割強（83.1%）であり、いると回答した事業所のうち、1年平均1人は52.5%、2～4人と回答したのは44.1%であり、5～9人であるとの回答も若干みられる（1.7%）。

　B型事業所からA型事業所での就労や一般就労に移行した者がいる事業所は7割弱（68.1%）である。このうち、1年平均1人が50.0%であり、2～4人が27.3%、5～9人が20.1%である。

(2) 特例から親会社・関連会社への出向・転籍は少ない

　親会社や関連会社に出向・転籍した障害者がいるとする特例の割合は16.9%であり、このうち、その人数は1年平均で1人が34.8%、1人未満・2～4人がいずれも22.7%である。

IV 処遇や雇用管理・運営の方針

1 賃金（工賃）

(1) 賃金（工賃）の定め方：特例・Ａ型では最低賃金を考慮

　特例・Ａ型のいずれにおいても、基本給を決めるにあたり考慮している事項（複数回答）としては、「最低賃金」が最も多いが（特例：92.7％、Ａ型：97.3％）、「就労能力」（特例：26.3％、Ａ型：18.9％）や「仕事内容」（特例：21.9％、Ａ型：12.2％）を考慮している事業所もみられる[19]。特例の中には、「他の特例子会社の初任給」を考慮しているところもあるが（18.2％）、他の企業の初任給や他のＡ型事業所の初任給を考慮していると回答したＡ型はない。

　Ｂ型において、工賃決定の際に考慮する事項としては、「事業所の工賃支払い能力」が最も多く（74.0％）、次いで、「仕事内容」（62.6％）、「就労能力」（57.7％）の順に多い。他方、「最低賃金」（10.6％）[20]、「他のＢ型事業所の工賃」（5.7％）を挙げるところは少ない。「仕事内容」、「就労能力」は、特例・Ａ型よりもＢ型において考慮されているといえる。

(2) 賃金変動の可能性：Ａ型よりもＢ型が能力ベース

　「仕事内容」「就労能力」がＢ型においてより重視されているという上記の

---

[19]　野村総研調査結果（2016年）32頁では、特例子会社における「給与制度設定」の方針として、「最低賃金を考慮して設定」が最も高く（85.7％）、「能力に応じて設定」（53.0％）、「仕事の成果に応じて設定」（39.9％）がこれに続くとあり、最低賃金以外の要素を考慮する割合は本調査よりやや高いものの、これは基本給のみならず、手当等を含む「給与制度設定」について尋ねたためであると推察される。これに対し、SACEC報告書（2018年）75頁では、特例子会社が基本給の決定にあたり考慮している点として、「職務能力の正確な把握」（74.2％）と「地域別最低賃金額」（73.6％）がほぼ同数であり、この2点に集中した結果となっている。本調査や野村総合研究所の調査結果とは異なる結果となっている理由は明らかではないが、ここでいう「職務能力」は本調査における「就労能力」等とは異なるものとしてとらえられている可能性がある。

[20]　Ｂ型においては非雇用であることが前提であることからすると、最低賃金法の適用は基本的に想定されていないが、平成30（2018）年報酬改定以前においては、目標工賃達成加算（Ⅱ）を得るにあたり、前年度の工賃実績が地域別最低賃金の3分の1以上であることが要件とされていた。

結果は、「職務内容・責任の程度に応じて賃金を変えている」という回答傾向からもうかがえる。すなわち、この設問に対する肯定的回答の割合は、Ｂ型が６割強と最も高く、次いで、特例（5.5割）、Ａ型（４割強）の順になっている。

【図表２-２-13：職務内容・責任に応じた賃金設計】

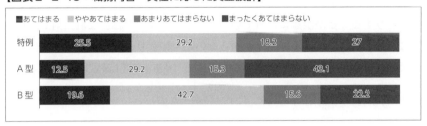

また、「成果による昇給の制度がある」については、特例が６割と高いが、その次はＢ型の５割であり、Ａ型は3.5割にとどまっている。

【図表２-２-14：成果による昇給制度】

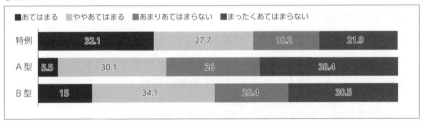

「能力・意欲が低下した場合には、減給または降格の可能性がある」については、全体として否定的回答が多いが、Ｂ型では肯定的回答も４割強にのぼる

【図表２-２-15：減給・降格の可能性】

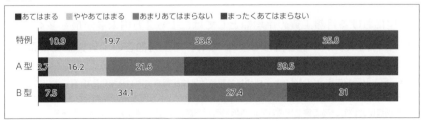

（特例は 3 割、A 型は 2 割弱）。

　以上によると、より福祉的色彩の強い B 型の方が、A 型や一部の特例よりも、能力ベースで賃金を設定しているといえる。多くの A 型や一部の特例では、最低賃金額をそのまま給与額としているところ、近年の最低賃金額の急激な上昇に伴い、職務内容や責任の程度に応じて賃金を変えたり、昇給制度を導入したりすることが困難になっていることがうかがわれる。これに対し、B 型では、最低賃金法による縛りがかからないことにより、職務内容や成果に応じた柔軟な賃金額の設定ができているといえる（➡第 4 章第 1 節Ⅴ 1）。

（3）減額特例：利用はごくわずか（特例・A 型）

　減額特例を適用している特例は 0.7％（1 社）、A 型は 17.8％（13 事業所）といずれも適用割合は低い。減額特例を適用している特例は、雇用している障害者のごく一部の者（20％未満）に適用しており、その減額割合は 40〜69％である。減額特例を提供している A 型は、雇用している障害者のすべてまたはほとんどに減額特例を適用していると思われる事業所（3。以下括弧内は事業所数）、半数程度の者に適用している事業所（4）、4 分の 1 未満の者に適用している事業所（6）に分かれる。また、減額割合は 20％未満の者がいる事業所（7）、20〜29％の者がいる事業所（5）、30〜39％未満の者がいる事業所（3）があるほか、40〜69％の者がいる事業所も 1 事業所ある。

（4）退職金制度：特例と A 型の間で大きな差

　A 型事業所では、退職金制度があるのは 2.7％ にとどまったのに対し、特例では、56.6％に及ぶ。

（5）平均工賃額：月 1 〜 2 万円が最多

　B 型における月額工賃の平均額としては、1 〜 2 万円未満が最も多く（39.7％）、3 万円未満が 8 割を占める[21]。なお、厚生労働省の工賃賃金実績調査に

---

[21]　日本財団報告書（2018 年）7 頁や福祉報酬改定検証調査（2019 年）245 頁において、1〜2 万円の事業所が 4 割を占める点は本調査と同様であるが、1 万円未満の事業所も 3 割を占めている。本調査において、高工賃を達成している事業所が実態よりも多く含まれた可能性がある。

よると、平成30（2018）年度における平均工賃月額は1万6118円で増額傾向にある。

　工賃引上げのためのなんらかの対策を行っていると回答した事業所がほとんど（91.7%）であり、対策内容（複数回答）としては、「技術向上・製品／サービスの質の向上」（68.4%）、「営業マーケティングの強化」（59.3%）が多く、「経営コンサルティングからの助言」（7.7%）は少ない。その他の回答（15.8%）では、経費削減や単価見直し交渉等がみられた。なお、収益が上がったときに、利用者に分配する仕組みは「ある」とする事業所が92.5%である。

【図表2-2-16：平均工賃月額】

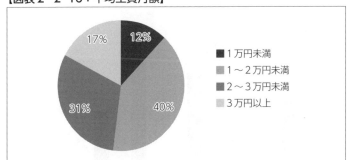

2　就労時間

（1）就労時間：特例＞A型＞B型

　個々の障害者の契約上の就労時間（複数回答）について、特例では、「週30時間以上40時間未満」の所定労働時間の者がいるとの回答が9割であり、「週20〜30時間未満」、「週40時間以上」の者[22]がいるとする割合は3割弱、「週20時間未満」の者がいると回答する割合はごくわずかである。

　A型では、「週20〜30時間未満」の所定労働時間の者がいると回答する事

▶22　なお、法定労働時間は1日8時間、週40時間であり（労働基準法32条1項・2項）、「週40時間以上」と回答した会社・事業所は、基本的に「週40時間」であることを念頭においたものと思われる。

業所の割合が8割と最も高く、「週30〜40時間未満」が4割弱、「週20時間未満」が3割強、「週40時間以上」が1割強である。B型でも、A型同様、「週20〜30時間未満」の利用時間の者がいるとする割合が7割と最も高いが、「週20時間未満」も5割強である。また、「週30〜40時間以上」は4.5割で「週40時間以上」はごくわずかである▶23。

　「週20時間未満」の者がいるとする回答割合は、B型が高く、「週40時間以上」は特例が高い。A型・B型では、「週20時間以上30時間未満」が最も高いのに対し、特例では「週30時間以上40時間未満」が最も高い。

【図表2-2-17：就労時間（複数回答）】

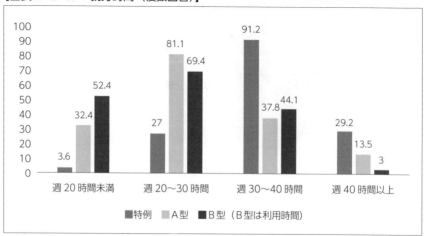

（2）就労時間の変動可能性

　「時間外労働をさせることがある」については、否定的な回答が多く、その割合はB型（8割強）、A型（7割強）、特例（5.5割）の順に高い。ただし、4.5割の特例では時間外労働の可能性がある。

▶23　特例・A型では、所定労働時間、B型ではサービス利用時間について質問している。

【図表2－2-18：時間外労働の可能性】

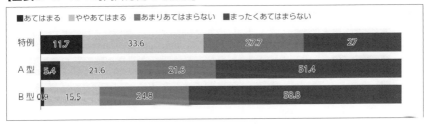

「個別の事情に応じて始業時間・終業時間を変更しやすいようにしている」については、肯定的な回答が多く、その割合はB型（7.5割）、A型（7割弱）、特例（5.5割）の順に高い。特例のうち4.5割は、労働時間の柔軟な変更に消極的である。

【図表2－2-19：個別事情に応じた始業・終業時間変更可能性】

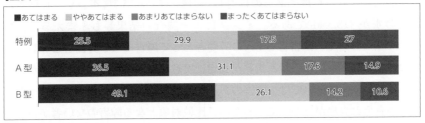

3 特例・A型の半数が障害者を責任ある地位に

「責任ある地位にいる障害のある労働者／利用者がいる」については、特例・A型において、回答がほぼ半数に分かれているのに対し、B型では否定的回答が8割強にのぼる（次頁の【図表2－2-20】参照）。雇用契約が締結されていないB型においては、利用者である障害者を責任ある地位につけることを基本的には想定していないとみることができる。なお、B型において肯定的回答をしているところは、利用者の中でもチームリーダー的役割を果たしている者の存在を念頭においていると思われる。

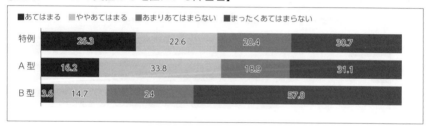

【図表2-2-20：責任ある地位にいる障害者】

■あてはまる　□ややあてはまる　■あまりあてはまらない　■まったくあてはまらない

特例	26.3	22.6	20.4	30.7
A型	16.2	33.8	18.9	31.1
B型	3.6	14.7	24	57.8

4 障害のない労働者との比較

（1）職務内容の同一性

　「障害のない労働者と職務内容は同じである」についても、特例・A型では肯定的回答が4割程度であるのに対し（特例：39.7％、A型：43.9％）、B型ではごくわずか（15.3％）である。インタビュー調査の結果等もふまえると、特例・A型において、障害者を1人の労働者として障害のない労働者と等しく扱わなければならないとの行為規範が一定程度意識されていることがうかがわれる。他方、B型においては、障害のある利用者と障害のない指導員という形で障害の有無と立場が分かれているため、比較対象となる障害のない者がいないことが影響した結果、低い数値になっていると思われる。

　なお、この設問については、比較対象となる障害のない労働者の勤務形態を限定していないため、正社員ではなく、非正社員（主婦パート等を含む）との比較で回答しているところもある▶24。また、職務内容の同一性について、障害のない労働者が障害のある労働者とスポット的に同じ仕事をする場合についても、「職務内容は同じである」と評価する会社・事業所がある一方、障害のない労働者が障害のある労働者と共同してほぼ同じ業務を行っているとしても、障害のない労働者の業務に障害のある労働者の支援や管理をする業務がある場

▶24　実際、全Aネット報告書（2017年）40頁によると、就業規則も給与規程も「利用者用を独自に作成」しているケースが多く4割程度を占める。就業規則では「常勤と同等」と「非常勤と同等」はいずれも2.5割強程度であるが、給与規程では「非常勤と同等」が2.4割程度であるのに対し、「常勤と同等」は1.5割である。

合には、「職務内容は同じではない」と回答した会社・事業所もあることが本調査を通じて明らかとなっている[▶25]。

(2) 就業規則・給与規程の作成

特例では、障害のある従業員を対象とする就業規則・給与規程については、「障害のない従業員と同じ、または、同等のものを利用」しているところが多いものの（61.3%）、「障害のある従業員向けのものを別途作成」しているところも3割程度認められた（31.4%）。

A型では、障害のある従業員を対象とする就業規則・給与規程については、「障害のない従業員と同じ、または、同等のものを利用」しているところと「障害のある従業員向けのものを別途作成」しているところが同数であった（49.3%）。その他として、パート社員と同様とするところが1.4%（1事業所）あったが、「障害のない従業員と同じ」と回答する事業所の中にも障害者を契約社員として雇用しているため、契約社員と同様の給与規程を適用しているところが含まれることが本調査を通じて明らかとなっている。

B型において、就労条件等について定める規定を作成しているところは48.7%、作成していないところが51.3%であるが、本調査を通じて、作成していないと回答した事業所の中にも、利用契約において規定を設けていると認められるところがあることが明らかとなっている。

[▶25] 「障害のない労働者と同じように、職務内容や配置の変更の可能性がある」か否かという点についても質問した。当初の意図としては、職務内容や配置の変更の範囲（人材活用の仕組み）が障害のない労働者と同じか、という質問をしたつもりであった。しかし、この質問は、職務内容や配置の変更可能性があるということ自体が障害のない労働者と同じかという意味としてもとらえうる質問形式となっていた点で不適切であった。結果として、障害のない労働者と職務内容が同一ではないと回答した会社・事業所の中にも、「障害のない労働者と同じように職務内容や配置の変更の可能性がある」と回答したところが多く含まれる結果となった。

5 問題行動への対応

（1）仕事上のミスよりも同僚とのトラブルに厳しい注意

「仕事上でのミスに対して、厳しく注意することがある」について、肯定的回答をするのは、特例（4割）、A型（2.5割）、B型（1.5割）であり、多数派は厳しい注意をしない傾向にある。他方、「同僚とのトラブルに対して、厳しく注意することがある」については、肯定的回答をするものが多数であり、特例（7.5割）、A型（6割）、B型（5割）である。総じて、福祉的就労の場であるA型・B型において、特に仕事上のミスに対して寛容な姿勢がみられる。もっとも、他害等のリスクを含む同僚とのトラブルに対しては、B型でも厳しく注意をするという回答が5割を占めており、事業所ごとに考え方が異なることがうかがわれる。

【図表2-2-21：仕事上のミスに対する
　　　　　　　厳しい注意】

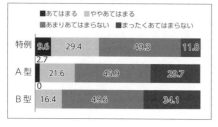

【図表2-2-22：同僚とのトラブルに
　　　　　　　対する厳しい注意】

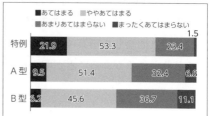

（2）遅刻・無断欠勤への対応

「遅刻や無届欠勤に対して、賃金減額を行うことがある」については、特例・B型においては、肯定的な回答がそれぞれ、6.5割、6割弱と多いのに対し、A型では2.5割程度である。なお、この設問では、働かなかった日・時間分の賃金が支払われないこと（ノーワーク・ノーペイの原則と呼ばれる）と、それを超えて制裁として減給処分とすることが明確に区別されていないため、実態を反映しきれていない可能性がある。

「遅刻や無届欠勤に対して、懲戒を行うことがある」については、否定的回答が圧倒的多数であるが、特に、B型（10割弱）、A型（9割強）、特例（6.5割）の順にその割合が高い。

【図表2-2-23：遅刻・無断欠勤に対する賃金減額の可能性】

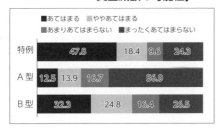

【図表2-2-24：遅刻・無断欠勤に対する懲戒の可能性】

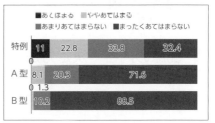

（3）本人だけではなく、家族や行政機関と連携

問題やトラブルが起きたときの相談先について、「よくあてはまる」「ややあてはまる」の肯定的回答をした割合を示したものが以下のグラフである。

特例・A型・B型とも、「本人とだけ話し合うことが多い」は少なく、「ハローワークや支援機関に相談することが多い」「家族に相談することが多い」の割合が全体として高い。就労する障害者の中に知的障害者が多いこととも関係するといえよう。

ただし、ハローワークや支援機関への相談割合は、特例においてきわめて高く9割以上にのぼるのに対し、より福祉的介入の必要性が高いB型では4割

【図表2-2-25：トラブル時の相談先】

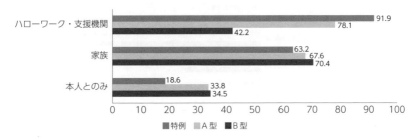

程度にとどまっている。これは、Ｂ型自らが相談対応機能を有しているためと推測される。また、「本人とだけ話し合うことが多い」に肯定的な回答をした割合は、特例が２割弱であるのに対し、Ａ型・Ｂ型は３〜3.5割である。

Ⅴ 配慮および相談体制等

1 配慮の内容・決定方法

（1）職務内容や配置の調整を行うところが圧倒的多数

職務に関連する配慮の内容（複数回答）として、特例・Ａ型・Ｂ型のいずれ

【図表２-２-26：職務に関連する配慮の内容（複数回答）】

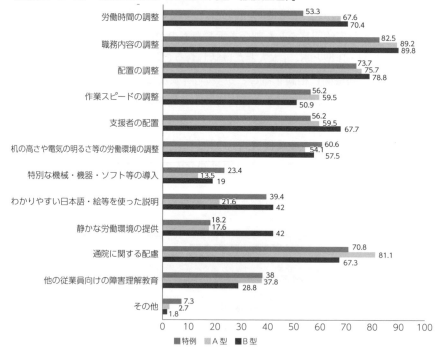

においても、「職務内容の調整」（8〜9割）、「配置の調整」（7〜8割）、「通院に関する配慮」（6〜8割）、「労働時間の調整」（5〜7割）、「支援者の配置」（5〜7割）、「作業スピードの調整」（5〜6割）、「机の高さや電気の明るさ等の労働環境の調整」（5〜6割）をしているとの回答が多い。このうち、「労働時間の調整」については、A型（7割弱）、B型（7割）と比べて、特例（5割強）における実施割合が低いことがうかがわれる。「特別な機械・機器・ソフト等の導入」を行っているところは少ない。就労している障害者の障害種別にもよるが、配慮の中心がソフト面における対応・調整であることがうかがわれる▶26。

職務に直接関連しない配慮（複数回答）のうち、「通勤・通所に対する配慮」をしているとの回答が全体的に多く、特例で5割強、A型で6割弱、B型で8割弱となっている。また、「社会生活一般に関する配慮」（交通安全、犯罪被害防止等に関する研修・指導、社会的なマナーに関する研修・指導等）については、特例で7割弱であるのに対し、A型・B型では4〜5割弱である。反対に、私生活上のトラブルへの対応といった回答はA型・B型が5割を超えるのに比べて特例では3割にとどまる。また、休日の過ごし方に関連する配慮（レクリエーショ

【図表2-2-27：職務に直接関連しない配慮の内容（複数回答）】

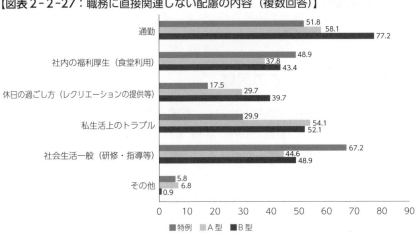

▶26　「特別な機械・機器等の導入」を実施しているところは多くないが、聴覚障害・視覚障害をもつ者がいる場合にはこうした配慮が必要といえよう。

ンの提供等）としては、Ｂ型では４割弱であるが、Ａ型では３割弱、特例で２割弱となっている。

（2）本人との話し合いにより配慮の内容を決める

　特例・Ａ型・Ｂ型いずれにおいても、配慮の内容を決めるにあたっては、「当事者との話し合い」をするとの回答が８～９割であり、「第三者を交えた話し合い」をするとの回答が４～５割、「ルール・マニュアルの作成」をしているとの回答が３～４割である。

　「想定していた配慮のレベルを超えていたとしても、希望に応じた個別的な対応をする」については、肯定的回答が多い（特例：６割、Ａ型：7.5割、Ｂ型：７割強）。

【図表2-2-28：想定以上の配慮の提供可能性】

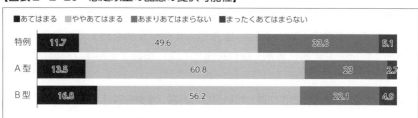

	あてはまる	ややあてはまる	あまりあてはまらない	まったくあてはまらない
特例	11.7	49.6	33.6	5.1
Ａ型	13.5	60.8	23	2.7
Ｂ型	16.8	56.2	22.1	4.9

2 配慮提供に際しての困難

　特例・Ａ型・Ｂ型のいずれにおいても、配慮をするにあたり困難を感じているとの回答割合が高く（特例：60.7％、Ａ型：83.6％、Ｂ型：76.2％）、困難を感じる事項としては、「内容に個人差がある」、「本人の希望との調整」、「他の従業員（支援者）に負担がかかる」が多い（複数回答）。

　「その他」について、特例では親会社や取引先の理解、Ａ型・Ｂ型では家族の理解が挙げられている。また、家庭でのトラブルへの対応が求められるケースや家族も障害を抱えているケースがあるとの回答もみられる。特例・Ａ型・Ｂ型に共通して、合理的配慮の範囲や障害者間の公平性、障害種別により必要

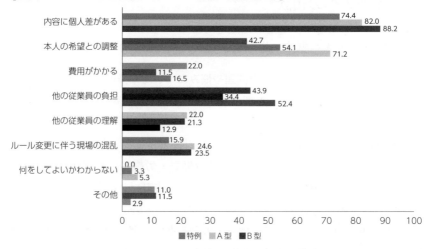

【図表2-2-29：配慮提供に際しての困難（複数回答）】

内容に個人差がある　74.4／82.0／88.2
本人の希望との調整　42.7／54.1／71.2
費用がかかる　22.0／11.5／16.5
他の従業員の負担　43.9／34.4／52.4
他の従業員の理解　22.0／21.3／12.9
ルール変更に伴う現場の混乱　15.9／24.6／23.5
何をしてよいかわからない　0.0／3.3／5.3
その他　11.0／11.5／2.9

■特例　■A型　■B型

となる配慮が異なり、あるいは利害が衝突する場合がある（たとえば、視覚障害者のための点字（ブロック）が下肢障害者にとって障壁になる）ことなどが課題として挙げられている。

3 事業所内の問題解決：常設の専門会議は少ない

　特例・A型・B型のほとんど（A型・B型では100％、特例では97.1％）のところが、障害者雇用をする中で起きた問題について、スタッフ同士で相談する場があると回答している。その具体的内容としては、「問題解決のための担当者への相談」をするところが5～6割、「毎日の会議」や「臨時の会議・専門会議」で取り扱うところが4～6割であり、「常設の専門会議」を設けているところは相対的には少ない（特例：35.3％、A型：24.3％、B型：47.2％）。

　また、障害者も一緒になって相談する場があるとの回答が9割以上であり、その具体的内容は、「定期的な面談」が6～7割、「相談窓口の設置」が4～6割、「臨時の会議・専門会議」が3割程度であり、「毎日の会議」や「常設の専門会議」を設けているところは1割程度である。

4 事業所外への相談

(1) 相談先：障害者就業・生活支援センターの役割が大きい

　障害者雇用をする中で起こった問題や悩みについて事業所外へ相談する割合は、いずれも高いが、特例、Ａ型、Ｂ型の順で高い（特例：92.0％、Ａ型：82.4％、Ｂ型：75.3％）。

　相談先は以下のとおりである。特例では、「障害者就業・生活支援センター」（88.9％）、「他の特例子会社」（30.2％）、「労働局・労働基準監督署」（24.6％）、「特例子会社の加盟団体」（23.0％）の順に多く、「市町村」は少ない（13.5％）。

　Ａ型では、「障害者就業・生活支援センター」（68.9％）、「市町村」（60.7％）、「他のＡ型事業所」（34.4％）、「労働局・労働基準監督署」（24.6％）、「相談支援事業所」（18.0％）、「Ａ型事業所の加盟団体」（16.4％）の順に多い。

　Ｂ型では、「障害者就業・生活支援センター」（52.4％）、「市町村」（49.4％）、「相談支援事業所」（29.2％）が多く、「他のＢ型事業所」（12.5％）、「加盟団体」（4.8％）は少ない。

　「障害者就業・生活支援センター」への相談割合はいずれにおいても高いが、特に特例、Ａ型、Ｂ型の順で高い。また、Ａ型・Ｂ型では「市町村」への相談割合が高いが、特例では低い。市町村は障害福祉サービスの実施主体であり、Ａ型・Ｂ型の多くが市町村と連携をとっているといえる。

　特例やＡ型では同業者への相談も３割程度みられるが、Ｂ型ではあまりみられない。

(2) コンタクトの頻度

　「支援機関（民間含む）・ハローワークと頻繁にコンタクトをとっている」については、特例、Ａ型、Ｂ型の順に肯定的回答の割合が高い。Ｂ型において割合が下がるのは、Ｂ型自身が支援機関的な機能を有しているためと推測される。

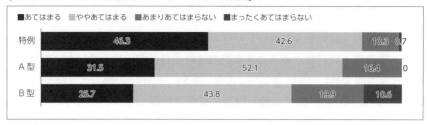

【図表2-2-30：支援機関とのコンタクトの頻度】

5 私生活への関与：半数が非就労日の活動を把握

　「家族と積極的にコミュニケーションをとるようにしている」、「家族と個別面談を行う機会がある」、「家族による職場訪問の機会がある」はいずれも肯定的回答が多く、B型、A型、特例の順に多い傾向にある。他方、「就業時間外にイベント（飲み会など）やサークル活動がある」については、特例（6.5割）、A型（5割強）、B型（4割弱）の順に多い。「仕事のない日に従業員がどのように過ごしているかを把握する手段がある」については、B型、A型、特例の順に多いがいずれも4.5〜5.5割の範囲内であり、一般就労か福祉的就労かという差異よりも、個々の会社・事業所ごとの考え方により異なるといえそうである。

【図表2-2-31：家族や私生活への関わり】

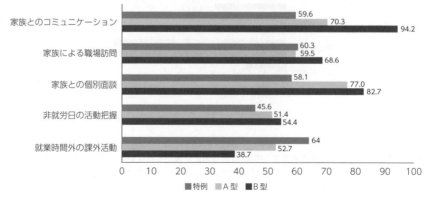

6 参考資料：研究会の資料を参考に

　障害者雇用・就労をより良いものにしていくために参考にしているウェブサイト・報告書・資料等があるとする割合はいずれにおいても高いが、特例、A型、B型の順で高い（特例：92.0%、A型：86.5%、B型：62.7%）。

　このうち、特例では、「高齢・障害・求職者機構のウェブサイト・報告書」（79.4%）を参考にする割合が8割にのぼる。また、特例・A型・B型いずれにおいても、「研究会や情報収集の場で配布された資料」を参考にすると回答する割合が高い。

　障害者雇用促進法（以下「促進法」という）の内容把握に際しては、「厚生労働省のウェブサイト・報告書」が最も参照されており、その他、「研究会や情報収集の場で配布された資料」、雇用支援機構のウェブサイト・報告書」、「労働局・労働基準監督署のウェブサイト・パンフレット」等を通じて把握されている。A型・B型では、「研究会や情報収集の場で配布された資料」と回答する割合が「厚生労働省のウェブサイト、報告書」に次いで多い[27]。

【図表2-2-32：参考にしている資料の取得先（複数回答）】

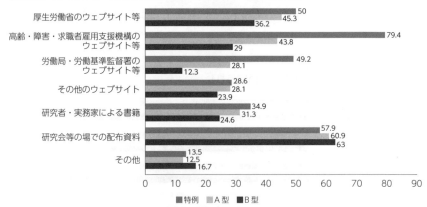

▶27　本設問に回答したB型事業所の中には、「促進法が適用されないため把握していない」と回答するところも含まれる。そのため、法制度全般についての情報収集方法を尋ねていれば、別の結果となった可能性がある。

【図表2-2-33：促進法の内容把握方法（複数回答）】

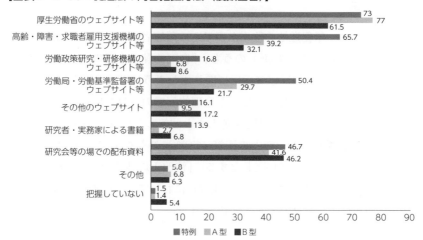

厚生労働省のウェブサイト等 … 73 / 77 / 61.5

高齢・障害・求職者雇用支援機構の
ウェブサイト等 … 65.7 / 39.2 / 32.1

労働政策研究・研修機構の
ウェブサイト等 … 16.8 / 6.8 / 8.6

労働局・労働基準監督署の
ウェブサイト等 … 50.4 / 29.7 / 21.7

その他のウェブサイト … 16.1 / 9.5 / 17.2

研究者・実務家による書籍 … 13.9 / 2.7 / 6.8

研究会等の場での配布資料 … 46.7 / 41.6 / 46.2

その他 … 5.8 / 6.8 / 6.3

把握していない … 1.5 / 1.4 / 5.4

■特例　■A型　■B型

Ⅵ 法制度の影響・評価

1 促進法改正の影響：影響ありとの回答は4割未満

（1）特　例

　平成25（2013）年促進法の改正が事業所の障害者雇用のあり方に影響を与えたとする回答（37.0%）のうち、「より一層障害者雇用に取り組むようになった（量的）」（56.0%）「合理的配慮を提供するようになった」（44.0%）との回答が多く、すでに提供していた合理的配慮の内容を見直した（18.0%）、差別に該当しないよう雇用管理を見直したと回答した事業所（12.0%）は少数である。

　また、影響しなかったとの回答（63.0%）のうち52.6%は、「法が要請していることはすでにしていた」とする。「法改正以外の影響が強かった」とするのは1.5%である。

(2) Ａ　　型

　平成25（2013）年促進法の改正が事業所の障害者雇用のあり方に影響を与えたとの回答36.1％（26事業所）のうち、「合理的配慮を提供するようになった」（42.3％）、「より一層障害者雇用に取り組むようになった（量的）」（34.6％）との回答が多く、すでに提供していた合理的配慮の内容を見直した（15.4％）、差別に該当しないよう雇用管理を見直したと回答した事業所（7.7％）は少数である。また、影響しなかったとの回答（63.9％）のうち52.2％は、「法が要請していることはすでにしていた」とする。「法改正以外の影響が強かった」とするのは6.5％（3事業所）であり、追加調査においては、いずれも障害者総合支援法の改正による影響の大きさを挙げている。

(3) Ｂ　　型

　平成25（2013）年促進法の改正が事業所の障害者雇用のあり方に影響を与えたとの回答（25.7％）のうち、「一般就労移行に力を入れるようになった」（42.1％）、「いわゆる合理的配慮を提供するようになった」（33.3％）、「すでに提供していた合理的配慮の内容を見直した」（31.6％）、「差別に該当しないよう雇用管理を見直した」との回答（28.1％）が一定割合を占める。

　また、影響しなかったとの回答（74.3％）のうち7割強（73.9％）は、「Ｂ型事業所に促進法は適用されない」と回答している。法改正を知らなかったとする事業所もみられる（5.5％）が、「法改正以外の影響が強かった」と回答した4.2％の中には、求人が少ないことやＡ型事業所が多いことなど当該地域的状況を挙げるものもある。

2　発注促進税制や障害者優先調達推進法の評価

　事業を営むにあたり、発注促進税制▶28や障害者優先調達推進法（➡第1章第

▶28　障害者が働く施設（Ａ型・Ｂ型のほか、特例等）などへの発注額が前年度に比べ増加した場合に、発注企業の固定資産（減価償却資産）を割増して償却することを認め法人税の軽減をはかる仕組みであり、時限的（平成20（2008）～平成27（2015）年）に導入されていた。

3節Ⅵ**2**）が役に立っているか否かを尋ねる設問に肯定的回答をする割合は、A型で２割強（23.0％）、B型で４割強（42.1％）である。これらの制度によるメリットを受けるA型が少ないことがうかがわれる（➡本節Ⅰ**4**（3））。

 ## Ⅶ 自由記述欄

以下では比較的多くみられた自由記述をまとめる。なお、詳細については、本章第4節を参照されたい。

1 特　　例

自由記載欄の回答（66件）のうち、助成金制度の拡充（18件）や助成金等の申請手続の簡便化（PC化）（11件）、外部の支援機関の充実化（11件）を求める声が比較的多い。特に助成金のうち、特定求職者雇用開発助成金（特定就職困難者コース（旧：特定就職困難者雇用開発助成金）については、より長期の支給を求める意見や離職割合要件がかえって就職困難な障害者を排除する結果になっているとしてその廃止を求める意見があった▶29。

雇用義務制度については、法定雇用率の上昇やその見通しに対する不安・疑問の声（8件）のほか、制度自体のあり方についての意見（21件）が多数であった（➡本章第4節Ⅰ）。また、就労困難性の高い精神障害者についてダブルカ

▶29　平成27（2015）年10月以降、雇入れ後または助成対象期間終了後1年以内の離職者割合が50％を超えるときには、新たな対象労働者の雇入れについて、特開金の受給はできないとされてきた（離職割合要件）。また、旧制度のもとでは、離職者が出た場合、離職した月までが助成対象とされていた。平成30（2018）年10月以降、離職割合要件は廃止されるとともに（なお、A型については25％の離職割合要件が残されている）、①助成対象期間中に対象労働者を解雇・雇止め等した場合、従来のように、当該労働者に対する助成金を返還するだけでなく、以後3年間、当該事業所に対する助成金が支給されないようになること、②離職者が出た場合、当該支給対象期（6か月）分の助成金は原則支給しないことを内容する制度改正がなされている。すなわち、支給対象期間中に離職していないことが支給の要件となる。制度変更の背景としては、事業主による労働者の職場定着に対する措置を十分にはかる必要があることが挙げられている（以上につき、厚生労働省ウェブサイト（https://www.mhlw.go.jp/stf/seisakunitsuite/bunya/koyou_roudou/koyou/kyufukin/tokutei_konnan.html）参照）。

ウントを求める声や20〜30時間の短時間就労を1カウントとすることの継続を求める声（6件）、定着率をなんらかの形（雇用率その他のインセンティブ）で考慮すべきとの意見（6件）が多い。

2 A 型

自由記述欄の回答（37件）の中では、いわゆる「悪しきA型問題」およびそれへの行政の対応に関する意見が多い（11件）。また、平成29（2017）年施行の指定基準改正について、すなわち、生産活動に係る事業収入から必要経費を控除した額に相当する金額が利用者に支払われる賃金総額以上でなければならないことや自立支援給付から賃金の支払いを行うことを禁止する行政の動きについて、反対の声（9件）が多数みられた（➡本章第4節Ⅱ）。

このほか、助成金や加算の拡充を求める意見（6件）や優先調達の周知・活用を求める声（4件）、最低賃金の適用やその金額の上昇に対応することが難しいとの声（4件）、福祉と雇用の中間にあるA型の位置づけの難しさを指摘する意見（4件）もみられた。

3 B 型

自由記述欄の回答（77件）のうち、平成30（2018）年の報酬改定や報酬制度に関する意見（32件）が最も多い（➡本章第4節Ⅱ）。平均工賃月額に基づき基本報酬を設定することについては、多様な年齢・症状の者を受け入れることが困難になる、利用者の能力に左右されるため見通しがつきにくく事業の継続性が保てなくなる、報酬改定による減収に伴い専門性の高い支援員の確保や環境整備に支障が出ているなど否定的意見が多数である（21件）。このほか、これと異なる観点からの否定的意見として、平成30（2018）年の報酬改定のもと、これまで目標工賃達成加算を取得していた事業所にとっても減収となり、モチベーション低下につながるとするものもある（4件）。さらに、一般就労への移行や企業における定着の困難さについての指摘も多数みられた（9件）。

また、病気や災害等による利用者の欠勤の影響を受けないよう、日払いでは

なく月払いにして欲しいとの意見（4件）や公共交通機関の利用が困難な地域
では、送迎が不可欠であるところ、送迎加算の引下げには疑問があり、改定の
理由となっている自動車維持費の減少も当てはまらない場合があるとの意見
（2件）があった。

第 3 節　インタビュー調査

　本節では、特例子会社（Ⅰ）、Ａ型事業所（Ⅱ）、Ｂ型事業所（Ⅲ）に対して行ったインタビュー調査の内容をまとめている。それぞれの箇所で２時間程度のインタビューを行い、質問票調査ではフォローしきれなかった各会社・事業所の理念や障害者雇用・就労への取組みについて、より詳細な情報を得ることができた。

　なお、インタビュー調査先の選定は、質問票での回答傾向、自由記述欄の回答、地域などを勘案しながら、インタビュー対象の多様性がなるべく確保できるように行った（➡詳細は、本章第１節Ⅲ**2**）。

 ## 特例子会社

1 T₁社

　平成30（2018）年７月13日にT₁社（本社）を訪問し、管理部担当者から話をうかがったあと、事業所見学を行った。

（1）会社概要

（a）業務内容・経営状況・親会社　　特例子会社であるT₁社（本社：神奈川県）は、平成６（1994）年３月に設立された。業務の中心は、設立当初から「ものづくり」（製造）としてきたが、従業員の加齢に伴い従前どおりの業務遂行が困難となったことから、清掃、メール便（社内郵便物の仕分け・回収・配付）、文書管理、封詰等への業務拡大をはかってきた。

平成30（2018）年7月現在、日本全国に10か所の事業所を有し、今後も拡大を予定している。業務の7割を親会社から、2割をグループ適用を受けている関係会社から受注している。官公庁や特別支援学校関連からの受注もごくわずかだが存在する。受注価格は、原則として市場価格をふまえて決定され、統一価格が用いられることが多いが、出来高制の場合もある。調整金等によらず、事業自体で利益を生み出している。

　親会社は、東京都に本社をおく大型電気機器メーカーであり、発電設備を主力製品とする。身近な製品としては自動販売機（シェア50％）やコンビニエンスストアに設置されたコーヒーマシーン等がある。従業員数は国内外合わせて約2万6500人である。

（b）従業員数・障害者数・雇用率等　従業員数は、障害者140人、障害のない者50人、指導員50人の計240人である。T₁社では、指導員を「スタッフ社員」、障害者を含むその他の従業員を「一般社員」と呼称している。両者には異なる給与規定が適用され、労働条件に異なる点がある（後述）。

　障害者全体の90％以上を知的障害者が占め（身体障害者は4人、精神障害者は5人）、全体の4割が重度障害者である。身体障害者4人のうち3人は親会社から転籍してきた者である。人事制度へのなじみやすさや当てはめやすさを考慮し、身体障害者は親会社等で、知的障害者は特例子会社で、精神障害者は状況に応じて雇用するという対応をとっている。障害者の約85％が男性で、平均年齢は20代後半である。

　親会社および一部の関係会社との間で「グループ適用」を採用しており、親会社から分社化しかつ従業員数が50人以上の企業5社をグループ適用の対象としている。

　平成25（2013）年の法定雇用率の引上げ（1.8％→2.0％）により雇用率未達成リスクに直面したことから、特例子会社の事業所拡大の計画が立案された。その結果、拠点（事業所）数は、平成23（2011）年の5拠点から平成30（2018）年の10拠点に増加し、グループ内の実雇用率は、平成25（2013）年の2.02％から平成30（2018）年の2.57％（雇用障害者カウントは298から378）へと順調に伸長している。

（c）理念・事業を営む上で重視する価値観　　　　　T₁社は、社是として、「①事業を発展させ、雇用の定着、拡大をはかるため、ともに理解しともに働く場の創出に努力する、②職業人として、社会人として自立を成し遂げるよう、恩恵的な関わりをせずに厳しく育成する、③障がい者雇用は法に縛られることなく、企業の社会的責任で行う」を掲げる。社員自身が依存の環境で育ってきたため、それらから脱却すべくこれらの社是が掲げられることとなった。

（2）設立の経緯

　親会社の労働組合の組合員のご家族にダウン症の子どもがいたことから、労働組合の委員長（T₁社初代管理部長）等が中心となり、特例子会社の設立を検討した。障害者を雇用するにあたり、指導員の配置を含む職場環境整備や人事処遇制度など、親会社の制度になじまない点が生じることから、親会社等での直接雇用ではなく、特例子会社での直接雇用とすることになった。

（3）就労条件その他

（a）採　　　用　　　　採用について、新卒9割、中途1割と、圧倒的に新卒採用が多い。新卒採用9割のうち特別支援学校からの紹介が9割を占める（残り1割は就労移行支援事業所からの紹介）。中途採用の中には親会社やグループ企業で働いていた者が若干名存在する。

　採用基準は、①本人に心底からの「就労意欲」があること（仕事ができる能力よりしたい意欲を優先）、②自分に正直であること（言い訳は信頼関係が築けない）、③正しい生活習慣が身についていること（仕事（1日7時間45分、週5日勤務）に耐えうる体力の維持が可能かどうか）である。1～2週間の実習を行い、上記の「①意欲、②素直さ、③生活習慣」を重視して採否を判断する。

（b）雇用形態・勤続年数・離職理由　　　　一般社員はすべて無期雇用で正社員採用される。T₁社の業務の多くがスポット的であるものの、それらが永続するものであるため、無期雇用としている。一方、指導員（スタッフ社員）は親会社等を定年し再雇用された60歳以上の者が多く、週所定労働時間20時間未満の有期契約にしていることもある。

設立年数の短い事業所を含む全事業所の障害者の平均勤続年数は7.5年である（最初に設立された創設24年の事業所の平均勤続年数は12.4年）。1年未満での離職者は1％、3年未満での離職も1割程度である。離職理由としては、仕事内容と本人の興味の不一致、本人の加齢による体調の変化、本人の性格の問題がある。離職が避けられない場合、地域の障害者支援機関と連携し、A型事業所やB型事業所等の受け入れ先を見つけた上で、本人に移行を促す。「福祉的な就業に自立はなく、社是に反する」との考えから、雇用継続が難しい場合、保護者・障害者本人と相談の上、自己都合退職により、移行している。

T₁社から親会社や関連会社へ異動した例はない。一社会人として雇用していることから、会社への帰属意識が高く、異動によるデメリットが大きいことから、親会社や関連会社への異動は想定していない。

（c）労働時間・賃金等　　1日の所定労働時間は7時間45分である（親会社と同様）。入社時や病気休職後の一時的な短時間勤務制度等、個別の事情に応じて始業時間や就業時間を変更できる制度を有しているが、制度利用は少ない。時間外労働を命じることがあり、平成29（2017）年度の1人あたりの月平均時間外労働は3.1時間で、特に業務の集中した事業所での1か月の最長残業時間は約33時間であった。

一般社員の賃金（基本給）は、最低賃金をベースに決定する。最低賃金を下回る賃金を支払うことは企業の社会的な責任を果たしているとはいえないとの考えから、減額特例は利用していない。他方で、さらなる雇用拡大につなげるとの考えから、最低賃金を上回る賃金（基本給）は設定されていない。ただし、リーダーやサブリーダーとなった場合、その行動能力、影響力および意欲に応じ300～1000円（月額）の役割給が支給される。フォークリフトの運転などの特殊な職務を行う者に対しても500～1000円（月額）の職務給が支給される。

賞与として、1回平均1.2か月分が年2回支給される。月給での差異が小さいことから、賞与である程度差をつけることがある（最大支給額は2か月分）。企業年金制度による退職金制度▶1を有し、加入期間や給付利率にもよるが500万円程度が支給される。

▶1　調査後、中小企業退職金共済による退職金制度に変更された。

（d）職務に関する合理的配慮等　　職務に関する合理的配慮として、労働時間の調整、職務内容の調整、配置の調整、支援者の配置、通院に対する配慮が行われている。配慮の内容を決める際には、障害者本人との話し合いや第三者を交えた話し合いを行い、個別の事情に応じて対応をはかる。配慮をするにあたり困難を感じたことはなく、平成25（2013）年に障害者雇用促進法（以下「促進法」という）の改正によって差別禁止・合理的配慮提供義務が導入されたが、同法が要請することはすでに行っていたため、T₁社の障害者雇用のあり方に影響を与えることはなかった。

　職務遂行に直接関わるわけではないが、広い意味での配慮として、以下の対応がはかられている。ストレス予防のための余暇活動として、ボウリング部とウォーキングクラブを設立し、ボウリングの市民大会に出場（優勝）したり、他県で20回記念ウォークを開催したりするなどの成果を上げている。これらは、ストレス予防に加え、社会性を養うことにもつながっている。これらはストレスコントロールの成功例だが、他方で失敗例もある。ストレスの「気づき」として、多様な表情を示した約50種のカードから、その日の体調・心情を表すものを選ぶという取組みを始めたが、カードの趣旨を理解できない者もおり、1人を除き現在は行われていない。

（e）能力開発・研修　　T₁社では、「自立支援研修運営基準」を作成し、「職業人としての自立」と「社会人としての自立」の双方から、研修を行っている。以前は各事業所で自由に行われていたが、5年ほど前から統一方針を作成し、それに基づき研修が行われるようになった。

　「職業人自立研修」として、たとえば、従業員の技術技能向上を目的に、アビリンピックへの参加や社内アビリンピックを実施している。将来的には、競技と業務技術を連携させ、社内資格検定に位置づけ、賃金（職能給）に反映させることを目指す。また、日常管理での技術技能の向上を目的として、年2回の行動目標制度や朝昼夕礼が実施されている。その中で、人事・経理・品質・安全等の座学教育が行われる。さらに、腕のある指導員の育成、経営・管理力の向上を目的に、指導員研修も行っている。

　「社会人自立研修」では、①社会自立（加齢対策／知力）、②生活自立（加齢対策／体力）、③社会自立（企業福祉／交流）、④生活自立（企業福祉／体力）、⑤生活自

立（保護者からの自立）、⑥社内外交流会等の項目ごとに、各種の取組みが行われている。たとえば、①では、加齢による知力低下を防止しつつ、社会性を養うことを目的に、計算、国語、脳トレの問題を実施している。②として、加齢による体力低下を防止しつつ健康管理の自立を目指すために、スクワット運動、体重・体温・血圧測定、メタボ対策などの健康個別指導を行っている。③として、各種交流をはかりつつ社会性を養うことを目的に、宿泊研修や日帰り研修、新年会・忘年会・歓送迎会、保護者見学会・支援者連携等を行っている。ただし、どこまで社内研修として行うかの線引きが難しく、度が過ぎると福祉の側面が強くなることから、誕生会等は中止する等、適宜内容の見直しを行っている。

（4）就労上の問題やトラブルへの対応

（a）会議・面談・指導　障害者を雇用する中で問題が生じた場合、臨時の会議での検討と、問題解決のための担当者への相談を行っている。臨時の会議に障害者本人が一緒に参加することもある。障害者に対する定期的な面談も実施している。指導員同士では、生じた問題への対処と今後の対策が話し合われるのに対し、障害者を交えて相談する際には、障害者に対する業務・生活指導がメインとなる。

　障害者の個別の事情に配慮する一方、度重なる遅刻や無届欠勤に対しては賃金減額や厳重注意といった就業規則どおりの対応をとる。また、仕事上のミスや同僚とのトラブルがあった場合、厳しく注意する。特に「不道徳」（通勤途上のトラブルについても）を絶対に許さない姿勢を貫き、甘えを許さない粘り強い指導を行っている。

（b）従業員の日常生活等への積極的な関わり　障害のある従業員の日々の生活への関わりや、従業員の家族との関わりをもつよう努めている。この背景には、従業員の離職やトラブルの原因は、就業環境や会社内の対人関係ではなく、生活環境・家庭環境にあるとの推測がある。また、ストレスがトラブルを招くとの推測から、ストレスをコントロールするための取組みも行っている。

　障害のある従業員が毎日日誌を書き、指導員がそれにコメントすることによ

り、コミュニケーションを密にはかるとともに、日々の成長や感情の変化を確認している。年配の指導員（親会社等を定年退職した者等）が、若い障害者に対し業務に関しては厳しく指導しつつ、全体として自立を促す措置がとられている。

（c）家族との関わり　　事業所により回数は異なるが家族（保護者）との面談や、職場見学会を年に1回程度行うなど、家族とのコミュニケーションを重視している。一方で、T₁社では「自立」を重視していることから、グループホームへの入居など生活自立を推奨しており、従業員と保護者への希望調査を年に一度実施している。特に、従業員本人の保護者への依存度が高い場合や、保護者の子ども（従業員）への向き合い方に問題がある場合などには、積極的に介入する。実際に、家族との連携が成功し、両親逝去後もグループホームが自分の居場所となり、問題なく就労継続しているケースがある。

（d）他の機関との連携　　T₁社では、「学校・支援機関▶2・企業」の三位一体活動を行っている。今後は、行政機関や医療機関などを加え、地域ネットワークを構築することを理想とする。

　具体的な活動として、学校・支援機関・企業の三者で保護者向けの「早期就労ガイダンス」を実施し、企業の求める人材（採用基準）や、家庭で今からやっておくことなどについて、少人数のグループディスカッション（企業2、学校1、支援機関1、保護者5～6程度）を行っている。また、同様に三者で、卒業後（就職後）のアフターフォローのあり方等のテーマを設定し、1年間調査・論議し、報告発表を行っている。さらに、県内の特例子会社10団体程度で、企業からみた定着支援のあり方や障害基礎年金等をテーマに、調査・論議し、報告発表する機会も有している。

　上述したように、障害のある従業員がグループホームに入居することを推奨しているが、その際には、地域の障害者支援機関との連携をはかっている。

▶2　あらゆる支援機関を指すが、具体的な活動例ではT₁社初代管理部長が設立した「NPO法人障害者雇用部会」がこれにあたる。

2 T₂社

T₂社には、平成30（2018）年7月13日に訪問し、業務部業務課課長からの話をうかがった。

（1）会社概要

（a）業務内容・規模・経営状況・親会社　T₂社（本社：東京都）は、平成28（2016）年8月に設立され、同年11月に特例子会社としての認定を受けた。業務内容には、社員証作成、会議・イベント・説明会・契約書等の資料作成、書類印刷・製本・スキャン・PDF整備、研修資料編集、給与明細・賞与明細の発行と郵送業務、チラシ組・DMセット・封入・発送、清掃、クリーニング、マッサージ等がある。障害種別で業務内容を分けることはせず、本人の希望を優先する。

業務は、親会社から3割、グループ適用を受けている関係会社から7割を受注している。業務の価格について、たとえ市場価格の方が安いとしても、障害者雇用の目的のもと、T₂社に発注すべきとの方針がとられている。具体的には、T₂社が必要とする費用（人件費、事務所賃料、光熱費等）をグループ企業内で案分し負担する仕組みを採用している。これらに加え、雇用義務制度における調整金やその他の助成金の支給を受け、経営ができる状態にある。

東京都港区に本社をおく親会社は、平成9（1997）年に設立され、平成23（2011）年にホールディングス体制へ移行した。グループ企業はT₂社と親会社を含め7社あり、清掃業務などのフランチャイズ事業、介護サービス事業、保育所等の子育て支援サービス事業、人材サービス事業、フードサービス等を行っている。令和元（2019）年10月時点のグループ従業員数は7571人である。

（b）従業員数・障害者数・雇用率等　T₂社の従業員数は、障害者（「Fスタッフ」[3]と呼ばれる）41人、役員1人、管理者（支援者）2人、リーダー（支援者）5人の計49人である。障害種別としては、

▶3　Family・Friendly の頭文字をとり、従業員が協議して決めた呼称。

身体7人、知的12人、精神22人と、精神障害者が約半数を占める。身体障害者は重度障害者が多く、知的障害者の中にも若干名重度知的障害者がいる。男女比は男性32人女性9人である。障害の種別により業務内容を変えることはせず、障害者本人の希望と適性を優先して配置する。

　T2社では、「グループ適用」が採用されており、創設者の考えに基づき、すべてのグループ企業をグループ適用の対象としている。平成30（2018）年4月の全体の実雇用率は2.2％である（当時の法定雇用率は2.2％）。

（c）理念・事業を営む上で重視する価値観　「ともに活き活きと働く社会を創る」がT2社の理念であり、従業員がやりたいことを支援することが最も重要であると考える。質問票調査では、事業を営むにあたり重視する価値観として、「障害者のやりがい」、「障害者の自立支援」、「障害者のキャリアアップ」を挙げる。従業員のキャリアアップとして、今後は、グループ企業への転職支援も行う予定であり、実際に複数名の候補がすでに存在している。

　精神障害者が多いため、社会福祉士やジョブコーチ等の専門職が直接支援にあたり、専門性の高いきめ細やかな支援を行っている。

（2）設立の経緯

　グループ企業における業務内容を前提にしたとき、グループ企業各社で安定的な障害者雇用を永続的に行うために、特例子会社を設立することにした。また、定着が困難なことが多い障害者を専門性をもって手厚く支援する環境を作ることも、特例子会社という形態を選んだ理由の1つである。ただし、グループ企業の中ではこれまでも、障害者を積極的に雇用する取組みを進める会社（たとえば、老人ホームを運営する会社）がある。今後はグループ企業に異動した障害のあるスタッフのフォローや、グループ企業が直接雇用する障害者の定着・現場研修・リワーク支援等を担っていく。

（3）就労条件その他

（a）採　　用　　新卒採用と中途採用の割合は1対9で、圧倒的に中途採用が多い。新卒採用のほとんどは特別支援学校からの紹介、中途

採用のほとんどは就労移行支援事業所からの紹介による。就職希望者が多い一方で定員を充足してしまっているため、面接に50人が来たとしても1人採用できるかどうかの非常に狭き門となっている。

　実習から入社の流れとして、面接会実施後、支援機関との日程調整を行い（特別支援学校からの紹介の場合には実習前打ち合わせも行う）、1週間から2週間の実習を行う。翌週の評価会議を経て、さらにその翌週にフィードバック面談を行い、合否を通知する。採用となった場合には、ハローワーク求人票や入社書類を提出してもらい、入社、オリエンテーションの実施となる。

　採否の判断にあたっては、実習での評価基準等をチェックし、職場風土とのマッチングを考慮して決める。評価基準の中には、身だしなみ、対人態度、返答、報連相、PCスキル等がある。障害による困難さやスキルの欠如があったとしても、それを自身で理解し対処の方法を把握している場合には、問題視しない。また、プラス項目として、生活リズム、体調管理、就労意欲、目標・目的意識、コミュニケーション能力等をおいている。ビジネスマナーや業務スキルもみるが、最終的には人柄や勤怠が安定しているかどうかを重視している。なお、通勤に誰かが付き添っていてもかまわない。

（b）雇用形態・勤続年数・離職理由　　　　Fスタッフの労働契約は有期契約だが、従業員が希望すれば契約更新されるため、実質的には無期契約と変わらない状態といえる。採用後最初の3か月はパート社員と呼ばれ、その後契約社員となる。障害のある従業員の中で正社員の者が1人いる。就業規則および給与規定については、Fスタッフ用のものが作成されている。

　設立からあまり時間がたっていないため、Fスタッフの勤続年数として最も多いのは1年以上3年未満であり、就職後3年未満で離職したFスタッフは大学進学者を除き0人と、高い定着率を示している▶4。

　親会社や関係会社に出向または転籍したFスタッフはいないが、今後は障害者のキャリアアップのため、特例子会社から親会社等への出向・転籍等を積極的に進めていきたいと考えている。

▶4　したがって離職理由に関する回答はない。

Fスタッフが、加齢・症状の悪化等により合理的配慮を尽くしてもなお、業務ができなくなった場合でも、休職をさせるなどの対応をはかり、雇用を継続すると考えている。T₂社では他のグループ企業よりも長い休職期間が設定されており、契約社員の場合、9か月の休職期間が認められる。これらの休職期間満了後は、医師の意見をふまえて休職延長をする場合もある。また、障害者本人と支援機関との話し合いで自己都合退職となる場合もある。

（c）労働時間・賃金　　　　　1週の所定労働時間が30時間以上40時間未満の者が多くを占めるが、20時間以上30時間未満の者も数名いる。始業時間は9時と10時を選ぶことができるなど、個別の事情に応じて就業時間を変更しやすいようにしている。体調に影響することがあるため、Fスタッフに時間外労働はさせない。時間外労働が不要な範囲で請け負える業務を受託している。

　賃金（基本給）は最低賃金をふまえ設定しているが、グループ企業で働くパートタイム労働者の賃金よりも高く設定しており、正社員の1人を除くFスタッフ全員が時給1000円（当時）からスタートする。正社員となった場合、賞与や退職金も支給される。就業規則上、減給制度はあるが、よほどのことがなければ行われず、実際に行ったこともない。昇給制度については導入を検討中である。

（d）職務に関する合理的配慮等　　　　Fスタッフの支援を含むマネージメント業務が、リーダー（支援者）の中心業務である。業務担当リーダーはFスタッフの目標設定を支援し、毎月進捗を追い、支援計画を更新する。クライアントからの受託業務をFスタッフのスキルや特性に合わせてかみ砕いた手順書やマニュアルを作成してFスタッフの生産性の向上と個々の目標達成に導く。また支援担当リーダーは医療・生活・心の支援のための面談やカウンセリングでFスタッフの様々な悩みや課題をともに解決していく。リーダーの従前の職業は障害福祉施設や介護の現場経験者、新卒入社数年目の者等、様々である。それらのリーダーを、社会福祉士・介護福祉士・公認心理師・介護支援専門員などの資格をもつ管理者が指導育成している。

　職務に関する合理的配慮として、質問票に挙げた選択肢すべて（労働時間の調整、職務内容の調整、配置の調整、作業スピードの調整、支援者の配置、労働環境の調整、

特別な機械・機器・ソフト等の導入、わかりやすい日本語・絵等を使った説明、静かな労働環境の提供、通院に関連する配慮、他の従業員向けの障害理解教育）を行っている。また、職務に間接的に関係する配慮や私生活上の配慮として、通勤、社内の福利厚生および生活一般に関する配慮が行われ、私生活上生じたトラブルへの対応も行っている。

　その日の気分を天気にたとえて表す「心の天気」や生産性を記録する業務日報を毎日実施することで、年間通しての体調変化を統計立て、リスク回避や対応の迅速化につなげている。自由参加のピアカウンセリングなどの自治活動や、広報委員会、研修委員会、業務改善委員会等の活動も行われている。

　定期的な会議では、環境や業務の配慮事項はもちろん、「強みを活かす」ことに重点をおき、スタッフのエンパワメントが議論の軸になっている▶5。

(4) 就労上の問題やトラブルへの対応

（a）会議・面談　　　　障害者を雇用する中で生じた問題について相談する場として、毎日の会議、常設の専門会議、臨時の会議、問題解決のための専門職や産業医への相談が行われている。業務担当リーダーは、1人あたり10人程度のFスタッフを受けもち、目標進捗支援を目的とする面談を月1回以上行っている。支援担当リーダーは個々に合わせたタイミングで面談を行い、またその日の様子で臨時の面談に即日対応する。

　遅刻や無届欠勤に対するペナルティ（賃金減額、懲戒処分）はないが、原因を究明し生活支援に介入する場合もある。

　定着支援を担う関係機関や特別支援学校の教員等と連携し、支援経過記録を用いた「定着面談」を1～3か月ごとに一度行う。「個別面談」は面談シートや支援経過記録を用いて毎月行われる。また、必要に応じて行う「随時面談」、半年に1度の「目標設定・評価面談」、年に1回の「キャリアアップ面談」等が行われる。基本的にこれらの面談はリーダーが行うが、複雑な問題の解決は専門職が行う。病院や支援機関と連携して「専門支援面談」が行われることもある。

▶5　会社設立が平成28（2016）年であることから、平成25（2013）年促進法改正の影響等についての質問の対象外である。

（b）家族との連携・他の機関との連携　トラブルが生じた際の家族への相談は、最後の最後の手段であると考えているが[6]、家族の希望があればいつでも面談を行う。

　一方で、支援機関（障害者就業・生活支援センター）やハローワークとの連携を積極的に行っている。具体的には実習前の面談段階から、支援機関等と障害者本人とを交え、配慮事項や障害者本人の課題・強みに関する話し合いを月に1回以上行っている。それにより、T₂社の支援に対する多角的・客観的評価を得ている。また、T₂社の定着率や手厚い支援体制、Fスタッフのキャリアプラン等が支援機関等から評価され、地域の企業や学校から定着支援に関する相談を受けたり、職場見学を受け入れることが増えている。

3 T₃社

　平成30（2018）年8月28日にT₃社の東京の事業所を訪問し、責任者から話をうかがったあと、事業所見学を行った。

（1）会社概要

（a）業務内容・経営状況・親会社　特例子会社であるT₃社は平成18（2006）年に設立され、その後、関西や東海地方等に事業所を開設し全部で4事業所を有している。業務内容は、各事業所により異なり、東京の事業所では、雑貨類の包装作業を行っている。他の事業所では、オフィスサポート業務全般（ゴミ回収、コピー用紙の補充、DMのラベル貼り、名刺作成等）や、庭園管理業務等が行われている。

　受注する業務はすべて親会社や関係会社からのもので、受注額の約5割が雑貨類の包装業務、約3割が営業サポート系業務、約2割がオフィスサポート系業務となっている。受注業務の単価は、当該業務に係る費用を時間換算し利益を加えるという算出を基本とするが、今後外注業務を取り込んだ場合には、市場価格をスライドさせる可能性もある。また、障害者の雇用率の低い部門から

---

[6]　主体はFスタッフ本人であり、本人の意思支援を重視している。

の受託が中心の事業所においては、単価の設定を若干高くする場合もある。立ち上げから数年間は特例子会社として赤字であった時期もあったが、ここ数年間は黒字経営が続いている。

　親会社は、東京都に本社をおき、製造業のほか多様な事業への展開もみられる。グループ適用を受けている会社数は9社で、グループ全体の常用雇用労働者数は約2万人（平成30（2018）年12月31日現在）である。

（b）従業員数・障害者数・雇用率等　　東京事業所の従業員数は、障害者23人、障害のない従業員（以下「スタッフ」という）11人である[7]。スタッフは親会社の定年後再雇用者が多い。障害者全体の9割以上を知的障害者が占め、6割弱が重度障害者である。切り出された業務内容との適性もあり、これまで精神障害者の採用は積極的に行ってきていない。障害者の男女比はほぼ半々で、平均年齢は30歳である。

　「グループ適用」が利用されており、各会社単体で法定雇用率を達成できていない会社を、グループ適用の対象としている。グループ内の実雇用率は、平成29（2017）年6月1日時点で2.03％であった（当時の法定雇用率は2.0％）。平成30（2018）年6月1日時点でのグループ内の実雇用率は、当時の法定雇用率の2.2％を達成することができなかった[8]。

（c）理念・事業を営む上で重視する価値観　　T₃社は、「生きがい、働きがい、使命感」を社是とし、企業は「公器」であることから、社会が必要とする障害者雇用の職場創出に積極的に取り組むべきだとの理念をもつ。また、事業を営む上で従事することとしては、「法令遵守」→「社会的責任」→「地域・社会との価値共有」→「企業主体の社会的取組み」という段階があると考えている。

（2）設立の経緯

　T₃社の関係会社には営業系従業員も多く、グループ全体の障害者雇用を促進するために、集中的な雇用が可能となる特例子会社を選択した。また、都内事業所建屋の継続活用について検討する時期であったことも、その地に特例子

---

[7]　他の3事業所では、障害者計21人スタッフ計7人が雇用されている。
[8]　明確な数字は明らかとされていない。

会社を設立した理由である。

　知的障害者の職場定着のノウハウがT₃社に蓄積されたことで、平成25 (2013) 年の促進法改正以降、特に量的な面での期待が高まり、特例子会社としてより一層障害者雇用に取り組むようになった。

(3) 就労条件その他

（a）採　　用　　採用は、新卒9割、中途1割と、圧倒的に新卒採用が多い。新卒採用9割のうち特別支援学校からの紹介が9割を占める（残り1割は就労移行支援事業所からの紹介）。特別支援学校から採用される知的障害者は、障害者本人よりも、保護者やその時点での学校教員の意向が働くことが多い。その点もふまえ、特別支援学校からの紹介の場合には、ミスマッチを避けるため必ず実習を行い、また、就労後の支援体制を把握するために実習時に保護者の見学参加を要請している。採用にあたっては、就労準備性ピラミッドに基づき準備性を評価することとしており、作業力よりも、目標に向かって努力できるかどうか、対人コミュニケーション能力を有しているか、日常の職場生活力があるかどうかを中心に評価する。設立当初のメンバーには、B型事業所や他の民間企業から採用された者も多い。

　就労準備性が十分に備わっていない中で採用せざるをえないこともあり、特に東京事業所の立ち上げの際にはそのようなケースが多かった。ただし、能力の高い者だけを採用しても、仕事を軽視する態度をとるなど、うまくいかないことがある。むしろ、仕事に困難を抱える者を、能力の高い者が手伝うことにより、職場全体がまとまると感じている。

（b）雇用形態・勤続年数・離職理由　　すべての障害のある従業員は、有期契約の社員（以下「契約社員」という）として入社し、その後安定した就労を続け契約が更新されることで（無期転換ルールの適用により）無期契約社員を選択できることに加え、会社の要求基準に達したとみなした場合は入社後3〜5年で正社員登用の機会を与えている。

　勤続年数は5〜10年の者が多く、就職後1年未満の離職者はいない。就職後1〜3年で離職する者は1割程度で、そのほとんどは不安定行動や体調不良等により就労継続が困難となった者である。離職者の移行先は福祉的就労が多

いと思われるが、移行先は支援機関に委ねており、T₃社としては関与しない。

　後述するように、障害のある従業員の賃金は最低賃金と同額であり、かつ、減額特例の利用を予定していないことから、能力・意欲の低下に対して減給や降格の可能性はない。それゆえ、能力や意欲が低下した場合には、雇止めや解雇もありうる。民間企業における就労においては、福祉と異なり最低限の生産性の維持が必要であると考える。ただし、解雇・雇止めに先立ち、支援機関との連携をはかり対応する。

　現時点では行っていないが、今後は親会社や関係会社への出向・転籍を、障害のある従業員の人材育成と連動させていく予定である。キャリアパスを明確にすることで、働くモチベーションを高めるとともに、所得アップにもつなげることができると考える。

（ｃ）労働時間・賃金等　　障害のある従業員と障害のない従業員（スタッフ）とは、同一の就業規則の適用を受ける。これは、スタッフは、契約社員（親会社の定年後再雇用を含む）または出向社員であり、現時点で正社員を想定していないためである。

　１日の所定労働時間は７時間45分（１週38時間45分）である。所定労働時間の勤務が可能であることを、採用・雇用継続の条件としている▶9。所定労働時間の勤務が難しい場合は、半日年休の取得を認めるが、年休を使いきった場合には欠勤扱いとなり、それが長期にわたった場合には退職扱いとなる。ただし、退職となる前に、支援機関に相談し転職の可能性を検討する。

　各自の職務内容や能力に差はあるが、賃金は最低賃金額をベースとしており、同じ額の賃金が支払われている。昇給制度はあるものの、最低賃金の毎年の上昇率に吸収されているのが実情である。そこで、年２回支給される賞与の際に、生産性に応じた差をつけている。平成29（2017）年よりリーダー養成と力量見極めを開始しており、めどが立ったことから今後はリーダー手当等を設定することを予定している。なお、生産性が最低賃金に満たないという評価がほとんどであるが、親会社の方針に従い、減額特例の利用はしていない。

　正社員には退職金規定に基づき、本給をベースに勤続年数乗率を掛け合わせ

▶9　他の事業所の新たな業務においては、短時間勤務の導入を検討している。

た退職金が支給される。また、契約社員については、１万円を基礎とし勤続年数に応じて乗率を掛け合わせた退職餞別金が支給される（最大10万円）[10]。

（ｄ）職務に関する合理的配慮等　職務に関する配慮として、職務内容の調整、配置の調整、作業スピードの調整を行い、私生活に対しても社会生活一般に関する配慮を行っている。合理的配慮を提供する際には、障害者本人との話し合いや第三者を交えた話し合いを行い、その内容を決定する。

　知的障害者については、職務遂行において必要な配慮はそれほど多くない。しかし、そもそも社会生活を営むための準備（躾）ができていない場合や、過保護な生活環境や不規則な生活リズムから不安定行動や仕事上のミスが生じることがあり、それらに対する配慮には一定の限界を設けている。それは、障害に配慮することと、職場のルールを曲げることは別であり、会社はそういった私生活上の問題を矯正する機関ではないからである。また、過剰な配慮を行うことで、他の従業員に負担がかかったり、他の従業員の理解が進まないという問題もある。そういった私生活に原因のある事柄に対しても、会社が配慮の対象とすることは、「社会人力」を削ぐことになると考えている。

（４）就労上の問題やトラブルへの対応

（ａ）会議・面談　就労上の問題等が生じた場合、まず、スタッフ同士で相談を行う。そこでは、障害のある従業員の家庭環境、過去の経験および会社の対応の経緯などを整理し、それらの背景をふまえて対応を検討する。その上で、障害者本人と話し合いを行うこととしている。仕事上のミスについては原因により対応し、やる気のなさや生活の乱れから生じたと思われるミスに対しては厳しく注意する。組織の一員としての行動を常に意識させ、安全性・品質・生産性の３点を重視したモノづくりを担わせることで、社内外からの認知を得て、働き甲斐を感じられるようになることが重要だと考える。

　定期的な面談を３か月から半年に一度行っており、業務上の目標・達成度・コミュニケーション、健康管理、生活面の確認などが行われるが、個々人の課

[10]　「正社員」と「契約社員」の違いは、（3）(b) 参照。

題によって内容は異なる。面談内容は、社長と所長とで方向性を決定する。

（ｂ）家族との関わり　　　トラブルが生じたときは支援機関に連絡をとることを基本としており、連絡がつかない場合や緊急性がある場合に限り、家族と直接接点をもつことがある。ただし、その後は支援機関を経由して連絡をとる。

　家族による職場訪問の機会を設けているが、家族と直接のやり取りをすることはあえて行っていない。個々に家庭環境が異なること、保護者の生活環境・健康状態・就業事情などの違い、会社に対する期待の違いなどによりその関係性は難しい。会社として障害のある従業員を一人前にするために頑張らせようとしても、その方向性が必ずしも家族の意向と合致するとは限らない。また保護者の関わり方によっては、障害のある従業員の職場での成長を阻害し、就労定着の妨げとなる場合もある。そこで、保護者を窓口とするのではなく、社会の厳しさを伝えることも含めた就労支援を支援機関に依頼している。

（ｃ）他の機関との連携　　　平成18（2006）年の会社設立以降、手探りで障害者の雇用を行ってきたが、平成29（2017）年7月からは、障害のある従業員が必ず支援機関を利用するようにし、面談を実施する等の対応を徹底した。

　保護者とは行うことが困難な将来についての客観的な話し合いを、支援機関を通じて行っている。ただし、支援機関の担当者1人が受けもつ障害者の人数が多すぎたり、担当者が短期間で変更になるような支援機関もあり、支援の質は一定ではないことが多い。支援機関の担当者のスタンスが、福祉の側に偏っている場合、民間企業への就労支援にとって支障となることもある。

　また、特例子会社の加盟団体や他の特例子会社との連携をはかり、情報収集を行っている。具体的には、親会社との委受託形態、新規業務開拓、就労支援機関の活用について検討するため、定例会やセミナーに参加したり、他社への見学を行っている。

4 小　括

（1）設立の経緯・理念

　T₁社は、親会社の組合員の家族に障害のある子どもがいたことが、特例子会社設立の契機となっており[11]、特例子会社としては比較的早い平成6（1994）年に設立された。これに対し、T₂社は平成28（2016）年に、また、T₃社は平成18（2006）年に、障害者雇用への取組みが社会的に求められる中で、安定的な雇用や集中的な雇用を目的に、特例子会社として設立されており、2000年代における特例子会社数の増加とも符合する。

　3社ともグループ適用制度を利用しているが、グループ適用の対象とする関係会社の選定基準・理由は、各社により異なる。

　各社がそれぞれ理念・社是を有しているが、その中心は障害者の自立や働きがいにおかれている。特に、ビジネス志向が高いT₁社では、社是として「自立を成し遂げるよう、恩恵的な関わりをせず厳しく育成する」が掲げられている。

（2）就労条件その他

　採用について、T₁社とT₃社は特別支援学校からの紹介による新卒採用が大半を占めるのに対し、T₂社は就労移行支援事業所からの紹介による中途採用がほとんどとなっている。そのような違いの背景については必ずしも明らかではないが、T₁社とT₃社では知的障害者が大半を占めることがその理由とも考えられる。

　T₁社では全員が無期契約の正社員採用であるのに対し、T₂社およびT₃社では有期契約での採用となっている。T₂社では、従業員が希望すれば契約更新する対応がとられており、T₃社では労働契約法の無期転換ルールに基づく無期契約への転換が行われている[12]。

---

[11]　従業員の家族（子ども）に障害があることが、障害者雇用に取り組む契機となった例は、他社でもみられる。

[12]　有期契約であっても、同一の使用者のもとで、契約の更新によって有期契約の通算期間が5年

労働時間について、１日約８時間（週40時間）働けることが、採用・雇用継続の条件とする T_1 社・T_3 社に対し（ただし、例外的に短時間勤務が認められる場合もある）、T_2 社では始業時間の変更など柔軟な労働時間管理がなされている。この点の違いは、一律の労働時間管理になじむ製造業か、柔軟な労働時間管理になじむオフィスサポート業務かの違いによるものとも考えられる（T_3 社のオフィスサポート業務を行う別事業所では、短時間勤務制度の導入を検討中とのことであった）。突発的あるいは一時的な事情に応じた労働時間の調整は、合理的配慮として行うべきであるが、労働時間の調整が長期的（永続的）に必要な場合に合理的配慮として提供すべきかは、業務の性質も勘案した上で判断されることになろう。

　賃金（基本給）は、３社とも最低賃金をベースとして決定されている。毎年最低賃金が引き上げられ、能力差による賃金（基本給）差をつけることが困難な状況にあるため、役割給や職務給を設定したり（T_1）、賞与に差を設けたりすることで（T_1、T_3）、能力や意欲を評価している。

　キャリア展開について、親会社やグループ企業への出向・転籍を今後進めていこうとする会社（T_2、T_3）と、会社への帰属意識が高く異動によるデメリットが大きいとして予定していない会社（T_1）とに分かれた。会社の方針やそこで働く障害者の意識は多様であるため、親会社への出向・転籍が、障害者のキャリア展開にとって常に望ましいわけではないことがわかる。

（3）障害のある労働者との関わり方・配慮

　職務に関連する合理的配慮は各社で行われており、障害者本人との話し合いや第三者を交えた話し合いによって、その内容が決定されている。定期的な面談も各社で行われている。

　合理的配慮は提供する一方で、遅刻や欠勤への賃金減額等や不道徳な行為への厳重注意を行う（T_1）、やる気のなさや生活の乱れから生じたミスには厳しく注意する（T_3）等の対応がみられている。

を超えると、労働者は無期契約への転換申込権を取得する。労働者が申し込んだ場合、使用者は無期契約への転換を拒否することができない（労働契約法18条１項）。

（4）促進法改正の影響

平成25（2013）年促進法改正により、差別禁止と合理的配慮の提供義務が導入されたことについて、T_1社は、同法が要請することはすでに行っていたため影響はなかったとする。これに対し、T_3社では、特に量的な面での期待が高まり、特例子会社としてより一層障害者雇用に取り組むようになったと回答している。T_2社は法改正後の設立である。

（5）私生活や家族との関わり方

障害のある従業員の私生活や家族への関与は各社で対応の違いがみられ、対応の難しさが感じられる部分でもある。

T_1社では、トラブルの原因は生活環境や家庭環境にあると考え、私生活や家族と積極的に関わりをもつよう努めている。T_2社は、遅刻や欠勤に対するペナルティは行わないが、原因を究明するため生活支援に介入する場合もあり、障害のある従業員の私生活への介入は行うが、家族との関わりは最後の手段ととらえている。T_3社でも、トラブルが起きたときの窓口は支援機関とし、家族は緊急の場合にのみ家族と連絡を取ることとしている。

（6）連携・ネットワーク

3社とも支援機関を積極的に利用し、他の特例子会社との連携をはかっている。T_1社は地域の支援機関だけでなく学校とも連携をはかり、「学校・支援機関・企業の三位一体活動」を行っている点が特徴的といえる。このような取組みが、特別支援学校からの新卒採用が多数を占める背景にあるとも考えられる。支援機関等との連携が障害者雇用にとって重要であり、支援機関等における人材育成が求められている。

II A型事業所

1 A₁事業所

　平成30（2018）年5月28日、A₁事業所を訪問し、代表取締役社長から話をうかがったあと、事業所見学を行った。

（1）概要（業種・規模・経営理念・経営状況）

（a）設立年・従業員数・業務内容　　A₁事業所は、平成27（2015）年9月に開設された市内初となる就労継続支援A型事業所である。同事業所は、社長の父親が経営する企業の工場の一部門を別法人化することにより設立された。主たる事業は製造業である。業務内容は自動車・医療機器等の精密機械・部品の検査、組立て、梱包などであり、障害者が主たる事業に直接携わり、戦力として働いている。このほか、オーガニックの歯磨き粉等の販売を通じて、障害者雇用を創出しようとする社会的企業の商品の卸売り販売も行っている。従業員数は31人であり、このうち、正社員5人、パート9人（うち3人障害者）、利用者17人である。就労しているのは、知的障害・精神障害・発達障害者であり、重度知的障害をもつ者もいる。なお、これまで身体障害者からの応募はない。

（b）理念・事業を営む上で重視する価値観　　経営理念は、「一歩先行く障がい福祉でビジネスと地域貢献を両立させる」であり、社長としては、特に、福祉の現場にビジネスの視点をもち込むことを重視している。その一方で、単に利益を上げればよいと考えているわけではなく、障害者が当たり前に社会の中で暮らしているという状況を実現したい、障害のない人に障害者のおかれている状況について当事者意識をもってもらいたい、との強い思いがある。

（c）経営状況　　A₁事業所は、事業自体で利益を出せている。受注先は関連会社から6割、その他企業から4割であり、社長の父親の企業の頃からのつながりが活かされている。ただし、利用者の人数が定員20人

に満たないことなどもあり、ローンやその他の支出を賄う分は不足しており、現状は赤字であるが、近い将来、黒字に好転する見通しはある。社長としては、障害者雇用をしている事業所が業務を受注する際に単価が安くなる傾向にあることについて、共同受注をしたり、単価交渉をしたりすることが必要であり、適正価格で受注するための努力が必要であると考えている。なお、法制度に関してはあまり把握しておらず、訓練等給付費は受給しているものの、加算等にはあまり関心がない。

(2) 開設の経緯

平成15（2003）年から、社長は父親が経営する会社で一従業員として働いていたが、同社では、昭和63（1988）年の創業開始以来、障害者雇用に力を入れていた。そのため、社長は、Ａ型事業所開設に至る前から障害者が障害のない人と同じように働く姿を目にしてきた。平成19（2007）年以降は工場の管理を任されることとなったが、自身の交通事故を契機として、自らも障害者雇用に力を入れようと決意した。こうした中で、市内にＡ型事業所がないことや特別支援学校の卒業生の行き場がないことを知り、県内の社会福祉法人や県内初の特例子会社にアドバイスを受けつつ、平成27（2015）年に工場およびそこで雇用している障害者をそのまま引き継ぐ形で市内初となるＡ型事業所の開設に至っている。また、平成29（2017）年には、A₁事業所の工場を移転し、障害者雇用をより積極的に進めている。なお、社長の今後の展望として、工賃の高いＢ型事業所を開設することを考えている。

(3) 障害者の就労条件その他

（a）採　　用　　採用については、市内の特別支援学校からの紹介が新規採用者の４割を占めており、毎年２、３人程度雇用している。特別支援学校は、事業所に合う人材を把握しており、基本的には求めるタイプの障害者を雇用できている。他方、就労移行支援事業所からの受入れも２割程度を占めている。就労移行支援期間ぎりぎりで受入れを強く求められるようなケースもあるが、基本的には受け入れることにしている。その他、Ｂ型事業所や障害者就業・生活支援センターから受け入れる場合もある。採用プロセスにお

いては、いずれの場合も、1週間実習をしてみて受入れを判断する。採用に際して求める能力は、社会への意欲があることと、自力通勤が可能なことである。

（b）雇用形態・勤続年数・離職　雇用形態は無期としている。有期契約とした場合には更新手続が面倒なためである。定着が難しいとされる精神障害者の割合が高いが、総じて離職は少ない。障害者の担う業務が、安全や生活に関わることを伝えて、それにやりがい・誇りをもってもらえるようにしている。また、一般就労に移行した障害者は過去3年間に1人いるが、同事業所において、利用者としてではなく、パートとして雇用するケースもある。ただし、能力の高い労働者を囲い込むつもりはなく、障害者を「育て」、一般就労へと移行させることにこそ、A型事業所としてのやりがいがあると考えている。

　質問票調査において、A₁事業所は、「能力・意欲が低下した場合には解雇・雇止めの可能性がある」に「よくあてはまる」と回答しており、仕事をしてもらうことになるA型事業所の目的からして、「ちゃんと仕事をしない場合には首にする」ということは障害者にも伝えている。もっとも、本心としては、簡単に解雇等の手続をするつもりはなく、雇用の継続が難しい場合についても、障害者本人と相談しながら、B型事業所への移行を検討したりする▶13。

（c）労働時間・賃金　A₁事業所では、障害のある利用者・労働者と障害のない労働者（多くはパート）がほぼ同じ職務に従事しており、労働条件についてもほぼ同等となるようにしている。所定労働時間は正社員が8時～17時10分、パートが9時～15時30分、利用者が9時～14時30分であり、休憩は午前中に10分、昼に50分予定されている。利用者とパートとで労働時間が若干異なるが、より高い就労能力がある障害者には、最長1時間の残業をしてもらうことにしている。この場合、残業手当が支給されるため、他の利用者よりも、その分給与が増額することになる。障害者以外の従業員は皆20～30代の主婦ということもあり、残業はなく、逆に仕事が早く終わったときやプレミアムフライデーには早帰りを認めている。早帰りは、通勤時間帯の道路混雑を避けることが可能になるため、従業員に好評である。

▶13　第2章第2節における単純集計に際しては、社長が対利用者との関係でとっているスタンスを重視して、当初の回答のままとしている。

賃金は正社員が月給月20万円程度（最高で22〜23万円）、パートが時給780円、利用者が地域の最低賃金である778円（当時）である。なお、毎年の最賃引上げには苦労しているが、自身のポリシーとして、減額特例を使うつもりはない。なお、パートと利用者で職務内容がほぼ同一であるにもかかわらず、賃金額に若干の差をつけているのは、利用者としてではなく、パートとして働くことについてインセンティブを付与するためである。また、一般就労に移行した際に、賃金が減少する事態を避けるという意味でも、利用者の時給の引上げは予定していない。

（d）配　　慮　　採用条件において自力通勤を求めているが、これは、通勤途中で障害者が社会との接点をもって欲しいと考えるからである。障害者が当たり前に社会の中で暮らしているという状況を実現したい、との思いによるものでもある。そのため、加算が得られるとしても、事業所による送迎をするつもりはない。また、A₁事業所では、レクリエーションを実施するほか、障害者が地域に出かけたくなるような仕掛けを用意している。昼食時に社長と外食する機会を設けているのもその1つであり、社長は、この機会を通じて、障害者に対し、家族と出かける際にどこに行くのが良いかを伝えている。

　職務上の配慮については、書類の作成に際して、必要に応じてひらがなで記載したり、事業所内に「わからないことがあるときは、きちんと尋ねるようにする」ということなどを掲示したりしている点を除けば、特に「障害者」を対象にした配慮はしていない。A₁事業所では、床にラインを引くなどして、物をおく場所や通路をはっきりさせたり、取引先が作成した書類をあらかじめ統一的に作成してある標準書類に書き換えることによってわかりやすくしたり、あるいは、個々人の適性に応じた業務分担をしているが、これらは、製造業に求められる経営努力として行っているものであり、障害者に対する配慮として行っているものではない。そのため、配慮の提供に際して困難を感じることもない。また、障害者に対して個別に柔軟な対応はしない。

(4) 就労上の問題やトラブルへの対応

（a）トラブル時の対応 障害者を特別扱いしないという考えから、障害者のトラブルやミスについては、障害者本人に対し、厳しく注意することを予定している。また、トラブル時には障害者本人との話し合いを重視しており、専門家等の第三者の関与についてはあまり想定していない。雇用関係は人的関係であり、第三者が関与しても絆は深まらない、障害者のことも、会社の業務のこともよく知らない第三者が関与しても有益なアドバイスは得られないと考えるためである。また、支援機関やハローワークと頻繁にコンタクトをとっているわけではない。

（b）会議・面談 日々障害者を雇用する中で生じた問題については、職員による毎日の会議のほか、障害者を交えた面談により対応している。また、障害者とは、最初の3か月は月1回、その後は3か月に1回の面談を定期的に行っているが、特別支援学校の出身者の場合、毎月1回面談の機会を設けているほか、必要に応じて家族とも面談している。家族の職場訪問の機会も設けているが、家族と積極的にコミュニケーションをとろうとしているわけではない。

(5) ネットワーク

社長は市の障害者福祉推進会議のメンバーや障害者活躍推進アドバイザーに就任する等、地域の障害者雇用に関するアドバイザー的役割を果たしているほか、中小企業同友会の地域支部や障がい福祉研究部会において、副支部長・副部会長を務めている。また、市内の若手経営者からなる有志団体に加盟し、都市づくりにも関与したり、県内の他社・他事業所のコンサルタントや経営参画等も引き受けたりしている。本業による利益をいかに拡大させていくかを重視しており、雇用・福祉いずれの法制度についても関心はあまりない。全Aネットの会議には、勉強というより人と会うことを目的としてたまに参加している。同会議に限らず、新たな場で新たな人と出会うこと、そこで自らのビジョンをアウトプットし、そこで得た新たな刺激を自社および地域に還元することを大切にしている。

2 A₂事業所

　平成30（2018）年6月8日、都内の会議室において、理事長および理事兼支配人から話をうかがった。

（1）概要（業種・規模・経営理念・経営状況）

（a）設立年・従業員数・業務内容　　A₂事業所は、昭和63（1988）年以降、ビジネスホテルを経営していた理事長が、平成22（2010）年11月から始めたA型事業所である。業務内容は、ホテルのベッドメイキングや清掃のほか、関連会社等から受注したポスター等の封入作業が中心となる。平成30（2018）年6月時点の利用者数は41人であり、幅広い年代・性別の人が働いている。また、このうち半数が精神障害者であり、その他は知的障害者が7～8人、聴覚障害者が4～5人である。

（b）経営理念　　経営理念は「障害者の方が安心して楽しく働くことができ、一般就労への足掛かりとなる職場を提供すること」であり、「障害者の雇用継続」、「障害者のやりがい」、「障害者の自立支援」を重視する価値とする。なお、毎年スローガンを3つ提示しており、平成30（2018）年は、①職場の絆（を大切にする）、②頑張る人生に花が咲く、③健康で仕事ができることは人生一番の幸せ、である。②との関係では、貯金をすることを勧めている。

（c）経営状況　　経営状況については、「訓練等給付費の支給があるので経営できている」状況である。A型事業所が、売上げだけで賃金を賄うことは困難である。とりわけ、長時間集中することが難しい精神障害者の人ができる作業は比較的簡単な作業とならざるをえず、発注者から提示される報酬も低くなりがちであるためである。

（2）開設の経緯

　理事長が障害者雇用に取り組むきっかけとなったのは、理事長が経営するホテルの目の前にある、県の精神科医療センターのリハビリ課長からの依頼である。2000（平成12）年頃、同リハビリ課長は理事長に対し、200人のリハビリ

患者のうち1割程度は症状が落ち着いていること、大卒の学歴をもつ者もいるが、精神疾患への罹患により就職先が見つからないことを訴え、こうした精神障害者について、お客さんと直接接しないベッドメイキングやホテルの清掃をさせられないかともちかけた。これに対し、理事長は、「あなた（リハビリ課長）が（ベッドメイキングや清掃作業を）実際にやってみて、彼らに教えられるのなら引き受ける」と回答した。リハビリ課長が1か月の予定の実習期間を大幅に下回る1週間でベッドメイキング等の業務をマスターするのをみて、この人なら任せられると思った理事長は、年間800万円を支払っていた清掃業者との契約を打ち切り、医療センターからの受入れを開始した。なお、その後、医療センターを退職したリハビリ課長がB型事業所を設立したので、その事業所の利用者をホテルで受け入れ、職業訓練を行うこととした。

職親▶14としての受入れを開始して10年ほど経ったころ、県の福祉大会で事業功労賞を受けたが、その席で、A型事業所設立を勧められた。精神障害者の人の働きぶりをみてきた中で、立派な学歴をもつ人が社会に出て精神を1回患っただけで企業は採用してくれないという現実があることに疑問を感じていた理事長は、直接障害者を雇用し、一般就労への移行を目指すA型事業所の開設を決意した。平成22（2010）年8月にA型事業所としての認可を受け、11月から事業を開始した。開設当初、県内の精神科病院に広報に行ったが、その際配布したパンフレットには、「ミリオンドリーム」の表題のもと、「1か月につき3万の貯蓄をすると、3年働けば100万になる」と書いて、「100万円貯金をしませんか？」ということをうたい文句にした。

（3）障害者の就労条件その他

（a）採 用 採用される障害者のうち、ハローワークからの中途採用者が9割、特別支援学校からの新卒採用が1割である。採用に際しては、公共交通機関等を使って自力通勤し、作業服への着脱等の身支度を自

▶14　職親とは、知的障害者を自己のもとに預かり、その更生に必要な指導訓練（生活指導・技能取得訓練）を行うことを希望する者（経営者等）であって、市町村長が適当と認めるものをいい、市町村からの委託により、18歳以上の知的障害者を預かり、更生援護を担う（知的障害者福祉法16条3号）。

分でできることを条件としている。こうした面において自立していることが仕事をする上での最低条件であるとともに、少なくとも最低賃金を支払うことになる利用者に対するけじめであると考えている。また、奇声を発したり、他の人に迷惑行為をしたりする人についても受入れ不可としている。このほか、採用の際、異性に「ちょっかいを出す」ことや金銭の貸借については禁止しており、採用時に確認している。

　なお、通常の採用プロセスは以下のとおりである。就労を希望する障害者は、就労可能性に係る医師の診断書をハローワークに提出し、事業所を見学、希望の事業所で面接や実習（3日間）を行う。事業所が就労可能と判断し、障害者も就労を希望する場合には、市役所で受給者証の申請をし、発給された後、就労を開始する。事業所はハローワークおよび市役所に就労開始した旨の届出をする。なお、就労開始後は、毎月、サービス管理責任者のもとで個別支援計画を作成し、その中で目標を設定するが、これについては1か月ごとにモニタリングをする。

（b）雇用形態・勤続年数・離職理由　　雇用形態は、すべて無期契約であり、勤続年数として最も多いのは5年以上10年未満である。1年未満の離職者は1割、1〜3年未満の離職者は3割である。一般雇用に移行した人数は年平均2〜4人であり、就労能力の向上による離職が一定数を占める。その他の離職理由としては、障害者本人の体調の変化、障害者本人の性格の問題も挙げられるが、障害者本人の希望に反して解雇したり、退職を促したりした例はこれまでになく、症状の悪化により業務ができなくなった場合であっても雇用を継続することを基本としている。

　なお、利用者の中には、一般就労へ移行したものの、配慮が十分にはされていない環境で能力が活かせず、戻ってきた者もいる。そのため、一般就労への移行の必要性については懐疑的であり、障害者の幸せという観点から、配慮の行き届いたA型事業所で働き続けるという選択肢もあっても良いのではないかと考えている。

（c）労働時間・賃金　　A₂事業所では、障害のない労働者と障害のある利用者の職務内容は必ずしも一致せず、就業規則等についても別のものが作成されている。利用者の週の所定労働時間は20時間で時間

外労働はあまりない。始業は10時、終業は16時であり、休憩時間は2時間である。

　賃金は、時給781円▶15であり、平成30（2018）年時点における県の最低賃金に相当する。減額特例については、事業開始時に県から利用しないようにとの事実上の指導を受けた。減額特例の適用に際しては、個々の障害者の働きぶりを確認した上で認定がされることになるが、これは障害者にショックを与えることになり、福祉の理念に反するためである。

　また、利用者の中から、作業の中心的役割を担う者として、サブリーダー（10人）リーダー（5人）、チーフリーダー（1人）が選ばれているが、それぞれ、月額2500円、5000円、1万～1万5000円の手当が支給される。1か月シフト通りに働いた者に対しては、精勤賞（表彰状とクオカード）が授与されることになっており、毎月、30～35人受賞している。ほどなく出るであろう100回目の精勤賞を受賞した者▶16には、理事長がつけているバッジと金一封（5万円）を渡し、理事長夫妻および理事との記念撮影が予定されている。

（ｄ）配慮　　配慮の内容としては、労働時間や作業スピードの調整や支援者の配置、通院に関連する配慮のほか、職務内容の調整・配置の調整等も行っている。ホテルでの仕事は、5つのグループ（①ベッドメイキング、②ユニット・バスの掃除、③ルームメンテナンス（備品を備える）、④部屋や廊下の清掃、⑤レストラン・駐車場の清掃）に分かれて行っており、どのグループに入るかは、原則として毎日変更しているが、障害者本人の適性や希望から配置を固定しているケースもある。ただし、障害者本人の希望と能力が合っていないケースや人間関係上の問題などもあり配置には苦労する。このほか、利用者に無理をさせられないという観点から、急な欠勤やホテルが満室になることによる仕事量増加への対応には苦労している。無理をかけられないという考えの背景には、精神障害者の人は薬の副作用によって10キロ程度の物を背負っているのと同じ状態にある、との認識がある。また、長時間労働等を理由に精神疾患を罹患した人に再び重い負担をかけることはできない、との思いもある。

　A₂事業所では、福利厚生として食堂で昼食の提供もしているが、食事内容

▶15　令和2（2020）年7月時点では833円（地域別最低賃金）。
▶16　令和2（2020）年7月時点で6人受賞済。

についても、食べやすいように細かく刻んだり、骨を取ったり、食べられない
ものを除去するなどの配慮をしている。また、楽しみや喜びを提供するという
観点から、花見やスポーツ大会、食事会、観劇会、カラオケ大会等の行事を2
か月に1回ぐらい実施している。

　配慮の内容を決めるにあたってはルールを策定しており、障害者本人および
第三者との話し合いの結果、決定することとしている。配慮の内容に個人差が
あることや本人の希望との調整、ルール変更に伴う混乱などに困難を抱えてい
る。また、「できる配慮を必要に応じてしていく」というのがA₂事業所のス
タンスであり、促進法改正による影響はない。

（4）就労上の問題やトラブルへの対応

（a）トラブル対応　　A₂事業所では、質問票調査において、「仕事上のミスに
　　　　　　　　　　　対して厳しく注意をすることがある」については「まっ
たくあてはまらない」と回答し、「同僚とのトラブルに対して厳しく注意する
ことがある」についても「あまりあてはまらない」を選択している。その背景
には、「障害のある人は、過去に人に叱られるなど、（障害のない人と比べて）よ
り辛い思いをして生きてきている」ことから厳しい対応をしない、との考えが
ある。また、厳しい注意をすると、かえって萎縮してその後欠勤してしまった
り、他の利用者による告げ口を疑い、かえってトラブルが拡大したりするとい
う過去の経験もある。ただし、まったく注意をしないということではなく、
個々人に合った注意や指導を行っており、たとえば、問題行動（アルコール依
存）を繰り返す傾向にある障害者に対し、これ以上繰り返さない旨の誓約書を
書かせたこともある。

（b）会議・面談　　　　日々、障害者を雇用する中で生じた問題に対しては、障害
　　　　　　　　　　　者も参加する毎日の会議、臨時の会議・専門会議で検討が
なされるほか、相談窓口の設置や定期的な面談によっても対応している。職員
は「いつでも相談に乗る」というスタンスをとっている。

（c）家族・他機関との連携　　なお、トラブルが起きたときは、障害者の家族
　　　　　　　　　　　　　や支援機関・ハローワークとコンタクトをとる
ことが多く、障害者本人とだけ話し合うのは稀である。また、日ごろから障害

者就業・生活支援センターや相談支援センター等の支援機関、ハローワークとは頻繁に連絡をとっており、生活面での相談等を行っている。また、精神障害の症状が出た場合などは、医療機関にも相談している。

(5) その他

（a）ネットワーク　障害者雇用をより良いものにしていくにあたり、高齢・障害・求職者雇用支援機構や労働局のウェブサイト等のほか、県の精神障害者社会福祉事業者協議会の講演会や勉強会で精神障害に係る情報を得ている。なお、A型事業所の設立に際しては、県のA型事業所協議会の事務局長からの働きかけもあり、設立準備についてもアドバイスを受けたり、参考となる事業所の紹介を受けたりした。

（b）行政との関係　理事長が管理・運営する一般社団法人では、A₂事業所とは別の都道府県（都市部）にもA型事業所をもっており、同事業所では、35人の利用者と職員8人が保有ビルの清掃と公園清掃、手作業に従事している。別地域において事業所を構えたのは、A型事業所協議会の新年総会の際に厚生労働省の課長補佐から、同地域にA型事業所が少ないことからやってみないかと声をかけられたことによる。もっとも、設立の際には当該市区町村から、福祉計画の中にA型事業所の設立が予定されておらず設立は認められないと断られるなど、トラブルもあった。

3 小　括

(1) 開設の経緯

A₁事業所は平成27（2015）年、A₂事業所は平成22（2010）年と設立時期は比較的最近であるが、A₁事業所の社長もA₂事業所の理事長も、A型事業所開設以前から、障害者の雇用・就労に関わる経験を10年以上有するという点で共通する。また、設立に際して、A₁事業所は地域の特例子会社や社会福祉法人から、A₂事業所は、A型事業所協議会からのアドバイスを受けるなどしている。両事業所においては、定着が困難とされる精神障害者を多く雇用してい

るが、これまでの経験や周囲のアドバイスが定着に活かされていることが推測される。

(2) 理　念

A₁事業所の経営理念は「一歩先行く障がい福祉でビジネスと地域貢献を両立させる」であり、A型が雇用と福祉にまたがる制度であることを意識するものといえる。また、A₂事業所の理念は、「障害者の方が安心して楽しく働くことができ、一般就労への足掛かりとなる職場を提供すること」であり、就労継続と一般就労への移行に向けた訓練というA型のサービス内容を表しているといえる。また、A₁事業所は、障害者が当たり前に社会の中で暮らしているという状況を実現することを重視しており、社会との接点をもたせるために、採用にあたっては自力通勤要件を課すほか、職務時間外のイベント等を企画している。A₂事業所も自力通勤要件を課す点、職務時間外のイベント等を企画している点では共通するが、自力通勤は、雇用契約を締結するに際しての前提として求めている。また、イベントは障害者自身が「楽しく働く」ために提供している。

両事業所には上記のような共通点もみられるが、A₁事業所はビジネスの視点を福祉にもち込むことを重視するのに対し、A₂事業所は、福祉の理念を重視するなど、そのスタンスは対照的である（➡第3章第2節Ⅱ**2**）。

(3) 就労条件その他

利用者の1日の所定労働時間（休憩時間を除く）はA₁事業所において5.5時間、A₂事業所において4時間であり、法定労働時間である1日8時間（労働基準法32条2項）を下回る。休憩時間は、A₁事業所において合計1時間であるのに対し、A₂事業所では2時間である。

A₁・A₂いずれの事業所においても、賃金額は地域別最低賃金である。地域の経済状況や障害者の就労能力による影響も考えられるが、A₁事業所のインタビューからは、一般就労においても賃金額が最低賃金額と同等である場合が多いことも賃金額の決定に影響していることがうかがわれる。なお、A₁事業所においては、就労能力が高い障害者について最長1時間の法内残業をさせる

ことにより、他の者よりも給与額が増額するようにしている。また、A₂事業所では、リーダー的役割に就けることにより、役割に応じた手当を支給している。また、精勤に対しては、表彰状の付与とクオカードの支給という形で報いることにより、これを奨励しようとしている。

(4) 障害のある労働者に対する関わり方・配慮

A₁事業所は、障害者を特別扱いしないとの考えから、障害者の仕事上のミスや同僚とのトラブルに対して、厳しく注意することを当然と考えている。これに対し、A₂事業所は、障害者に対する社会的障壁がまだ根強くある中で、障害者が過去に受けてきた特別な苦労をふまえ、こうしたトラブルに対しても（ケースにもよるが）、比較的寛容な姿勢を示している。

また、配慮について、A₁事業所は、職務上の工夫はするが、それ以上に障害者であることを理由にする配慮を最小限にとどめているのに対し、A₂事業所は、食事内容についてもきめ細かな配慮をしている。障害者を特別扱いしないA₁事業所と、障害者を特別な苦労をしてきた者としてとらえるA₂事業所の考え方の違いが表れているといえる。

さらに、A₁事業所は、一般就労への移行に積極的であるのに対し、A₂事業所は、職場環境が整っていない一般企業へ移行させることについて懐疑的な見方を示している。

上記のような違いは、基本的には、ビジネスの視点を重視するA₁事業所と福祉の理念を重視するA₂事業所の違いとしてとらえられる（➡第3章第2節Ⅱ2）。もっとも、A₁事業所が企業で就労していた障害者を引き継ぐ形でA型事業所を開設したこと、A₂事業所が医療機関との連携の中から事業を開始したことをふまえると、両事業所で就労している障害者の就労能力の違いや製造業とホテル業という業種の違いも影響を及ぼしている可能性もある。

(5) 促進法改正の影響

A₁事業所は、そもそも開設時期が促進法施行後である上、社長が法制度に関心を寄せていないこともあり、平成25（2013）年促進法改正の影響は受けていない。他方、A₂事業所は、法制度に関する情報収集も一定程度行ってい

るが、「できる配慮を必要に応じてしていく」というのが A₂ 事業所のスタンスであり、促進法改正による影響は受けていない。

（6）家族・他機関との連携

家族や他機関との連携状況も両事業所は対照的である。A₁ 事業所は、トラブル時においても、障害者本人との話し合いを重視するのに対し、A₂ 事業所は、日ごろから支援機関や医療機関との連携を重視し、トラブル時にもその関与の上で問題解決を試みようとするといった違いがある（➡第３章第２節Ⅱ2）。

（7）ネットワーク

A₁ 事業所・A₂ 事業所ともにネットワークから情報や刺激を得ていることがうかがわれる。もっとも、A₁ 事業所は法制度についての情報を得ることには関心がない。また、A₁ 事業所は自らが所属するネットワークにおいて、情報の発信者となっている点、経営関係のネットワークが含まれる点が特徴として指摘できる。

Ⅲ B 型事業所

1 B₁ 事業所

平成 30（2018）年 9 月 20 日、B₁ 事業所を訪問し、支援職員でもある事務局長補佐から話をうかがい、インタビュー後には、事業所の見学も行った。

（1）概要（作業内容・規模・経営理念等）

（a）設立年・作業内容等　中部地方にある B₁ 事業所は、社会福祉法人が経営する B 型事業所（正確には、生活介護▶17、就労継続支援 B 型を行う多機能型事業所）で、前身となる授産施設は、県内で初めての知的

▶17 「生活介護」は、常に介護を必要とする人に、昼間、入浴、排せつ、食事の介護等を行うとともに、創作的活動または生産活動の機会を提供する事業をいう（総合支援法5条7項）。

障害者施設として昭和51（1976）年に設立されたという非常に長い歴史を有する。平成23（2011）年より、就労継続支援Ｂ型事業を展開している。市の中心部に位置するという立地を活かし、地域社会との触れ合いも自然な形で行っている。

　喫茶の提供、お菓子や漬物の製造・販売、染製品の製造・販売のほか、簡易作業として、紙箱の組立て、タイルの見本帳貼り、プラスチック加工等を行っている。民間からの受注がはとんどであり（9.5割）、何らかのコネクションで仕事を見つけることが多い。事業経営は、厳しい状況にある。

（ｂ）利用者数等　　35人の定員に対して、37人の利用者がいる（平成30（2018）年9月現在）。安定的なサービスの利用が時に難しい障害分野では、弾力的な運営が求められることから、利用率ベースで計算をしている。利用者のほとんどが知的障害者で、重度者支援体制加算▶18の対象となる者（障害基礎年金1級の者）が8人いる▶19。

（ｃ）理念・事業を営む上で重視する価値観　　事業所の理念としては、①障害者一人ひとりの個性や主体性を尊重する、②障害者に働く場を提供し、その知識および能力向上をはかる、③社会資源の活用や生活技術の向上により障害者の自立生活を支援する、④職員としての使命を自覚し、良質なサービス提供に努めるということを掲げている。これらの理念のもと、地域に根差した活気ある職場づくりを行い、仲間同士で助け合い、ともに成長していける事業所を目指している。

（2）開設の経緯

　上述のとおり、前身となる授産施設は、県内初の知的障害者施設として昭51（1976）年に設立された。その背景には、当時、学校を卒業した後の知的障

▶18　重度者支援体制加算は、前年度において障害基礎年金1級を受給している利用者の割合に応じて加算を行うものである。

▶19　アンケートの回答では、重度障害者は0人との回答を得ていた。B₁事業所は、障害の程度がより重い障害者が利用する生活介護事業も併せて営んでいることもあり、Ｂ型事業所の利用者の障害の程度は、相対的に軽いという認識があったようである。他のＢ型事業所についても、同様の認識で回答がなされた可能性があることを付記しておく。なお、Ｂ型事業所については、障害の程度がより重く、Ｂ型事業所での就労が難しい者が利用する生活介護等の事業を併せて営む多機能型事業所も多い。

害者には何もすることがなかったということがある。こうした状況のもとでは、障害者は、社会に貢献することも、社会に参加することもできない。しかし、社会に貢献することは、その人の生きがいにもなるのではないか。ある篤志家がこのように考え、自宅を開放して働く場を提供したのが、B₁事業所のそもそもの始まりである。

(3) サービスの利用、就労条件その他

(a) サービスの利用　社会福祉サービスの基本は、利用者のニーズにあると考えている。

　本社会福祉法人は、生活介護事業とB型事業とを展開しているが、どちらのサービスを利用するのかは、本人および家族が決めている。また、利用者を能力で選別することは行っていない。障害者が日中過ごす場所として、受け皿の機能を発揮したいと考えているからである。ただし、B₁事業所は、知的障害者の施設として長年やってきたことから、精神障害者の支援についてはノウハウをもっていない。精神障害者にとって他の事業者の方が良い場合には、他の事業者を紹介することはある。また、行動障害の結果としての他害が頻繁な場合も、B型事業所の利用の継続は難しいということになる。すなわち、B型事業所の中で安定した生活を送れるならば、仕事の出来にかかわらずここでのサービスを利用してもらうが、必要に応じて他のサービスや事業所等への移行も検討し、それを促すこともある。

　なお、B₁事業所のサービスを利用する者の多く（7割）は、特別支援学校の卒業後、ここでの就労を開始している。

(b) 工賃その他　平均工賃は、1万円から2万円であり、利用者それぞれの工賃は、仕事の内容や作業日数、評価点数を考慮して決定することとしている。収入は上下するが、その月の収入の4割を日数に、6割を評価点数に割り当てることにしている。年に2回、ボーナスも出しているが、これについては、作業の精度・スピード、自主性、協調性等を基準に支援職員全員で評価を行い、金額を決定している。

　また、帰りのみ、ルート送迎を行っている。バスを利用している者と保護者の付き添いで通所している者とが、半々ぐらいである。

（c）作業時間・作業環境　　　　運営規定の中で定められている作業時間は５時間であるが、障害により就労時間の調整を行っている。また、作業内容の調整や配置の調整、静かな作業環境の提供といった配慮も行っている。作業スピードは、本人のペースに合わせるようにしている。納期はあるが、本人にとって無理のないペースで作業は進めている。

　作業の上での通常のミス（間違い、破損等）に関しては、叱責することはなく、あくまで次につながるように声掛けや説明、材料の配置や治具の活用等の支援を行っている。同じミスを繰り返す場合は、その作業自体が難しいと判断し、別の作業をしてもらっている。本人がその作業に対して強い意欲がある場合は、機会を見つけて少しずつ練習するようにしている。

　ただし、意図的な行為や故意による他害行為については、本人の社会生活への影響と他の利用者の権利を守るという視点から、厳しく対処している。

（d）促進法改正・差別解消法制定の影響　　　　B型事業所については、障害者雇用促進法（以下「促進法」という）の適用はないことから、同法改正が事業所のサービス提供のあり方に大きな影響を与えたとはいいがたい。ただし、差別禁止は、もともと意識してきたことではあるものの、促進法や障害者差別解消法（以下「差別解消法」という）で明文化されたことで、職員の行動の見直しにはなった。福祉サービスにおいては、パターナリスティックな対応がなされがちであるが、パターナリズムについては、これまでも常に気を付けてきた。

　なお、平成25（2013）年法改正を受けて、県の障害福祉課の協力のもと他の福祉事業者とともに、障害者と一般企業のマッチングサイトを立ち上げたが、あまり機能していない。地域の企業が、平成25（2013）年法改正の影響のもと障害者雇用を一気に推進するということもなく、就職希望者の選択肢そのものや機会が拡充したとはいいがたい状況がある。

（4）就労上の問題やトラブルへの対応等

（a）事業所内の仕組み　　　　就労も含めた支援全般で生じる課題やトラブルについては、月２回程度の定例で、支援職員だけでなく、出席可能な管理職も含めた職員が参加する「支援委員会」を開き、そこで対応

策を検討している。定例の委員会以外でも、大きなトラブル・問題があれば、適宜、「支援委員会」を開いている。内容と対応策次第では、スタッフ同士での話し合いにとどまることなく、利用者本人とも話し、一緒になって問題を解決できるようにしている。たとえば、利用者同士のトラブルでは、まず、職員だけで話し合いを行うが、当事者を含めた話し合いや保護者を含めた話し合いを行うことが多い。また、利用者が何かを盗んでしまった場合には、本人も一緒に話し合いを行うこととしている。

　このほか、法律上の要請に基づき、運営規定に苦情解決の仕組みを定め、重要事項説明書において具体的な受付担当者および解決担当者、第三者委員、公的窓口の記載をしている。

（b）支援機関の利用　支援においては、利用者本人とB1事業所との間で対応できる課題ばかりでなく、事業所外の生活に関することや家族との関係など単独では対応が難しい課題もある。B1事業所を経営する本社会福祉法人は、相談支援事業も行っていることから、B1事業所の利用者の大半の相談支援はそこでなされている。生活介護やB型事業としては積極的に利用者の私生活や家族関係に介入することはしないが、相談支援においてそれらも含めて支援を行っている。ただ、上記のように本社会福祉法人単体では対応が難しい場合もあり、そうした場合には、基幹相談支援センター[20]に助言を求めるなどして、連携をとりあっている。家族とのコミュニケーションも大事にしている。私生活上のことは、目的次第で聞くこともあるが、利用者のプライバシーに配慮し、私生活の監視とならないよう留意している。

　このほかにも、その時々の問題に応じて、障害者就業・生活支援センター、ハローワーク、心の健康センター等の精神的な支援機関、医療機関とも相談・連携している。

[20]　基幹相談支援センターは、地域の相談支援の拠点として総合的な相談業務を行う機関である（総合支援法77条の2）（➡第4章第2節 1 1（2）（b））。

(5) ネットワーク

（a）同業者ネットワーク等　セルプ協や日本知的障害者福祉協会[21]、全国社会福祉法人経営者協議会[22]等の勉強会・研修会に参加しているが、これらには情報が集まりやすく、加えて、意見の発信も可能となることから、こうした機会が増えることを希望している。また、こうした全国組織のネットワークに参加するメリットとして、政府・行政・司法に対して団体として交渉ができることも挙げておきたい。セルプ協のような協同組合的組織では、団体として官公需を受注する機会や製品販売の機会が増加することも、メリットとして感じている。

　情報収集やノウハウ等の共有においては、職員同士の個人的なつながりでのネットワーク（様々な会議や研修で知り合った人、取引先の業者、転職者の前職でのつながり等）も重要な役割を果たしている。基幹相談支援センターができた際に内部に相談支援部会が立ち上げられたことから、そこで課題の検討を行うこともなされるようになった。

（b）地域社会との関係　地域社会との関係については、前述のように、B₁事業所が市街地に立地することから自然と地域住民との交流が生まれることとなっている（町内行事や地域の一斉清掃等）。また、B₁事業所がバザーや盆踊り等の地域住民が参加しやすい行事を行う場合には、町内回覧板での周知やチラシの配布等で、積極的に参加を呼び掛けるようにしている。事業開始から年数が経過していることもあり、地域の一員として認知されている。

[21]　日本知的障害者福祉協会は、知的障害者の自立と社会・経済活動への参加を促進するため、知的障害者の支援および福祉の増進をはかることを目的とする公益財団法人である。令和2（2020）年4月現在、6469施設・事業所が会員となっている。日本知的障害者福祉協会ウェブサイト（http://www.aigo.or.jp）。

[22]　社会福祉施設を経営する社会福祉法人を会員とし、その経営基盤の強化、福祉施設の機能充実と健全な施設運営を目的として、昭和56（1981）年に全国社会福祉協議会の内部組織として設立された団体。平成30（2018）年6月時点で、約7800の法人が加入している。全国社会福祉法人経営者協議会ウェブサイト（https://www.keieikyo.com）。

2 B₂事業所

　平成30（2018）年9月12日、B₂事業所を訪問し、社会福祉士の資格も有する管理者（法人理事でもある）とサービス管理責任者とから話をうかがった。インタビュー後には、事業所の見学も行った。

(1) 概要（作業内容・規模・経営理念等）

（a）設立年・作業内容等　　関東地方に位置するB₂事業所は、就労移行支援や指定特定相談支援等の事業を展開する社会福祉法人によって経営されている。母体となる社会福祉法人の歴史は長く、昭和38（1963）年に結核患者らによって設立された。B₂事業所の前身である身体障害者授産施設が開設されたのは、昭和52（1977）年である。平成22（2010）年以降、就労継続支援B型へ体系移行した。

　作業の種類としては、①オイルエレメントの組立て、②印刷（オフセット印刷、製本、パソコン入力、編集）、③ウエス[23]やおしぼり作り、箱折、皮細工等の軽作業を用意している。

　障害者優先調達推進法（➡第1章第3節Ⅵ2）については、当初は、官公庁内で周知徹底がなされておらず、自治体が制度を知らない、罰則規定がないから発注しないなどの発注担当者の話もあり、自治体の発注担当者は意に介していなかった。しかし、近年、状況が大きく変わり、特に印刷について、見積もりや随意契約が増えてきた。自治体により温度差はあるものの、B₂事業所の住所地の自治体は、かなり一生懸命取り組んでくれている。ただ、これだけに頼っても事業は成立しないため、支援員が営業活動を行っており、受注の7～8割が個人・企業からのものとなっている。経営は厳しく、赤字の際はプール金でやり繰りを行うようにしている。

（b）利用者数等　　定員は40人だが、それを超える53人の利用者がいる（平成30（2018）年9月現在）[24]。うち、重度者支援体制加算の対象

▶23　インクや塗料、油物を使う工場で使用する布片。
▶24　障害種別ごとの内訳は、知的22人、身体26人、発達2人、難病3人である。なお、同一敷地内に精神障害者を対象とするB型事業所があり、精神障害者はそちらで受け入れている。

者が15人である▶25。特別支援学校からの紹介で、ここでの就労を開始する者が最も多い（8割）。数回の実習を経て、ここでの作業や職場環境にマッチングしている者を受け入れている。

　なお、障害者の一般就労への移行が進んできている昨今、新規の利用者の重度化が顕著になっている。一般就労への移行が進むことは喜ばしいことではあるが、無理やりにも一般就労へ向かわせようとすることには疑問を感じている。支援を受けながらの就労が可能であるB型事業所の役割について、改めて再考する必要がある。

（ｃ）理念・事業を営む上で重視する価値観

　事業所の理念としては、「共に働く、共に生きる、共に創る」を掲げている。この理念のもと、作業を仕事として意識づけし、作業における個々の役割や責任を利用者にいかにもってもらえるかを考えながら、日々の事業運営を行っている。また、法人の基本方針としては、①利用者の意思と人格を尊重し、働く場の提供と就労支援を行うことで、障害者の社会参加と自立を促進する、②利用者、職員一人ひとりの職業技術の向上に努め、仕事の質を高い水準で保つ、③同じ目的をもつ地域の団体や施設と連携・協力し合いながら、障害者の就労や生活支援に取り組み、拠点的機能を果たす、④「働く場が自らを切り拓く」という創設の理念を受け継ぎ、より良い未来を築くため、新しい事業に挑戦し続ける、⑤利用者、家族、職員など法人に関わるすべての人々にとって安心と連帯感を提供することを掲げている。

（2）開設の経緯

　前身の授産施設は、近隣の医療センターで隔離されていた結核患者らに仕事を提供することを目的としてスタートした。昭和52（1977）年当時は、結核患者は就職もさせてもらえないような状況があったことから▶26、結核回復者らが自らの働く場を求めて運動し、当該授産施設が作られることとなった。そ

▶25　令和2（2020）年6月現在は、定員40人、登録者49人、重度者支援体制加算対象者18人である。障害種別ごとの内訳は、知的22人、身体22人、発達2人、難病3人である。

▶26　結核患者は、昭和35（1960）年の促進法制定時に、雇用義務の対象として含められなかった（➡第1章第2節Ⅱ1（1））。

の後、障害福祉におけるニーズの移り変わりもあり、身体障害者、知的障害者、精神障害者が利用する施設に変わっていった。

　創設当初より、ソーシャル・アクションを起こすことを意識し、事業の運営を行ってきた。

（3）就労条件その他

（a）工賃その他　　工賃は、訓練等給付費から支払えないため、売上げから支払っている。税金を財源とする訓練等給付費は、施設の維持や職員の人件費も含めた障害をもっている利用者の支援環境に要する費用である。具体的な工賃額は、利用者工賃規定に基づき、3か月ごとに評価会議（5～6人の合議）で決めている。出来高給ではなく、時間給を採用しているため、売上げが落ちると赤字になる。

　工賃を決める際には、最低賃金を意識している。最低賃金を意識するのは、最低賃金を無視すれば社会と連動しないことになってしまうからである。社会の中でこの作業所がどのような位置づけにあるのかを考えていきたいと思っている。また、利用者の親もいつまでも若いわけでないため、グループホームに住んだ場合、生活できる金額はどのぐらいか、障害基礎年金と合わせて必要となるのはどのぐらいの金額かということを議論し、それを目標にしようとしている。利用者一人ひとりの生活を守るためには必要な議論だと感じている。

　送迎（全部で5ルート）・給食の提供も行っている。送迎加算の減額により、運転手を雇う余裕がなく、送迎は職員総出で行っている▶27。

　就労以外の活動も季節ごとに行っており、地域のイベントへの参加や、日帰り旅行、忘年会などを企画している。

（b）作業時間・作業環境　　規定上の作業時間は9時から16時10分で、週休2日制をとっている。夏季休暇として4日間を保障し、年末年始休暇も7日間ある。休む場合は、欠勤届を書いてもらうことにしている。無届けの欠勤の場合にも、それに対し制裁を科すことはないが、届けを出すという行為を重んじる理由は、後述のとおりである。

▶27　令和2（2020）年6月現在は、新ルートを増設したことから、運転手を1人雇用している。

障害は、一人ひとり異なっていることから、個々の事情に応じた配慮を行っている。そうしなければ、作業をスムーズに行うことはできない。作業時間も、個別の事情により異なっており、週1回の利用者や、利用時間の短い利用者もいる。

　作業に気持ちが向かない場合には、注意をして無理にそれを直そうとするのではなく、気持ちが向かない理由は何かということを問うようにしている。行為の原因を探ることが重要であり、時間をかけてじっくりと面談を行い、興味がもてそうな他の作業や方法を粘り強く試すようにしている。小さいころから注意され続けている利用者も多く、注意されることに反発する傾向もみられる。もちろん、他の利用者への他害行為や窃盗等は注意の対象になるが、基本的姿勢として、マイナス面ではなく本人の強みに目を向けるようにしている。本人の強みに着目したアプローチをとることで、本人が一定の役割を見出すことにつながるのではないかと考えている。

（c）「仕事」としての性格の重視　　　　「生きがい就労」とは一線を画することとし、「会社に働きに来た！」という雰囲気を堅持するようにしている。確かに、B型事業所での作業には「訓練」という性格が与えられている。しかし、「できても、できなくても良いよ！」というスタンスで本当にやりがいをもてるのだろうかと疑問を感じている。利用者が、仕事をしに来ていると実感できる環境を作ることは、利用者本人の生活を支える上でも非常に重要である。仕事だと思うと、きちんとやろうという気持ちになり、それが体調管理につながったりもする。創設当時から、この考え方に立ち、作業状態を仕事と認識できる体制を整えてきた。タイムカードや欠勤届、賞与等の仕組みを設けているのは、こうした理由による。

（d）促進法改正・差別解消法制定の影響　　　差別禁止や合理的配慮については、平成25（2013）年の一連の法改正以前より取り組む努力はしていたため、その影響をことさらに大きく受けたとはいえない。しかし、より一層の配慮を検討していく必要は高いと考えている。

（4）就労上の問題やトラブルへの対応等

（a）リスクマネジメント会議　平成23（2011）年より「リスクマネジメント会議」を月1回全体で開催している。同会議は、法人事務局長を議長として、主任クラスおよび現場の支援員、指導員により構成されている。特に、差別禁止原則の導入以降は、ヒヤリハット事例を中心に、合理的配慮を視野に入れた対応を検討することも多くなった。最近では、事故防止が議論の中心となっている。また、同会議で「緊急時対応マニュアル」の作成等も行ってきた。

（b）家族や支援機関との関係　自分自身で意思や気持ちを表現することが難しい等の必要に応じて、職場での出来事や家庭での出来事について連絡帳を作成して、家族とも情報共有を行っている。

　また、利用者が連絡なしに通所しないという場合もあることから、普段から関係機関とは連携している。利用者の就労・生活を支えるためには、家族や後見人、支援機関（特定相談支援事業所、グループホーム、ヘルパー事業所、訪問看護等）、行政との協力は不可欠である。障害者の支援においては、日常的に接していることが重要であり、相談についても、普段から会っていて信頼できる人だからこそ行うことができる。

　ただ、こうした連携をしていても、行政サービスが手薄となる休日や夜間に個別の対応を求められることがある。たとえば、重度の身体障害の利用者から、「車いすから落ちて動けない、何とかしてくれないか」という相談が来たりする。精神障害の利用者から、「いま、吐いてしまった」という相談が来ることもある。訪問看護に連絡するようお願いすることもあるが、事実上、対応せざるをえなかったり、あるいは、利用者の状態が心配でつい行ってしまうことも多い。日常的に接し、利用者の特性も把握しているB₂事業所の職員がボランティアでこうした対応を行っているが、誰でもできるものではなく、また、継続性の観点からみると支え切れない部分もある。結果として、障害の重い人は受け入れないという選択につながる可能性もあることを懸念している。

　以上のことから、障害者の地域生活を支える視点で多職種の連携チーム（医療・介護、就労、後見・法律・各種手続等の専門家からなるチーム）を作ることで、社

会的資源として機能するネットワークを構築することが必要であると考えている。

(5) ネットワーク

（a）同業者ネットワーク　全国に散らばっている10の社会福祉法人で作る団体（ゼンコロ[28]）に所属している。互いに切磋琢磨するため、研修会などを企画、実施している。また、所属しているセルプ協からの「セルプ協通信」による迅速な情報提供や、社会福祉協議会の身障部会で入手できる資料等も、制度の理解等に役立っている。

　加えて、B₂事業所が所在する地域では、事業者同士の関係が非常に良好で、お互いに協力してやっていこうという雰囲気がある。平成22（2010）年に市内に設置された自立支援協議会[29]の日中活動部会は、特に活発で、参加する16の事業所の管理職クラスの者が集まり、2か月に1回会合を開いている[30]。その中で行政の担当者から制度等につき説明を受けることもある。また、この活動の中で、お互いの施設を見学できる見学会を企画し、生活介護、就労継続支援等の市内にある事業所を職員同士で見学しあうことも行ってきた。2年間にわたったこの活動を通じて、市内の事業者間のネットワークは強化されたと考えている。

（b）地域社会との関係　地域社会との交流として、地元自治体の福祉祭りに参加したり、B₂事業所を会場に地域子ども交流会（夏休み期間中に1回）を開催する等の活動を行っている。地域子ども交流会は、小学生を中心に30〜40人が集まり、事業所内で映画鑑賞やゲームをしたり、

▶28　昭和36（1961）年創設の一般社団法人。企業的職場づくりを進めながら、障害者の「完全参加と平等」の実現のために積極的に運動を展開している。ゼンコロウェブサイト（http://www.zencolo.or.jp）。

▶29　自立支援協議会は、障害者等への支援体制の整備をはかるため、地方公共団体が設置するもので、関係機関、関係団体、障害者およびその家族等が相互の連絡をはかることにより、地域における障害者等への支援体制に関する課題について情報を共有し、関係機関等の連携の緊密化をはかるとともに、地域の実情に応じた体制の整備について協議を行うものである（総合支援法89条の3）。平成24（2012）年4月より法定化されている。

▶30　自治体から部会再編成要請があり、令和2（2020）年度より専門部会として、就労支援部会、地域相談支援部会、子ども支援部会、くらし安全部会がおかれている。

お菓子やフランクフルト等を食べるイベントで、30年以上にわたり実施している。正職員がチームを組んで準備・対応している。

　また、地元中学校の職場体験実習を引き受けており、毎年、4～5名の中学生が利用者と一緒に作業を行う体験を提供している。地元特別支援学校の社会科見学も受け入れており、実際に障害をもっている人がどのように仕事をしているのかをみてもらっている。これは、特別支援学校の生徒が、働くことを具体的にイメージすることを目的とするものである。

3 B₃事業所

　平成30（2018）年10月16日、B₃事業所を訪問し、施設長（社会福祉士・管理栄養士）および施設課長・サービス管理責任者（社会福祉士）から話をうかがった。また、インタビュー後には、事業所の見学も行った。

（1）概要（業種・規模・経営理念・経営状況）

（a）作業内容等　　　　　B₃事業所は、就労移行支援や就労定着支援の事業も行っている社会福祉法人が経営するB型事業所（就労移行支援、就労継続支援B型、就労定着支援を行う多機能型事業所）である。

　利用者は、パソコン部品の解体や電子部品などの仕分け、部品の組立て、箱折り、清掃（施設内・外部）等の様々な作業に従事している。これらの作業は、外部企業からの受注によるものがほとんどであり、このようにあえて自主製品をもたないことで、一般の職場に近い環境での作業を経験できる場所、働くことを学ぶ場所を利用者に提供している。品質管理や納期の遵守も徹底して行い、顧客の存在を利用者に意識してもらうようにしている。

　受注量に関しては、現時点では、基本工賃3万円以上を維持するのに必要な生産活動収入を得られている。ただ、さらなる工賃の向上、海外労働市場との競争や機械化・AI化の進展という労働代替の問題も視野に入れた場合には、十分というわけではない。現状に満足せず、今後の社会状況の変化をふまえて、対応していきたい。

（b）利用者等　　　定員は26人▶31で、31人（うち、重度5人）がサービスを利用している（2018（平30）年10月現在）。授産施設として設立された当初より、知的障害者の社会的自立を目標として運営をしてきており、現在も知的障害者を中心に、自力で通所が可能な障害者を受け入れている。

　定員の約3分の1が旧授産施設からの継続利用者である。残りの約3分の2は、本事業所の就労移行支援事業で期間内に就労先を見つけることができなかった者で、かつ、B₃事業所の目的に沿う者、並びに、一度は一般就労したが離職となり、B₃事業所に戻ってきた者である。再就職訓練の場・離職後の受入先としての機能も、B₃事業所は果たしている。

（c）理念・事業を営む上で重視する価値観　　　社会福祉法人の理念としては、最善・最適な幸福の提供、絶えざる研鑽と成長を掲げており、目指すものとして、障害者の社会的自立、地域福祉の充実、福祉に対する啓発を挙げている。事業所全体（就労移行支援、就労継続支援B型、就労定着支援）では、①障害者が働く職場の創出、②知的障害者の働く力の育成、③働いている知的障害者の継続的フォローの3つを事業目標の柱として挙げており、B型事業所としては、特に、「安定した作業生活と工賃アップを目指し、生活面の向上を図る」を目的として掲げている。これらを通じて、利用者の工賃ややりがいが向上するよう努めている。

（2）開設の経緯

　ある労働組合の中に、障害のある子どもをもつ組合員がいたことが本社会福祉法人の設立のきっかけとなっている。当該労働組合は、昭和47（1972）年に労働組合としては全国に先駆けて障害福祉活動を開始した。この1970年代に始まった労働組合での活動を通じて、障害をもつ子どもたちの育ち学び合う場は広がっていったが、しかし、学校卒業後の進路については依然として厳しい状況が続いていた。

　そこで、障害福祉活動のさらなる展開の結果として、子どもが成長したときに働く場所を提供することを目的として、1990年代初頭より活動が開始され、

▶31　令和2（2020）年4月時点では、30人。

平成8（1996）年8月に前身となる知的障害者通所授産施設が設立されることとなった。背景には、昭和62（1987）年の促進法改正で、現に雇用された知的障害者が実雇用率の算定にあたりカウントされるようになり、平成9（1997）年の同法改正で知的障害者も雇用義務制度の対象になったものの（➡第1章第2節Ⅲ **1**）、知的障害者の働く場は十分に確保されていなかったという事情がある。

　その後、平成18（2006）年4月の障害者自立支援法施行に伴い、就労移行支援（30名定員）および就労継続支援B型（20名定員）の多機能型事業所に移行した。現在は、就労定着支援事業（平成30（2018）年）も開設し[32]、特例子会社や一般の企業、特別支援学校の関係者に対して本多機能型事業所の見学の機会を提供することも行っている。

　設立当初の1990年代以降一貫して、障害者に働く場所を提供することの重要性を国等に訴え続けつつ、障害者の就労についてのモデルを提供してきた。

（3）就労条件その他

（a）工　　賃　　工賃を決めるに際して考慮しているのは、生産活動収入のほか、地域別最低賃金の3分の1という基準である。これを目標とし、平成29（2017）年度は月額平均工賃約3万6743円を実現した[33]。利用者が、「働くこと」の対価としてお金を得る経験を得ることに重きをおいている。

　なお、利用者が得る平均工賃を高くする（平均月額3万円以上を目指す）ことを目的として、常時多様な種類の作業を準備し、一人ひとりの能力や特性に合った作業や計画的なローテーションができる環境を整え、付加価値の高い作業ができるようにしている。また、B型事業所は、制度上、「就労の機会の提供及び生産活動の機会の提供その他の就労に必要な知識及び能力の向上のために必要な訓練その他の必要な支援を行う」とされていることから、B_3事業所では、「働く上で必要なこと」に視点をおいたアセスメントを行っており、個々人の

---

[32]　平成22（2010）年度から平成31（2019）年度にかけては、自立訓練事業も行っていた。

[33]　平成30（2018）年度・令和元（2019）年度も、月額平均工賃3万6000円以上を実現している。

作業・生活能力を評価する工賃基準を使って、工賃に差をつけている[34]。収益が上がった場合は、実働率に応じてボーナスの分配も行っている。工賃に関しては、平易な日本語で読み仮名も付けた「工賃のきまり」を作成し、利用者にも配布している。

（b）作業時間・作業環境　　1日の実作業時間は約6時間である。始業時には個人目標や作業手順の確認を行い、昼休憩後には午前作業の振り返りや午後の注意事項の確認を行う。終業時には業務日誌を自分で記入することなどがスケジュールとして予定されている。一斉の休憩時間や食事時間などで混乱を起こしやすい利用者については、個別のスケジュールを組んでいる。

　また、企業での就労経験をもつ職業支援員の管理のもと、品質・納期・仕事に対する厳しさなど、一般の職場に近い環境で作業を行っている。ただし、工程分析や工具の活用方法、治具作成などを通じて、利用者一人ひとりに合わせた作業環境も用意している。

　ミスや失敗については、本人に指摘をし、指導を行うが、それと同時に、手順がわかりやすい方法になっていたのか、指導方法が適切だったか等、作業管理の方法を職員間で話し、見直すようにしている。同じ指示書でも、容易に理解できるか否かは利用者によって異なる。作業が難しい場合は、作業内容を変えることも行う。

　障害者の中には失敗体験を多くもっている者がいることに留意し、できないと思っていることができるようになるという成功体験を通じて、障害者が自己肯定感を上げられるように努めている。

（c）移行支援のスタンス　　一般就労が可能でその意欲があると思われる者については、一般就労を目指すというスタンスで事業を展開している。少なくとも年1名の一般就労への移行を目標にしており、そのために、一般就労を目指す利用者に対しては、就労移行支援事業でのノウ

[34]　平成29（2017）年度までは、身だしなみや挨拶、報告・連絡等ができているかをふまえた生活評価と作業評価とで工賃査定を行ってきたが、平成30（2018）年度以降は、主として作業評価により工賃査定を行っている。生活評価を工賃査定には含めないこととなったが、生活面は指導において引き続きフォローしている。

ハウを活かした支援プログラムをはじめとする様々なサポートを提供している▶35。特に、施設外実習に積極的であり、利用者自身の就労に向けた動機づけを行うとともに、施設内での日常的な評価と併せて精度の高いアセスメントを行うこととしている。

　移行・退所後のフォローにも力を入れている。たとえば、一般就労移行後も、事業所の職員が定期的に職場を訪問するなど、元利用者からの相談に乗っている。また、一般就労がうまくいかず退職となる場合にも、退職に向けた調整や支援を行い、希望があれば、B₃事業所を再利用することも可能としている。

　他方、本人の加齢や体力低下、健康状態悪化で、B型事業所の利用が難しくなった場合には、相談支援事業所と連携して生活介護等の受入れ先をみつけた上でそちらへの移行を促すようにもしている。

　なお、サービスの利用期間に制限はなく、本事業所を長く利用している障害者もいる。

（d）促進法改正・差別解消法制定の影響　　B型事業所には促進法の適用はないことから、平成25（2013）年促進法改正の影響は大きくない。作業時間の調整、作業内容の調整、配置の調整、作業スピードの調整、作業環境の調整、わかりやすい日本語・絵等を使った説明、静かな作業環境の提供などの様々な配慮は、これまでも提供してきたところである。

　ただ、促進法改正や差別解消法の制定を受けて、改めて、職員に対して合理的配慮等に関する内部研修を実施した。また、保護者にも、合理的配慮についての説明を改めて行った。その際には、合理的配慮とワガママとは異なることや、障害があるからといって何をしても許されるわけではない、挨拶・身だしなみ等社会人としてのマナー等については身につける必要があるということを伝えると同時に、苦手なこと等がある場合には伝えるよう、お願いをした。

▶35　就労支援においては、求人企業の雇用条件や職場環境の確認、利用者アセスメント情報とのマッチングや履歴書作成支援・面接練習のほか、各企業への実習依頼を行うこと、トライアル雇用・正式採用につながった場合にはその際のトラブル対応を行うことが予定されている。

（4）就労上の問題やトラブルへの対応

（a）トラブル対応　　担当職員制はとっておらず、利用者の日々の出来事やトラブルは情報として一元管理し、それをもとに共通の対処を行っている。作業・育成に関しては、毎日、常勤職員によるミーティングを実施し、情報交換および統一した対応を行っている。また、全職員による全体ミーティングを毎月実施し、より適切な支援を提供できるように障害特性や対応方法について学ぶ機会を設けている。苦情内容の振り返りを行い、再発防止にも努めている。

（b）支援機関や家族との関係　　問題が生じた場合や気になることがある場合には、随時、保護者ともやり取りを行っている。ただ、近年では、親の高齢化の問題もあることから、親亡き後を見据えて、地域との連携にも力を入れている。利用者に支援者がいる場合には、当該支援者と情報を共有する。支援者が付いていない場合には、こちらから発信をして、関係機関（基幹相談支援センターや行政のケース・ワーカー）に介入を求めることがある。生活面で何かしらのフォローが必要な場合には、当該支援機関に情報提供・共有し、役割分担をし、足並みの揃った支援がなされるよう留意している。利用者が他事業所への移行を必要としている場合も、関係機関に情報を求めることが多い。

　グループホームに入所している利用者については、グループホームの職員とも連絡をとり合っている。面談に際し、必要に応じてプライベートの時間の過ごし方を聞くこともある。B型事業所の利用者については、健康管理等の必要もあるからである。

（5）ネットワーク

　全国就労移行支援事業所連絡協議会[36]、区の就労支援連絡会、ジョブコー

▶36　全国就労移行支援事業所連絡協議会は、平成24（2012）年に立ち上げられた団体である。全国の就労支援移行支援事業所の有志の集まりで、設立時には14事業所が参加する小さな団体であったが、令和2（2020）年12月現在、85法人99事業所が参加する団体に成長した。就労支援施策に関する様々な要望を国等に要望する等の活動を行っている。全国就労移行支援事業所連絡協議会ウェブサイト（http://voccouncil.org）。

チ・ネットワーク▶37などに参加している。就労支援は、福祉の中ではまだまだ少数派の分野であることから、同じ志をもった者同士が集まり、声を上げることは、国や制度を動かしていく上で非常に重要なことと考えている。

　なお、以上のうちの就労支援連絡会は、自立支援協議会の中の一部会として設けられたもので、区内の就労支援に携わる団体が参加しているものである（就労移行支援事業所のほか、市の障害者就労支援センター、基幹相談支援センター、特別支援学校も参加）。地域の障害者雇用・就労の課題を一緒に考えると同時に、地域に向けた就労支援の啓発活動（講演会など）も行っている。設立当初は、お互いを知ることが目的としてあったが、区内共通の就労アセスメント評価表の作成も行った。

　このほか、B₃事業所では、障害者雇用企業、特別支援学校、就労支援機関等との連携も重視している。また、企業からの見学者も多数受け入れている。

4 小　括

　以上3つのB型事業所に対するインタビューの結果から、B型事業所の特徴として、次のことを指摘しておきたい。なお、該当する事業所を括弧内に示しているが、括弧内に示されていないからといって当該事項を行っていないわけではない可能性のあることを、時間の制約がある中でのインタビュー調査の限界としてあらかじめ指摘しておく。

(1) 理念・開設の経緯

　まず、理念（法人全体としての理念も含む）としては、①障害者の主体性や人格を尊重することや、②就労支援を通じて障害者の自立を支援することが挙げられている（B₁、B₂）。また、就労継続支援事業所であるという特徴を受けて、共通して、③障害者に働く場を提供し、④働く力、就労技術の向上に努めることも、理念として提示されている。B型事業所は、特に就労能力の低減の程度の

▶37　障害のある人の就労支援の情報発信、ネットワーク作り、人材養成を目的として、平成18（2006）年に設立されたNPO法人。ジョブコーチ・ネットワークウェブサイト（https://www.jc-net.jp）。

大きい障害者が働く場所であることを意識した理念の提示となっている。

　現在のB型事業所の前身となる授産施設が設立された経緯としては、設立当時、知的障害者をはじめとする障害者の就労先、受入れ先が存在していなかったことが指摘されている。社会的な仕組みの不備を補う形で設立がなされている点は、各B型事業所に共通する。現在でも、就労困難性の高い障害者の日中の受け皿としての機能がB型事業所には認められる。なお、設立の経緯の相違から、B_1・B_3事業所が知的障害者を多く受け入れているのに対し、B_2事業所は多様な障害者を受け入れつつ、精神障害者について隣接のB型事業所で受け入れている。

(2) 利用者との関わり方・配慮

　個々の障害者の状況に応じて作業内容の調整や配置の調整がなされているのも、B型事業所に共通する特徴といえる。また、作業の上でのミスや失敗に対しては、叱責するのではなく、失敗やミスの原因を探り、作業内容や方法を見直したり、当該作業が障害者に適していたのかを検討したりする点も、共通する。もちろん、意図的な行為や故意による他害行為は、社会生活への影響等を考慮して、注意の対象となる（B_1、B_2）。しかし、失敗体験や叱責体験をしてきた障害者が多いことも考慮して、当該障害者が一定の役割や自己肯定感をもてるようにすることも、重要視されている（B_2、B_3）。これらは、B型事業所の福祉的な側面の表れということができ、B型事業所の役割や機能を考える上で重要となろう。

(3) 就労条件その他

　その一方で、仕事としての側面、働くことの対価としてお金を得る経験も、B型事業所において重要視されているといえる。たとえば、B型事業所には労働法の適用は原則としてないが、工賃水準を決めるにあたり、最低賃金が意識されている点を指摘することができる（B_2、B_3）。また、B型事業所での就労の仕事としての側面の重視は、欠勤届等の仕組みを設けていることや（B_2）、一般の職場に近い環境での作業の提供（B_3）等からもうかがうことができる。

　加えて、「一般就労が可能でその意欲があると思われる者については一般就

労を目指す」と一般就労に向けたスタンスを明確に示している事業所もある (B₃)。一般就労に力を入れる事業所が存在することは、B型事業所の多様性の1つとして大事にしたい点である。

(4) 促進法改正・差別解消法制定の影響

B型事業所には促進法の適用はないことから、平成25 (2013) 年促進法改正の影響は大きくない。B型事業所では、従前より、障害者の人権に留意し、働く上での配慮がなされていたといえる。しかし、促進法改正および差別解消法制定を契機に、パターナリスティックな対応とならないように注意したり、職員向けに内部研修を行うなど、職員の行動の再検討・見直しがなされた点は、共通点として指摘できる。

また、平成25 (2013) 年促進法改正を受けて、行政と事業者とが共同で障害者と一般企業のマッチングサイトを立ち上げるなどの動きがあったところもあった (B₁)。ただ、あまり機能しなかったようである。

(5) 家族・他機関との連携

B型事業所においては、共通して、関係機関・支援機関との連携が重要視されている点も指摘できる。B型事業所の利用者の中には、生活面や医療面での支援を必要としている者もいる。しかし、B型事業所は、就労支援を提供する場所であることから、生活面や医療面での支援については、ほかの関係機関・支援機関との連携で対処する必要がある。連携する機関としては、①基幹相談支援センターや相談支援事業所といった相談関連の機関、②医療機関・訪問看護などの医療関係の機関、③グループホーム・ヘルパー事業所といった生活関係 (福祉関係) の機関が挙げられる。また、④障害者就業・生活支援センターやハローワークといった就労関係の機関とも、移行支援等の必要に応じて、情報共有・連携がなされている。

加えて、家族とのコミュニケーション・情報共有が必要に応じて大事にされている点も、共通点として挙げられる。また、利用者の親の高齢化への対応も、今後の課題として意識されている (B₂、B₃)。

(6) ネットワーク

　同業者ネットワークや地域ネットワークも、共通して、情報共有やB型事業所が提供するサービスの向上、地域課題の共有・検討等を目的として積極的に利用されている。また、こうした場は、地域に向けた啓発活動、国や行政等に向けた意見発信の場としても意識されている（B₁、B₃）。加えて、地域社会との関わり（地域行事への参加や事業所での交流会等）も、積極的に行われており（B₁、B₂）、障害者の地域社会への参加が目指されている。

第**4**節　現場の声：質問票調査およびインタビューから

　本節では、法制度に対する意見や会社・事業所の抱える課題について現場の声を紹介する。現場の声は、主に、障害者雇用施策に関わるもの（Ⅰ）、福祉施策に関わるもの（Ⅱ）、今後の社会の変化に関わるもの（Ⅲ）に分けられる。なお、本節で取り上げる現場の声の中には、インタビュー調査だけでなく、質問票調査（特に自由記載欄）から明らかとなったものも含まれる。

 Ⅰ　障害者雇用の量的拡大と質の向上

1 雇用義務制度に対する声

（1）雇用義務制度のあり方

　法定雇用率の上昇や今後の見通しに対する不安や疑問は、質問票調査において多数みられた。これと併せて、就労困難性の高い精神障害者についてダブルカウントを求める声や週所定労働時間が20〜30時間の精神障害者についても1カウントとする算定方法の継続を求める意見[1]、定着率や勤続年数、加齢による能力低下をなんらかの形（雇用率その他インセンティブ）で考慮すべきとの意見もあり、実雇用率の算定に関する関心の高さがうかがわれる。

▶1　精神障害者である短時間労働者の算定方法については、平成31（2019）年度申請（平成30（2018）年度の雇用実績に基づく申告申請）以降、新規雇入れから3年以内であるか、精神障害者保健福祉手帳交付日から3年以内であることを条件として、精神障害者である短時間労働者1人につき、0.5カウントではなく1カウントとする特例措置がとられている。

手帳をもたない障害者（手帳を返還した障害者を含む）や週所定労働時間が20時間未満の者を実雇用率算定の対象にすべき、雇用率の算定対象外となっている者の中にも就労困難性を抱えるものがいるなど、雇用率制度の対象に関する意見は特例子会社からだけでなく、特例子会社に障害者を送り出す立場にあるB型事業所からも出された。

また、特例子会社からは、地域によって、一般就労可能な障害者を見つけることが困難な状況にあることから、そうした地域の状況に配慮して欲しいとの声もあった。他方、納付金制度が障害者雇用に対するインセンティブとなり、一般就労に結び付いたとして、納付金制度を評価するB型事業所の回答や納付金の額（不足1人につき月額5万円）を引き上げることで、納付金を払うよりも障害者を雇用し戦力にしようとする事業主が増えるのではないかとの特例子会社の回答もみられた。

（2）雇用率上昇とこれに伴う雇用の質に係る課題

法定雇用率の上昇については、自社の経営に与える影響を懸念する声のほか、雇用率さえ満たせば良いという一部の企業の動向がかえって障害者にとってマイナスの影響を与えるのではないかとの指摘があった。下記の回答もそのような趣旨によるものである。

「特例子会社であっても企業である以上、利益またはそれに相当するものを最大にすることが目的であり、その目的達成に向けて、常に障害者のアウトプットの最大化・良質化をはかり、そのための人材育成を行う必要があることはいうまでもない。雇用される障害者やその保護者あるいは支援機関がこうした企業の目的と福祉的就労との違いを十分理解しないまま就労してしまうと、そこに甘えやミスマッチが生じてしまう。また一方で各企業も雇用率制度のもと、こうした違いを採用時に十分に共有・確認しないまま、採用を進めている場合があり、雇用率引上げに伴う売り手市場のもと、採用に際して本来必要なフィルターも通さず、社会人としての準備や教育も不十分のまま就労する障害者が増加することになれば、最終的には障害者本人にそのしわ寄せがくるのではないか。」（特例）

「就労支援の質の担保がされていない中、法定雇用率が年々引き上げられてい

っても、働く力が十分に見極められていない障害者の輩出・雇用が増えていくのではないか。丁寧なアセスメント・マッチングを経ての就労でないと職場への定着率は低くなるのではと思う。」(B型)

支援機関の質については地域差や支援員が抱える仕事の多さ、支援の福祉的側面への偏重などを指摘する声もあったが、上記回答では、本来マッチング機能を果たすべき支援機関が的確な役割を果たさないことにより、ミスマッチが生じたり、障害者が就労能力を向上させる機会を失うリスクが指摘されている。

なお、最低賃金におよそ見合わないような作業に漫然と従事させているようなケースや借り上げた農場で複数の企業から派遣された労働者を働かせ、企業から雇用率カウントに対する対価の支払を受ける業態に対して、障害者の就労能力向上がはかられず、企業への帰属意識も養われないとして疑問視する声もあった。

2 配慮の内容・範囲

本調査においては、合理的配慮といっても無制限ではないとする声が複数寄せられた。合理的配慮とは、何でも本人が望むように対応することではない、甘やかしとは違うという考え方である。こうした考えは、A型・B型事業所の回答においてもみられた。行きすぎた配慮がかえって本人の自律や成長の機会を損なうおそれがあることをふまえたものである。

配慮の内容については、障害者と一緒に考えることこそが重要であるとの指摘や就労支援・定着支援も"本人を中心に据えたチーム支援"でなければならないとする指摘もあった。その背景にあるのは、障害者の自己決定を重視する考え方である。下記の回答においてもこのような発想がみられる。

「鬼ごっこにおいて、健常者サイドが配慮と称して『障害者は鬼にならなくていい』というルールを一方的に作り、それでも『鬼ごっこの楽しさを味わってもらっている』と公言しているとすれば、それは配慮ではなく健常者の自己満

足であり、障害者が現実を受容する機会とギャップ解消に向けて努力するプロセスを奪うという点で『経験させない』・『チャレンジチャンスを与えない』といった『配慮に欠ける』雇用になってしまう恐れがある。」（特例）

「本人をそっちのけにして、周囲の関係者等が良かれと思って議論したとしても、それは合理的配慮とは程遠いものとなる、自分たちのことは自分たちも含めて決めさせてほしいと思うに違いありません。」（A型）

　また、本調査を通じて、多くの会社・事業所は、障害者の生活領域（家庭環境由来の問題、私生活上の非行を含む）にどこまで踏み込むべきかという点において悩みを抱えていることがうかがわれた。私的領域の問題については、事業者が安易に踏み込むべきではないが、生活領域での安定が就労の安定の前提となるとの声や、だからこそ、就労後の生活支援やトラブル時の対応については、支援機関の果たす役割に期待するとともに▶2、支援機関の充実化、質の向上を求める声が多いことが明らかとなった▶3。なお、良い支援機関かどうかは、障害者本人・家族と支援機関の担当者が関係性を作れているか、しっかりと定着の支援をしているか、情報を正しく伝えてくれるかをみることにより見極められるとの指摘もあった。

　以上のほか、特定の障害者に対する個別対応について不公平を感じる障害者がいる、特定の障害種別の障害者に対する配慮が別の障害種別の障害者にとっての障壁となる（たとえば、視覚障害者のために点字（ブロック）をつけることが、下肢障害者にとっての使いにくさをもたらす）など、障害者間での公平性や調整等が問題となることの指摘もあった。また、配慮の内容について、障害者と家族の意

▶2　SACEC報告書（2018年）45頁によれば、特例子会社が就労支援機関に今後求めたい支援内容は、比較的多岐にわたっているが、その中では「社会生活の支援」（150社）、「就労支援」（119社）、「従業員家族への支援」（110社）等、生活関連支援が上位である（回答社187社）。
▶3　SACEC報告書（2018年）43～44頁によれば、就労支援機関による就労前訓練に対しては、「期待する内容とは言えない場合がある」（100社）、「社会人としての訓練は十分とは言えない」（47社）との回答が多く（回答社188社）、サポート体制については、通常レベルあるいは良好と回答する特例子会社が多い。就労支援機関への総合評価では、「すべての面において信頼できる特定の機関がある」（29社）と回答するところに対し、「多少物足りない」（12社）、「就労支援の名に値しない機関がある」（14社）と回答するところもあるものの、「温度差はあるが、信頼できる複数の機関がある」（143社）とする特例子会社が多くを占める（回答社187社）。

向が一致しないケースや障害者本人の自立や能力発揮の観点から、家族の意向に沿うことが望ましくないケースがある、家族の理解が得られないなど、家族との関係について悩む声が特例子会社・Ａ型・Ｂ型事業所から寄せられた。

3 特例子会社制度

（1）親会社との関係・グループ適用

　特例子会社からは、親会社の経営状況により特例子会社の経営が左右されることや、親会社から委託された業務が特例子会社の仕事量を決定することが指摘されており、親会社の影響力の強さを示す声が寄せられた。また、親会社が自ら障害者を採用しようとする意欲が薄いといった意見や、親会社は特例子会社の経営状況を勘案せずに、「毎年○○カウントを雇用して欲しい」と要望してくる、障害者に対する配慮について親会社の理解が得られないとの意見もみられた。

　また、グループ適用に関して、グループ算定特例を緩和すべきとの意見や関係会社の入れ替えを容易にすべきとの意見のほか、「グルーピング要件が、必ずしもその本旨である障害者雇用促進に効果的ではない点が不満」との声がある。この他、事業拡大するにあたりグループ企業と競合する事例が増えており、親会社がグループ内の企業に対して障害者雇用をどのように進めていくのかのコンセンサスをとることが重要になってきているといった回答もみられた。

（2）インクルージョン

　本調査において、Ａ型・Ｂ型事業所からは、特例子会社制度について、かえってインクルージョンを阻害し、差別を助長しているのではないかとの意見が出されている[4]。この点について、特例子会社からは、特例子会社にも様々な

---

[4]　なお、野村総研調査結果（2016年）14頁によると、特例子会社で働く障害者と障害のない社員との交流状況としては、「交流する機会の必要性を感じているが、十分には交流していない」との回答が70.4％であるのに対し、「交流する機会の必要性を感じており、十分に交流している」との

タイプがあり、一般化して議論されるべきではない、との指摘もある。他方、特例子会社からも、親会社はダイバーシティ・インクルージョン等のスローガンを掲げていながら、特例子会社に障害者雇用を任せきりであるとの声も出ている。また、親会社の無理解を前提としつつ、特例子会社が主体的にグループ会社全体に対して障害者雇用の重要性をアピールしていく必要があるとの認識を示す特例子会社もある。

　では、特例子会社ではない民間企業において障害者雇用を進めているところは、特例子会社制度をどのようにとらえているのだろうか。この点について探るために、特例子会社を作らず、一般就労の形態で障害者を雇用するⅠ社においてインタビューを行った。Ⅰ社には、平成30（2018）年8月27日に訪問し、人事企画部所属の担当者（事務支援センター長）から話をうかがった後、障害者が就労している現場を見学した。以下の内容はインタビュー当時のものである。

> 　Ⅰ社は、会員制リゾートホテルを主力事業とする株式会社であり、本社単体で3％超、グループ算定特例により、2.8％の雇用率を達成している。Ⅰ社本社内に事務支援センターを設け、同センターにおいて、身体・知的・精神障害者がDM作成やデータ入力等、他部署において切り出された業務（ホテルで使う紙エプロンを畳む等）を担っている。労働時間は6.5時間が基本となるが、各人との契約により設定しており、体調の変化に応じて柔軟に調整している。配置に際しては、本人の希望や能力をふまえて決定・変更している。より高度な仕事が可能ということで転籍した人もいるが、体調不良、体力低下等により、就労移行事業所やB型事業所等に移行した人もいる。なお、リワークセンターも併設しており、うつ病休職者等の復職過程で利用されている。

> 　全国各地にあるホテルにおいても障害者を雇用している。ただし、ホテルで採用されている障害者は孤立感を感じやすく、人事異動に伴う人間関係の変化への対処に困難を抱える傾向にあり、センターで雇用されている障害者と比べ

回答は17.8％にとどまる。「交流する機会の必要性を感じていないし、特に交流の機会もない」は6.5％である。インクルージョンのとらえ方・実現方法は多様であると思われるものの、同調査結果15頁においては、交流による効果を肯定的にとらえる割合が高い。なお、野村総研調査結果（2018年）29頁では、親会社役員・社員とグループ内でイベント等の交流があるとの回答が52.5％、日常業務の中で交流があるとの回答が64.6％である。

ると定着率はやや低い。

　I 社が障害者雇用の取組を開始した契機は、法定雇用率の未達成に対する行政指導である。また、特例子会社を設立しなかった理由は、別法人化することにより外部企業に対する業務発注にコストがかかり、個人情報の扱いも困難になるということにあった。センター長としては、ホテルに提供する無農薬野菜を卸すといったような、本業にリンクする特例子会社は設立してみたいとの思いもあるが、設立に際しては初期投資もかかるため、現実には容易ではない。いずれにしても、障害者雇用に際し、会社への帰属意識は重要だと考えている。

　I 社はまた、平成 25（2013）年障害者雇用職場改善好事例最優秀賞、経済産業省の平成 26（2014）年度ダイバーシティ経営企業 100 選、平成 27（2015）年度障害者雇用優良事業所努力賞、東京都の障害者雇用エクセレントカンパニー賞（平成 29（2017）年）等の各賞を受賞している。こうした賞に応募するのは、社内で障害者雇用の価値を高め、たとえ I 社全体の経営状態が傾くことがあったとしても、切られることのないようにするためである。なお、障害者雇用を進めていくにあたり、特例子会社 2 社を参考にしたほか、SACEC や障害者の就業生活支援・能力開発事業と障害者を雇用する企業に対する支援を目的とする NPO 法人の主催する研究会とも交流をもっている。

4 グループ内 A 型

　特例子会社を有する企業グループが A 型事業所を子会社として設立し、利用者数を実雇用率に算入することは認められており、これにより要件を充たした場合に調整金・報奨金の支給対象となりうる（➡第 1 章第 3 節 II 3（2）（d））。もっとも、本調査においては、グループ内 A 型あるいは上記のような取扱いに対する批判も寄せられた。

　これに対し、グループ内 A 型を運営する事業者側からは、こうした形態をとることによるメリットが主張されている。以下では、企業グループ内で A 型事業所を運営する G₁・G₂ 事業所のインタビュー調査の結果を紹介する。G₁ 事業所には、平成 30（2018）年 9 月 26 日に訪問し、代表取締役社長（親会社にあたる特例子会社の代表取締役社長も兼務）から話をうかがった。G₂ 事業所には、平成 29 年（2017）年 6 月 7 日に訪問し、事業所見学の後、代表取締役社長お

および特例子会社の代表取締役社長から話をうかがった（インタビューの内容および
インタビュー対象者の役職は当時のものである）。

（1）G₁事業所

　G₁事業所は、高齢者介護を主力事業とする親会社のもとに設立されたグル
ープ内A型事業所であり、33人の障害者（うち、ダブルカウントの知的障害者が22
人で、精神障害との重複障害者が1人、その他は広汎性発達障害者）が主に施設外での
清掃業務に従事している。

（a）設立の経緯　　平成22（2010）年9月、親会社は、CSRと法令遵守を主な
　　　　　　　　　目的として特例子会社を設立した。特例子会社を設立した
時点における親会社の実雇用率は1.0％にも満たない状況であったが、開設時
の同年10月には12名の障害者雇用により、1.62％となった（当時の法定雇用率
1.8％）。法定雇用率を初めて達成したのは翌年3月であるが、その後、介護施
設開設に伴い、従業員の数が増加することで、法定雇用率前後を行き来する状
況が続いた。平成25（2013）年2月には別地域に特例子会社の事業所を開設し、
その後の実雇用率は安定している。

　特例子会社で働く障害者は施設外での清掃業務に従事していたが、その多く
はダブルカウントの対象者であり、それ以外の者も手厚い支援を必要とする発
達障害者であった。そのため、指導員の配置については、特例子会社でありな
がら、A型における基準を超えていた。グループ内では、特例子会社として
そこまでやる必要があるのか、必要以上にコストをかけることは効率的でない
といった声があり、圧力も感じていたが、実際の現場作業や移動中のトラブル
対応も考えると、指導員を減らすことは考えられなかった。そこで、指導員を
はじめとする職員の質を高め、より良い支援を提供するべく、A型という制
度を利用することにした。また、背景には、平成27（2015）年の介護報酬の
マイナス改定に伴う介護業界の経営苦境もあった。親会社も例外ではなく、そ
うした中で「障害者雇用も聖域ではない」との経営判断がなされたこと、支援
にかかるコスト等を給付金により賄う必要があったことも設立の理由の1つで
ある。

　実際には特例子会社で働いていた34人をA型事業所に移籍させる形をとっ

たが（なお、うち1名については親会社に転籍している）、その際には理解を得るべく障害者本人や家族と面談を行った。また、地域の就労支援センター▶5や特別支援学校、福祉課にも足を運んだ。丁寧に進めることを心掛けた結果、想定以上に応援を受けた。これまで、特例子会社において、特別支援学校の卒業生を採用するに際しては、採用が決まった段階で、卒業前に居住地域の支援センターへの登録を促し、学校の担任または指導主事と支援センター担当者、家族とともに本人の情報を共有するミーティングを開いたり、支援機関の関係者を集めた連絡会を開催するなど、密に連携をはかってきた。このように、信頼関係が築かれていたことや手厚い対応をとってきたこともあり▶6、A型事業所設立に際しては、「然もありなん」という反応のところが多く、スケジュールどおりに進めることができ、平成28（2016）年12月に設立、平成29（2017）年5月に開設した。

（b）特例子会社との関係　　新規採用者をグループ内の特例子会社において採用するか、A型事業所において採用するかは、本人の就労能力やできそうな仕事の内容により決定する。特例子会社では、PCのセットアップやヘルプデスクを行う「PCグループ」と名刺、封筒、チラシ等の印刷業務を担う「印刷グループ」、IDカードの印刷、HPの作成・メンテナンスを行う「ICTグループ」と勤怠関係の業務を行う「総務グループ」に分かれている▶7。現在の特例子会社では指導員はおかれていないが、発達障害者にはジョブコーチが就いている。また、精神保健福祉士の有資格者が3人おり、身体障害者の1人は障害者職業生活相談員の研修を受講している。

　他方、A型事業所では、指導員が9人（うち1人は営業専門）がおかれているほか、福祉的な時間も業務時間中にとるなど手厚い支援がなされている。特例子会社で働く者と比べるとA型事業所の利用者の方が作業能力が低いこと等

▶5　G₁事業所のある都道府県では、障害者就業・生活支援センターが創設される前から、県の施策として、市町単位での就労支援センターが設置されている。これらのセンターと圏域ごとの障害者就業・生活支援センターとは運営母体が重複しているところも多い。

▶6　なお、特別支援学校の学校評議員も委嘱されている。このほか、地域との連携という点では、地域の運動会に飲み物を差し入れたり、会社の行事に地元自治会の役員を招くなどしている。

▶7　「PCグループ」には、身体障害者（ダブルカウント）1人と精神・発達障害者が各1人（計3人）、「印刷グループ」には、身体障害者3人、不安障害の者1人（計4人）、「ICTグループ」「総務グループ」には、身体障害者1人、精神障害者2人と発達障害者1人（計4人）いる。

もあり、処遇（賃金）は低い。具体的な個々の賃金額については、指導員による評価をもとに格づけを決定しているが、最低賃金の上昇に伴いその評価が飲み込まれそうな状況にある。就業規則（給与規程）は指導員と障害者とで分けていないが、契約社員と正社員の間での区別はある。また、判断を伴う業務とそうでない業務について評価を分けており、Ａ型利用者の多くは判断業務を伴わない業務に携わっている。年２回、格づけのためのアセスメントを実施しているが、このアセスメントにおいて最高ランクの「金」賞を連続受賞した場合には、契約社員から正社員に登用する仕組みを設けている。また、同アセスメントでは利用者の得意・不得意のほか、鍛えることでストレングスになる素質もみるようにしている。

なお、作業日報については、利用者に書いてもらっている。これは、特例子会社で実施していた管理の仕組みであるが、本人が書いていることで信ぴょう性が高いとして福祉関係者からも好評である。

特例子会社の清掃グループをＡ型事業所にしたという設立経緯にてらし、特例子会社にまた清掃グループを作り、そこにＡ型事業所から移行させるという仕組みは考えていない。一般就労への移行ということでいえば、親会社が営む介護現場への移行を考えている。ただし、特例子会社における業務において能力発揮が可能という場合には特例子会社への移行の可能性を排除するものではない。

（ｃ）制度に対する考え　グループ内Ａ型の設立により、指導員の処遇を改善できた点が大きなメリットといえる。指導員が充実すれば、障害者の支援自体もレベルが上がる、障害者も指導員も働きがいを感じることができるという良い循環ができている。経営者都合で障害者の働き方を決める「悪しきＡ型」は批判されるべきであるが、当社は、障害者がより良く働けるようにＡ型事業所という形態を選択したものである。

Ａ型事業所は鳥と動物と両方の性格をもつ蝙蝠（こうもり）のような存在である。福祉と雇用（ビジネス）という両方の制度にまたがる仕組みである以上、それを十分に活用し、発展させるべきである。きちんと稼ぎ、きちんと支援することこそが重要である。Ａ型事業所として、雇用契約を締結し、事業活動から収入を得て、これを給与に当てることができている以上、雇用率制度のもとで調整

金を受給することについても何ら問題はないと考えている。Ａ型事業所の中には、福祉寄りのところと雇用（ビジネス）寄りのところがあるが、福祉寄りでかつ経営が困難なところは、ビジネスやマーケティングについて勉強する必要がある。現在、Ａ型事業所や特例子会社の間でビジネスについて勉強をするネットワークが広がりつつある（その他のネットワークへの参加状況については➡第4章第2節∥3(2)）。

(2) G₂事業所

　G₂事業所は、教育、介護・保育事業を主要事業とする親会社のもとに設立されたグループ内Ａ型であり、26人の利用者▶8が洗濯業務に従事している。利用者は、知的障害者が7割（内半数が重度判定）、精神障害者が3割の構成である。

（a）設立の経緯　　特例子会社で採用を行ってきたが、働く能力があると思う人がいたとしても、絞らざるをえない状況があった。たとえば、10人の求職者がいたときに、特例子会社で採用できるのは上位1、2人であるが、3～5番目に位置する人についても、就労の場を提供したいと思った。そこで、こうした人への受け皿を設けるべくＡ型事業所を設立することを決意した。設立に際し、高齢・障害・求職者雇用支援機構および都道府県・市町村に相談にいったところ、機構からは賛意が得られ、東京都からは「筋が通っていれば良い」との回答を得た。もっとも、東京都からは、「受け皿」というよりは「新規採用して一般就労へ移行」することを役割として求められた。これに対し、市町村からは、「移行に向けたトレーニングというより（継続して）働かせる」ことをその機能として求められた。事業所を設置するに際しては、地域住民にも説明を行った。当初は反対されたが、市長や市役所のバックアップもあり、徐々に理解されてきた▶9。現在では、町内会のイベントに呼ばれたり、近隣の主婦がパートに来てくれたり、地域との交流が進んでい

▶8　令和2（2020）年8月時点では40人。
▶9　なお、採用基準において、自力通勤を挙げているが、事業所までは最寄り駅から徒歩10分強かかることもあり、最寄り駅までは車の送迎を行っている。こうした送迎を開始したのは、住民とのトラブルを避ける目的もあった。

る。

（b）特例子会社との関係　　特例子会社は、事業子会社（教育系）から委託を受け、シェアードサービス機能子会社としてその業務を担っているのに対し、Ａ型事業所では、別の事業子会社（介護系）から介護施設入居者の私物・タオル等の洗濯・乾燥・たたみ等の業務を受託している。リネンの洗濯は機械化が可能で大手企業の寡占が進んでいる一方、日常衣類はサイズが様々であるため、人の手による作業が必要とされる。Ａ型事業所では特例子会社では雇用できないような重度障害の人を雇用できている。また、特例子会社において業務継続が困難な人のΛ型事業所での受入れやＡ型事業所で就労能力を向上させた者の特例子会社への移行を進めている。なお、Ａ型事業所において就労能力を高めるためのプロセスは下記図表のとおりである。

【図表２-４-１：就労能力を高めるためのプロセス】

STEP① 自己肯定感を取り戻す	居場所を提供する。コミュニケーションを通じて利用者からの信頼を得る。利用者を理解し、作業を通してたくさんの「ありがとう」を伝える。
STEP② 生活を整える	家庭やグループホーム、計画相談、場合によって医療機関と連携して生活環境や生活リズムを整えるための支援をする。
STEP③ 必要なスキルを身につける	一般就労への移行が可能な利用者の作業能力は高く、課題はコミュニケーション力であることが多い。よって日常の中であいさつや言葉遣いを指導。その上で、履歴書の書き方や面接の練習、他社実習の機会を提供する。

（c）制度に対する考え　　Ａ型事業所の設立に際し、専ら社会福祉事業を行う者との要件が必要とされているため（障害者の日常生活および社会生活を総合的に支援するための法律に基づく指定障害福祉サービスの事業等の人員、設備および運営に関する基準（以下「指定基準」という）189条１項）、定款を異にする新たな法人を設立する必要があったが、こうした要件が必要とされていることについては疑問がある。安定的に障害者を雇用するためには、「事業」が必要となるはずであるが、事業を作り出せる（≒本業から切り出せる）のはむしろ大手企業である。しかも、グループ内Ａ型には、Ａ型事業所から特例子会社や一般就労またはその逆への移行など雇用の連続性も保てるというメリットもある。「安心できる障害者の職域」を効率的に生み出すという観点からは、

グループ内で新たな法人を設立するのではなく、特例子会社の一事業所として、Ａ型事業所を設立することが認められるべきである▶10。

5 小　　括

雇用率制度の対象となる障害者については、「全国的・画一的判定が可能である」ことの要請がかかるが（➡第1章第2節Ⅱ**1**）、質問票調査においては、個々の障害者の就労困難性をより反映させるべきではないかといった指摘がなされている。この指摘を実現するには、まず、就労困難性をいかに測るかという点についての検討が必要となる（➡第5章第2節Ⅰ）。

また、雇用率制度は、事業主の社会連帯責任を根拠とし、事業主の理解と協力に基づくことではじめて法の趣旨が真に実現されるとの認識に基づき導入されたものであるが（➡第1章第2節Ⅱ**1**）、近時の雇用率の上昇や障害者を雇用することに対する強い圧力は、かえって、雇用の場（契約上の地位）さえ提供すれば良いとして雇用の質を軽視する事業主を増やしているのではないかとの懸念が、本調査全体を通じて示されている。雇用の質をどのように定義するかは議論のありうるところであり、事業主ごとにその考え方は異なりうるものでもあるが、本調査では障害者の雇用を生み出す事業活動がしっかりしていることやこれが会社の本業とリンクしていること、障害者の能力開発が行われ、キャリアアップの機会の保障があることが重要であるとの考え方がみられる。また、特に、特例子会社（➡本章第3節Ⅰ）やＩ社（➡前述**3**）、G₁・G₂事業所（➡前述**4**）に対するインタビュー結果もふまえると、雇用の質の確保のためには、会社内あるいは親会社・グループ会社の理解を得ること（場合によっては、そのための啓発・研修を行うこと）や支援機関や地域との連携が必要となることも明らかとなっている。雇用の質の確保に向けた取り組みに関する情報を開示させるなどの方法により、こうした取り組みを促進していくことが求められよう（➡第5章第2節Ⅱ**4**）。

障害者が障害のない者とともに働く環境を確保するという意味でのインクル

▶10　指定基準189条2項では、指定就労継続支援Ａ型事業者は特例子会社以外の者であることが規定されている。

ージョンを追求する立場からは、特例子会社制度に対する批判がなされること
があるが、I社に対するインタビュー調査の結果（➡前述**3**）は、ときとして、
（同種の障害をもつ）障害者が多数働いている職場環境がかえって障害者に対し
て居心地の良さを与え、定着につながる場合があることを示している。特例子
会社かそれ以外の一般企業かという形態の違いではなく、各社がどのようにし
てインクルージョンを実現するかが重要といえる。他方、特例子会社制度の
下、親会社に一定の役割・責任を求めていくことも今後の課題となる（➡第5
章第1節Ⅲ**2**）。

　G_1・G_2事業所は、現行の雇用義務制度および福祉制度を活用することによ
り、手厚い支援のもと、就労困難性の高い障害者の雇用を実現しているとも評
価でき、グループ内A型であることのみを理由に批判することは適当でない。
しかし、そもそもA型事業所を雇用義務制度の対象とすることについては、
制度全体の整合性との関係から再検討が必要となる（➡第5章第1節Ⅱ**5**(2)）。
他方、就労困難性の高い障害者の雇用をより容易にする仕組みの構築も必要と
なる（➡第5章第1節Ⅱ**2**(2)・第2節Ⅰ）。

Ⅱ　福祉的就労のあり方

1 A型の位置づけ：福祉と雇用の間で

(1) A型の多様性

　本調査において、A型事業所については、福祉と雇用（ビジネス）のバラン
スの難しさを指摘する意見がみられた。A型事業所の中には、福祉サイドか
ら事業を開始したところもあれば、ビジネスサイドから事業を開始したところ
もある（➡本章第3節Ⅱ）。グループ内A型をはじめ、A型事業所のバックラウ
ンドの多様さゆえに▶11、同一の制度のもとにおくことの難しさについての指

▶11　福祉報酬改定検証調査（2019年）208頁によれば、A型事業所の運営主体としては、社会福
　祉法人（16.3%）、営利企業（52.9%）、NPO（17.1%）、その他の法人（11.1%）であり、運

摘もみられた。

(2)「悪しきA型」

　福祉とビジネスのいずれの極に立つにせよ、本調査を通じて多数の批判が寄せられたのは、自立支援給付や特開金の受給のみを主たる目的として障害者を集め、その能力・意向にかかわらず一律に短時間の設定とし、単純作業等に従事させる形態で運営される、いわゆる「悪しきA型」である。こうした給付金・助成金のみを頼りとし、そこから利用者の賃金支払いをしていたA型事業所は、行政が指導を強化したことにより事業が立ち行かなくなり▶12、A型利用者の大量解雇問題につながることになった▶13▶14。

(3) 行政の役割

　「悪しきA型」問題については、当該事業所のみならず、安易にA型事業所の指定を行い、給付金を支給していた行政に対する批判も多数みられた。この点に関し、平成29（2017）年7月および平成30（2018）年3月に大量解雇

　　営主体に占める企業の割合が高い。なお、B型事業所の運営主体は、社会福祉法人（44.5%）、営利企業（13.3%）、NPO（25.8%）、その他の法人（4.7%）である。
▶12　「指定就労継続支援A型における適正な事業運営に向けた指導について」（平成27（2015）年9月8日障障発0908第1号）においては、①最低賃金を支払うことが可能な収益性の高い事業内容であるか、また、利用者に対して当該事業内容をふまえた仕事が確保されているか（指定基準191条1項・192条1項）、②適切なアセスメントに基づいた個々の利用者に応じた個別支援計画が策定されているか、画一的な内容となっていないか（指定基準3条1項・58条2項・191条2項）、③特定求職者雇用開発助成金の支給期間経過後に正当な理由なく雇用終了していないか（指定基準197条・5条）について確認が必要であるとする。また、A型の利用が適切か否かの客観的な判断を行うため、原則として暫定支給決定を行うこと、この間は特定求職者雇用開発助成金の支給対象となる対象障害者から除外することとしている。
▶13　平成29（2017）年7月末には岡山県倉敷市と香川県高松市において、同一グループのA型事業所7か所の閉鎖に伴う約280人の障害者の大量解雇問題が発生した。また、同年8月には、愛知県名古屋市の会社により、愛知県・埼玉県・千葉県・大阪府の6事業所が閉鎖され140人の障害者が、同年11月には広島県福山市・府中市におけるA型事業所閉鎖により、100人超の障害者が解雇されている。
▶14　なお、東京商工リサーチ「2019年『障害者福祉事業』の倒産状況」（2020年1月30日）（https://www.tsr-net.co.jp/news/analysis/20200130_02.html）によると、障害者福祉事業の倒産件数は30件と過去最多であり、その中には創業前に報告された計画と実態が大きく乖離したケースが少なくないことが指摘されている。

問題が発生した岡山県の保健福祉部保健福祉課指導監査室において、平成30 (2018) 年6月15日、インタビューを行った（以下の内容はインタビュー当時のものである）。

　　指導監査室は、平成30 (2018) 年4月に創設された。平成29 (2017) 年までは、障害福祉課の中で、指導や就労支援を行っていたが、現在は、分離されて、同室で、指導監督の業務を担当している。各課でやっていた指導監督業務が集約された部署である。本来なら、労政部局や障害福祉部局と一体となってやるべき話だが、連携が難しい。

　　各指定権者（県および市）は、ハンドブックに基づき指定や指導を行っているため、裁量の余地はほとんどない。わからないことは、国に聞くこととなっている。指導には制度の理解や不正の防止を目的とする集団指導と、個々の事業所における虐待、身体拘束、不適正な請求等の防止を目的とする実地指導の2種類があり、後者はおおむね3年に1回実施するが抜き打ちではない。こうした指導や苦情申出等により、指定基準違反や不適正な請求が確認された場合には、監査手続に移行し、必要に応じて改善勧告、これに従わない場合は改善命令、これに従わない場合には指定取消しがなされうる。勧告がなされたことは労働局にも伝達され、特開金の支給は一部停止することとなる。経営状況悪化による指定取消しも制度上は可能であるが▶15、実際に経営状況が悪いというだけで指定取消しを行ったことはない。事業廃止届出をしたにもかかわらず再就職支援をしないようなケースでは、指定取消しができる。

　　新規指定の際に、事業計画、収支の確認は行うこととしており、赤字のところは指定が認められない。大量解雇問題以降は特に慎重に事業計画を確認するようにしている。しかし、形式上赤字にみえない場合に、指定基準をクリアしたとみるかどうかについては、判断に迷うところである。

　　現存する事業所について、収益改善が見込まれる場合には、経営改善計画の作成を指示することとなり、勧告は出されないが、何年か後に黒字になると計画上なっている場合、どこまで行政としてみることができるのか、売上げの根拠をどう評価するか等に課題がある。なお、経営改善計画作成後、1年後に実

▶15　「指定就労継続支援A型における適正な運営に向けた指定基準の見直し等に関する取扱い及び様式例について」（平成29 (2017) 年3月30日障障発0330第4号）においては、経営改善の見込みがない場合または再計画の結果、指定基準を満たさない場合には、勧告・命令の措置を講じ、指定の取消しまたは停止を検討するとされている。

態調査が行われ、指定基準を満たさないものの、経営改善の見込みがあると都道府県が認めた場合には再度経営改善計画の作成が求められることとなり、以上のプロセスが繰り返されることになる。

申請時に、事業所の利用者が決まっていないことはある。定員が少ない場合に、定員を増やすように指導はしていない。

Ａ型事業所の場合は、訓練等給付費の支給決定を経た上での受入れとなる。就労能力が、当該Ａ型事業所で働くことができるほどかどうかは、その支給決定のところでみるため、支給決定の正しさによる。マッチングは、支給決定の段階で行われていると思われる。ハローワークから来た人について、後から支給決定がなされる場合もあれば、特別支援学校を卒業して、最初の就職先がＡ型事業所というケースもある。後者については、正しく労働能力についてアセスメントができているのかという課題はある。また、「悪しきＡ型」との関係では、市町村において支給決定のあり方について再検討されている。また、ハローワークについても求人があれば人を送り込んでいたという面があった可能性がある。大量解雇された障害者に対しては、ハローワークが中心となり、再就職支援を行ったほか、雇用保険給付等を行った。

（4）指定基準の改正等

「悪しきＡ型」問題に対応する形で指定基準の改正がなされ（平成29（2017）年2月9日厚生労働省令第5号）、生産活動に係る事業収入から必要経費を控除した額に相当する金額が利用者に支払われる賃金総額以上であることが求められるようになると同時に、自立支援給付から賃金の支払いを行うことを禁止することが明確化されたが（障害者総合支援法施行規則192条2項・6項、指定基準80条2項、平成29（2017）年3月30日障発0330第8号）、これについては、こうした措置の強化を求める声がある一方、一部の心無い事業所が存在することを根拠に施策を組まないで欲しいとする意見がＡ型事業所・Ｂ型事業所の双方から出された。事業収入のみから賃金を支払うことの難しさについては、次のような指摘もある。

「就労能力に見合う簡単な手作業で内職程度のものとなると、1つ1円もらえ

たら良い方で、大した収入にならず、売上げだけで最低賃金相当の賃金を賄い、事業を継続することは困難である。適正な給与を支払うためには、発注者側にも理解を求めることが必要ではないか。」（A型）

2 居場所保障と工賃向上・一般就労移行

(1) 平成30（2018）年報酬改定の影響

平成30（2018）年報酬改定により、利用人数ではなく、平均労働時間の長さ（A型）や平均工賃月額（B型）に応じて基本報酬が設定されることとなったが、これについては、こうした措置の強化を求める声がある一方、下記の回答のように、長時間働けない、欠勤しがちであるなど就労が安定しない利用者を排除する結果につながるのではないかとする批判的意見が多数みられた。下記回答はB型事業所からのものであるが、A型における報酬設定基準について次のような指摘をする。

> 「実利用時間に基づく報酬の減算は、B型についてはまだなされていないが、こうした制度が導入されるとしたら反対である。何年もニートをしていて、段階的な支援を必要としている人の場合、体調等でサービスを利用できない場合もある。減算の対象になりがちな人が、事業者から利用を断られる可能性がある。それは、社会復帰をしようとしている人の第一歩を失わせることにもつながる。」（B型）

B型事業所からは、就労支援サービスの利用が困難であり、むしろ生活介護サービスの利用の方が適切と思われる状態にある利用者を受け入れている実情▶16を訴える声や報酬改定に振り回されるとの声も複数あった。また、6か月の定着加算に対しても、障害者のマッチングが障害のない労働者と比べて困

▶16　日本財団報告書（2018年）35〜36頁でも、定員や支援区分認定により、生活介護施設に入所できずにやむをえずB型事業所に来所する利用者がいること、多様な利用者がいる中で、作業能力や就労に対する意識の差が工賃向上をはかる上で障壁となっているとの意見が多数出されている。

難であり、定着も大事だが様々な仕事を試すことも重要ではないか、との指摘もみられた。

(2) 工賃向上に向けて

　B型事業所は、利用者が自立した日常生活または社会生活を営むことを支援するため、工賃の水準を高めるよう努めなければならないとされる（指定基準201条3項）。平成17（2005）年の障害者自立支援法（以下「自立支援法」という）のもとでB型が体系化されて以降、「工賃倍増5か年計画」（平成19（2007）～平成23（2011）年）やこれに引き続く「工賃向上計画」にみられるように、工賃の向上は政策課題とされてきた。平成30（2018）年報酬改定はこれをさらに進めるものといえるが、工賃向上は必ずしも容易ではないとの声が複数出されている。工賃向上の前提には事業収入向上があり、そのためには営業を専門とする職員（目標工賃達成指導員）の配置が有効と考えられるが、これについては、現状の職員体制のもとでは困難との声もある。というのも、利用者の障害の程度によっては、制度上の最低ラインでの支援員の配置では支援を行うことが困難となるためである。たとえば、制度上は7.5人の利用者に対して指導員1人の配置が最低基準であったとしても、利用者のニーズや指導員の年次有給休暇の取得も考慮すると、実際には、5.3人の利用者に対して1人指導員の配置が必要となる場合がある。このような場合、営業を主として担う目標工賃達成指導員を別途配置するとすれば1名がギリギリとなるが、1名で営業をすべて担うのはほぼ不可能といえる。こうしたことをふまえ、現状の職員体制を見直すことこそが重要であるとの意見が出されている。

　このほか、事業収入向上およびそれに伴う工賃アップにより、指導員の給与がアップするような仕組みが求められるのではないかとの提案もみられた。指導員の給与の原資は給付金（福祉会計）であり、事業収入（就労会計）が原資に回ることはないものの、事業収入が障害者の工賃を支払うのに十分な額であるならば、収入増に貢献した指導員にも一部原資を回すことにより、工賃向上のインセンティブとしても良いのではないかとの考えによるものである。また、事業所同士が連携して共同受注したり、単価交渉をしながら、適正価格で仕事を受注することの重要性を指摘するなど事業所の自助努力を求める声もあっ

た。他方、障害者の経済的自立は重要であるが、工賃向上のみに頼るのでなく、障害基礎年金など障害者の所得保障制度の見直す必要があるのではないかとの指摘もみられた。

(3) 発注促進制度

　福祉的就労への発注を促進する制度としては、障害者優先調達推進法があり（➡第1章第3節Ⅵ**2**）、これについて一定の評価はなされているものの（➡第2章第2節Ⅵ**2**）、官公庁が中心となるため、財源や発注内容が限られるとの課題や、施設間で受注の取り合いが発生したことがあるとの指摘もあった。また、一般にB型事業所では、業務の開拓に困難があることの指摘や、発注企業の言い値で仕事の価格が決まってしまうことへの不満の声もあった。こうしたことから、一定規模以上の企業に発注義務を課し、一定額以上の発注について雇用率に算定できるような仕組みの導入に向けた提案がB型事業所から出されている▶17。このような制度は福祉的就労の側だけでなく、障害者雇用に適した環境を整備するのが困難な企業側に選択肢を与える点でもメリットがあるとする。なお、セルプ協では、5～10年以上年間300万～500万円以上の発注高のある自治体、企業に対して感謝状を贈呈しているが、上記の提案をするB型事業所は、発注に対するより強いインセンティブが必要であるとの認識を有している（なお、令和元（2019）年法改正により創設された優良事業者の認定制度（もにす認定制度）においては、障害者就労施設への発注も認定の際の考慮要素とされている。➡第1章第3節Ⅱ**4**（2））。

(4) 一般就労移行施策

　一般就労移行施策については、本来就労できる能力を獲得している障害者に

▶17　全Aネット「障害者就労促進発注制度の実現に向けて」（令和2（2020）年3月）においても、同制度が一般就労の促進を阻害する可能性をふまえた上で、一定の条件下で「障害者就労促進発注制度」を創設し、A型事業所等への発注額に応じて納付金額の減額、調整金または報奨金の増額をすることの提案がなされている。その条件とは、発注企業については、一定水準の障害者雇用をしている企業（段階的に一定水準以上の未達成企業に拡張）に限ること、また、これを受注するA型事業所（段階的にB型事業所に拡張）については、毎年一定以上の一般就労を実現している事業所に限ることである。

とっては良いキャリアアップの機会であり、福祉予算の節減という点でも、一定の評価はできるとする声がある一方、障害者のニーズに合っているのか、障害者の選択の自由を失わせることになっていないかとの疑問も寄せられている。

> 「無理やりにも一般就職させることを強いるのは、利用者に負担がかかる。選択の自由がなく、逆に人権侵害ではないだろうか。障害者本人にとって良いことは、工賃が高く、かつ、支援があることである。各々の人生の送り方の1つを提供する役割をB型事業所は担っているのではないだろうか。」(B型)

こうした声が出される背景には、一般就労における障害者の受入れ体制やマッチングへの疑念がある。一般就労の労働環境において配慮が十分になされていないために、福祉的就労に戻ってくるケースがあるという経験がこうした疑念を裏づけている。

あるB型事業所は、一般就労を経験し、それが合わないようならば福祉的就労に戻ること自体は、福祉的就労の受け皿的な機能をふまえると（障害者が望むのであれば）否定されることではないと思うとしつつ、障害者の家族から、「挑戦したがダメで、大きく傷つき引きこもりになってしまった人も近くにいる。そうなったときに誰がどのように責任をとってくれるのでしょうか。」と問われたとして、その難しい立場を明らかにする。

こうした動向の中で、支援機関や事業所が確実に就職でき、定着しそうな利用者に注力しがちとなるリスクや、失敗を恐れるあまり障害者の興味に基づく挑戦があらかじめ制限される可能性があるとの指摘や、福祉施設ということもあり、行政や特別支援学校から受け入れて欲しいとして紹介される人をこれまでは基本的に受け入れてきたが、一般就労の可能性がある人をそろえたいとの思いもあるという悩みの声が上がっている。次に紹介するのは、こうした風潮の中で、重い障害のある人は切り捨てられかねないとの危惧感を示す声である。

> 「（利用者に対する支援をより手厚く、また、職員の処遇を向上させようとすれば加算が必要となるが、そうした加算を目指そうとする状況のもとで）現場ではなんでも

いいから『とにかく就職させろ』と常に脅しをかけられているといっても過言ではない。報酬改定をみればそのスタンスは明らかであるし、障害の軽い利用者を多く抱え常に就職者を出しながら高い平均工賃を維持する施設が良い施設で経営が安定している施設ということになる。障がいの重い、支援するスタッフが多く必要で生活介護に該当しない狭間の障害者は切り捨てられる可能性が高い。」(B型) [18]

　上記回答のほかにも、多様な障害者の居場所保障と一般就労移行の要請をどのように両立させるか、そもそも両立しうるかを問う声は多数寄せられた[19]。

3 B型利用者の労働者性

　一般就労への移行が強く求められる中で、福祉的就労の場において、一般就労に向けた訓練を効果的に行うことが求められているといえる。それを希望する障害者に対しては、一般就労に近い形での就労機会を提供することが必要であるとも思われるが、B型事業所には、労働関係法令の適用がないことが前提となるため、訓練の方法についても一定の制約がある。「就労継続支援事業利用者の労働者性に関する留意事項について」(平成18 (2006) 年10月2日障障発第1002003号) では、B型利用者に労働関係法令の適用がないことを前提に、以下4点について留意すべきことが定められている。

　　ア　利用者の出欠、作業時間、作業量等が利用者の自由であること。
　　イ　各障害者の作業量が予約された日に完成されなかった場合にも、工賃の減額、作業員の割当の停止、資格剥奪等の制裁を課さないものであること。
　　ウ　生産活動において実施する支援は、作業に対する技術的指導に限られ、

▶18　平成30 (2018) 年当時は、関係機関からも「本人が望んでなくても一般就労に誘導するべきでしょう。」などの意見が出ることがあり違和感を感じていたという。令和2 (2020) 年時点では、当時と比べれば、「一般就労を目指せ」という風潮は少し弱まってきているということである。
▶19　日本財団報告書 (2018年) 33〜34頁によれば、B型事業所に対するアンケートの自由記述欄において「居場所」という語が頻出しており、そこでも、工賃向上と居場所保障の調整・役割分担が課題として指摘されていることがうかがえる。

指揮監督に関するものは行わないこと。
　　エ　利用者の技能に応じて工賃の差別が設けられていないこと。
　この点に関しては、障害者の能力評価を行い、それに応じて賃金・工賃を支払うことは、障害者本人のモチベーションアップや自己肯定感の付与、さらなる就労能力向上やキャリア展望の獲得につながるとの考えから、報告・連絡や整理整頓ができているか、仕事と休憩のけじめをつけられるか、対人関係に問題がないか等の項目で評価をしていたが、上記留意事項「エ」との関係もあり、これを工賃に反映することについて行政が否定的であるとの回答があった。

4 小　　括

　Ａ型・Ｂ型においては、利用者の意向、適性、障害の特性その他の事情をふまえた個別支援計画の策定、その前提となるアセスメントが求められる（指定基準３条１項・58条・197条（Ａ型準用）・202条（Ｂ型準用））。また、利用の継続を可能とし、自立生活を送るに足りるよう賃金・工賃の水準を高めるよう努めるためには（指定基準192条１項・201条３項）、一定程度の収益性が認められる事業を行うことが必要となる。本調査において指摘されたように、こうしたプロセスや努力を怠り、給付金・助成金頼みでの経営をする「悪しきＡ型」がＡ型事業所としてふさわしくないことは明らかである。しかし、本調査において同時に指摘されたのは、収益の確保が十分にできていない事業所がすべて「悪」というわけではなく、指定基準を満たしたかどうかの判断も困難であること、利用者の就労能力や発注者側の意向により、収益の確保が困難なケースもあるということである[20]。多様な障害者の就労の機会・居場所を保障しつつ、事業所の収益確保を支援する施策が求められているといえる（➡第５章第１節Ⅱ2

▶20　厚生労働省「第15回『障害福祉サービス等報酬改定検討チーム』（オンライン会議第15回報酬改定検討チーム）」（令和２（2020）年９月24日）資料２・15頁によれば、都道府県等により実態把握を行った事業所のうち、経営改善計画書の提出が必要がある事業所は、平成31（2019）年３月31日調査時点において、66.2％（前年度は71.0％）にのぼる。このうち、設立５年未満の事業所が56.0％（前年度は73.2％）、営利法人により運営される事業所が65.3％（前年度は61.4％）を占める。

(6))。また、岡山県の指導監査室に対するインタビュー調査の結果からは、適切なマッチングを行うための就労能力判定の仕組みを整えることの必要性も明らかとなっている（➡第5章第2節Ⅰ）。

　多様な障害者の居場所保障という観点からは、一般就労移行施策や平均労働時間・平均工賃月額を基準とする基本報酬の設定が障害者本人のニーズとマッチするかを問う声も多かった。

　確かに、平成17（2005）年の自立支援法制定により、福祉工場・授産施設がA型・B型に再編された際にはすでに、一般就労に対する福祉の側からの支援が目指されていた（➡第1章第2節Ⅳ2）。また、就労能力が高く、一般就労を希望する障害者について、一般就労の機会が拡がること自体について肯定的な評価をする事業所もある。しかし、一般就労という結果のみが重視される場合には、福祉的就労で働き続ける、あるいは一般就労から福祉的就労に移行するという障害者の選択が尊重されないリスクや就労困難性の高い障害者が就労の場から排除されるリスクがあるとの指摘も重要といえる。第15回報酬改定検証チーム（令和2（2020）年9月24日）・資料2「就労継続支援に係る報酬・基準について」においては、関係団体のヒアリング結果として、全国精神障害者社会福祉事業者ネットワークほか（日本自閉症協会、日本精神保健福祉事業連合、日本難病・疾病団体協議会、全国精神保健福祉会連合会、日本身体障害者団体連合会、全国社会就労センター協議会、全国精神障害者社会福祉事業者ネットワーク、全国精神障害者地域生活支援協議会、日本高次脳機能障害友の会）による同趣旨の意見がまとめられている。こうした点を踏まえた福祉報酬の設定や就労支援体系の見直しが検討される必要がある（➡第5章第1節Ⅴ2・第2節Ⅱ2）。

　また、反対に、一般就労に近い形での訓練を行うことについては、B型事業所において労働関係法令の適用がないことを前提として出されている現行行政解釈との関係でも問題が生じるとの指摘もある。B型の位置づけを改めて検討する必要があるといえる（➡第5章第1節Ⅴ4・第2節Ⅱ2）。

III 変化への対応

1 AI化・ICT化の影響

　本調査を通じて、雇用・就労環境のAI化・ICT化の影響についての意見も寄せられた。この点に関しては、AIによる労働代替に対して、障害者の「働く場」の確保が課題となるとの指摘がある一方、AIの導入・活用により、障害者の人材育成・戦力化が可能となるとの指摘やリモート支援を認めることを希望する意見もあった▶21。また、「ダイバーシティ＆インクルージョン」を真に理解した上で、障害のある者・ない者、そして、AIとの共存をいかにはかっていくべきかが課題になるとの回答もあった。

2 障害者の高齢化

　障害者の高齢化については、加齢に伴う能力低下への対応を課題とする声が複数あった。特例子会社からは、能力低下の際の処遇やA型・B型事業所への移行が課題として指摘された▶22。なお、A型事業所を同じグループ内に有

▶21　長谷川珠子「科学技術・医療の発展と高齢者・障害者雇用」法律時報1155号（2020年）43〜44頁では、中長期的な影響として格差の拡大が生じる可能性を指摘している。また、野村総研調査結果（2018年）42〜43頁では、IT活用により、「業務効率や質の向上が期待できる」（66.5%）、「新しい職域の拡大が期待できる」「指導員等スタッフの業務が効率化され、より付加価値の高い業務に従事できる」（49.7%）、「これまで活用できていなかった障害者の能力を発揮する機会が増える」（34.5%）、「場所や時間にとらわれない就業環境を提供できる」（31.5%）などポジティブな効果を期待する回答が多いが、「ITを活用できる人とできない人で、障害者間の格差が生じてしまう」（22.8%）、「障害者が今まで取り組んできた業務がなくなる」（21.3%）といったリスクを指摘する回答も一定程度ある。また、IT導入において直面する課題としては、「当社にとって、どのようなITの活用がふさわしいのか決まっていない・わからない」（44.4%）、「ITに詳しい人材がいない」（29.2%）の回答割合も高い。

▶22　特例子会社で働く常用従業員のうち、最も多い年齢分布は20〜29歳の3413人であるが、30〜39歳は2318人、40〜49歳は1965人、50〜59歳も836人であり、障害のある高齢者も多数働いている（以上については、SACEC報告書（2018年）32頁）。また、野村総研調査結果（2016年）43頁によれば、「加齢等に伴う能力の低下を感じる場面があり、業務に支障が出ている」と答えた特例子会社が43.4%、「加齢等に伴う能力の低下を感じる場面はないが、今後、業

する特例子会社からは、グループ内Ａ型に加齢に伴い能力が低下した者の受け皿として役割を期待するとの声もある。また、Ｂ型事業所からは、利用者の体力や作業能力が加齢により低下した場合には、Ｂ型事業所として成り立たず、生活介護への移行やそもそも事業所自体が事業形態を変更する必要に迫られるとの声があがっている[23]。

　また、現在、65歳以降の高齢者の就業機会確保が政策課題となっており、令和2（2020）年の高年齢者雇用安定法改正により70歳の就業確保措置が努力義務化されたところであるが、65歳以降の障害者の就労をどのように位置づけるかも重要な課題となる。とりわけ、65歳以降は介護保険が優先的に適用されるため、利用者の高齢化が進む中で、介護保険と障害福祉サービスとの利用調整に課題があるほか、高齢分野と障害分野の双方に精通した支援者が不足しているとの指摘もある。

コラム…2
▶▶新型コロナウイルス感染症

　令和2（2020）年は新型コロナウイルス感染症への対応に追われる年となった。障害者が就労している企業・特例子会社・Ａ型事業所・Ｂ型事業所も、これへの対応を余儀なくされた。ウイルスへの感染で重症化する可能性のある障害者を受け入れている会社・事業所での対応

には、数多くの苦労があったと思われる。この点について、本書でインタビュー調査に協力していただいた会社・事業所から話をうかがったので、特に障害者を受け入れていることにより必要とされた対応策や苦労した点に焦点を絞りつつ、以下で紹介したい[24]。

務に支障が出ることが予想される」が31.3%、「比較的若い社員がほとんどである」との回答が14.5%である。
　▶23　日本財団報告書（2018年）37〜38頁によれば、利用者の高齢化・重度化による生産性の低下という課題がすでに生じている事業所があることがうかがわれる。
　▶24　新型コロナウイルス感染症の障害者雇用・就労に対する影響に関する調査としては、厚生労働省が行ったもの（「第97回労働政策審議会障害者雇用分科会 資料1-1」（令和2（2020）年7月31日）、「第15回障害福祉サービス等報酬改定検討チーム資料3」（令和2（2020）年9月24日）

障害のある労働者・利用者の体調管理

　障害者の中には、ウイルスに対して脆弱である者がいるだけでなく、社会環境の変化に対して脆弱である者もいる。新型コロナウイルス感染症への対応策として、政府からの要請に従って休業したり、在宅勤務や在宅支援を実施した会社・事業所がほとんどであったが、こうした状況の中で、生活リズムの乱れや家族との関係性を理由として、体調不良となる障害者が生じたケースが複数あった。これへの対応としては、適度な運動や気分転換などのアドバイスを行うことで精神面の安定を確保する等したところや、支援機関との連携で対処したところがあった。体調管理・体調チェックは、多くの会社・事業所で重要視されていたといえる。また、長期間にわたる在宅は体調管理等を難しくすることから、通所の希望が多く寄せられ、時短通所を継続しつつ、徐々に通所利用を増やしていったところもあった。

　加えて、新型コロナウイルス感染症をめぐって不安が広がる中で、気持ちをうまく表現できない重度の知的障害者において、その不安が身体症状（発疹や独り言等）として現れるケースや、発達障害や軽度の知的障害をもつ者において、新型コロナウイルス感染症の症状とされた

「味覚障害がある」や「倦怠感がある」等の意味を十分に理解できない者がいたケースもあった。通常時の配慮に加え、こうした状況への配慮を行う必要に直面した会社・事業所が多かったということができる。

在宅勤務・在宅就労そのものの難しさ

　在宅勤務や在宅支援については、これらそのものの難しさを指摘する会社・事業所もあった。業務や作業の内容からそもそも在宅勤務・在宅支援が困難なケースがあったほか、たとえば、知的障害者にとっての「在宅勤務」は「自宅待機」に等しく、それにいかに対応していくのかという点に苦労があったとする会社があった。また、在宅支援では、利用者が集団の中で相互に影響を与えつつ仕事を行うことや、職員の指導のもとで作業を通して働くということの意味を理解することが難しいとの指摘もあった。

就労以外の場面での不安への対応

　会社・事業所に求められる対応は、ときとして就労以外の場面にも及んだ。たとえば、一人暮らしの利用者について、夜間の体調不良への対応にいつも以上の不安を抱えていた事業所があった。また、障害のある子どもと二人暮らしの家族から「自分が感染したら、子どもはど

に掲載）や、本調査に協力していただいた全Ａネットが行ったもの（「全Ａネット新型コロナ影響調査の結果」（令和2（2020）年9月1日））等がある。

うなるのか」という不安を寄せられた事業所もあった。こうしたケースについては、行政と想定される事態とその対応について相談しながら対処する方針をとったとのことであるが、通常時に増して、他の関係機関との連携が必要とされたといえる。

受注量の変化への対応

　新型コロナウイルス感染症は、会社・事業所が請け負う仕事の量にも大きな影響を与えた。その影響により、受注量に変化が生じ、これへの対応に追われた会社・事業所が複数あった。受注量が減少し、その中で工賃水準の維持に苦慮したところがあった一方で、逆に、受注量が増大し、支援職員が残業や休日出勤で対応せざるをえなかったケースもあった。また、休業要請がかかる中で、障害のある労働者を休業補償で休ませる一方、業務を調整しつつ、支援スタッフで必要最小限の業務遂行を行ったところもあった。

　他方、新型コロナウイルス感染症の影響が多方面に出る中で、納期の遵守など商取引として厳しい対応を受けたケースもあり、そうした状況によって、障害者が就労している事業所に対する発注が、単に社会貢献のために行われているのではなく、責任を伴うものとして仕事を任すものであったのだと改めて気づかされたという事業所もあった。行動障害を抱えた重度の障害者も利用する事業所で現在の状態を維持するための努力は並大抵

ではないが、こうしたことが仕事に対するモチベーションの１つとなったとのことである。

支援職員への保障の不足

　なお、上記のような受注量の変化への対応や納期遵守の要請においては、とりわけ、支援職員・スタッフの負担が大きかったとする会社・事業所が多かった。また、特に、Ａ型・Ｂ型事業所では、在宅利用のために行政に提出する書類の作成で、支援職員が残業を余儀なくされる事態も生じた。支援職員は利用者の調子が悪ければ対応しなければならないという現状もあることから、そうした支援職員への保障が不足している現在の状況の改善と支援職員の仕事への思いに頼るのではない体制の構築を求める声もあった。

新型コロナウイルスを契機として

　新型コロナウイルスが蔓延する中、障害者を数多く受け入れている会社・事業所も、例にもれず、勤務・利用体制の調整や衛生対策に追われた。「新型コロナウイルス（COVID-19）対策のための行動ガイドライン」を策定したり、事業所内での新しいルールについて利用者に指導を行ったり、それぞれが対応策を講じていたが、障害者が数多く就労している場所だからこそ必要となった対応策も上記のとおり数多くあった。このように苦労も多かったと思われるが、しかし、新型コロナウイルス感染症への対応の中で

在宅勤務の導入が進む等の新たな動きがみられたことは、これからの障害者の雇用・就労にプラスの影響も与えるだろう。通勤困難な障害者など障害者の中には、在宅勤務を希望する者もいるが、その実現可能性は今後一層高まるように思われる▶25。多数派の障害のない労働者にとって当たり前の働き方が当たり前ではなくなった経験を通じて、より広く、障害者の働き方、さらには、すべての人の働き方の再考が進むことを期待したい。

また、新型コロナウイルス感染者や接触者、医療従事者への差別の問題もこの間生じた。新型コロナウイルス感染症の流行が、疾病や障害に対する差別の問題が身近ではなかった人たちにとってこの問題を考える契機になることも期待したい。

▶25　もちろん、ほとんどの仕事を在宅勤務で行う場合にも、職場へのアクセスを保障することやコミュニケーションの機会をはかることなどを忘れてはならない。なお、障害者の在宅勤務に関しては、厚生労働省から「都市部と地方をつなぐ障害者テレワーク事例集」が出されている。厚生労働省ウェブサイト（https://www.mhlw.go.jp/content/11600000/000617771.pdf）。

第3章

会社・事業所のあり方のモデル分析

本章では、質問票調査の回答をもとに、特例子会社・Ａ型事業所・Ｂ型事業所の運営方針について分析する。第１節では、特例・Ａ型・Ｂ型の各会社・事業所が実際にどのように雇用・就労管理を行ったり労働者・利用者に接したりしているのかを検討する。ここでは因子分析の手法を用いた上で２つのスコアを作成し、運営方針の可視化を試みる。第２節では、このスコアをもとにして特例・Ａ型・Ｂ型を４つの類型に分類する。会社・事業所は、属する４類型ごとにそれぞれ目指すものが異なっており、したがって、直面している課題も互いに異なっている。特例・Ａ型・Ｂ型の運営方針の多様性および類型を示し、法制度の設計に資する情報を提供することが本章の目的である。

第 1 節 多様な運営方針の可視化

　本節では、特例子会社・A型事業所・B型事業所が実際にどのような方針のもとで運営を行っているかについて分析していく。具体的には、質問票に対する回答から一定のパターンを抽出することを試み、2種類のスコアを作成する。これらのスコアは、第2節で多様な運営方針を少数の類型へまとめるための前提となる。

 何をどう分析するか

1 はじめに

　障害者が働いている会社や事業所の「理念」や「社是」は多様である。それぞれの会社や事業所がいかなる方針で障害者に働く場を提供しているかという問題は、その重要性にもかかわらず、必ずしも体系的に明らかにされているわけではない。

　本研究プロジェクトの質問票調査では、事業を営むにあたって重視している価値観について尋ねた（問5）▶1。その結果、特例子会社で最も多く挙げられたのは「障害者の雇用継続」、A型事業所の場合は「障害者の自立支援」、そしてB型事業所の場合は「障害者のやりがい」となった。回答の分布は**図表3-1-**

▶1　回答形式は、「利益・売上」、「障害者の雇用継続」、「障害者のやりがい」、「障害者の社会的状態の改善」、「障害者の自立支援」、「障害者のキャリアアップ」、「障害者の活動の場の受け皿」、「社会的責任・社会貢献」、「法令遵守（雇用率達成）」、「その他」の中から3つまで選択できるというものである。

1のようになり、この分布は特例・Ａ型・Ｂ型の区別とある程度関連している
とひとまずはいえそうである。

【図表3－1－1：経営理念と会社・事業所のタイプ】

（当該項目を選択した会社・事業所のパーセンテージ▶2)

	特例	Ａ型	Ｂ型
1 利益・売上	16.4	40.0	52.2
2 障害者の雇用継続	**63.4**	54.9	24.8
3 障害者のやりがい	27.6	45.1	**76.5**
4 障害者の社会的状態の改善	5.2	15.5	10.4
5 障害者の自立支援	45.5	**70.4**	58.3
6 障害者のキャリアアップ	14.2	15.5	5.2
7 障害者の活動の場の受け皿	6.7	21.1	47.8
8 社会的責任・社会貢献	47.0	9.9	16.1
9 法令遵守（雇用率達成）	41.8	2.8	1.7

　しかし、尋ねたのはあくまで経営理念であって、重視している価値観と事業
上の実際の方針とは異なっている可能性がある。それに、主観的な理念が客観
的な行動のレベルでどのように現れるかは、経済環境や社会状況によって違っ
てくるだろう。

　そこで、本章では客観的な行動のレベルに照準を定める。調査では、特例子
会社やＡ型・Ｂ型事業所がどんな方針に基づいて障害者が働く場を提供してい
るかを詳しく尋ねている。具体的には、質問票の問13と問14で、会社や事業
所の方針が以下の項目にどのくらいあてはまるかを答えてもらった（「よくあて
はまる」、「ややあてはまる」、「あまりあてはまらない」、「まったくあてはまらない」の4段
階の中から1つを選ぶ形式である）▶3。

▶2　無回答を除いたパーセンテージであり、以降の分析対象となっている会社・事業所数が分母であ
　　る。
▶3　障害者との雇用関係がないＢ型事業所については括弧内の表現に変えている。なお、可能な限
　　り特例子会社・Ａ型事業所と同じ質問票に基づき分析を行いたいという理由から、Ｂ型事業所にも
　　基本的には同様の質問をしている。Ｂ型事業所に対する質問としては不適切なものについては、
　　「まったくあてはまらない」を選んでもらうようお願いした。

問13の項目

(a) 個別の事情に応じて、始業時間・終業時間を変更しやすいようにしている

(b) 遅刻や無届欠勤に対して、賃金［工賃］減額を行うことがある

(c) 遅刻や無届欠勤に対して、懲戒を行うことがある

(d) 仕事上でのミスに対して、厳しく注意することがある

(e) 成果による昇給の制度がある

(f) 障害のない労働者と職務内容は同じである

(g) 障害のない労働者と同じように、職務内容や配置の変更の可能性がある

(h) 時間外労働［就労］をさせることがある

(i) 能力・意欲が低下した場合には、減給または降格の可能性がある

(j) 想定していた配慮のレベルを超えていたとしても、希望に応じた個別的な対応をする

(k) 責任のある地位についている障害者がいる

(l) 同僚とのトラブルに対して、厳しく注意することがある

(m) 職務内容・責任の程度に応じて、賃金［工賃］を変えている

(n) 能力・意欲が低下した場合には、解雇または雇止め［利用契約の打切り］の可能性がある

問14の項目

(a) 当該障害者の家族と積極的にコミュニケーションをとるようにしている

(b) 家族による職場訪問の機会がある

(c) 家族と個別面談を行う機会がある

(d) 仕事のない日に従業員［利用者］がどのように過ごしているかを把握する手段がある

(e) 就業［就労］時間外にイベント（飲み会など）やサークル活動がある

(f) 問題やトラブルが起きたときは、従業員［利用者］の家族に相談することが多い

(g) 問題やトラブルが起きたときは、支援機関（民間含む）に相談することが多い

(h) 問題やトラブルが起きたときは、その本人とだけ話し合うことが多い

(i) 支援機関（民間含む）と頻繁にコンタクトをとっている

以上の項目は、ある仮説を確かめることを主目的として構成されていた。その仮説とは、それぞれの会社や事業所の方針は以下の２つの面で多様性があるのではないかという仮説である。すなわち、①一般企業に近い形で運営しているのか、それとも福祉に重点をおいて一般企業とは異なる形で運営しているのかという面、そして②障害をもつ個人の自主・独立性を重視する（たとえば私生活にはなるべく関与しないようにする）のか、それとも他機関や家族と連携するかという面の２つである。問13が①に、問14が②にほぼ対応している▶4。

　上記の仮説を中心として考案された質問項目ではあるが、会社・事業所の運営方針を幅広くとらえているといえよう。運営方針のうち、問13は職務そのものと直接に関わる部分、問14は職務以外、特に労働者のサポートに関係する部分をカバーしている。したがって、各会社・事業所においてどのような運営方針をとっているのかを知る上でこれらの質問は有用である。

2 回答の分布

(1) 問13の回答分布

　まず、これらの質問に対する回答の分布をみておこう。**図表3-1-2**は、会社・事業所のタイプ（特例子会社・A型事業所・B型事業所）ごとに分布を示したグラフである。

　図表3-1-2をみると、ほとんどの項目において回答は割れており、特定の回答に集中しているということはない。これは、回答者である会社や事業所の処遇の方針にばらつきがあることを示しており、したがって各会社・事業所の特色が反映されていると推測できる。

▶4　問13の各項目（ただし（a）と（j）を除く）は、当初、肯定的に回答すれば一般企業としての性格が強くなると想定して作成された項目であった。しかし、以下に述べるように、①の面はそれほど単純ではない。

【図表3-1-2：問13の回答分布】

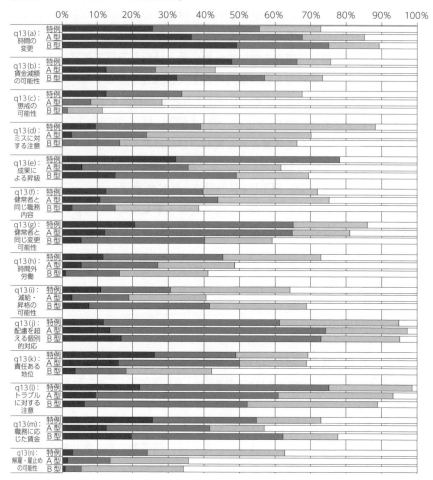

■よくあてはまる　■ややあてはまる　■あまりあてはまらない　□まったくあてはまらない

　また、特例子会社・Ａ型事業所・Ｂ型事業所の間で似通った回答傾向になっている項目もあれば、大きな違いがある項目もある。たとえば、(j)（配慮のレベルを超えた個別的な対応をする）の項目ではどの会社・事業所のタイプであっても類似の回答傾向が観察される。逆に、(c)（遅刻や無届欠勤に対して懲戒を行うことがある）や(h)（時間外労働をさせることがある）といった項目では、とりわけ特

例子会社とB型事業所の間にかなりの差があるようにみえる。

（2）問14の回答分布

問14の回答分布は**図表3-1-3**のようになっている。

【図表3-1-3：問14の回答分布】

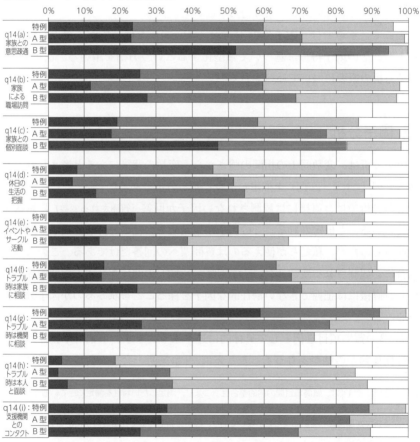

問13と比べると肯定的回答（「よくあてはまる」または「ややあてはまる」）が多いが、こちらも回答にばらつきがあり、各会社・事業所の特色が映し出されて

いることが期待できる。

　以下では、問13と問14の質問項目に対する回答をもとに会社・事業所の運営方針を類型化し、政策上の含意を引き出すための糸口を探りたい。類型化するためには質問項目に対する回答を数値化する必要があるが、それぞれの質問項目は尋ねている事柄が少しずつ違っているので、単純に足し合わせて数値化したところで意味のある結果は得られない[5]。

　そこで、本章では「因子分析（factor analysis）」を使って因子得点を算出した上で、その因子得点に基づいて類型化するという方法を用いる。次項では、因子分析の概要について述べておく[6]。

3 因子分析

　因子分析は、変数同士の相関の強さから、変数の背後にあると考えられる共通の要因（これを「因子」）を推定しようとする分析である[7]。

　この分析では、直接には観測されない因子が回答（観測される変数）に影響を与えている、と仮定される。この因子が事業所や会社の方針を記述する際の鍵となるものだが、私たちが使えるのは質問票への回答だけである。このような場合に、観測される変数（ここでは質問票への回答）の間に存在する相関関係を分析し、直接には把握できない潜在的な因子を探ることを試みるのが因子分析である。

　問13の質問項目を例として具体的に述べよう。まず、事業所や会社の方針には何種類かの軸がありうる。たとえば、「事業所・会社の利益を実現する」、

▶5　問13と問14は、質問項目間の内的整合性（つまり、測定したい特性を測定できているかどうか）を表すクロンバックのα係数はあまり高くない（問13は約0.7、問14は0.6弱）。これは複数の異なる特性が測定されていることを示唆しており、因子分析を用いて回答の背景にある要因を推定することにした。

▶6　テクニカルな問題に関心のない方は、次項3は読み飛ばし、直接Ⅱに進んでいただいて差し支えない。なお、ここでの因子分析に関する説明は、飯田高「労働審判制度利用者の動機と期待」菅野和夫ほか編『労働審判制度の利用者調査』（有斐閣・2013年）54頁以下に基づく。

▶7　「因子」はデータから得られる数学的な構築物であり、そのような因子が現実に回答者の中に存在していることまでは意味していない。

「障害をもつ人にとってできるだけ働きやすくする」、あるいは「障害をもつ人を支援する」といった軸が考えられるだろう。このような軸が上記の「因子」にあたる。因子の内容はあらかじめ決まっているわけではなく、分析結果に対して事後的に解釈を加えることになる。

　事業所や会社の方針は、複数の軸の中でさまざまに位置づけられる。利益を重視している場合、たとえば（e）や（h）といった項目に「あてはまる」と答える可能性が高くなると予測される。同様に、障害者に配慮している場合は（a）や（j）などの項目で「あてはまる」と答える傾向が強くなると考えられる。

　なお、それぞれの質問項目に対する回答は、因子のみによって完全に決まるわけではない。因子分析では、各項目に対して個別に影響を与える要因（「独自因子」）も存在すると仮定される。このような独自因子や測定誤差の影響を取り払い、「因子」（独自因子と区別するために「共通因子」と呼ばれる）を抽出するのである。

　図表3-1-4で、以上の説明を図で表現している（単純化のため、因子数は2つにした）。

【図表3-1-4：因子分析の考え方（2因子の場合）】

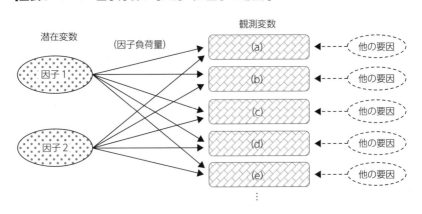

各質問項目に対する回答と因子の関係を式で示すと次のようになる。たとえ

ばX社の（a）の項目に対する回答は、

> X社の（a）に対する回答
> ＝「因子1」が（a）への回答に影響する程度　×　X社の「因子1」の強度
> ＋「因子2」が（a）への回答に影響する程度　×　X社の「因子2」の強度
> ＋他の要因による影響

という式で表せる（他の事業所や会社、あるいは他の質問項目についても同じように書くことができる）。ここで、「因子が回答に影響する程度」は「因子負荷量」と呼ばれ、すべての回答者に共通の値になるものと仮定される。因子負荷量は一般に－1から＋1の間の値をとり、絶対値が大きいほど影響も大きいと考えられる[8]。一方、「因子の強度」は回答者によって異なる値をとる変数で、こちらは「因子得点」と呼ばれる。

　整理すると、因子負荷量は因子が質問項目にどのくらい関連しているかを示す数値、因子得点は個人が各因子をどのくらい重視しているかを示す数値だということになる。

　質問項目への回答というデータをもとにして、因子負荷量を推定したり、因子得点を計算したりするのが因子分析である。こうした分析を通じて、データにみられる複雑な相関関係を単純化し、質問項目や回答者の類似度を調べることができる[9]。

---

[8]　厳密にいえば、－1～＋1の範囲を外れる場合もありうる。

[9]　因子負荷量や因子得点が数学的にどのように導出されるかなどのテクニカルな説明は割愛する。因子分析の詳細については、芝祐順『因子分析法〔第2版〕』（東京大学出版会・1979年）、柳井晴夫ほか『因子分析』（朝倉書店・1990年）、あるいは南風原朝和『心理統計学の基礎』（有斐閣・2002年）317頁以下を参照。

Ⅱ 運営方針のスコア化

1 処遇の方針（問13）

（1）因子分析の結果と解釈

　上記の問13の項目に対する回答のデータ（特例子会社・A型事業所・B型事業所の回答をすべてまとめている）をもとに、最尤法と呼ばれる方法で因子を抽出した[10]。その分析で得られた因子負荷量が**図表3-1-5**である。因子分析においては、因子の意味を解釈しやすくするために因子軸の回転を行うことがある

【図表3-1-5：問13の因子負荷行列】

	第1因子	第2因子	第3因子	第4因子
q13（a）：時間の変更	− 0.071	0.085	0.018	**0.405**
q13（b）：賃金減額の可能性	0.165	0.281	− 0.143	− 0.192
q13（c）：懲戒の可能性	0.334	− 0.008	0.174	− 0.311
q13（d）：ミスに対する注意	**0.823**	− 0.101	− 0.079	0.023
q13（e）：成果による昇給	− 0.206	**0.724**	0.169	− 0.012
q13（f）：健常者と同じ職務内容	− 0.158	− 0.026	**0.859**	− 0.139
q13（g）：健常者と同じ変更可能性	0.139	− 0.039	**0.561**	0.077
q13（h）：時間外労働	0.317	0.073	0.243	0.021
q13（i）：減給・降格の可能性	0.054	**0.654**	− 0.098	− 0.145
q13（j）：配慮を超える個別的対応	0.151	0.087	− 0.095	**0.513**
q13（k）：責任ある地位	0.134	0.206	**0.469**	0.121
q13（l）：トラブルに対する注意	**0.676**	− 0.027	− 0.055	0.071
q13（m）：職務に応じた賃金	0.021	**0.713**	− 0.058	0.226
q13（n）：解雇・雇止めの可能性	0.323	0.091	0.007	− 0.270

[10]　最尤法は、分布が歪んでいるデータでも比較的正確な推定ができるといわれている。ほかに代表的な因子抽出方法としては主因子法や最小二乗法などが挙げられるが、ここでは深入りしない。

が、**図表3-1-5**はそのような回転を施した後の数値となっている▶11。

　ここでは4つの因子が抽出されている▶12。0.4以上の因子負荷量を太字にしているが、これは当該因子が大きく影響していると判断できる項目であることを表す▶13。また、因子負荷量が0.7以上である場合は網掛けとしており、こちらは特に強い影響があることを示している。

　第1因子の値が高いのは、「仕事上でのミスに対して、厳しく注意することがある」（d）と「同僚とのトラブルに対して、厳しく注意することがある」（l）である。また、「遅刻や無届欠勤に対して、懲戒を行うことがある」（c）、「時間外労働をさせることがある」（h）、「能力・意欲が低下した場合には、解雇または雇止めの可能性がある」（n）との相関もやや高くなっている。これらのことから、第1因子は職務における厳しさ（厳格性）を表す因子と解釈できる。

　第2因子は、「成果による昇給の制度がある」（e）と「職務内容・責任の程度に応じて、賃金を変えている」（m）の2項目との関連が特に強く、「能力・意欲が低下した場合には、減給または降格の可能性がある」（i）との関連もみられる。したがって、第2因子は「成果主義・能力主義」の因子と解釈されうる。

　第3因子と強く関連するのは「障害のない労働者と職務内容は同じである」（f）であり、さらに「障害のない労働者と同じように、職務内容や配置の変更の可能性がある」（g）、「責任のある地位についている障害者がいる」（k）

▶11　因子軸を回転するというとき、項目間の相互の関係は一切変えることなく、因子軸だけを回転させる。そのような回転を行う理由は、因子軸をうまく回転させることで因子負荷量（これは因子軸の座標として表される）の大小が明瞭になり、解釈が容易になるという点にある。そのうち、因子軸が互いに直交するという性質を保ったまま回転させる方法を「直交回転」、各因子軸を独立に回転させる方法を「斜交回転」と呼ぶ。直交回転の場合には各因子間の相関が0になるのに対し、斜交回転の場合にはそうならない。事業所・会社の方針の軸に相関があるかどうかは議論の余地があるが、ここでは斜交回転（プロマックス回転）を用いている。

▶12　理論上、因子は項目と同じ数だけ出てくる。しかしそれでは分析の意味がないので、因子の数を絞り込んで構造を単純化するのが通例である。因子の数を決定する基準にはいくつかあるが、ここでは「寄与率が6割を超える」という基準を使っている。詳しくは前注9に挙げた文献を参照。

▶13　0.4以上というのは一応の基準であり、閾値を0.35や0.5に設定しても差し支えない。ちなみに、ここでは斜交回転を行っているため、**図表3-1-5**の因子負荷量の数値は相関係数そのものとは一致しない（これに対し、直交回転の場合は因子負荷量と相関係数は一致する）。

とも強く関わっている。これは「障害のある人もない人をどのくらい同じように扱っているか」を反映した因子だと考えられる。

　最後の第4因子は、「個別の事情に合わせる対応をしているかどうか」を反映する因子である。「個別の事情に応じて、始業時間・就業時間を変更しやすいようにしている」（a）や「想定していた配慮のレベルを超えていたとしても、希望に応じた個別的な対応をする」（j）と正の相関があり、逆に、「遅刻や無届欠勤に対して、懲戒を行うことがある」（c）や「能力・意欲が低下した場合には、解雇または雇止めの可能性がある」（n）などと負の相関が出ている。

　以上をまとめると、各因子は次のように特徴づけられる。

　　　第1因子：厳格性
　　　第2因子：成果主義（能力主義）
　　　第3因子：障害のある人とない人を区別しない均等な対応
　　　第4因子：個別的な事情に合わせる対応

　前述のように、これらの質問群は一般企業に近い形で運営しているか否かを測る尺度になるものとして企図されていた。しかし「一般企業に近い形」という性質は多面的であり、実際には複数の要素から構成されている。以上の因子分析では、これらの要素を第1因子～第4因子として抽出したわけである。

　各因子について、会社・事業所ごとの因子得点が計算できる。以下では、必要に応じてこの因子得点のデータを利用しながら考察を進める。

（2）各因子について

　まず、それぞれの因子が互いにどういう関係にあるかを調べておこう。各因子間の相関（因子得点の相関係数）は**図表3-1-6**のように計算される。これによると、第1因子・第2因子・第3因子の間に中程度の相関が観察される。中でも第1因子と第2因子の相関が高くなっており、この2因子は当初想定していた「一般企業」のイメージに近い。

【図表3-1-6：各因子間の相関（問13）】

	第1因子	第2因子	第3因子	第4因子
第1因子 （厳格性）	1.00			
第2因子 （成果主義）	0.59	1.00		
第3因子 （均等対応）	0.49	0.41	1.00	
第4因子 （個別対応）	− 0.38	− 0.09	0.04	1.00

　これに対し、第4因子は第1因子と負の相関があり、第2因子および第3因子とはほとんど相関がない。つまり、第4因子は他の因子とは別の方向のベクトルを有している（またはベクトルの方向が独立している）、ということである。

　次に、特例子会社・A型事業所・B型事業所に分けて、因子得点の傾向をみておこう。**図表3-1-7**は、それぞれの因子得点の平均値を示した表である。この表をみると、因子得点の分布は特例・A型・B型によって相当程度に異なっていることがわかる。特例子会社は第1因子（厳格性）、A型事業所は第3因子（均等対応）、B型事業所は第4因子（個別対応）の得点が平均的に最も高い。A型事業所とB型事業所は第3因子の得点が大きく違っており、前者はプラス、後者はマイナスとなっている。

　第1因子から第3因子まではいずれも特例子会社の値が最も大きく、第4因

【図表3-1-7：会社・事業所のタイプと因子得点の平均値（問13）】

	特例	A型	B型
第1因子 （厳格性）	0.600	− 0.118	− 0.323
第2因子 （成果主義）	0.273	− 0.418	− 0.033
第3因子 （均等対応）	0.484	0.331	− 0.395
第4因子 （個別対応）	− 0.367	0.207	0.156

子で最大値をとっているのはA型事業所である。

2 働く障害者へのサポートのあり方（問14）

(1) 因子分析の結果と解釈

　今度は問14の質問項目に対する回答のデータを使って因子分析を行う。問13と同様、特例子会社・A型事業所・B型事業所の回答をまとめて分析し、用いた手法自体も同じである（最尤法、プロマックス回転）。

　分析の結果得られた因子負荷量を**図表3-1-8**で示している。ここでは3つの因子が抽出されており、問13と比べると各因子が明確に切り分けられている。

　第1因子は「家族との連携」を示す因子と解釈できる。「当該障害者の家族と積極的にコミュニケーションをとるようにしている」(a)、「家族による職場訪問の機会がある」(b)、「家族と個別面談を行う機会がある」(c)、「問題やトラブルが起きたときは、従業員［利用者］の家族に相談することが多い」(f) の諸項目との関連が強い。それに加えて「仕事のない日に従業員［利用者］がどのように過ごしているかを把握する手段がある」(d) とも弱い相関がある。

　他方、第2因子は「支援機関との連携」を示す因子となっている。「問題やトラブルが起きたときは、支援機関（民間含む）に相談することが多い」(g)、「支援機関（民間含む）と頻繁にコンタクトをとっている」(i) と関連しており、とりわけ前者とは強い関連がみられる。その他の項目とはほとんど相関がない点も特徴的であるといえる。

　第3因子は「就業［就労］時間外にイベント（飲み会など）やサークル活動がある」(e) にのみ関連し、他の大半の項目との相関がない[14]。この問14 (e) の項目は他の項目とは異質であることがわかる。

▶14　プロマックス回転の場合、因子負荷量の値がこのように1を超えることもある。

【図表 3－1－8：問 14 の因子負荷行列】

	第1因子	第2因子	第3因子
q 14（a）：家族との意思疎通	**0.827**	− 0.160	− 0.090
q 14（b）：家族による職場訪問	**0.688**	0.034	0.080
q 14（c）：家族との個別面談	**0.799**	− 0.065	− 0.043
q 14（d）：休日の生活の把握	0.328	− 0.011	0.215
q 14（e）：イベントやサークル活動	− 0.070	− 0.008	**1.021**
q 14（f）：トラブル時は家族に相談	**0.549**	0.142	− 0.011
q 14（g）：トラブル時は機関に相談	− 0.138	**0.984**	− 0.005
q 14（h）：トラブル時は本人と面談	− 0.075	− 0.173	0.016
q 14（i）：支援機関とのコンタクト	0.092	**0.566**	− 0.011

まとめると、

> 第1因子：家族との連携
> 第2因子：支援機関との連携
> 第3因子：イベント・サークル活動

となる。

　もともと問14は障害者個人の自主・独立性をどのくらい重視しているのかを尋ねることを意図していた。その際、「個人の自主・独立性」の反対側に位置すると考えられていたのは「私生活への関与」や「他機関や家族との連携」であったが、因子分析の結果から次のことがわかった。

　第一に、私生活への関与の度合いに直接関連するのは（d）（「仕事のない日に従業員［利用者］がどのように過ごしているかを把握する手段がある」）と考えられるが、因子分析の結果をみる限り、この項目は特定の因子に明確な形で反映されているわけではない（第1因子および第3因子との間に少し相関がある程度）。したがって、「私生活への関与」と「家族との連携」は別物と考えたほうが適切である。

　第二に、問13のうち自主・独立性と関係しそうな項目と、問14で抽出された諸因子との間には相関がほとんどみられない。自主・独立性と関わりが深いと思われるのは、問13の（b）〜（d）、（i）、（n）といった項目だが、これら

と問14の因子との間の相関係数はおしなべて低く、問13（c）［遅刻や無届欠勤に対する懲戒の可能性］と第2因子［支援機関との連携］との間に弱い相関（r =.308）が唯一見出されるだけである。

「私生活への関与」や「他機関や家族との連携」は「自主・独立性」の対極にあるものではなく、自主・独立性を促すために放置するのは往々にして無意味である[15]。問14の分析結果からもそのことは裏づけられているといえよう。問14の項目から浮かび上がったのは、仕事上の問題を解決するにあたって職場以外の人たちの支援を積極的に活用しようとしているのか、あるいは本人と会社・事業所との間で解決しようとしているのかの違いである。

（2）各因子について

問14の因子ごとに因子得点を算出し、相関係数を計算した。その結果が**図表3-1-9**である。

【図表3-1-9：各因子間の相関（問14）】

	第1因子	第2因子	第3因子
第1因子 （家族連携）	1.00		
第2因子 （支援機関連携）	0.02	1.00	
第3因子 （イベント活動）	0.32	0.27	1.00

各因子の間には弱い相関が観察される程度である。特に、第1因子と第2因子の間の相関係数は0.02しかなく、これらは互いに独立している。言い換えると、家族との連携と支援機関との連携との間には正の相関も負の相関もない、ということである。

次に、特例子会社・A型事業所・B型事業所それぞれの因子得点の平均値を確認しておこう（**図表3-1-10**）。先の問13と同じく、ここでも会社・事業所

---

[15] この点につき、松井彰彦『市場って何だろう』（筑摩書房・2018年）を参照。そこでは、依存先の確保が自立を促すことが障害者に関する多数の実例によって示されており、「バランスよく頼ることこそ自立に必要である」（194頁）と述べられている。

のタイプによる差が大きい。

【図表3−1−10：会社・事業所のタイプと因子得点の平均値（問14）】

	特例	A型	B型
第1因子 （家族連携）	− 0.325	− 0.185	0.255
第2因子 （支援機関連携）	0.670	0.194	− 0.464
第3因子 （時間外活動）	0.301	0.044	− 0.194

　特例子会社とA型事業所では家族との連携と比べて支援機関との連携が強い傾向があり、B型事業所ではそれと逆の傾向がある。特例子会社とA型事業所を比較すると、前者のほうが支援機関のウェイトは高い。B型事業所は支援機関との連携が弱く、問14（g）や（i）に対する回答をみても、特例子会社やA型事業所との差は歴然としている[16]。

3 スコアの作成

（1）2つの軸

　以上のように、会社や事業所の方針は複数の因子に分解して考えることができる。今度は、これらの因子から指標を作成し、会社・事業所の運営方針を大掴みに示す。

　そのために、2つの軸を設定する。ひとつは、研究当初考えていた「ビジネス―福祉」の軸である。この軸を最もよく反映していると思われるのは問13の第2因子（成果主義）だが、第1因子（厳格性）・第3因子（均等対応）もまたビジネスの一側面を表している。実際、**図表3−1−6**によるとこれらの因子の間

[16]　4点満点（「よくあてはまる」を4点、「まったくあてはまらない」を1点）として計算すると、問14（g）の平均値は、特例子会社3.5点、A型事業所3.0点、B型事業所2.3点であった。また、問14（i）の平均値は、特例子会社3.3点、A型事業所3.2点、B型事業所2.8点となっている。

にはいくぶん関連性がある。そこで、

問13の第1因子得点 ＋ 問13の第2因子得点 ＋ 問13の第3因子得点

をビジネス志向を測定する尺度として考えておきたい（以下「ビジネス志向スコア」と呼ぶことにする[17]。なお、ここでの「ビジネス」は必ずしも営利性を指しているわけではなく、いわゆる一般企業における働き方との近似性を指している）。

　もうひとつの軸は、職場の外部からの支援を活用しているか否かを示す軸である。前に述べたとおり、仕事の領域と他の領域とを連携させようとしているかどうかを表しているので、「外部との連携―独立」の軸とも表現できる。この軸については、

問14の第1因子得点 ＋ 問14の第2因子得点

を計算し、外部支援（外部との連携）を志向する度合いを測定する尺度とする（以下では「外部支援スコア」と呼ぶ）。

（2）ビジネス志向スコア

　会社・事業所ごとにビジネス志向スコアの平均値を計算すると、特例子会社1.36、A型事業所－0.20、B型事業所－0.75となる[18]。

　図表3-1-11は、ビジネス志向スコアの分布を表したヒストグラムである。平均値の差の検定を行うと、特例子会社とA型事業所・B型事業所との間には統計的に有意な差があるといえる（なお、A型事業所とB型事業所の間には統計的に有意な差はない）。

　特例子会社の場合はA型事業所・B型事業所と比べてばらつきが大きいのが特徴であり、きわめて高い数値を示す会社もいくつか散見される。

[17]　ここでの「ビジネス」は、諸因子の内容から得られたイメージをもとに、本書の分析において名づけたものである。つまり、（運営方針に関する回答を基礎にして）因子分析を行った側が付与したラベルにすぎない。

[18]　定義上、**図表3-1-7**に示されている第1因子得点～第3因子得点の平均値を合計したものと等しくなる。

【図表3-1-11：ビジネス志向スコアの分布】

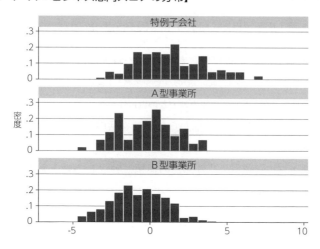

（3）外部支援スコア

　一方、外部支援スコアの平均値は、特例子会社0.35、A型事業所0.01、B型事業所−0.21である。ヒストグラムは**図表3-1-12**のようになり、ビジネス志向スコアほどには顕著な違いはみられない。

【図表3-1-12：外部支援スコアの分布】

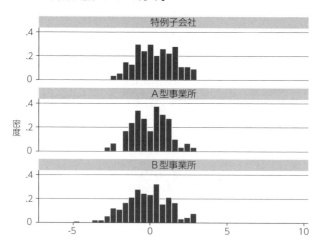

この変数の作成方法から明らかであるが、支援を求める先が家族であっても支援機関であっても、外部支援スコアは同じように高くなる。言い換えると、外部支援スコアが高いことが何を意味しているかは、会社や事業所によって異なっている。それに対し、外部支援スコアが低いことは一義的であり、家族にも支援機関にも頼っていないことを意味する。

図表3-1-12の左寄りの部分（つまり値が低い側）を比べると、会社・事業所の種類ごとに多少の相違がみられる。特例子会社では外部支援スコアの最小値はあまり小さくなく（−2.51）、外部との連携が比較的活用されていることが示唆される。他方、B型事業所の場合は、外部支援スコアがかなり低いグループが存在する（最小値は−4.98）。

(4) 各スコアの値の分布

以上の2つのスコアの分布を示した散布図が**図表3-1-13**である。

図表3-1-13をみただけでは大まかな傾向が把握しにくいので、これを簡

【図表3-1-13：各スコアの分布（散布図）】

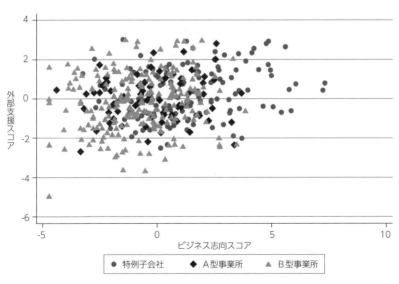

略化し**図表3-1-14**として模式的に図示した▶19。ビジネス志向スコアは特例・A型・B型の間で差がみられ、横軸方向に大きく広がっている。縦軸方向で示されている外部支援スコアについても、ビジネス志向スコアほどの差はないものの、会社・事業所のタイプによる違いが観察される。

とはいえ、特例子会社・A型事業所・B型事業所の間に重なり合いがある点にも留意する必要がある。制度上はこのような3つの分類がなされているが、実際の会社・事業所のあり方（ここではビジネス志向や職場外部との連携や分離の程度を指す）は連続的なのである。

【図表3-1-14：分布の模式図】

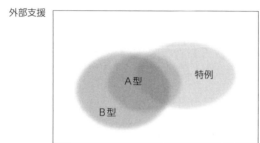

次節では、以上のビジネス志向スコアおよび外部支援スコアと、質問票の中の他の質問項目から得られる諸変数との関連を分析していく。

▶19　特例子会社・A型事業所・B型事業所に分けて分析すると、2つの尺度の間にはごく弱い相関しかないので、軸は直交していると考えて差し支えない。

第2節 各スコアを用いた分析と類型化

本節では、前節で作成したビジネス志向スコアと外部支援スコアを使った基礎的な分析を行った後で、会社・事業所の運営方針を4つの類型に分けて考察する。その4つとは、「ビジネス・連携型」、「ビジネス・独立型」、「福祉・連携型」、「福祉・独立型」である。会社・事業所が抱えている課題は類型ごとに異なっており、したがって、あるべき法政策も類型によって異なりうる。

 ## I スコアと諸変数の関係

この項では、特例子会社・A型事業所・B型事業所のそれぞれにつき、ビジネス志向スコアと外部支援スコアがどのような変数と関連しているか（あるいは関連していないのか）を概観する。取り上げる変数は、（1）会社・事業所の規模、（2）障害の種別、（3）業務の種類、（4）基本給・工賃の決め方である。本項は、これらの変数の間に因果関係があることを示そうとしているわけではない。そうではなく、各スコアとの関連が予想される変数との間に実際に関連があるかどうかについて、会社・事業所のタイプごとに概観することを目的としている。

1 特例子会社

（1）会社の規模

特例子会社の場合、会社の規模が大きくなるほどビジネス志向スコアは一般

に高くなる。このことは全従業員数でみても障害者数でみても同様である。**図表3-2-1**の実線のグラフは、障害者数によってビジネス志向スコアの平均値がどのように異なっているかを示している。

一方、**図表3-2-1**の点線のグラフは外部支援スコアの平均値を表している。外部支援スコアと会社の規模との間にはビジネス志向スコアほど明確な相関はみられないが、障害者数1〜5人の会社を除けば、小規模の会社よりも大規模の会社のほうが外部と連携する傾向がある。

【図表3-2-1：障害者数と各スコアの平均値（特例子会社）】

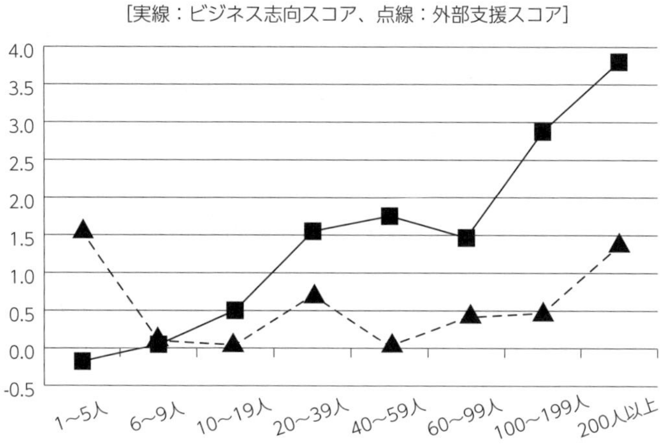

[実線：ビジネス志向スコア、点線：外部支援スコア]

（2）障害の種別

ビジネス志向スコアも外部支援スコアも、どのような種類の障害をもつ人が職場に多いかと関連していると考えられる。そこで、障害の種別と両スコアの関連を相関係数および回帰分析を用いて調べた[1]。

その結果、肢体不自由者と聴覚・言語障害者が多い会社は、ビジネス志向が高い傾向があることがわかった。この種の障害は、成果主義や能力主義を旨とする企業でも受け入れやすいのだと推測される。ただし、その他の種別の障害

---

[1] 回帰分析は全従業員数の影響をコントロールするために用いている。本文中に述べたのは、全従業員数の影響を取り除いた結果である。

者がいてもビジネス志向が有意に弱まるわけではないという点には注意を要する。つまり、ビジネス志向だからといって特定の種類の障害が排除されているわけではない。

　知的障害者が多い会社では、外部支援スコアが高くなっている。外部支援スコアを構成する要素のうち大きく影響しているのは第2因子、すなわち支援機関との連携である。なお、障害の種別によって外部支援スコアが有意に低くなるということはなく、この点はビジネス志向スコアと同様である。

(3) 業務の種類

　障害者に「郵便物の仕分け」、「製造・加工・検品」、「データ入力」、「接客（カフェ等）」の業務を割り当てている特例子会社はビジネス志向スコアが有意に高くなっており、特に「データ入力」と「接客」を業務とする会社はビジネス志向スコアの値が高い[2]。

　外部支援スコアについては統計的に有意な関連はほとんどみられない。ただし、「クリーニング」を業務とする会社は外部支援スコアが高く、ここだけ有意な差が出ている[3]。

(4) 基本給の決め方

　質問票では、「従業員の初任給（基本給）を決める際に考慮しているもの」について尋ねた上で、「最低賃金」・「他の特例子会社の初任給」・「一般企業の初任給」・「仕事内容」・「就労能力」・「その他」のうち当てはまるものをすべて挙げてもらうよう依頼した。第2章第2節Ⅳ1でふれられているように、最も多かったのは「最低賃金」（137社；92.7%）、次いで「就労能力」（36社；26.3%）、「仕事内容」（30社；21.9%）の順となっている。

　これらの中で、ビジネス志向スコアに最も強く相関していたのは「仕事内容」であった。「仕事内容」を考慮要素として挙げた会社の平均値は2.52であ

▶2　既述のとおり、特例子会社のビジネス志向スコアの平均値は1.39だが、「データ入力」を業務とする会社の平均値が1.99、「接客」を業務とする会社の平均値は3.48にもなる（ただし、後者に該当する特例子会社は6社のみであった）。
▶3　「クリーニング」を業務に挙げていた会社は11社である。

ったのに対し、「仕事内容」を選択しなかった会社の平均値は1.02であった。また、「その他」を挙げた会社の平均値も有意に高く、2.32となっていた（「その他」を選択しなかった会社の平均値は1.26である）。自由記載欄をみると、親会社やグループ企業の給与水準を参考にしているという回答が目立った[4]。

　一方、外部支援スコアに関しては、いずれの考慮要素についても有意差は出ていない。

2　A型事業所

（1）事業所の規模

　A型事業所の場合、ビジネス志向スコア・外部支援スコアと事業所規模との相関は特例子会社の場合ほどには明瞭ではない。**図表3-2-2**には、障害者数と各スコアの関係を示したグラフを載せている。障害者数が10名を超える範囲では、人数とビジネス志向スコアとの間に正の相関がみられる。

　この図表には表れていないが、全従業員数が10人未満の事業所を抽出して各スコアを調べてみると、どちらもきわめて低い数字になっていることがわか

【図表3-2-2：障害者数と各スコアの平均値（A型事業所）】

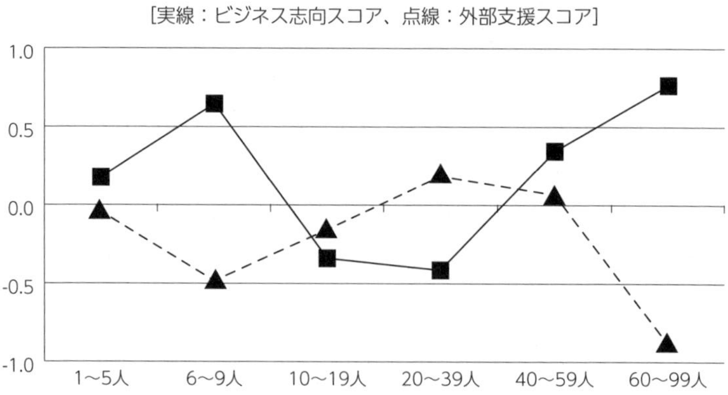

[実線：ビジネス志向スコア、点線：外部支援スコア]

▶4　ほかにも、「能力定義書を作成しており、それをもとに給与を決定している」との回答もあった。

る（ビジネス志向スコアの平均値は－3.34、外部支援スコアの平均値は－2.68であった）。

（2）障害の種別

　全体として、障害の種別との関連は希薄である。ビジネス志向スコアについて分析すると、聴覚・言語障害者の人数に関してのみ統計的に有意な差がみられる。ところが、特例子会社の場合とは逆に、人数が多いほどビジネス志向スコアは低くなっている。

　外部支援スコアについては、障害の種別との間に顕著な関連はみられなかった。

（3）業務の種類

　「封詰め」の業務を挙げた事業所はビジネス志向スコアが低い傾向があったが、それ以外の点ではどちらのスコアについても業務の種類による違いはなかった。

（4）基本給の決め方

　特例子会社の場合とほぼ同様に、「最低賃金」・「他のＡ型事業所の初任給」・「一般企業の初任給」・「仕事内容」・「就労能力」・「その他」のうち当てはまるものを全部挙げてもらうという内容の質問を設けていたが、「他のＡ型事業所の初任給」、「一般企業の初任給」、「その他」を選択した事業所はなかった。最多は「最低賃金」（72事業所；97.3％）で、続いて「就労能力」（14事業所；18.9％）、「仕事内容」（9事業所；12.2％）の順に多い。

　ビジネス志向スコアをみると、「就労能力」を選んだ事業所の平均値は1.11、選ばなかった事業所の平均値は－0.48となっており、統計的にも有意な差が出ている[5]。特例子会社の場合は基本給決定の際に「仕事内容」を考慮要素とするかどうかでも差がみられたが、Ａ型事業所でも「仕事内容」を挙げているか否かで似たような差がみられる（ただし統計的に有意ではない）[6]。

▶5　74事業所のうち、「就労能力」を選んでいるのは14事業所だった。
▶6　「仕事内容」を選んだ事業所（9事業所）の平均値は0.94、選ばなかった事業所（65事業所）の平均値は－0.37であった。

外部支援スコアのほうは、特例子会社と同じくいずれの項目でも有意差は出てこなかった。

3 Ｂ型事業所

（1）事業所の規模

Ｂ型事業所のビジネス志向スコアおよび外部支援スコアを規模別（障害者数で分けている）に図示すると**図表3-2-3**のようになる。1～5人の小規模の事業所を除くと、どちらも緩やかに右上がりになっている。なお、1～5人のカテゴリーに含まれるのは5事業所のみであり、最も数が多いのは20～39人のカテゴリーである（230事業所中118事業所がここに含まれ、半数を超える）▶7。

【図表3-2-3：障害者数と各スコアの平均値（Ｂ型事業所）】

[実線：ビジネス志向スコア、点線：外部支援スコア]

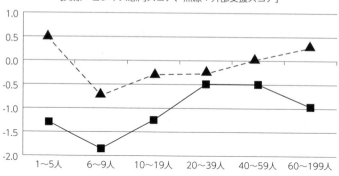

（2）障害の種別

Ａ型事業所と同様に、Ｂ型事業所の場合も両スコアの値と障害の種別との間には特筆すべき関連は観察されなかった。

▶7　障害者数の分布については、第2章第2節の**図表2-2-2**も参照。

ビジネス志向スコアに関しては発達障害者の多い事業所が、そして外部支援スコアに関しては値が聴覚・言語障害者の多い事業所がやや高い傾向がみられるが、いずれも統計的に有意ではない。

(3) 業務の種類

　ビジネス志向が強いのは、「郵便物の仕分け」、「製造・加工・検品」、「データ入力」、「接客（カフェ等）」を業務とする事業所であった。

　一方、外部支援スコアをみると、特例子会社の場合と同じく「クリーニング」を業務とする事業所の値が高くなっている。

(4) 工賃の決め方

　B型事業所向けの質問は、「最低賃金」・「他のB型事業所の工賃」・「事業所の工賃支払い能力」・「仕事内容」・「就労能力」・「その他」のうち当てはまるものをすべて選んでもらうという内容になっていた。これらのうち最も多く選択されていたのは「事業所の工賃支払い能力」（168事業所；74.0％）であり、特例子会社・A型事業所とは大きく異なる。以下、「仕事内容」（142事業所；62.6％）、「就労能力」（131事業所；57.7％）、「最低賃金」（24事業所；10.6％）となっている。

　「仕事内容」または「就労能力」を挙げた事業所ほどビジネス志向スコアが高くなっており、この点は特例子会社およびA型事業所と類似した結果である▶8。しかし、ビジネス志向スコアとより強く関連していたのは「最低賃金」であった。「最低賃金」を選択していない事業所の平均値は－0.84であるのに対し、選択していた事業所の平均値は0.10である。

　外部支援スコアに関しては、「他のB型事業所の工賃」を選択している事業所とそうでない事業所との間で著しい差が出ている（他のB型事業所の工賃を考慮要素としている事業所の平均値は0.78、それ以外の事業所の平均値は－0.25である）。外部支援スコアが高い事業所は、他の事業所も参加する協議会や情報交換会にも

▶8　「仕事内容」については、選択している事業所の平均値は－0.53、選択していない事業所の平均値は－1.09である。また、「就労能力」についてもほぼ同じ傾向となっており、選択している事業所の平均値は－0.50、選択していない事業所の平均値は－1.08であった。

参加しており、そのネットワークにおいて各種の情報を共有したり工賃の基準を互いに参照したりしていることがうかがわれる。

4 小　　括

　以上、ビジネス志向スコアと外部支援スコアがどのような要素と関連しているかについて、会社・事業所のタイプごとに簡単にみてきた。ここで挙げたのは4つの要素であったが、おおむね次のような結論が導き出される。

　第一に、一般に、規模が大きければビジネス志向スコアは上昇する。他方、外部支援スコアのほうは規模とはあまり関係がない。

　第二に、障害の種別とはある程度の関連がみられるものの、特定の種別の障害と強く相関しているわけではなかった。ただし、特例子会社については、ビジネス志向と親和性が高い種別はあるように思われる。

　第三に、特例子会社とB型事業所については「製造・加工・検品」、「データ入力」、「接客（カフェ等）」を業務とする会社・事業所のビジネス志向スコアが高い傾向はあったが、これといって突出している業種はなかった。逆にいえば、ビジネス志向の会社・事業所にはこの種の業務が適しているということはなく、広範な業務がほぼ等しく対象になりうるのであろう。

　第四に、基本給や工賃を決める際の考慮要素とビジネス志向スコアの関連のしかたには、会社・事業所のタイプごとに特徴がみられる。ビジネス志向と関連していたのは、特例子会社では「仕事内容」、A型事業所では「仕事内容」に加えて「就労能力」、B型事業所では「仕事内容」・「就労能力」に加えて「最低賃金」という考慮要素であった。

　この点は以下のように解釈できよう。「最低賃金」・「就労能力」・「仕事内容」という考慮要素は別々に存在しているのではなく、重層的になっている（**図表3-2-4**参照）。ビジネス志向スコアが高くなるほど考慮要素は増えていくため、基本給・工賃を決める際の考慮要素として現れる要素は特例子会社・A型事業所・B型事業所でそれぞれ異なってくるのである。

　ビジネス志向スコアも外部支援スコアも、特定の業務形態や障害種別とそれほど強く関連しているわけではない。したがって、制度上のカテゴリーが異な

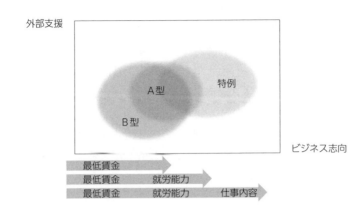

る特例子会社・A型事業所・B型事業所を同一平面上に配置した上で分析しても、特段の不都合は生じない。

　以下では、特例子会社・A型事業所・B型事業所をまとめて分析し、必要に応じて会社・事業所のタイプに言及することにする。

 ## 運営方針の4類型

　本項の**1**および**2**では、会社・事業所の運営方針の類型化を行い、これまでに述べた図式が第2章第3節のインタビュー調査とどのように関係しているかについて説明する。この作業によって、第2章のインタビュー調査の結果を相互に関連づけるとともに、調査対象となった特例子会社・A型事業所・B型事業所が今回の調査対象全体の中でどのような位置にあるかを示すことができる。

1 4つの類型

前項では独自に作成したビジネス志向スコアと外部支援スコアを使って若干

の分析を行ったが、数値ではイメージがつかみづらいかもしれないので、以下ではいくつかの類型に分けて便宜的に名称をつけることにする。

Ⅰで述べた２つの軸を用いると、**図表３-２-５**のように４つの類型に分けられる。すなわち、①ビジネス志向スコア・外部支援スコアがともに高い「ビジネス・連携型」、②ビジネス志向スコアは高く、外部支援スコアが低い「ビジネス・独立型」、③ビジネス志向スコアは低く、外部支援スコアが高い「福祉・連携型」、④ビジネス志向スコア・外部支援スコアがともに低い「福祉・独立型」である。**図表３-２-５**の点線で表されている軸は、全体の平均値（数値でいうとゼロ）に対応している。ここで「独立」は、家族または外部機関との連携を比較的行っていないという意味である。

【図表３-２-５：４つの類型】

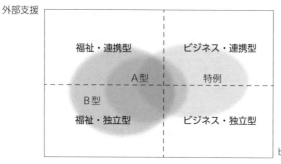

４つの類型のそれぞれに特例子会社・Ａ型事業所・Ｂ型事業所のいずれもが含まれており、４類型と制度上のカテゴリーはほとんど一致していない。つまり、「特例子会社だからビジネス中心」あるいは「このタイプの事業所なのでこのような処遇方針」といったことは一概にはいえず、それぞれのカテゴリーの中で多様性が存在するということである。

2 インタビュー対象の位置

第２章第３節で登場したインタビュー対象は、すべて今回の質問票に対して

回答した会社・事業所である[9]。その回答をもとに各会社・事業所の位置を示すと、**図表3-2-6**のようになる。

【図表3-2-6：インタビュー対象】

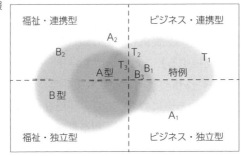

この図によると、特例子会社・A型事業所・B型事業所の各々から特徴のある会社・事業所を選び出していることがわかる。以下では、第2章第3節の内容を振り返りながら、各類型における会社・事業所の運営方針を具体的にみていこう。

(1) ビジネス・連携型

T₁社およびT₂社、B₁事業所およびB₃事業所がこの類型に含まれている。もっとも、この類型の中でも相当程度の幅があり、特にビジネス志向の強さはT₁社とその他では異なっている。

特例子会社のT₁社は「職業人として、社会人として自立を成し遂げられるよう、恩恵的な関わりをせずに厳しく育成する」ことを社是のひとつに掲げており、実際、ビジネス志向スコアも高い。統一方針に基づいた職業人自立研修や社会人自立研修を用意しつつ、福祉の側面が前面に出ないような配慮もしている。家族や支援機関との連携も積極的に行われている。

同じく特例子会社であるT₂社は、T₁社と比べるとビジネス志向スコアは低

▶9　第4節で出てきたG₁事業所とG₂事業所は、質問票による調査の対象ではなかった。

いが、外部支援スコアは高い。T_2社は、職務に間接的に関係する配慮のみならず私生活上の配慮、さらには私生活上生じたトラブルへの対応も行っていた。また、支援機関のスタッフや特別支援学校の教員と密に連携をとっており、外部との連携のあり方を示すひとつのモデルを提供している。

　ビジネス・連携型に含まれるＢ型事業所は２つだが、これらの事業所はＢ型事業所の中ではビジネス志向スコアが非常に高い部類に属する。B_1事業所は理念として「障害者に働く場を提供し、その知識及び能力向上を図る」ことや「障害者の自立生活を支援する」ことを挙げており、パターナリスティックにならないよう留意している旨の説明がなされていた。また、B_3事業所は一般就労への移行を意識している点に特徴があり、利用者が「働くこと」の対価とし収入を得るという経験を重視していた。利用者個人の作業・生活能力に応じて工賃を定めているのも言及に値しよう。

　B_1事業所とB_3事業所は外部支援スコアも比較的高い。家族とのやりとりも必要に応じて行っていたり、同業者ネットワークや地域ネットワークと積極的に連携していたりすることがインタビュー調査からも明らかになっている。

（2）ビジネス・独立型

　インタビュー対象の中では、A_1事業所のみがこの類型に該当する。A_1事業所はビジネスの視点を重視していることを明確に述べており、B_3事業所と同様、一般就労への移行を意識している。この事業所は、障害者を特別扱いしないという点で後述のA_2事業所と対照的である。

　A_1事業所は家族と積極的にコミュニケーションをとることはなく、支援機関やハローワークとも頻繁に接触しているわけではない。連携して情報を共有するというよりも、情報の送り手としての役割——先端的な事例を同業者に対して提供し、より広く普及させていくという役割——を重要視しているようにもみえる。

（3）福祉・連携型

　特例子会社ではT_3社、Ａ型ではA_2事業所、そしてＢ型ではB_2事業所がこの類型に当てはまる[10]。

T₃社は社会的責任を重視しており、「生きがい、働きがい、使命感」を社是とする。T₃社のビジネス志向スコアが低くなっている理由は、職務内容や能力に差があったとしても最低賃金額をベースにして賃金を設定していることに起因する。最低賃金と同額に設定しているため、能力や意欲の低下が起きたとしても減給や降格はない。特例子会社である以上は最低限の生産性の維持は必要だと考えているが、障害者雇用の創出という社会的責任が主たる原動力になっているように思われる。トラブルが生じた際には支援機関や家族とコンタクトをとるという点はT₁社やT₂社と共通している。

　A₂事業所は、**図表3-2-6**ではA₁事業所の対極に位置している。設立の経緯やその後の経営状況をみると、T₃社と同じように障害者雇用を社会的責任として考えており、一般就労への移行は必ずしも重視していない。その意味で福祉的な性格がやや強く出ているといえる。トラブル発生時は家族や支援機関・ハローワーク、あるいは医療機関と連携しているとのことであり、この点でもA₁事業所のスタンスとは異なっている。なお、今回のインタビュー対象の中で最も外部支援スコアが高かった。

　B₂事業所は、「共に働く、共に生きる、共に創る」を理念とする。A₂事業所と同じく、一般就労への移行を重視しすぎることには懐疑的な立場である。ビジネス志向スコアを構成する3つの因子の得点が全般的に低めに出ており、福祉的な色彩が濃い事業所であることが示唆される（インタビュー対象の中でビジネス志向スコアが最も低かったのはこの事業所である）。一方、外部支援スコアはB型事業所の中でも高く、家族との情報共有をはかるだけでなく、社会福祉法人の団体や他の事業者とも密に連携している。地域社会に根づいている点もB₂事業所の特色であり、社会における障害者の包摂という観点からも参考になる事例を提供してくれる。

▶10　T₃社に対する質問票調査では無回答の項目があったため、ビジネス志向スコアが直接には計算できなかった。そこで平均値や中間的な値を代入して計算したところ、どの計算方法でもビジネス志向スコアは負の値をとることがわかったので、福祉・連携型に分類している。

(4) 福祉・独立型

　今回のインタビュー対象には、残念ながらこの類型に属する会社・事業所はなかった[11]。

　しかし、この類型の会社や事業所の声が得られなかったわけでは決してなく、質問票によって自由記述回答を数多く得ることができている。そこで、次の3では質問票の自由記述回答を分析することにしたい。

3 自由記述回答の傾向

　質問票では、「特例子会社制度、雇用率制度、納付金制度等、現在の障害者雇用施策に対し、実務上どのような不満や使いづらさがありますか。また、こういう形で改善して欲しいというご希望があれば、お書きください」という質問を設けていた[12]。現場の人たちからは実情と制度との乖離を指摘する意見が多く寄せられたが、その中身は多様である。ここでは、上記の類型ごとに、どのような回答が目立ったかについて述べていく[13]。

(1) 全般的傾向

　制度に対する要望は、いくつかの種類に分けることができる。そこで、自由記述回答の中に頻出する単語を抽出・整理することにより、以上で述べた4つの類型ごとに要望が異なるのか、そうだとすればどのように異なっているのかを分析する。本項で用いているのは、KH Coder という分析ソフトを用いた

▶11　その背景には、独立型は連携型と比べてインタビュー調査の対象になりにくかったという事情もある。外部と連携している事業所のほうがコンタクトをとりやすく、かつ、積極的にインタビュー調査に応じてくれる傾向があるからである。結果として、インタビュー対象の大半は連携型となっている。以上の理由に加えて、連携型のほうが独立型よりも法制度に対して明確な意見をもちやすい（したがってインタビュー調査にも応諾しやすい）ということもある。その点については後述する。

▶12　A型・B型事業所に対しては、さらに「障害者総合支援法に基づく就労継続支援施策」に関する意見も聞いている。

▶13　自由記述回答については、第2章第4節も参照していただきたい。この項の主眼は、自由回答記述のデータを計量的に分析した後、どういう要望があるのかを類型別にみていくことにある。

計量テキスト分析の手法である[14]。

　図表3-2-7は、自由記述回答の中でどのような単語が一緒に使われやすいかを示したグラフであり、単語同士の距離が近いほど共起傾向が高いことを意味している。グラフにある「1」～「4」の数字はそれぞれ「ビジネス・連携型」、「ビジネス・独立型」、「福祉・連携型」、「福祉・独立型」を表している。ここから、各類型に特徴的な回答を読み取ることができる。

【図表3-2-7：自由記述回答のテキスト分析の結果（対応分析）】

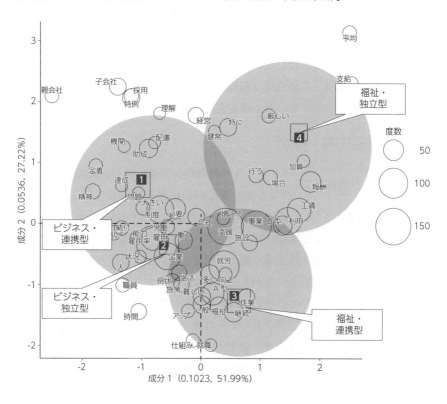

　グラフでは「1」～「4」が互いに離れた位置にあるが、このことは各類型における回答傾向が異なることを示している。ただし、「ビジネス・連携型」

▶14　計量テキスト分析およびKH Coderについては、樋口耕一『社会調査のための計量テキスト分析〔第2版〕』（ナカニシヤ出版・2020年）を参照。

と「ビジネス・独立型」は比較的接近している。「福祉・連携型」はそこから右下方向にやや離れた場所、そして「福祉・独立型」は右上方向に大きく離れた場所に位置する。したがって、大きく分けると3つの群をなしていることになる（グラフでは灰色の円で示した）。

　ビジネス型の自由回答で目立つのは、「制度」、「雇用」、「雇用率」、「助成」、「納付」など、制度に直接関係する単語である。一方、福祉型の自由回答では外部支援スコアの大小によって頻出単語の傾向が著しく異なり、連携型の場合は「就労」、「支援」、「作業」、「向上」といった単語が目につくが、独立型の場合は個々の報酬に関係する単語（「報酬」、「加算」、「支給」など）が抽出されている。さらに、「特に」という単語が出てきていることからわかるように、「福祉・独立型」は「要望は特にない」旨の回答が多かった。

　このように、実務上の要望には相当な幅がある。次の（2）では、主な自由記述回答をいくつか拾いながら、類型別に検討しよう。

（2）各類型に特徴的な回答

（a）ビジネス・連携型
　　　　「ビジネス・連携型」では、現行の制度そのものに対する強い関心が自由記述回答に反映されており、法が課す制約条件（たとえば法定雇用率や納付金制度、あるいは法律上要求される諸手続）のもとでいかにして事業を進めていくかが重要な課題となっていることがわかる。こうした制約条件を乗り越えて事業を遂行できるかどうかは会社・事業所の基礎体力にも左右されるので、結局は規模の大きい会社・事業所にとって有利な制度になってきているのではないかとの懸念も示されている。

　中でも、画一的に数値目標を立ててそれをクリアさせるという促進策には限界があり、特に地方の中小企業・事業所にとっては負担が大きくなりがちである。それと同時に、数の上での目標達成が過度に重視される結果にもつながりかねず、この点を指摘する意見が多かった。たとえば、「雇用の質的な側面にも踏み込み、障害者がマッチした職場で活き活きと長期にわたって働ける環境作りに資する制度、施策を志向すべきである」（特例）、「障害者の特性を理解した施策を考えてほしい」（A型）、「障害者雇用を推進することには賛成であるが、成果主義的なところに疑問がある。就職ができたとしてもなかなか継続

できないケースは少なくない。それは結果を求められている制度的問題でもあると感じる」（B型）といった意見が例である。「実情と制度との間にギャップが存在する」あるいは「ルールが細かすぎて理解しづらくなっている」旨の意見も目立つ。

　その一方で、現行の制度に対する肯定的な意見も少なからずみられたという点も念のため併記しておきたい。たとえば、「現行制度に関する不満や使いづらさはなく、（考えたことがなく）十分だと考える」（特例）、「今日の雇用率の上昇は、こうした政策の実施の賜物」（A型）、「現状の制度は素晴らしいと思っています。不満や使いづらさや改善点は感じません」（B型）というような意見があった。

（b）ビジネス・独立型　　　「ビジネス・独立型」と上述の「ビジネス・連携型」の回答はおおむね似通っており、形式主義が雇用の質の向上につながらない、ひいては質の低下をもたらしうるとの指摘が複数あった。

　それに加えて、「ビジネス・独立型」の回答の特徴としては次の2点を挙げることができる。

　第一に、制度運用の硬直性ゆえに事務負荷が大きくなったり事務処理が煩雑になったりしているという意見が多かった。「障害者雇用に関する助成金の申請において、提出が必要な書類が多く、かつ紙媒体での提出を求められているため、事務負荷が大きい状況です」（特例）、「納付金制度は手続きが難しく、手間がかかる。もう少し簡素化してほしい」（B型）といった回答が例である。書類の準備だけでなく、制度が頻繁に変わっていることも負担増の一因となっているようである。

　第二に、支援機関の拡充や交流の機会の確保を求める意見が相当程度あった。回答には、「支援機関のパワーアップをお願いします」（特例）、「高齢者政策と類似することが多いので、もう少し交流を図ることもあったらよいと感じました（特に制度面）」（特例）、「将来使える支援事業所や企業が求めるものなどの情報提供が必要」（特例）、「『質』に対してのフォローが入る制度や就労支援機関の職員の質の向上が必要」（B型）という記述がみられた。この点は地域によって差があるようで、「労働局・労基ですら地方差があるように感じます。

どこの地域でも同じように支援が受けられる環境が早く整ってほしい」（A型）との声もあった。

　制度に対するニーズはあるが、それがなんらかの理由（たとえば、制度利用のコストが高い、近くに支援機関がない、人的資源が少ないなど）により阻害されている様子がみられる。

（c）福祉・連携型　　前にふれたとおり、福祉型の場合はB型事業所の占める割合が大きく、逆に特例子会社の占める割合は小さい。このため回答傾向はおのずと違ってくるが、その点を差し引いても、福祉型はビジネス型とは異なる回答傾向を示しているといえる▶15。

　「福祉・連携型」の会社・事業所の回答からは、企業として利益を出しながら経営していくことと、障害者にとって働きがいのある職場を作っていくこととの間のジレンマが垣間見える。

　たとえば、「A型の利用者は、支援が必要な方が就労されており、雇用という面で企業としての収益も大切ですが、福祉の面での支援がなければ利用が継続できない方も多々います」（A型）、「勤怠が安定しない、無断欠勤（や早退）が多く、就労が難しくても企業から（補助金が切られてしまうこともあり）なかなか解雇することが難しい現状があるため、雇用に慎重になってしまう」（特例）などである。特例子会社の場合は親会社との関係も制約になっていることがあり、「親会社の本業である業務内容によっては、特例子会社でその本業をお手伝いできない場合もある。そのため、障害のある方々を雇用するための業務が限られてしまい、法定雇用率を定期的に上げても、その達成は、ますます難しいこととなる」（特例）という回答があった。

　ビジネス型と異なるのは、法制度がどのような壁としてとらえられているかという点である。ビジネス型の会社・事業所は、法制度を自分たちの活動の制約条件と考えるが（数値目標や手続の煩雑さなど）、法制度そのものは与件として受け容れる傾向があった。これに対し、「福祉・連携型」の会社・事業所には、

▶15　**図表3-2-7**をみると、「就労」、「支援」、「作業」、「向上」などの単語が「福祉・連携型」の回答に現れやすいことがわかるが、特例子会社に限定しても似た傾向が観察され、「就労」、「サポート」、「業務」、「上昇（アップ）」といった用語が「福祉・連携型」の特徴となっている。

法制度が自分たちの活動の意味づけを揺るがしうるものだという認識が広くみられる。法制度のあり方や法的な枠組みが自分たちの存在意義やアイデンティティに影響する可能性があるという意見は少なくない。「雇用率制度を設けなければならない日本の意識レベルの低さに疑問を感じます。負（罰則）の作用からスタートしているからか、障害者に関わる様々な方々が障害者を特別だと思っている」（A型）、「制度や法律として決められると、誰のための何なのかがわかりにくくなってくるなと感じます。就労継続支援A型の事業所はもはや福祉の施設なのか企業なのか、わからない状態です」（A型）。

　また、就職を良いものとする流れに批判的な意見がみられるのも特徴である。「就職することがゴールのような今の風潮に対しては疑問を感じます」（B型）、「現場ではなんでもいいから『とにかく就職させろ』と常に脅しをかけられているといっても過言ではない」（B型）といった回答が例として挙げられる。

（d）福祉・独立型　　「福祉・独立型」に多いのは、制度変更への対応が難しいという意見である。「雇用率の上昇への対応に苦労しています。助成金の変更等が多く、対応に苦慮しております」（特例）、「障害者総合支援法の報酬改定により、基本報酬のあり方が工賃支給額により設定され、利用者の人数や能力等により変動することが予想され、見通しが立てにくく、事業の継続性を保つのが困難になった」（B型）などの意見が例である。

　先述のとおり、この類型の自由回答では「報酬」、「加算」、「支給」などの単語が頻繁に出てきており、法改正が経営状態を左右する苦しい状態にあることが推測される。実際、「最近では、収益を上げることが要件とされていますが、現実的に、障害者だけで作業を行っている事業所にとって、厳しい現実となっています。このままだと、障害者の離職が増え、障害者の生活もままならない状態になっていくのではと懸念されます」（A型）、「これまで国は『工賃向上』を唱えてきたにもかかわらず、報酬改定では目標工賃達成加算を取得していた高工賃の施設は軒並み減収となった。工賃向上を目標としてきた施設にとっては、足元をすくわれた形となり、当惑しています」（B型）などの回答がみられる。

　他方、「［不満や使いづらさは］特にない」という回答や無回答が目につくの

も「福祉・独立型」の特徴である[16]。外部からの支援をあまり受けることなく独立（あるいは孤立）して日々の経営を続けている会社や事業者からは、制度に対する具体的な要求は出てきにくい、ということが示唆される。

逆にいうと、他の会社・事業所、関係機関、専門家、あるいは家族との連携が進むことで、制度に対する具体的な要求が生まれやすくなるのかもしれない。労働者だけでなく会社・事業所に関しても、「連携」ないし「連帯」は制度変化のモメントを形成する上で重要なのである。この点について、項を改めて述べよう。

 ## ネットワークと制度

1 会社・事業所の間のネットワーク

（1）参考にしている他社・他事業所

質問票では、障害者雇用・就労に関して参考にしている他社や他事業所があるか否かを尋ねる質問をしている[17]。さらに、その具体的な名称を（差し支えない範囲で）最大5つまで答えてもらった。

参考にしている他社や事業所が「ある」と答えたのは、特例子会社の56.3％、A型事業所の39.4％、そしてB型事業所の54.1％であった。A型事業所では若干少なくなっているものの、半々に分かれている印象である。

この質問に対する回答は、外部支援スコアと関連している。回答ごとに外部支援スコアの平均値を示すと、**図表3−2−8**のようになる。参考にしている他社や他事業所があるほうが外部支援スコアは高くなっていると予想されるが、その予想のとおり、差は明確に出ている。A型事業所・B型事業所については

▶16　4類型の中で、自由記述の無回答が半数を超えるのは「福祉・独立型」のみだった（「特になし」を回答とみなしてもなお、無回答は6割強に達する）。
▶17　質問文は、「障害者雇用をより良いものにしていくために、参考にしている（または参考にした）他社・他事業所はありますか」となっている。

236 —— 第3章　会社・事業所のあり方のモデル分析

【図表３−２−８：外部支援スコアの平均値】

	参考にしている他社・他事業所	
	あり	なし
特例子会社	0.476	0.168
Ａ型事業所	0.372	− 0.255
Ｂ型事業所	0.043	− 0.489
全体	0.231	− 0.250

統計的にも有意な差である。

　特に「福祉・独立型」は、参考にしている他社や他事業所を「あり」と答えている割合が他の類型と比べて低く、「参考にするより現状を維持することが大変」との回答もみられた[18]。また、参照先として挙げられた他社・他事業所も少ない傾向があった。

（2）情報収集のためのネットワーク

　障害者雇用・就労をより良いものにしていくために参考にしているウェブサイト・報告書・資料については、「ある」と答えた会社・事業所は多い（➡第2章第2節Ⅴ **6**）。特例子会社・Ａ型事業所の約9割、Ｂ型事業所の約6割が「ある」と回答している。

　ここで、参考にするものとして多く挙げられているのが「研究会や情報収集のための場で配布された資料」である。ここから示唆されるのは、人的な交流の場を通じて法的情報が流通しているということである。

　実際、この点は上記の質問への回答にも表れており、参照先として「その他」を選択した上で「研修」や「セミナー」、あるいは「関連団体の会議」などを挙げている会社・事業所が多数みられた。たとえば、「特例子会社連絡会」、「全国セルプ協の研修」、「地域で構成された就労のネットワーク部会」、「市町での関係機関連携会議」、「障がい者団体等が開催する研修」などである。

　前述の「参考にしている他社・他事業所」も、同じネットワークに属してい

---

[18]　他の類型の場合、参考にしている他社や他事業所があると答えたのは約6割であったが、「福祉・連携型」の場合は約4割にとどまっている。

る他社・他事業者であることが多い。このように、会社・事業所間のネットワークは、障害者雇用・就労の実践——なかでも、外部支援スコアの高い会社や事業所の実践——にとって重要な意味をもっているのである。

2 ネットワークと法目的の実現

　では、会社・事業所間のネットワークは法の実際の運用にどのような影響を与えているだろうか。ここでは、各会社・事業所の実践にネットワークがいかに影響しているかを検討し、法目的の実現におけるネットワークの意義について考察する。

(1) 配慮の違い

　いま述べたように、会社・事業所の外部支援スコアと、ネットワークへの関わりとの間には、一定の相関がある。前述Ⅱの分類でいえば、連携型は独立型と比べてネットワークとの関係が強い、ということになる。

　Ⅱで述べた４類型と、各会社・事業所の実践との間には、何か関連はあるのか。この点につき、提供している配慮を例として分析してみよう。

　法律上の「合理的配慮」が具体的にどのような配慮を指すのかについては、どうしても曖昧さが残る。合理的配慮指針や促進法Ｑ＆Ａ、あるいは厚生労働省作成の「合理的配慮指針事例集」などの資料はあるが、現場の文脈によって「合理的配慮」の内容は変わってくる。法律からは離れた「働く障害者にとって望ましい配慮」となると、曖昧さはますます大きくなるだろう。そのような状況で、各会社・事業所は自分たちの提供する配慮を決めなければならない。

　質問票では、職務に関する配慮として何を行っているのかについて、多肢選択式の質問をしている。第２章第２節で紹介したとおり、「労働時間の調整」、「職務内容の調整」、「労働環境の調整」など、12項目が列挙されている。また、職務と間接的に関係する配慮または私生活上の配慮として何を行っているかについても同様に多肢選択式の質問をしており、こちらでは「通勤に関する配慮」、「社内・事業所内の福利厚生に関する配慮」、「休日の過ごし方に関連する配慮」などの６項目が挙げられている。

これらの質問に対する回答の傾向は、4類型で大きく異なる。多くの項目で独立型よりも連携型のほうが、そして福祉型よりもビジネス型のほうが選択率は高い。特に差が開いているのは前者であり、連携型は独立型よりも配慮している割合が顕著に高くなっている。**図表3-2-9**は、どのくらいの割合の会社・事業所がそれぞれの具体的な配慮を提供しているかを示したグラフであり、ここでは連携型と独立型とを対比させている[19]。

　いまの点は、提供している配慮として選択された項目の数で比較するとより明瞭になる。上記の配慮を合計すると18項目あるが、選択された項目数の平均値は、「ビジネス・連携型」9.9項目、「ビジネス・独立型」7.9項目、「福祉・連携型」8.8項目、「福祉・独立型」7.1項目となる。ビジネス型か福祉型かよりも、連携型か独立型かが上記の差に寄与しているといえる。

【図表3-2-9：配慮の提供割合——連携型と独立型の比較】

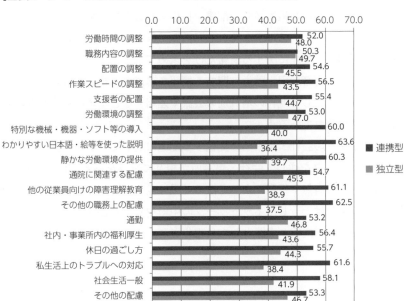

▶19　「連携型」と「独立型」の定義は前節と同じである。すなわち、外部支援スコアが正の場合を「連携型」、負の場合を「独立型」としている。

配慮における連携型と独立型の差は、ほぼ一貫してみられる。配慮の数を職務上のものとそれ以外のもので分けても、あるいは会社・事業所のタイプごとに分割して分析しても統計的に有意な差が出てくる[20]。

ネットワークに関わっている会社・事業所ほど、配慮の提供割合が高く、また配慮の数も多い、ということになる。

（2）ネットワークと法への反応

以上の分析からは、ネットワークの存在が配慮の提供を増加させたり多様化させたりする、といえるかもしれない。ただし、ネットワークの存在が配慮の提供を促すという因果関係があるとまで断定するのは難しい。たとえば、「配慮をさまざまな形で提供せざるをえない会社・事業所は、ネットワークに頼って他社・他事業所の動向を参照する」という逆の因果関係もありうる[21]。

しかし、参考にしている他社・他事業所は「もとから知っていた」と回答している会社・事業所が最も多く、配慮を提供する必要性がネットワークよりも先にあったというケースは少なくとも多数派ではないように思われる。

また、通常は、配慮に関する情報だけを求めてネットワークに頼ろうとするのではなく、障害者雇用・就労に関する情報を普段から幅広く得ていると考えられる。参照先として既存の地域別の会議や連絡会などを挙げる回答者が多かったのはその表れであろう。

もし法が個々の会社・事業所の提供する配慮に対して一定の影響を与え、かつ、ネットワークを通じて会社・事業所が相互に影響を与えているとすれば、ネットワークの有無や程度によって法の効果は変わってくると考えられる。配慮に関する情報はそうしたネットワークの中でやりとりされ、そしてネットワークにおいて法の内容が実践として具現化されていくのである。

---

[20]　ビジネス型と福祉型の差も広範囲でみられるが、Ａ型事業所については統計的に有意な差まではなかった。

[21]　障害の種別との関連も考えられるが（たとえば、外部との連携を必要とする種類の障害者が多いと合理的配慮の提供が増える可能性がある）、本節Ⅰで述べたように、特定の障害との関連は特に見出されなかった。

（3） 促進法改正の影響

　平成25（2013）年の障害者雇用促進法改正の影響について、連携型と独立型との間で差はあるだろうか。改正による影響をそもそも受けにくかった会社・事業所（特例子会社・A型事業所の場合「法が要請することは既にしていた」、B型事業所の場合「B型事業所に障害者雇用促進法は適用されない」と回答した会社・事業所）を除いた上で分析すると、次の結果が得られた[22]。

　促進法改正の影響があったと答えたのは、「ビジネス・連携型」82.0％（50/61）、「ビジネス・独立型」47.7％（21/44）、「福祉・連携型」58.8％（30/51）、「福祉・独立型」54.6％（30/55）であった。

　連携型のほうが独立型よりも「影響があった」と答える割合が高くなっており、これは統計的にも有意である。特に、ビジネス型の中での連携型・独立型の差が著しい。

　この分析からは、ネットワークに関わっている会社・事業所のほうが促進法に対する反応が大きいことが示唆される。

 # Ⅳ　本章の分析の含意

　本章では、運営方針に関する質問項目への回答をもとに、ビジネス志向スコアと外部支援スコアという2つのスコアを作成した。その後、これらのスコアを基礎にして会社・事業所を4つの類型に分けた。

　ここでの分析は、大別して3つのことを示している。

　1つ目は、会社や事業所の運営方針にはかなりの幅があり、特例子会社・A型事業所・B型事業所の間の重複も大きい、ということである。制度が固定的な物である限り、現場の方針と現在の法的なカテゴリー分けがうまく合わない部分は必然的に残るだろう。より柔軟な制度を模索する必要があるのかもしれない。

▶22　分析対象となったのは、234の会社・事業所（特例子会社65、A型事業所53、B型事業所116）である。

2つ目は、上記の1つ目の点と関連するが、会社・事業所が直面する課題は4つの類型ごとに違っている、ということである。それゆえ、望まれる法政策も類型によって異なっており、一律に扱うとかえって問題が増幅する場合もありうる。

　3つ目は、会社・事業所の間にあるネットワークの役割は無視できない、ということである。これには少なくとも2つの側面がある。ひとつは、法の効果は、法的な要素だけではなく法的でない要素（ここでは会社・事業所間のネットワーク）にも左右されるという側面である。もうひとつは、会社・事業所間のネットワークは制度変化のモメントを形成するという側面である。制度の問題点の発見や改善の要求は、独立型よりも連携型において顕著にみられる。因果関係の方向については不明なところがあるものの、「ネットワークが制度に対する視点を涵養している」とはいえるだろう。労働者と同じように、会社・事業所も、個々にばらばらに存在するだけでは制度の改善にはつながりにくいのである。

第 **4** 章

法と法以外のものの役割：現場からみえること

　本章は、第２章・第３章で示した調査結果や
その分析内容をふまえつつ、法制度がもつ影響
とネットワークの役割について検討することを
目的としている。第１節では、法制度が障害者
雇用・就労の実態にどのような影響を及ぼして
いるのかを分析・整理している。障害者雇用促
進法や障害者総合支援法のみならず、障害者雇
用・就労に関わる様々な労働・福祉関係法令に
言及しつつ、法と実務との間にみられる関係性
について詳細に検討している。第２節では、ネ
ットワークが障害者雇用・就労の実務や政策に
与える影響を分析している。就労する障害者の
支援のために地域の関係機関が連携するネット
ワーク、および、将来の障害者雇用・就労の改
善を１つの目的としてこれに携わる同業・関係
者が作るネットワークの２つを取り上げ、それ
ぞれの役割や機能を検討している。

第 1 節　法制度の影響

　本節では、法制度・施策が実態にどのような影響を及ぼしているか（いない
か）を分析・整理することを目的とする。Ⅰでは、第3章における分析結果等
をふまえた上で、特例子会社・Ａ型事業所・Ｂ型事業所の法制度上の位置づけ
が各企業・事業所の運営方針等に一定程度反映されている反面、それぞれの運
営方針にはこうした位置づけの違いからは説明できない多様性がみられること
を指摘し、その要因を検討する。Ⅱ～Ⅵでは、障害者の雇用・就労の継続、配
慮の提供[1]や労働時間、賃金・工賃額、さらには障害者のキャリア形成に係
る実態に法制度・施策が及ぼしている影響を検討する。

Ⅰ　「ビジネス─福祉」の多様な志向性

1　法制度上の位置づけ

　特例子会社は、障害者の雇用管理を適正に行うに足りる能力を有しているこ
とが求められる（障害者雇用促進法（以下「促進法」という）44条1項3号）など（➡
本節Ⅲ1(1)）、通常の民間企業とは異なる性質を有する。もっとも、障害者に
「雇用の場」を提供するという点では、特例子会社とそのほかの民間企業とで
異なる点はなく、特例子会社での就労は一般就労と位置づけられる。これに対
し、Ａ型・Ｂ型事業所は、障害者総合支援法（以下「総合支援法」という）に基づ
き、就労系福祉サービスの提供を担うものであり、通常の事業所での就労（一

▶1　後述（Ⅲ2）のように、ここでいう配慮には、促進法や障害者差別解消法（以下「差別解消法」
　　という）合理的配慮に限られず、特例子会社が雇用管理を適正に行うために求められる配慮や福
　　祉事業所としての支援としてなされるものも含まれる。

般就労）が困難な障害者を対象として、就労の機会の提供および就労に必要な知識・能力の向上のために必要な訓練を提供する（総合支援法5条14項）。このうちA型事業所では、主に雇用契約に基づく就労が可能な障害者を、B型事業所では雇用契約に基づく就労が困難な障害者をサービスの利用者としている（総合支援法施行規則6条の10、障害者の日常生活及び社会生活を総合的に支援するための法律に基づく指定障害福祉サービスの事業等の人員、設備及び運営に関する基準（以下「指定基準」という）190条1項）。そのため、基本的には特例子会社、A型事業所、B型事業所の順に、より高い就労能力のある障害者が就労していること、B型事業所、A型事業所、特例子会社の順に、より福祉的な配慮や支援が求められるということが想定される。

2 本調査の結果

（1）一般就労と福祉的就労の境界

　質問票調査や本調査における因子分析の結果はこうした法制度上の位置づけやそれぞれの場所で就労する障害者の就労能力の違いを一定程度反映している。

　所定労働時間についてみると、週40時間ないし週30〜40時間働いている者がいると回答する割合は、特例子会社において最も高い。他方、A型・B型事業所では所定労働時間（B型事業所では利用時間）が週20〜30時間の者がいるとする回答割合が最多で、B型事業所では週20時間未満の利用時間の者がいるとする回答も5割強にのぼる。また、時間外労働の可能性についても、特例子会社、A型事業所、B型事業所の順に高い（➡第2章第2節Ⅳ2）。

　また、仕事上でのミスや同僚のトラブルに対して、「厳しく注意することがある」について肯定的な回答をする会社・事業所の割合は、特例子会社、A型事業所、B型事業所の順に多い。「遅刻や無届欠勤に対して、懲戒を行うことがある」については、全体的に否定的回答が多数であるが、特例子会社では肯定的回答をする割合も3割強にのぼる（➡第2章第2節Ⅳ5）。

　他方、「個別の事情に応じて始業時間・就業時間を変更しやすいようにして

いる」会社・事業所の割合は、Ａ型・Ｂ型事業所において、７割弱～7.5割であるのに対し、特例子会社では5.5割である（➡第２章第２節Ⅳ**2**（2））。また、「想定していた配慮のレベルを超えていたとしても、希望に応じた個別的な対応をする」会社・事業所の割合も、Ａ型・Ｂ型事業所において、７割超であるのに対し、特例子会社では６割である（➡第２章第２節Ⅴ**1**（2））。

　因子分析の結果においても、特例子会社において、職務遂行に際して一定の厳格性を求め、能力主義的な対応をとること、他方、Ａ型事業所やＢ型事業所においては、個別的な対応をとることが認められる。また、これを「ビジネス―福祉」の軸でスコア化した結果においては、特例子会社の多くがビジネス志向[2]を有し、Ａ型事業所・Ｂ型事業所の多くが福祉志向を有することが示されている（➡第３章第１節Ⅱ**3**（2））。以上のように、「一般就労／福祉的就労」という位置づけの違いやそこで就労することが想定される障害者像（障害者の就労能力の程度）の違いは、特例子会社、Ａ型・Ｂ型事業所における就労時間や運営方針の違いとして一定程度表れているといえる。

（2）境界の曖昧さ・多様性

（ａ）特例子会社とＡ型・Ｂ型事業所の間の境界　　もっとも、特例子会社であればビジネス志向、Ａ型・Ｂ型事業所であれば福祉志向というように、個々の会社・事業所が「ビジネス―福祉」の軸で明瞭に分かれるわけではない。すなわち、特例子会社の中にも、個別的で柔軟な配慮や福祉的な支援を行うところは存在するし、Ａ型・Ｂ型事業所の中にも、「就労する」ということについて、一定の厳格な姿勢を示すところも存在する（➡第３章第１節Ⅱ**3**（2）、第２節Ⅱ**1**・**2**）。

　こうした運営方針の違いは何から生じるのだろうか。少なくとも特例子会社については、規模が大きく、障害者を事業組織に組み入れやすい場合や、障害

▶2　ここでの「ビジネス」は、「一般企業に近い形」での就労を志向しているか否かを示すためのラベルである。ビジネス志向性は、仕事をするということに対する厳格な対応（厳格性）、成果や仕事内容・責任に応じた対応（成果・能力主義）、障害のある人とない人を区別しない均等な対応（均等な対応）をする傾向にある場合にこれを数値化して割り出したものである（➡第３章１節Ⅰ**1**）。

種別（肢体不自由、聴覚障害）や業種（製造業[3]、データ入力、接客（カフェ等））として障害者を戦力化しやすい場合に、ビジネス志向性が強まる傾向にあることがうかがわれる。しかし、特定の障害種別・業種が志向性の違いの決定的な要因となっているわけではない（➡第3章第2節Ⅰ4）。会社・事業所の経営者・運営者が何を重視するかにより、「ビジネス─福祉」の志向性が規定される面もあるといえる[4]。また、インタビュー調査の結果からは、障害者の就労能力等の違い[5]や設立経緯の違い[6]が志向性として現れる可能性も示唆される[7]（➡第2章第3節）。

（b）A型事業所とB型事業所の間の境界　　A型・B型事業所は、いずれも通常の事業所に雇用されることが困難な障害者を障害福祉サービスの利用者として受け入れる（総合支援法5条14項）。A型は、雇用契約を締結して働くことができる障害者を対象とするのに対し、B型では、雇用契約を締結して働くことが困難な障害者を対象とするため（総合支援法施行規則6条の10）、分析に際しては、A型事業所の方がB型事業所よりもビジネス志向を有するところが多くなることが想定された。しかし、因子分析の結果によれば、両者の間に大きな差がないことが明らかになっている（➡

[3]　製造業において障害者を戦力化しやすいことについては、眞保智子「障害者のキャリア開発」職業リハビリテーション23巻2号（2010年）45頁。なお、二神枝保『障害者雇用とディスアビリティマネジメント』（中央経済社・2017年）206〜223頁では、就労支援のネットワーク等の観点から、製造業の特例子会社3社について分析を行っている。

[4]　第3章第2節Ⅰにおける分析結果では、賃金決定方法として、最低賃金のみならず、特例子会社については「仕事内容」、A型事業所については「就労能力」を考慮する場合にビジネス志向性が高まるとの結果が示された。すなわち、経営者・運営者自身が障害者の就労やこれに対する報酬をどのようにとらえるかが志向性に影響を与えていると考えられる。

[5]　福祉志向を有するT₃社は、就労準備性が十分でない者を採用せざるをえない場合があるとしている。なお、ここでいう就労準備性は純然たる作業能力ではなく、目標に向かって努力できるかどうか、対人コミュニケーション能力を有しているかといった観点から測られるものとされている（➡第2章第3節Ⅰ3）。

[6]　ビジネス志向を有するA₁事業所は、企業で就労する障害者を引き継ぐ形で設立されたのに対し、福祉志向を有するA₂事業所は、精神科病院から退院した障害者を引き受ける形で事業を開始したという経緯がある（➡第2章第3節Ⅱ2）。また、ビジネス志向を有するB₃事業所についても、労働組合が障害者への働く場の提供を目的として設立した経緯が志向性に影響を及ぼしているといえよう（➡第2章第3節Ⅲ3）。

[7]　なお、A型・B型事業所については、運営主体（株式会社、社会福祉法人等）の違いにより、志向性の違いが生じることも予想されるが、本調査では、この点を分析するには至らなかった。

第3章第1節Ⅱ**3**(2))。このことは、①Ａ型事業所が想定以上に福祉志向を有しているか、あるいは、②Ｂ型事業所が想定以上にビジネス志向を有しているか、あるいはその双方の可能性を示すものといえる。その要因は必ずしも明らかではないが、①については、障害者の自立支援の観点から、Ａ型事業所自身が進んで利用者を広く受け入れている可能性がある[8]。また、定員充足等の事情により幅広い利用者を受け入れた結果、福祉的対応を迫られているというケースもあると考えられる。②については、工賃額向上の要請がかかる中で(➡第1章第2節Ⅳ**2**(2)、第2章第4節Ⅱ**2**(2))、Ｂ型事業所として、生産性を重視せざるをえないことが影響していると予想される。さらに、①・②に共通する要因として、アセスメントの不適切さ、あるいは、Ａ型・Ｂ型事業所の地域的偏在[9]がこうした結果をもたらしている可能性もあるが、この点の検証は今後の課題となる。

3 検　討

　特例子会社・Ａ型事業所・Ｂ型事業所における運営方針の多様性は、現行法制を前提に、障害者の就労能力や設立経緯、運営方針の違いにより生じているものであり、そのこと自体は否定されるべきものではない。もっとも、法制度・施策の側で、それぞれの場所がどのような目的をもって設けられているの

[8]　全Ａネット報告書（2017年）25〜26頁によると、Ａ型事業をはじめたきっかけとしては、「（障害者が）自立した生活を送れるようにしたいから」（68.7%）が最も多い。次いで「事業として福祉に携わりたいから」（44.3%）、「多様な働き方に対応できるため」（32.1%）が続く。

[9]　平成30年社会福祉施設調査結果によると、Ａ型事業所（総数3839）は、大阪（328）、福岡（268）、北海道（232）、愛知（227）が多く、熊本（169）、岡山（161）がこれに続く。これに対し、山形（21）、秋田（22）、高知（23）、香川（24）、徳島（26）、滋賀（27）、鳥取（29）、島根（30）、福島（30）は少ない。なお、都道府県別人口で割った値は、熊本、福井、岡山の順に最も高く、東京、神奈川、埼玉、千葉の順に最も少ない。なお、鳥取・島根は上位、徳島、高知は中位である。

　　他方、Ｂ型事業所（総数1万1835）は、大阪（907）、北海道（847）、東京（808）、兵庫（600）、愛知（481）、神奈川（480）、福岡（470）において多く、徳島（59）、福井（78）、高知（98）、山梨（98）において少ない。人口で割った値でみると、鳥取、沖縄、鹿児島の順に値が大きく、千葉、神奈川、埼玉、東京、愛知の値が小さい。高知、山梨は上位であり、福井は中位である。なお、実際には、県レベルではなく、利用者が通える範囲にＡ型・Ｂ型事業所があるか否かが重要となる。

かということについては再確認しておく必要がある。その際、一般就労と福祉的就労、雇用型と非雇用型といった法制度上の位置づけの区分を前提に、Ａ型を雇用義務制度の対象とすること（➡第5章第1節Ⅱ**5**）やＢ型に対する労働関係法令の適用をおよそ予定しないことの妥当性（➡第5章第1節Ⅴ**4**）について改めて検討する必要がある。また、一般就労移行施策や障害福祉サービス等報酬の設定との関係では、Ａ型・Ｂ型事業所において継続的に就労することの意義・価値を再評価する必要があるように思われる（➡第5章第1節Ⅴ**2**）。また、障害者のキャリア形成・職業選択権（憲法22条参照）の実質的保障という観点からは、障害者が能力と希望に応じて、適した場所で働けることが重要であり、当該企業・事業所がいかなる理念のもと、いかなる方針をとっているかという点についての情報がわかりやすく開示されていることが求められる（➡第5章第2節Ⅱ**4**）。

 ## Ⅱ　障害者の雇用・就労の継続性

1　本調査の結果

　質問票調査によると、「能力・意欲が低下した場合には、解雇または雇止めの可能性がある」という問いについては、否定的回答の割合が圧倒的に高い。また、加齢や症状悪化により業務の遂行が困難になった場合でも別の受入れ先を探すのではなく、雇用を継続するとの回答も1.5割前後みられる。加齢や症状悪化以外の理由で解雇・雇止めや退職勧奨をしたことが実際にあると回答する会社・事業所は1割程度であり、契約終了理由としては、暴力行為等ほかの利用者への危害（のおそれ）を挙げる会社・事業所が複数みられる（➡第2章第2節Ⅲ**3**）。特例子会社・Ａ型事業所においては、重視すべき価値観として「障害者の雇用継続」を挙げるところが5.5〜6割にのぼることもふまえると（➡第2章第2節Ⅱ**1**）、上記実態は、雇用継続自体が重視すべき価値とされていることによるといえそうであるが、このほか、下記の法制度が影響を与えている（あるいは、今後与えることとなる）可能性がある。

2 関連する法制度

(1) 雇用義務制度

　まず、特例子会社は親会社やグループ会社における法定雇用率の達成という目的のために設立されているため、雇用する障害者数を確保するという観点から容易に解雇ができない可能性がある（➡第1章第3節Ⅱ）[10]。なお、この点はグループ企業内において雇用率算定対象となっているＡ型事業所も同様といえる。特例子会社の雇用義務制度に対する関心は、質問票調査の自由記述欄において同制度に対する声が多いこと（➡第2章第2節Ⅶ1、第2章第4節Ⅰ）や重視する経営理念として「法令遵守」（法定雇用率の達成）を挙げる割合が高いことからもうかがわれる（➡第2章第2節Ⅱ1）。

(2) 解雇規制

　無期雇用契約下にある労働者との関係では、厳格な解雇規制が存在する。解雇には合理的理由と社会通念上の相当性が必要とされ（労働契約法16条）、裁判例においては、健康状態悪化により従前の業務が十分に遂行できないとしても、雇用終了に先立ち、他業務への配置可能性を検討するなど一定の配慮を求める判断が示されている[11]。また、促進法において、合理的配慮提供義務（促進法36条の3）が規定されて以降は、雇用継続の支障を解消するための配慮を尽くさずになされた解雇等が違法無効と判断される可能性が高まっている[12]。さらに、障害者を解雇するに際しては、障害者に帰責事由のある場合

[10]　法定雇用率を算定する際に分母となる常用労働者の人数が大幅に増加した場合、法定雇用率を充たしていた企業でも未達成となる可能性があること、首都圏等において、身体障害者と雇用管理手法が蓄積されてきた知的障害者は売り手市場であり、人材確保は容易ではないことの指摘について、眞保智子「障害者雇用進展期の雇用管理と障害者雇用促進法の合理的配慮」日本労働研究雑誌685号（2017年）7頁。

[11]　大阪地判平成11年10月4日労判771号25頁［東海旅客鉄道事件］、東京地判平成24年12月25日労判1068号5頁［第一興商事件］等。

[12]　菅野和夫『労働法［第12版］』（弘文堂・2019年）302頁参照。京都地判平成28年3月29日労判1146号65頁［Ｏ公立大学法人（Ｏ大学・准教授）事件］や東京地判平成27年7月29日労判1124号5頁［日本電気事件］は、障害者基本法19条2項や施行前であった合理的配慮義務

を除き、公共職業安定所長に届け出なければならないとされていること（同81条1項）も障害者の安易な解雇を抑止する機能を果たしているといえる。

（3）特定求職者雇用開発助成金

特定求職者雇用開発助成金を受給している事業者との関係では、同助成金の支給要件となっていた離職割合要件が雇用継続に向けた各事業者の取組みを下支えしていた可能性もある[13]。質問票調査実施後となる平成30（2018）年10月以降は、①助成対象期間中に対象労働者を解雇・雇止め等した場合、当該労働者に対する助成金の返還ではなく、以後3年間、当該事業所に対する助成金が支給されないようになること、②離職者が出た場合、離職した月以降でなく、当該支給対象期（6か月）分の本助成金は原則支給しないことを内容とする制度改正がなされているが（➡第1章第3節Ⅳ1（1）、第2章第2節Ⅶ1）、こうした改正は雇用継続やそれに向けた定着支援に対する要請をさらに強めるものといえる。

規定の趣旨等をふまえて、解雇や病気休職期間満了による退職扱いの効力を判断すべきとしている。ただし、O公立大学法人（O大学・准教授）事件は、法令の理念に沿うような具体的方策を検討した形跡がないとして、解雇を無効としているが、日本電気事件は、合理的配慮提供義務は、使用者に対し、障害のある労働者のあるがままの状態を、常に受け入れることまで要求するものとはいえないとして、退職扱いの効力を認めている。

なお、有期雇用契約下にある労働者の雇止め（期間満了終了）について、①有期契約が反復更新され、実質的に無期契約と同視できる場合や、②有期契約の更新に対する期待に合理的理由がある場合には、合理的理由と社会通念上の相当性が必要とされる（労働契約法19条）。①・②に該当し、合理的配慮を尽くさずにされた雇止めについても、違法と判断される可能性が高いといえる。

▶13　A型事業所との関係では、離職割合要件は維持されており、令和2（2020）年10月以降は、対象労働者の雇入れ日の前後6か月間に雇入れ日または助成対象期間の末日の翌日から起算して1年を経過する助成金受給対象労働者が5人以上いる場合で、かつ、それらの者が離職している割合が25％を超えている場合には助成金を受給することはできないとされている。また、離職要件から除外される離職理由として、従来までの天災事変等により事業継続が困難になった場合や労働者に帰責性がある場合の解雇や社会通念上妥当性がある場合の解雇等のほか、家庭の事情による離職や通勤困難となったことによる離職が追加されている。A型事業所において、家庭の事情による離職が一定割合を占めることは、質問票調査の結果においても示されている（➡第2章第2節Ⅲ3（1））。

（4）定着支援

　福祉的就労等（就労移行支援、就労継続支援、生活介護、自立訓練）を利用して、特例子会社へと移行した労働者との関係では、今後、定着支援が雇用継続との関係で一定の役割を果たすことになる可能性もある（➡第1章第3節Ⅳ2）。平成30（2018）年4月1日以降開始された就労定着支援では、原則最長3年間にわたり、当該事業所での就労の継続をはかるために必要な当該事業所の事業主、障害福祉サービス事業を行う者、医療機関その他の者との連絡調整等を行うものとされている（総合支援法5条15項、同施行規則6条の10の4）。

　また、一般就労への移行を目的とする就労移行支援事業者もまた、就職後、原則6か月間については、障害者就業・生活支援センター等の関係機関と連携して、職場への定着のために必要な相談その他の必要な支援を提供することが求められる（指定基準182条）。他方、A型・B型事業所のほか、生活介護や自立訓練の事業者は、同様の努力義務を負うとされる（指定基準85条の2（生活介護）・162条（機能訓練）・171条（生活訓練）・195条（A型準用）・202条（B型準用）等）。これまで関係性を構築してきた事業者が月1回以上の障害者の対面支援あるいは企業訪問等を行うことにより、定着支援がスムーズに進むとの考えによるものといえる[14]。

（5）福祉サービス契約の継続的性格

　A型・B型事業所は、正当な理由なくサービスの提供を拒んではならないとされている（指定基準11条・197条（A型準用）・202条（B型準用））ほか、就労系福祉サービスを受けるにあたっては締結する利用契約は、福祉サービス契約として継続的な性格を有するとされる[15]。実際、A型・B型事業所におけるケースではないものの、裁判例においても、障害者短期入所サービスを提供する施設側からの利用契約の解除の効力については、慎重な判断がなされてい

---

[14]　厚生労働省第89回障害者部会（平成30（2018）年3月2日）議事録。
[15]　指定基準における応諾義務を根拠に「正当な理由」を厳格にとらえ、不当な契約解除は公序良俗に違反し無効（民法90条）とする見解として、平田厚「福祉契約に関する実務的諸問題」新井誠ほか編『福祉契約と利用者の権利擁護』（日本加除出版・2006年）58〜59頁。

る[16]。

3 検　討

　質問票調査においては、障害者が他害行為をした場合には、契約終了をする（あるいは実際に契約を終了した）との回答が特例子会社・Ａ型事業所・Ｂ型事業所に共通してみられた。他害行為は被害者となる障害者の雇用・就労継続保障を脅かすものであり、これを理由とする契約終了は一定程度正当化されうる。もっとも、他害行為が障害特性により生じている場合があること、また、上記に挙げた法制度のうち、特に解雇規制や合理的配慮義務の規定の趣旨や福祉サービス契約の継続的性格をふまえると、適切な介入により他害行為を防止しえないか等をふまえた上で契約終了の正当性が判断されるべきといえよう。

Ⅲ 配慮の提供

1 関連する法制度

（1）特例子会社

　特例子会社は、障害者の雇用管理を適正に行うに足りる能力を有していることがその認定要件とされている（促進法44条1項3号）。このこととの関係で、特例子会社の認定を受けるための申請書においては、「身体障害者、知的障害者又は精神障害者のための特別な配慮の状況」について記載する欄が設けられており、障害者のために特別に配慮した施設または設備の概要、雇用管理上の特別な配慮の状況（専任の指導員の配置状況・その他特別な配慮がある場合はその状況）▶17等について記載するものとされている（促進法施行規則8条の3・様式第6

▶16　大阪地堺支判平成26年5月8日判時2231号68頁［損害賠償等請求事件］参照。
▶17　本文中に挙げたもののほか、「親事業主が子会社の経営の安定のために措置を講じている場合はその内容」についての記載欄もある。

号の6）▶18。

特例子会社はまた、平成28（2016）年4月以降、障害者を雇用する事業主として、不当な差別的取扱いが禁止されるほか（促進法34条・35条）、合理的配慮の提供義務を負う（同36条の2・36条の3）。なお、差別禁止に関しては、「障害者に対する差別の禁止に関する規定に定める事項に関し、事業主が適切に対処するための指針」（以下「差別禁止指針」という）が、合理的配慮に関しては、「雇用の分野における障害者と障害者でない者との均等な機会若しくは待遇の確保又は障害者である労働者の有する能力の有効な発揮の支障となっている事情を改善するために事業主が講ずべき措置に関する指針」（以下「合理的配慮指針」という）がそれぞれ定められており、事業主の行為規範を明確化している（促進法36条・36条の5）。

(2) A型・B型事業所

A型・B型事業所は、就労の機会および知識・能力の向上のために必要な訓練のほか、「厚生労働省令で定める便宜」を提供するものとされている（総合支援法5条14項）。「便宜」には、「その他の必要な支援」が含まれるが（同施行規則6条の10）、ここでいう「必要な支援」には、就労の機会や訓練の提供だけでなく▶19、配慮の提供も含まれると考えられる。なお、A型事業所については、作業能率の向上のため、利用者の障害の特性等をふまえた工夫を行うこと（指定基準191条2項）や、就労の機会の提供に際し、利用者の就労に必要な知識および能力の向上に努めるとともに、その希望をふまえたものとすること（同条3項）が指定基準第12章の「第4節　運営に関する基準」において規定されている▶20。

A型・B型事業所はまた、サービスの提供に際し、利用者の意向、適性、障

▶18　なお、障害者基本法19条2項では、「事業主は、障害者の雇用に関し、その有する能力を正当に評価し、適切な雇用の機会を確保するとともに、個々の障害者の特性に応じた適正な雇用管理を行うことによりその雇用の安定を図るよう努めなければならない。」と定められている（➡前掲注12の記述も参照）。

▶19　法令用語で「その他の」という場合、この後にある語（ここでは「必要な支援」）は、その前にある語を含む概念として示されていることになる。

▶20　B型事業所についてはこれらの規定の準用はされていない。

害の特性その他の事情をふまえた個別支援計画を作成することが求められており（指定基準3条1項）、個別支援計画の原案を作成するサービス管理責任者は、その有する能力、そのおかれている環境および日常生活全般の状況等の評価を通じて利用者の希望する生活や課題等の把握（アセスメント）をあらかじめ行うことやモニタリングを行うことが求められている（指定基準58条・197条（A型準用）・202条（B型準用））。そのため、サービスの提供に係る個別契約において、配慮の内容が盛り込まれることも想定される。また、A型・B型事業所において、職業指導員および生活支援員を配置することが求められている（指定基準186条（A型）・199条（B型準用））。

なお、A型・B型事業所は、平成28（2016）年4月以降、障害者差別解消法（以下「解消法」という）上の事業者として、不当な差別的取扱いによる権利侵害が禁止されるほか（解消法8条1項）、社会的障壁の除去の実施について必要かつ合理的な配慮をする努力義務を負う（同条2項）[21]。A型事業所にはまた、促進法上の差別禁止・合理的配慮提供義務も重畳的に課される（促進法34条・35条・36条の2・36条の3）。

2 配慮の内容

（1）職務に直接関連する配慮

質問票調査によれば、職務に関連する配慮の内容として、職務内容の調整、配置の調整、通院に関する配慮、支援者の配置、作業スピードの調整、労働環境の調整等については、特例子会社・A型事業所・B型事業所のいずれにおいても多く実施されている。

これらの配慮は、合理的配慮指針において示されている合理的配慮の内容の例示と重なるものである。もっとも、平成25（2013）年促進法改正の影響がなかったと回答する特例子会社・A型事業所が6割強に及んでいること、そ

---

[21] なお、福祉事業者向けに、「福祉分野における事業者が講ずべき障害を理由とする差別を解消するための措置に関する対応指針（以下「福祉事業者向けガイドライン」という）」（平成27（2015）年11月11日厚生労働大臣決定）が示されている。

のうち5割は「法が要請していることはすでにしていた」と回答していること等もふまえると（➡第2章第2節Ⅵ1）、これらの配慮は特例子会社に求められる「特別な配慮」あるいは、Ａ型・Ｂ型事業所に対して求められる「支援」の1つとしてなされてきたものであり（➡前述1）、必ずしも「合理的配慮」として提供されてきたわけではないとみることもできる[22]。障害特性に応じた雇用管理・雇用形態の見直しや柔軟な働き方の工夫等の措置を講じること[23]や職場適応援助者（ジョブコーチ）による支援を行うこと[24]に対しては障害者雇用安定助成金（障害者職場定着支援コース・障害者職場適応援助コース）が、介助者の配置に対しては障害者介助等助成金が、施設等を設置・整備することに対しては障害者作業施設設置等助成金・障害者福祉施設設置等助成金が、障害者の雇入れに必要な事業所の整備に対しては中小企業障害者多数雇用施設設置等助成金があるが、雇用契約を締結していないＢ型事業所についてはもちろん、Ａ型事業所についても、助成対象措置が本来業務であることから、原則としてこれら助成金の受給は不可とされている[25]。支援員の配置や施設の整備といった配慮はまさにＡ型事業所の本来業務であるところの「支援」の一内容ととらえられているといえる。そして、こうした配慮が「支援」に含まれることは、Ｂ型事業所においても同様である。

　なお、本調査の結果からは、特例子会社の中に、Ａ型・Ｂ型事業所等の見学やＡ型・Ｂ型事業所等との情報交換等を行っているところもあることが明ら

---

[22] 厚生労働省「平成25年障害者雇用実態調査結果」をふまえ、合理的配慮提供義務を規定する改正促進法施行前から民間企業において、障害者に対する配慮がなされていたこと、「障害者雇用対策基本方針」（促進法7条1項参照）の「第3 事業主が行うべき雇用管理に関して指針となるべき事項」において具体的な配慮例が示されていたことを指摘するものとして、永野ほか編詳説促進法（2018年）215～216頁〔長谷川珠子〕。

[23] 職場定着支援計画を策定し、①柔軟な時間管理・休暇取得、②短時間労働者の勤務時間延長、③正規・無期転換、④職場支援員の配置、⑤職場復帰支援、⑥中高年障害者の雇用継続、⑦社内理解の促進、のいずれかの措置を講じることにより受給可能となる。

[24] 永野ほか編詳説促進法（2018年）215頁〔長谷川珠子〕では、こうした助成金が合理的配慮類似の措置を支えるものとして機能していることを指摘する。

[25] 「就労移行支援事業、就労継続支援事業（Ａ型、Ｂ型）における留意事項について」（平成19（2007）年4月2日障障発第0402001号　最終改正：平成30（2018）年4月10日障障発0410第1号）。なお、Ａ型・Ｂ型事業所が、障害者を施設職員として雇用する場合は、一般の事業所と同様に雇用関係助成金の申請が可能とされている。ただし、職場適応援助者（ジョブコーチ）の配置については、人員配置基準に定める人員とは別に配置する必要がある。

かとなっており▶26、特例子会社における「配慮」が、Ａ型・Ｂ型事業所における福祉的な「支援」を参考にしつつ提供されているケースがあると予想される。

(2) 私生活面への配慮／家族との連携

（ａ）特例子会社　質問票調査の結果によれば、職務に直接関連する配慮と比べると、職務に関連しない配慮の実施割合は低い。社会生活一般に関する配慮（交通安全、犯罪被害防止等に関する研修・指導、社会的なマナーに関する研修・指導等）については7割弱の特例子会社が実施しているものの（Ａ型・Ｂ型：4～5割弱）、「休日の過ごし方に関する配慮（レクリエーションの提供等）」は2割弱（Ａ型：3割弱、Ｂ型：4割弱）、「障害者の私生活上のトラブルへの対応」は3割（Ａ型・Ｂ型：5割強）と低い（➡第2章第2節Ⅴ1）。もっとも、「仕事のない日に従業員がどのように過ごしているかを把握する手段がある」とする特例子会社は4.5割であり、6割の特例子会社は、「従業員の家族と積極的にコミュニケーションをとるようにしている」、「家族と個別面談を行う機会がある」、「家族による職場訪問の機会がある」に肯定的回答をする（➡第2章第2節Ⅴ5）▶27。

　特例子会社において求められる「特別の配慮」は「障害者の雇用管理を適正に行う」ためのものであるほか、合理的配慮も「職務の円滑な遂行に必要な……措置」（促進法36条の3）であり、私生活面の配慮はここに含まれない。特例子会社としては、こうした配慮を提供する法的義務はないということになる。むしろ、私生活への過度な介入は、プライバシーの侵害ないしはパワーハラスメントの一類型としても位置づけられうる行為であり▶28、これを行うこ

▶26　たとえば、B₃事業所へのインタビュー調査からは、特例子会社の設立に際し、助言を行うNPO法人の存在や同法人と連携するB₃事業所が企業からの見学者を受け入れていることが明らかとなっている。また、A₁事業所の社長は、地域の障害者雇用に関するアドバイザー的役割を果たしている（➡第2章第3節Ⅱ・Ⅲ）。

▶27　なお、非就労日の過ごし方を把握する手段があるとするところは、職務外の合理的配慮を提供しているところ（特例・Ａ型について妥当）や私生活上生じたトラブルへの対応をするところが多く、家族との連携が密であるといえる（特例・Ａ型・Ｂ型すべてに共通）（飯田の分析による）。

▶28　厚生労働省「事業主が職場における優越的な関係を背景とした言動に起因する問題に関して雇用管理上講ずべき措置等についての指針（パワーハラスメント指針）」（令和2（2020）年1月15

とには一定のリスクもある。

　私生活面における配慮・関与の必要性は、障害種別（特に知的障害か否か）により異なりうることが予想される。知的障害者を中心に雇用しているか否かにより[29]、「仕事のない日に従業員がどのように過ごしているかを把握する手段がある」か、「私生活上のトラブルに対応する」か否かに違いが出るか確認すると、下記**図表4-1-1-1**および**図表4-1-1-2**のとおりであり、知的障害者を中心に雇用しているとはいえない特例子会社において休日の過ごし方を把握する手段がないと回答する割合が若干高く、また、私生活上のトラブルに対応しないとする割合が高いものの、知的障害者を中心に雇用しているか否かで統計的に有意な差があるとまでは認められない。

【図表4-1-1-1：非就労日の過ごし方を把握する手段があるか否か】

	肯定的回答	否定的回答	計
知的障害者を中心に雇用	28（50.9%）	27（49.1%）	55（100%）
それ以外	22（41.5%）	31（58.5%）	53（100%）

【図表4-1-1-2：私生活上のトラブルに対応をするか否か】

	対応している	対応していない	計
知的障害者を中心に雇用	21（37.5%）	35（62.5%）	56（100%）
それ以外	13（24.5%）	40（75.5%）	53（100%）

　以上のような結果やインタビュー調査の結果等もふまえると、私生活への関与の度合いは、障害種別だけでなく、障害の程度や特性、あるいは、経営者自身の考え方の違いにより異なってくるといえる。

　考え方の違いという点について、インタビュー調査の結果等もふまえると、

日厚生労働省告示第5号）参照。ただし、同指針では、「労働者への配慮を目的として、労働者の家族の状況等についてヒアリングを行うこと」についてはこれに該当しないとしている。

[29] 　**【図表4-1-1-1】**および**【図表4-1-1-2】**の作成に際しては9人以上の障害者を雇用する特例子会社を対象とし、①雇用する障害者に占める知的障害者の割合が他の障害種別の障害者と比べて明らかに高いか（知的障害者を中心に雇用）、②他の障害種別の障害者の割合が高いか、同等程度に他の障害種別の障害者もいるか（それ以外）という分類をしている。①・②のいずれともつかない会社（8社）や障害種別雇用人数に無回答が含まれる会社（3社）は上記から除外している。

次のようにまとめることができる（➡第2章第4節Ⅰ2、本章第2節Ⅰ3）。私生活に関与する特例子会社は、生活面での安定が労務提供の前提となる健康の保持、ひいては、職務の円滑な遂行につながることを前提に、生活面における安定についても会社が一定のフォローを行おうと考える。この中には、Ⅲ2（1）でも指摘したように、Ａ型・Ｂ型事業所における福祉的な対応（後述（ｂ）参照）を自社の配慮提供方針を確定するにあたり参考にした特例子会社も含まれうる。他方、障害者も1人の自立した社会人であり、私生活は障害者自身が責任をもつべき事柄として、会社がこれに介入すべきでないと考える特例子会社は、私生活への関与を控えることになる。私生活に特例子会社が自ら関与するか否かはまた、私生活に対する支援を障害者就業・生活支援センターをはじめとする支援機関等に委ねることができる状況にあるか否かも影響しているといえる▶30。

　なお、私生活に関与するとしても、家族とどこまで連携するかはさらに困難な問題となる。本調査の結果からは、家族との信頼関係のもとで配慮の提供が円滑になされ、就労の継続につながるケースがある一方▶31、家族と障害者の意向が一致しないケースや障害者本人の自立や能力発揮との関係から、家族の意向に沿うことが必ずしも望ましくないケースもあることが明らかとなっている（➡本章第2節Ⅰ3（2））▶32。

▶30　事業所外資源でなく、事業所内の専門職に頼る方法もある。この点に関し、厚生労働省「合理的配慮指針事例集〔第3版〕」においては、精神障害者や知的障害者に対する配慮の一内容として、精神保健福祉士や臨床心理士等を配置し、定期的なカウンセリングやメールによる相談対応をする事例が紹介されている。相談内容は仕事のことに限らない可能性があるが、専門職と人事担当者、直属の上司との間での相談内容の共有方法や共有の範囲等に関しては、あらかじめ規程を設けておくことや本人の同意を得ておくこと等が求められよう（この点に関しては、厚生労働省「労働者の心身の状態に関する情報の適正な取扱いのために事業者が講ずべき措置に関する指針」（平成30（2018）年9月7日）、「事業場における労働者の健康情報等の取扱規程を策定するための手引」等も参照）。

▶31　厚生労働省「合理的配慮指針事例集〔第3版〕」においても、知的障害者に対する配慮として「連絡帳等により<u>家族とも</u>情報交換を行い、体調等の確認を行っている」事例や精神障害者に対する配慮として、「出退勤時の面談や<u>家族と連絡を取ること</u>、日誌等の確認により、定期的又は随時体調を把握している」（以上、下線は引用者）事例が、企業規模や業種によらず、多く存在したことが示されている。

▶32　差別解消法に基づく合理的配慮の提供には、障害者の意思の表明が前提となるところ（差別解消法8条2項）、知的障害や精神障害等により障害者本人からの意思の表明が困難な場合には、障

（b）Ａ型・Ｂ型事業所　　　既述のように、「私生活上のトラブルへの対応」や
「休日の過ごし方に関連する配慮」については、特例
子会社よりもＡ型・Ｂ型事業所の実施割合が高い（➡第２章第２節Ⅴ1）。また、
「仕事のない日に従業員がどのように過ごしているかを把握する手段がある」
についても、わずかな差ではあるが、Ｂ型・Ａ型・特例の順に多い（いずれも
4.5～5.5割）。さらに、「従業員の家族と積極的にコミュニケーションをとるよ
うにしている」については、Ｂ型事業所において9.5割弱と顕著に多く、Ａ型
も7割にのぼる（特例：6割）。また、「家族と個別面談を行う機会がある」につ
いても、Ａ型・Ｂ型事業所の8割前後が肯定的回答をしている（特例：6割弱）
（➡第２章第２節Ⅴ5）。

　Ａ型・Ｂ型事業所が利用者の私生活にも関わりをもち、家族と連携すること
は指定基準においても予定されている▶33。まず、Ａ型・Ｂ型事業所は、サー
ビス提供にあたり、利用者の心身の状況のほか、そのおかれている環境、他の
保健医療サービスまたは福祉サービスの利用状況の把握に努めるほか（指定基
準16条）、その後も、常に利用者の心身の状況、そのおかれている環境等の的
確な把握に努めることが求められる（同60条）など、一定範囲で私生活（居住環
境）の把握が要請されている。

　また、Ａ型・Ｂ型事業所は、利用者またはその家族に対し、その相談に適切
に応じるとともに、必要な助言その他の援助を行わなければならないとされて
いるほか（同60条）、懇切丁寧を旨とし、利用者またはその家族に対し、支援

　　害者の家族、介助者等、コミュニケーションを支援する者が本人を補佐して行う意思の表明が含ま
　　れるとされる（福祉事業者向けガイドライン参照）。他方、促進法に基づく合理的配慮指針第3の3
　　では、障害者の意向を確認することが困難な場合、就労支援機関の職員「等」に補佐することを求
　　めることができるとされており、家族はここに含まれうるものの明記されていない（平成26
　　（2014）年12月15日第66回労働政策審議会障害者雇用分科会議事録）。合理的配慮指針案の議
　　論の過程では、特定の障害種別について、面接時に家族を同席させることや、意向表明を補佐す
　　る者として家族を明記する案も示されていたが、このような記載は、「大人としての障害者に対す
　　る認識」が明確にならないおそれがある等の複数の指摘や「（働くことによる）自立」という観点
　　から、現在のような規定ぶりとなっている（第8・9回改正障害者雇用促進法に基づく差別禁止・
　　合理的配慮の提供の指針の在り方に関する研究会議事録（平成26（2014）年2月24日、同年3
　　月25日））。
▶33　以下の記載においては、準用規定である指定基準197条（Ａ型事業所）・202条（Ｂ型事業所）
　　の引用は省略する。

上必要な事項について、理解しやすいように説明を行わなければならないとされる（同57条2項）。また、個別支援計画の原案策定にあたっては、アセスメントおよび支援内容の検討結果に基づき、利用者およびその家族の生活に対する意向を記載し、原案の内容については、利用者またはその家族に説明し、同意を得るべきこと、モニタリングにあたっては、利用者およびその家族等との連絡を継続的に行うこと（同58条4項・6項・9項）などが求められる。さらに、利用者またはその家族からの苦情に迅速かつ適切に対応するために、苦情を受け付けるための窓口を設置する等の必要な措置を講じなければならないとされている（同39条）▶34。

　もっとも、Ａ型・Ｂ型事業所においても、私生活への介入を必要としないケースや家族とのコンタクトを障害者自身が希望しないケースもありうる。また、私生活面に対する支援が、生活援助など総合支援法上の別の給付により担われている場合においては（⇒第1章第3節Ⅴ3(3)）、Ａ型・Ｂ型事業所自らがこれを担う必要性は低下するといえる▶35。

3 配慮・支援提供の手続

　質問票調査によれば、配慮の提供手続において、特例子会社・Ａ型事業所・Ｂ型事業所のいずれにおいても、一致して当事者との話し合いをするとある（⇒第2章第2節Ⅴ1・2）。また、インタビュー調査の結果においては、配慮や支援の内容を障害者自らが決めることを重視する回答がみられる（⇒第2章第4

▶34　なお、指定を受ける際の申請書において、利用者本人または家族からの苦情を解決するための講ずる措置の概要について記載することが求められている（総合支援法施行規則34条の17第1項9号・34条の18第1項9号）。

▶35　厚生労働省「介護給付費等の支給決定等について」（平成19（2007）年3月23日障発第0323002号厚生労働省社会・援護局障害保健福祉部長通知、最終改正：平成30（2018）年3月29日障発0329第27号）においては、個々の障害者等のニーズや地域におけるサービス提供基盤は多様であることや利用実績払い（日額報酬）を導入したこと等をふまえ、原則として併給できないサービスの組み合わせは特定せず、報酬が重複しない利用形態であるならば、障害者等の自立を効果的に支援する観点から、市町村が支給決定または地域相談支援給付決定時にその必要性について適切に判断し、特に必要と認める場合は併給を妨げないものとする旨の原則が示されている。また、Ｂ型と施設入所支援との利用の組み合わせに係る手続きについて規定されている。

節Ⅰ2）。このことは、合理的配慮の提供にあたり、本人の意向を尊重すべきとされていることや（促進法36条の4、合理的配慮指針第3の1(3)・第3の2(3)）、個別支援計画の策定に際しては、原案の内容について利用者またはその家族に対して説明し、文書により利用者の同意を得ることが求められること（指定基準58条・197条（A型準用）・202条（B型準用））に沿うものといえる。また、配慮を提供するにあたり困難を感じる事項として、「配慮の内容に個人差がある」、「本人の希望との調整」を挙げている会社・事業所が多くみられるが、このことは、障害者本人の多様な意向を尊重しようとした結果ともいえる。

4 差別禁止・合理的配慮提供義務の導入による影響

　すでに述べたとおり（➡前述2(1)）、差別禁止・合理的配慮提供義務の導入による影響は調査前の想定と比べるとそれほど大きくない。これは、差別禁止・合理的配慮に係る指針等が策定されたとはいえ、なお何をすべきか行為規範が明確ではないことのほか▶36、促進法改正（解消法制定）以前からなされていた「配慮」や「支援」と合理的配慮の内容が重なること、雇用・就労を継続させるために、上記に挙げたような配慮が不可欠であったことも影響していると考えられる（➡本節Ⅱ）▶37。

　もっとも、4割の特例子会社・A型事業所は、差別禁止・合理的配慮提供義務の導入が自社・自事業所の障害者雇用のあり方に影響を与えたと回答しており、こうした会社・事業所のうちの4割は、合理的配慮の提供をするように

▶36　全Aネット報告書（2017年）56〜57頁によれば、A型事業所における差別禁止や合理的配慮の提供に向けての取組みについて、「積極的に取り組んでいる」（33.4％）、「必要性はわかるが予算・人員が足りない」（31.3％）、「どのように取り組んだらよいかわからない」（28.9％）がそれぞれ3割程度である。

▶37　JEED調査研究報告書143号（2019年）128〜129頁〔宮沢志穂〕、においては、企業（特例子会社に限られない）に対する電話調査（回答：444社）や質問票調査（回答：1772社）等の結果をふまえ、一般企業（特に、中小企業）において、法定雇用率の引上げと比べると差別禁止規定や合理的配慮の提供義務規定が十分に認知されていないことや合理的配慮の内容がわかりにくいために、認知しているとしても、それに基づいて行動を変化させていない可能性があるとの指摘がなされており、同137〜138頁〔木野季朝〕においては、中小企業等に対する周知や個別対応型支援、就労支援機関等による助言等の支援が重要であることが述べられている。

なったとの回答をしている。また、合理的配慮の内容や雇用管理のあり方を見直したとする会社・事業所も1〜2割程度認められる（➡第2章第2節Ⅵ1）[38]。同法改正による影響を受けたとする会社・事業所の中に外部機関や家族等との連携を重視している「連携型」の会社・事業所が多いことは、こうした連携が法制度に関する情報や障害者雇用・就労の見直しの機会を提供している可能性、さらには、法制度の理念やそれに基づく実践の波及に資する可能性を示すものといえる（➡第3章第2節Ⅲ2、本章第2節Ⅱ4）。

 ## Ⅳ 労働時間

1 特例子会社

(1) 所定労働時間の設定

　特例子会社では、週所定労働時間が30〜40時間未満の者がいるとする企業が9割である。通常の民間企業においても、週所定労働時間が法定労働時間である週40時間（労働基準法32条1項）を下回っている場合が多いことからすると[39]、当然の結果ともいえる（➡第2章第2節Ⅳ2）。なお、SACECの先行調査の結果によれば、特例子会社の中には、従業員すべてに同じ労働時間の規定を適用するのでなく、障害特性に配慮した定めを設けているケースも2割程度認められるが、こうしたケースのうち、1日の所定労働時間を6〜6.5時間未満、週所定労働時間を30〜31時間としているケースが5割程度で、週所定労働時間の平均が30時間33分となっている。雇用率制度のもと、週所定労働時間が

▶38　SACEC報告書（2018年）107〜110頁においても、促進法改正に伴う差別禁止・合理的配慮提供義務の影響について調査がされているが、改正前後で影響がないとの回答が散見される一方、能力や役割に応じた人事制度の見直しや相談体制の整備を行ったとの自由記述もみられる。なお、同120頁では、合理的配慮の提供等による面談体制の整備についても調査されており、そこでは、面談体制の整備により良かった点として信頼関係の構築がはかられる点が挙げられる一方、その過程で職場内や親会社との調整に苦労したことなどが指摘されている。

▶39　厚生労働省「平成25年度労働時間等総合実態調査結果」（平成25（2013）年10月）によれば、週所定労働時間は事業場平均で37時間47分、労働者平均で38時間10分である。

30時間以上の常用雇用労働者を1人雇用することにより、1カウントされることの影響が一定程度認められる。なお、令和元（2019）年促進法改正により、週10〜20時間未満の障害者（特定短時間労働者）の雇用に対する特例給付金の支給がなされることとなったことからすると（➡第1章第3節Ⅱ2(2)）、これにより、週20時間未満の障害者がいるとする特例子会社の割合が増える可能性もある。しかし、週20時間の就労を職業的自立の目安とし、週所定労働時間が20時間以上となる場合に実雇用率のカウントの対象とする現行制度を維持する限り（➡第1章第3節Ⅱ1(2)）、現在の傾向を大きく変えるには至らないだろう。

（2）労働時間の調整

　配慮として労働時間の調整を行っている割合は、Ａ型事業所、Ｂ型事業所の7割と比べると、特例子会社においてやや低く5割強にとどまっている（➡第2章第2節Ⅳ2(2)・Ⅴ1(1)）[40]。インタビュー調査の結果等もふまえると、労働時間の調整を認めるか否かについては、業務の性質上、労働者の集団が決まった時間に決まった場所で同時に就労を開始することが要請されるか否かにもよるようである。いずれにしても、労働時間の調整を認めないところでは、一定の労働時間・時間帯に働くことが、労働義務の本質と位置づけられているといえる[41]。なお、労働時間の調整を行っている特例子会社では、重視する価値観として、「障害者のやりがい」を挙げているところが多いことが明らかとなっている[42]。

　なお、合理的配慮の提供にかかる負担が過重となる場合、事業主に当該配慮

[40]　JEED障害者職業総合センター「精神障害者の雇用に係る企業側の課題とその解決方策に関する研究（調査研究報告書128号）」（平成28（2016）年3月）によれば、精神障害者に対する配慮として、「他の労働者と異なる勤務日・時間を設定する」ことを「既に実施している」企業割合は14.5％、「実施していないが是非実施したい」（8.3％）、「できれば実施したい」（37.2％）と合わせても6割程度で、ほかの配慮事項と比べて低い。

[41]　労働基準法において、労働者は「使用」され、労働の対償としての「賃金」を支払われる者と定義されているが（9条）、「使用され」の一内容として、業務遂行上の指揮監督のほか、時間的・場所的拘束性が含まれる。

[42]　飯田の分析による。なお、「障害者のやりがい」は、Ａ型・Ｂ型事業所において重視すべき価値観として多く挙げられている（➡第2章第2節Ⅱ1）。

の提供は義務づけられない（促進法36条の3）。過重な負担にあたるか否かは、「事業活動への影響の程度」（当該措置を講ずることによる事業所における生産活動やサービス提供への影響その他の事業活動への影響の程度）もふまえて考慮されるが（合理的配慮指針第5の1 (1)）▶43、ここでいう「その他」にいかなる事情が含まれるかは必ずしも明らかではない。フレックスタイム制など、労働者都合による労働時間の柔軟な調整を認める制度が就業規則上存在していないなど既存の制度・慣行に反することのみをもって過重な負担にあたるとするのであれば、障害者に対する社会的障壁はいつまでたってもなくならないこととなる。したがって、過重な負担にあたるか否かは企業内の制度や慣行の見直し自体が困難か否かを実質的に判断すべきといえよう。

2 A型・B型事業所

　A型・B型事業所においては、週20時間以上30時間未満の利用者がいるとの回答割合が7〜8割と、他の所定労働時間に比べて高い（➡第2章第2節Ⅳ2 (1)）▶44。週30時間以上の就労ができる場合、一般就労において雇用されやすくなるということ、週20時間就労できることが職業的自立の目安とされていることが影響しているといえよう。なお、週20時間以上の就労は雇用保険の被保険者資格を得るための要件であり、また、こうした就労者がいることが各種助成金の支給要件とされている。A型事業所との関係では助成金の支給要件も影響している可能性があるといえよう▶45。

▶43　上記のほか、実現困難度（事業所の立地状況や施設の所有形態等による当該措置を講ずるための機器や人材の確保、設備の整備等の困難度）、費用・負担の程度、企業の規模、企業の財務状況、公的支援の有無等が勘案される。

▶44　全Aネット報告書（2017年）36頁においては、各実労働時間ごとの利用者数が調査されているが、同様の傾向が示されている。精神障害者数については、全体と同様の分布となっているものの、利用者全体の傾向と比べると「週20〜30時間」の集中度合いは低くなっているほか（利用者全体の4割）、「週10〜20時間」の人数が多く（利用者全体の6割）、「週20〜30時間」の人数は少なくなっている（利用者全体の3割）。

▶45　なお、平成24（2012）年8月10日に成立した公的年金制度の財政基盤および最低保障機能の強化のための国民年金法等の一部を改正する法律により、平成28（2016）年10月1日以降、厚生年金保険と健康保険について、勤務時間・勤務日数が常時雇用者の4分の3未満の場合であっても、①週の所定労働時間が20時間以上、②月収8.8万円以上、③雇用期間の見込みが1年以上

なお、平成30（2018）年の報酬改定により、Ａ型については、１日の平均労働時間に応じた基本報酬が設定されることとなったが（➡第１章第２節Ⅴ**2**（4）、第２章第４節Ⅱ**2**（1））、その結果、１日の平均労働時間が４時間未満の事業所が大幅に減少していることが確認されている（**図表４-1-2-1**および**図表４-**

【図表４-1-2-1：Ａ型事業所の１日の平均労働時間（事業所数変化）】

【図表４-1-2-2：Ａ型事業所の１日の平均労働時間（事業所割合）】

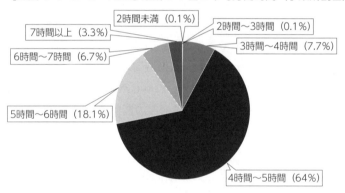

という要件を充たす者（学生を除く）について、適用が拡大されることとなったが、対象となるのは、従業員数501人以上の企業であった。そのため、同制度が中小規模のＡ型事業所の労働時間設定に影響を及ぼすことはなかったと思われる。これが、令和２（2020）年５月29日に成立した「年金制度の機能強化のための国民年金法等の一部を改正する法律」により、雇用期間の見込みが２か月超とされるほか、令和４（2022）年10月からは従業員数101人以上の企業、令和６（2024）年10月からは、従業員数51人以上の企業に適用されることとなる。こうした中で、社会保険適用回避のため、労働時間を短縮する動きが生じることも懸念されるが、平均労働時間に応じて設定される基本報酬のありようによっては、全体としての傾向は変わらず、Ａ型を利用する障害者に社会保険の適用が拡大することも予想される。今後の動向が注目される。

1-2-2参照▶46)。このことが、一時の「悪しきA型」にみられたような、障害者の能力・意向にかかわらず一律に短時間の利用契約を締結するケース（➡第2章第4節Ⅱ1）が減少したことを意味するのであれば、それは報酬改定の望ましい効果といえる。他方、短時間の利用者が利用を終了せざるをえなくなったとすれば問題である。厚生労働省「平成30年度障害福祉サービス等報酬改定検証調査結果」によれば、A型のサービスの利用継続が困難になった理由（複数回答）としては、「入院治療が必要なため」が最も多いが（41.5%）、「長時間の作業や労働が難しいため」（37.3%）、「週の利用が1日や2日など毎日事業所を利用することが困難なため」（35.8%）といった理由も挙げられており、慎重な検討が必要といえる▶47。

 ## Ⅴ 賃金・工賃額の決定

1 最低賃金法の影響

「賃金」は労働の対価として支払われるものであるが（労契法6条、民法623条）、その額、算出基準（年齢・勤続年数、職務の価値）等は個々の使用者と労働者との間の労働契約あるいは就業規則・労働協約において定められる。賃金の体系・構成の設計は、最低賃金法による賃金の下限額の規制はあるものの、基本的には、個々の企業（労使）に委ねられており、労働力の維持・確保、生産性の向上、人材育成に対する考え方に応じて、様々なバリエーションがありうるはずである。

▶46　厚生労働省第7回報酬改定検討チーム（令和2（2020）年6月19日参考資料1「障害福祉サービス等について」108頁をもとに作成。
▶47　令和3（2021）年の報酬改定に向けて、A型事業所については、「1日の平均労働時間」に加え、複数の項目における評価をスコア化し、これを評価する仕組みが提案されている（➡第5章第1節Ⅴ2(2)(a)）。複数の項目の中には、短時間勤務制度等の導入をはじめとする「多様な働き方に係る制度整備及び実施状況」も含まれており、短時間勤務を希望する精神障害者のニーズを踏まえたものとなっているが、スコア化に際しては「平均労働時間」により高いウェイトがおかれており、このこととの関係をどうとらえるべきかとの懸念が検討チームにおいて示されている（第20回報酬改定検討チーム（令和2（2020）年11月12日）議事録〔岩崎香発言〕）。

しかし、質問票調査の結果によれば、基本給を決めるにあたり考慮している事項（複数回答）としては、「最低賃金」が特例子会社で９割強、Ａ型事業所で10割弱であり、就労能力や仕事内容を考慮しているところはわずかである（➡第２章第２節Ⅳ **1**（1））。

　その背景には、平成28（2016）年以降の最低賃金額の急激な上昇[48]により、これまで昇給を予定していた企業においても、成果や職務遂行能力の向上に応じて昇給させることが困難になっているとの事情があることが、本調査を通じて明らかとなっている。また、特例子会社においては、法定雇用率の引上げに伴い、最低賃金に見合う就労が困難な障害者も雇用されているケースがあること、Ａ型事業所においては、多様な就労能力の障害者を受け入れている可能性があること（➡前述Ⅰ **2**（2）（b））[49]も影響していると考えられる。

　もっとも、「成果による昇給の制度がある」とする特例子会社は６割、Ａ型事業所は3.5割あり、「職務内容・責任の程度に応じて賃金を変えている」とする特例子会社は5.5割、Ａ型事業所は４割強であるなど、賃金制度を全体としてとらえた場合には、その中で職務内容や成果を評価する仕組みを設けている会社・事業所が一定数あることがうかがわれる（➡第２章第２節Ⅳ **1**（2））。インタビュー調査においても、賞与・手当によりインセンティブを付与しているところがあることが明らかになっている（➡第２章第３節Ⅰ **4**（2））。

　なお、最低賃金が特例子会社やＡ型事業所の賃金決定方法に与える強い影

---

[48]　「ニッポン一億総活躍プラン」（平成28（2016）年６月２日閣議決定）においては、最低賃金を毎年３％引き上げる方針が示されている。平成28（2016）年以降の対前年度引上げ額（平均）は、25円以上となっており、令和元（2019）年には過去最高額の27円となっている。もっとも、令和２（2020）年は新型コロナウイルス感染拡大の影響もあり、都道府県により、据え置きか、あるいは１〜３円の増額となっている。

[49]　質問票調査の結果において、賃金決定に際して、障害基礎年金の受給状況を考慮する（受給者本人と相談する）とした特例子会社は１社のみ、Ａ型事業所においてはみられなかった。SACEC 報告書（2018年）83頁においても同様に、障害基礎年金の受給を「全員把握している」と回答したのは４社に１社程度（45社）であり、その結果を賃金に反映させているのは１社のみである。なお、全Ａネット報告書（2017年）39頁においては、Ａ型事業所利用者のうち、障害基礎年金・障害厚生年金等の障害年金を受給している者は、全体の57.7％を占め、その多くが２級の障害基礎年金のみ（月額約６万5000円）の受給者である（48.1％）ことが指摘されているが（受給なし：26％、不明：13.3％）、同調査の結果は、各事業所が賃金決定に際し、障害基礎年金の受給状況を考慮していることを示すものではない。

響は、最低賃金法の適用がないＢ型事業所において、Ａ型事業所よりも、職務内容や能力に応じた工賃の設定をしていることからもうかがわれる（➡第2章第2節Ⅳ **1**（2））。また、能力・成果に応じた工賃支払いが利用者の能力向上に向けたモチベーションアップを促すとの考えがあること、その一方で、雇用契約を締結しておらず、労働関係法令の適用がないことを前提とするＢ型においては、利用者が労働者と判断されることのないよう、行政解釈▶50において、「利用者の技能に応じて工賃の差別が設けられていないこと」が留意事項とされていることとの関係をどのように整理すべきかが課題になることが、インタビュー調査の結果から明らかとなっている（➡第2章第4節Ⅱ **3**）。

2 減額特例の利用

　最低賃金法においては、「精神又は身体の障害により著しく労働能力の低い者」に対する減額特例が認められており、都道府県労働局長の許可を得て、最低賃金を下回る賃金額を対象者の労働能率の程度に応じて設定することを可能としている（最賃法7条1号、同施行規則5条）。もっとも、質問票調査の結果にもあるように、減額特例の利用率は特例子会社・Ａ型事業所のいずれにおいても低い（➡第2章第2節Ⅳ **1**（3））▶51。本調査の結果からは、利用を控える理由として、セイフティネットとしての最低基準▶52から逸脱した水準の賃金を支払うことについて抵抗感があるとする考えや、労働能率を比較して行うその認定プロセスがかえって労働者を傷つけ、福祉の理念に反するのではないかとの懸念があることが明らかとなっている（たとえば➡第2章第3節Ⅱ **2**（3）（ｃ））。なお、減額割合の認定は、採用後、同種の業務に従事する者との労働能率の比較によ

▶50　「就労継続支援事業利用者の労働者性に関する留意事項について」（平成18（2006）年10月2日障障発第1002003号）。

▶51　厚生労働省労働基準局「平成30年労働基準監督年報」によると、減額特例許可件数は、精神障害者452件、知的障害者3448件、身体障害者216件である。

▶52　平成19（2007）年の最低賃金法改正以前においては、労働局長の許可を得て上記の者について適用除外とすることが認められていたが、適用除外の許可にあたっては、付款として、支払下限額を設定するという運用がなされていた。同改正は、最低賃金の安全網としての機能を強化する観点から、最低賃金の適用対象をなるべく広範囲にすることが望ましいとの考えからなされたものである（平成20（2008）年7月1日施行通達基発第0701001号）。

り行われる。そのため、労働契約上は、減額の許可を得た後に、賃金額の不利益変更が生じることになる。減額の許可は直ちに労働契約上の賃金減額の効力を導くものではないため▶53、不利益変更については、別途障害者の同意を得ておく必要があるといえるが、こうした事情も減額特例の利用率が低いことの一因となっているものと推測される。また、減額特例許可を受けるに際しては許可更新が必要であり、こうした手続を怠り、最低賃金を下回る賃金を支払っているような場合には、障害者虐待防止法において禁止されている使用者による経済的虐待（障害者の財産を不当に処分することその他障害者から不当に財産上の利益を得ること）に該当し、労働基準監督署による是正勧告の対象となりうる▶54。

3 工賃額の決定

工賃は、生産活動に係る事業の収入から生産活動に係る事業に必要な経費を控除した額から支払うべきこととされているが（指定基準201条）、B型事業所が工賃額を決定するに際しては、「事業所の工賃支払い能力」を考慮しているとする回答が最も多く7.5割弱を占めている（➡第2章第2節Ⅳ1(1)）。なお、平成30（2018）年報酬改定により、B型については平均工賃月額の多寡に応じた基本報酬の設定がなされたが（➡第1章第2節Ⅴ2(4)、第2章第4節Ⅱ2(1)）、5000円未満の事業所が減少し、それ以外の事業所割合が増えるとともに、平均工賃月額も上昇している（**図表4-1-3-1**および**図表4-1-3-2**参照）▶55▶56。

▶53　厚生労働省「最低賃金法第7条の減額の特例許可事務マニュアルの作成について」（平成20（2008）年7月1日基勤勤発第0701002号、最終改訂：令和元（2019）年12月9日基賃発1209第1号）においては、許可を理由とする労働条件の一方的変更は認められないことや許可申請に先立ち対象労働者に対して説明が求められることが確認されている。

▶54　厚生労働省「令和元年度使用者による障害者虐待の状況等」（令和2（2020）年8月28日）によれば、虐待が認められた事業所数は535事業所、障害者数は771人であり、受けた虐待の種別（重複含む）では、経済的虐待が686人（84.8％）と最も多く、次いで心理的虐待が64人（7.9％）、身体的虐待が30人（3.7％）となっている。

▶55　厚生労働省第7回報酬改定検討チーム（令和2（2020）年6月19日参考資料1「障害福祉サービス等について」119頁をもとに作成。

▶56　なお、日本財団報告書（2018年）36〜37頁においては、生活保護を受給しているB型利用者について、生活保護費が収入に応じて減額されることとの関係で、基礎控除額（約1万5000円）

【図表4-1-3-1：B型事業所の平均工賃月額（事業所数変化）】

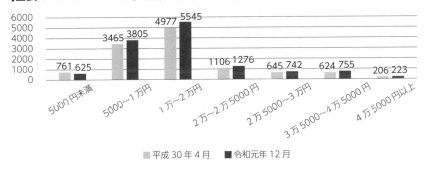

■平成30年4月　■令和元年12月

【図表4-1-3-2：B型事業所の平均工賃月額（令和元年12月の事業所割合）】

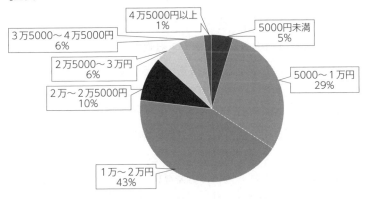

　厚生労働省「平成30年度障害福祉サービス等報酬改定検証調査結果」によれば、報酬改定前後で新たな取組みを始めたB型事業所が4割であり、その内容（複数回答）として、新規販路の開拓、販売先の見直し（60.3%）、新商品や新サービスの開発・商品改良（51.0%）が多く挙げられていることからすると、報酬改定が事業の拡大につながり、それにより障害者の工賃額の向上が達成された可能性がある。そうであるとすれば、このことは報酬改定の望ましい効果といえそうである。他方、厚生労働省の同調査結果によれば、B型のサービスの利用継続が困難になった理由（複数回答）として、「入院治療が必要なため」

以上の収入を避ける傾向があるという自由記述が多数みられることが指摘されている。

（40.6％）のほか、「長時間の作業や労働が難しいため」（30.4％）も３割程度にのぼっている。本調査の結果もふまえると（➡第２章第４節Ⅱ**2**）、生産性向上のプレッシャーがかかる中で、長時間の作業が困難な障害者の排除が生じていないかについては、十分に注意する必要があるといえる▶57▶58。

Ⅵ キャリア形成に対する支援

1 特例子会社におけるキャリア形成支援

（1）雇用管理の変更や親会社等への出向・転籍

　質問票調査によれば、「障害のない労働者と職務内容は同じである」に否定的回答をした特例子会社が６割であり、障害のある従業員向けの就業規則を別途作成している所も３割ある（➡第２章第２節Ⅳ**4**）。障害者に対する不当な差別的取扱いは禁止されているものの、障害者専用求人のほか、合理的配慮として障害者が遂行可能な業務を切り出して、その業務専門の従業員として異なる雇用管理をするケースについては、雇用形態や処遇が異なるとしても、それが直ちに禁止する差別にあたるとは一概にはいえないとされている（障害者雇用促進法に基づく障害者差別禁止・合理的配慮に関するQ&A［第２版］（以下「促進法Q&A」［第２版］という）3-1-4）。また、特例子会社等において、障害者雇用を進めるた

▶57　全国精神障害者地域生活支援協議会「精神障害者における就労継続支援B型事業実態調査報告書」（令和２（2020）年４月）においては、事業所および利用者を対象とする調査の結果から、事業所の方針として、工賃向上を重視しているか、生活支援を重視しているか、あるいは、いずれも重視しているかによって、利用者の満足度に大きな違いがないことが示されている。また、工賃額が5000円未満の場合に満足度がやや低い傾向が示されているものの、工賃額が高いからといって満足度が向上するという関係にはないこと、利用者の満足度に影響を及ぼすのは「スタッフや仲間の存在感」「居場所（があること）」「スタッフや仲間から承認されていること」であることが示されている。

▶58　令和３（2021）年の報酬改定に向けて、B型事業所については、「平均工賃月額」に応じた報酬体系のほかに、利用者の地域活動等への参加等を支援したことを評価する報酬体系を新たに創設することが提案されている（➡第５章第１節Ⅴ**2**(2)(b)）。

めに通常の処遇基準と異なる基準を設けること自体については、直ちに法で禁止する差別にはあたらないとされる（Q&A 3-2-3）[59]。こうしたことからすると、上記実態も直ちに違法の問題を生じさせるものではない。特に、障害者専用求人により、通常とは異なる処遇基準であることも了解した上で入社したのであれば、実務上もトラブルは生じないのかもしれない。もっとも、入社後に就労能力が向上するケースや入社時点では曖昧だったキャリア展望が明確化するケースもありうることや障害者の能力を最大限活かすことを考えると、雇用区分の変更・転換が柔軟に行われることが望ましいといえる[60]。

なお、質問票調査において、親会社やグループ会社への出向・転籍をさせている割合が低いことも注目される（➡第2章第2節Ⅲ4(2)）[61]。親会社等への出向・転籍については、労働環境によっては、出向・転籍自体が障害者にとって望ましい結果とならないことも想定されうるため、手放しにこれを推進することには注意が必要である。また、キャリア形成を支援する方法としても、特例子会社内での昇格など多様な形がありうるが（➡後述(2)）[62]、障害のない労働者に対して、そのキャリア形成支援の観点からグループ内異動が認められているのであれば、差別禁止理念との関係でも、障害のある労働者に対しても同様

----

[59] ただし、同Q&Aでは、「当該基準が、障害者が主として行う業務等の内容に基づいて設定されたものであるのか、単に障害者であることを理由として設定されたものなのかについてご留意ください」とある。

[60] 男女のコース別採用に関する「コース等で区分した雇用管理についての留意事項」（平成19（2007）年1月22日雇児発第0122001号）では、学校を卒業してすぐの時点では、自分の人生の将来展望もはっきりしていないことが多く、実際の仕事についての予備知識も十分とはいえないことから、この段階で一生のキャリアコースを決めることには無理がある場合も考えられるとして、コース等の区分間の転換を認める制度を柔軟に設定することが、男女労働者の能力発揮のために行うことが望ましいとする。これは、障害者雇用の場合にも当てはまると思われる。

[61] 野村総研調査結果（2018年）53頁によると、特例子会社で働く障害者の処遇として、特例子会社内での昇給を行っているケースは8割弱（77.9％）であるものの、特例子会社内での昇格は5割弱（49.2％）であり、希望する職種や部署への転換（12.6％）や昇格としての親会社・グループ会社への転籍（7.0％）を行っている割合は低い。また、「特に行っていない」との回答も13.6％である。

[62] なお、質問票調査において、重視する価値観として「キャリアアップ」を挙げていない特例子会社のうち、親会社への出向・転籍者がいると回答した会社が16.7％程度であるのに対し、「キャリアアップ」を重視する特例子会社のうち、親会社への出向・転籍者がいると回答した会社は21.1％と割合は若干高いものの、統計的に有意な差があるとまではいえない（飯田の分析による）。

の機会が確保されていることが望ましいといえよう▶63。

(2) 能力開発に対する評価・支援

　質問票調査においては、「責任ある地位にいる労働者がいる」とする特例子会社が5割であるほか（➡第2章第2節Ⅳ3）、既述のように、成果や職務内容を賃金制度等に反映させている特例子会社も一定割合存在しており（➡本節Ⅴ1）▶64、障害者の能力向上に対してなんらかの形で報いようとする特例子会社が一定数存在するといえる▶65。また、インタビュー調査から明らかとなったように、目標設定や研修を実施するところもある▶66。

　しかし、本調査からは、雇用契約を締結し、最低賃金を払っていさえすれば良いとして、障害者の能力開発に関心をもたない企業があることがうかがわれる（➡第2章第4節Ⅰ1(2)）。また、裁判例の中には、障害者枠で採用された精神障害者が過少な業務しか与えられないことにより自身の存在価値に悩み、うつ病を悪化させ自殺に至った事例も存在する（ただし、このケースは特例子会社におけるものではない）▶67。これまでの障害者雇用施策においては、障害者の雇用の場の獲得およびその保持に焦点が当てられていたといえるが、今後、その先のキャリア形成支援についてもさらに踏み込んだ施策を展開すべきことが求め

▶63　促進法35条により禁止されるのは「不当な差別的取扱い」であり、従事する職務内容や労働能力に違いがある場合には、教育訓練・配置や昇進・昇格のさせ方に相違があるからといって直ちに違法性が認められるわけではない。しかし、障害者が就労を通じて、能力や意欲を高めるケースがあることもふまえると、こうしたチャンスがあることが望ましいと考える。この点に関し、石﨑由希子「障害者差別禁止・合理的配慮の提供に係る指針と法的課題」日本労働研究雑誌685号（2017年）26頁。

▶64　SACEC報告書（2018年）54頁においても、障害者の昇進・昇格に対し、回答社の約6割がなんらかの制度を設けている。

▶65　質問票調査における重視する価値観との関係でみると、「キャリアアップ」を重視する価値観として挙げるところに、こうした対応をとるところが多いとの大まかな傾向はうかがわれるものの、統計的に有意な差があるとまではいえない。ただし、「障害のない労働者と同じように、職務内容や配置の変更の可能性がある」か否かとの関係では有意差が認められた（飯田の分析による）。

▶66　特に、T₁社においては、社会人・職業人としての自立支援の観点から研修が行われている。その中には、従業員の技術技能向上を目的に、アビリンピックや社内アビリンピックの実施も含まれるが、将来的には、競技と業務技術を連携させ、社内資格検定に位置づけ、賃金（職能給）に反映させることが目指されている（➡第2章第3節Ⅰ1(3)(e)）。

▶67　食品会社A社（障害者雇用枠採用社員）事件・札幌地判令元年6月19日労判1209号64頁。

られよう▶68。少なくとも特例子会社には、雇用管理を適正に行うに足りる能力を有していることだけでなく、障害者の知識・能力の向上を可能とする能力を有していることも求めるべきとも思われる▶69。

　なお、新たに導入された中小企業認定制度（もにす認定制度）においては、雇用状況や定着状況だけでなく、障害者の満足度やキャリア形成、職務環境や働き方をふまえた認定がなされることとなる。同制度のもとでの好事例の周知や情報公開のほか（➡第1章第3節Ⅱ4 (2)）、人材開発支援助成金（障害者職業能力開発コース）（➡第1章第3節Ⅵ1 (2)）等の利活用を促すことも重要といえよう。

2 A型・B型事業所におけるキャリア形成支援

(1) 一般就労移行施策

　一般就労移行は重要な政策課題とされており（報酬改定にみられる一般就労移行の動きについては➡第1章第2節Ⅴ2）、総合支援法施行後に策定された第4期障害福祉計画（平成27 (2015) ～平成29 (2017) 年度）の基本方針▶70においては、就労移行支援事業等（就労移行支援のほか、生活介護、自立訓練、就労継続支援を行う事業を含む）を通じて、計画の最終年度中に一般就労に移行する者について、一定水準以上の目標値を設定することが都道府県および市町村に求められていた。こうした目標値の設定は第3期（平成24 (2012) ～平成26 (2014) 年度）あるいは第5期障害福祉計画（平成30 (2018) ～平成32 (2020) 年度）においても同様に求められてきたものである。また、第4期・第5期の基本方針を通じ

▶68　厚生労働省「今後の人材開発政策の在り方に関する研究会報告書」（令和2 (2020) 年10月6日）。同報告書においては、在職障害者に対する職業訓練に係る企業ニーズ等に関する調査・研究を実施する必要性も指摘されている。

▶69　小畑史子「障害を持ちながら働く労働者の能力開発」渡辺章先生古稀記念『労働法が目指すべきもの』（信山社・2011年）232頁は、高齢者雇用安定法4条の規定をふまえつつ、障害者雇用においても、事業主の責務として、「職業能力の開発及び向上並びに作業施設の改善その他の諸条件の整備を行い……努めるものとする」ことが規定されるべきとする。

▶70　障害福祉計画は、障害福祉サービス等の提供体制の確保に係る目標やサービス料の見込み等を内容とし（総合支援法88条・89条）、国が策定する基本方針（同87条）に則して都道府県および市町村により作成される。

て、障害者が必要な職業訓練を受けられるよう受講者数の見込み数を設定することや上記事業者等がハローワークや障害者就業・生活支援センターとの連携をはかるべく、これらの機関に誘導する利用者の見込み数を設定することが都道府県において求められている。

　質問票調査においては、Ａ型事業所から一般就労に移行した者がいると回答するＡ型事業所は８割強であり、そのうち半数は年平均１人、２～４人は４割である。また、Ｂ型事業所からＡ型事業所や一般就労に移行した者がいる事業所は７割弱で、このうち半数は年平均１人、２～４人が３割弱、５～９人いるという事業所も２割ある。また、Ａ型事業所では、主な契約終了理由として、就労能力の向上を挙げるところも2.5割である（➡第２章第２節Ⅲ**3**（1）・**4**（1））。さらに、**図表４-１-４**にみられるように、Ａ型・Ｂ型事業所からの一般就労への移行者数も年々増加傾向にある。こうした実態からは上記施策の効果が一定程度認められるといえる。もっとも、Ａ型・Ｂ型事業所からの移行率は、就労移行支援事業所からの移行率に比べれば高くない。

【図表４-１-４：一般就労への移行者数・割合の推移】

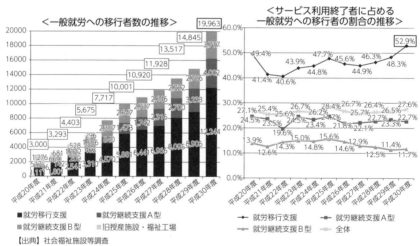

【出典】社会福祉施設等調査

出所：厚生労働省第99回労働政策審議会障害者雇用分科会（令和２（2020）年９月25日）参考資料（https://www.mhlw.go.jp/content/11704000/000675281.pdf）

こうした中で、第6期障害福祉計画（令和3（2021）～令和5（2023）年度）の基本方針においては、就労移行支援事業等からの移行者数の目標値だけでなく、Ａ型事業所・Ｂ型事業所からの移行者数の目標値を各事業の趣旨、目的、各地域における実態等をふまえつつ設定することが求められるに至っている。Ａ型およびＢ型事業の目的が通常の事業所に雇用されることが困難な障害者に対する就労機会の提供にあること、本調査の結果や先行調査においても示されるように、事業所の中には、一般就労移行ではなく、同じ事業所で安心して働き続けることを重視するところもあることについては▶71、目標値の設定に際し考慮される必要がある。

（2）職業能力開発の仕組み

　Ａ型・Ｂ型事業所については、いずれも指定基準のそれぞれについて定めた章（Ａ型：第12章、Ｂ型：第13章）の「第1節　基本方針」において、就労の機会を提供するとともに、その知識および能力の向上のために必要な訓練その他の便宜を「適切かつ効果的」に行うものでなければならないことが定められている（指定基準185条・198条）。先行調査の結果もふまえると、Ａ型事業所における能力開発の促進は必ずしも十分ではないようであるものの▶72、質問票調査の結果によれば、「責任ある地位にいる労働者／利用者がいる」とするＡ型事業所は5割であり（➡第2章第2節Ⅳ3）、また、特例子会社と比べると数値は落ちるものの、成果や職務内容を賃金制度等に反映させようとするＡ型事業

▶71　全Ａネット報告書（2017年）26頁によると、Ａ型事業所の運営方針では、「生涯就労型」（47.5％）が最も多く、「一般就労移行型」（38.7％）がこれに続く。また、同55頁によると、働きがいのある労働環境をつくるために重視している項目としては、「長く働き続けられる環境」（71.3％）が最も多く、次いで「達成感のある仕事」（52.0％）、「自立できる給料金額」（41.5％）が続く。また、日本財団報告書（2018年）20頁においては、現行のＢ型事業を選んだ理由として、「就労の意志を持ちつつも労働者になりきれない利用者の受け皿がなくなるため」（65.6％）がそれ以外の選択肢に比べて著しく多い結果となったほか、同33～36頁の自由記述欄においても、居場所や生活介護という語を含む回答が多いこと、その中には、Ｂ型事業所の居場所の提供の場としての役割に対する理解を求める声や本来生活介護のサービスを受けるべき者が定員数等との関係でやむをえずＢ型事業所に来所しているケースがある等の実態が訴えられている。
▶72　全Ａネット報告書（2017年）57頁においては、Ａ型事業所の今後の課題としては、「利用者の成長（能力開発等）の促進」（65.5％）、「良質な仕事の確保」（62.6％）が多く挙げられている。

所が一定程度みられる（➡本節Ⅴ**1**）▶73。なお、Ｂ型事業所については、既述のとおり、労働関係法令の適用がないことが前提となるため（➡本節Ⅴ**1**）、能力向上に対するインセンティブの付与がしにくい状況にあるが、こうした中で、訓練をいかに「適切かつ効果的」に行うかが課題になるといえる。

3 加齢に伴う能力低下

　1人の人間のキャリアを考えるにあたっては、就労能力が向上する過程だけでなく、就労能力が変動あるいは低下する過程にも着目する必要がある。加齢に伴う体力低下や健康悪化、それに伴う就労能力低下の課題は特例子会社・Ａ型事業所・Ｂ型事業所において共通して生じうる問題である（➡第2章第4節Ⅲ**2**）。質問票調査結果によれば、加齢や症状悪化により業務の遂行が困難になった場合については、受入れ先を探し移行を促す、本人・家族・支援機関等と相談するとの回答が比較的多くみられるが（➡第2章第2節Ⅲ**3**(2)）、障害者の高齢化が進む中で、当該障害者のキャリアの転換をスムーズに進めていくこと、事業所自体がその形態やあり方を変化させていくこと、あるいは、現状の制度的枠組み自体の見直しをはかること等が必要となる。

▶73　全Ａネット報告書（2017年）43頁によると、利用者の能力開発や能力向上の取組みについては、「実施している」との回答が多い。「資格や能力に応じた昇給を制度化している」事業所（17.9%）や「資格取得や昇格を制度化している」事業所（8.6%）は少ないものの、「法人で直接職業訓練メニューを実施している」（31.0%）は一定程度認められる。

第2節 ネットワークの役割

　障害者の雇用・就労を改善していくにあたっては、ネットワークが果たす役割も大きい（➡第3章第2節III・IV）。本節では、質問票調査・インタビュー調査の結果に加え、同業者団体およびA型事業所に対して行ったインタビューの内容もふまえつつ、障害者の雇用・就労に関してネットワークが果たす役割について検討することとしたい。

　なお、ネットワークには、障害者雇用・就労を実現していく上で生じる具体的な問題を解決するために地域の関係機関が連携するネットワークもあれば、将来の障害者雇用・就労をより良いものとするために、情報や経験の共有をはかったり、政府や行政に要望等を行ったりすることを主目的とする同業・関係者によるネットワークもある。両者は性格を異にするネットワークではあるが、本節では、これら双方に着目して、それぞれの役割や機能を検討したい。まず、前者の関係機関が連携するネットワークが果たす役割について取り上げ（I）、次いで、後者の同業・関係者ネットワーク▶1が果たす役割について検討することとする（II）。

 ## I 関係機関との連携

1 連携先の候補

特例子会社やA型・B型事業所は、障害者の就労を支えるために、また、

▶1　ネットワークは必ずしも同業者のみで構成されるわけではないことから、本節では、同業・関係者ネットワークという表現を使用することとした。

生じた具体的な問題を解決するために▶2、様々な機関と連携している。まず、どのような機関が連携先の候補となるのかを確認したい。

(1) 促進法等関連

　特例子会社やＡ型・Ｂ型事業所の連携先の候補となるもののうち、障害者雇用促進法（以下「促進法」という）に由来するものとしては、ハローワーク（公共職業安定所）や地域障害者職業センター、障害者就業・生活支援センター（通称「ナカポツセンター」）を挙げることができる。また、雇用関係では、都道府県労働局や労働基準監督署も重要な役割を果たしている。以下、それぞれがどのような役割を期待されているのかを整理しておきたい。

（ａ）ハローワーク　全国に544か所あるハローワークは、一般の求職者に対するサービスの提供だけでなく、障害者に対する就労支援も行っている。促進法は、障害者の雇用促進に関してハローワークが行うべき業務を定めているが、その中には、①障害者の求職に関する情報の収集、事業主に対する当該情報の提供および障害者の雇入れの勧奨等の実施、②求人者に対する求人条件についての指導・障害者の職業能力に関する資料の提供、③事業主に対する障害者の雇用に関する助言・指導といった、事業主を対象とする支援策が含まれている（促進法9条・10条・18条➡第1章第3節Ⅳ1(1)）。ハローワークは、こうした業務を行う中で特例子会社やＡ型・Ｂ型事業所と関わりをもつことを期待されている▶3。また、ハローワークは、雇用・労働分野の

▶2　Ａ型・Ｂ型事業所では、賃金や工賃向上の要請との関係で（➡第1章第2節Ⅳ2(2)・Ⅴ2(4)）、地域の企業等との連携を強めている事業所もみられるが（参考となるものとして、全国就業支援ネットワーク「就労継続支援Ａ型・Ｂ型の賃金・工賃向上に関するモデル事例収集と成功要因の分析に係る調査研究」（2018年））、ここでは、就労する障害者に対する支援の観点からなされる連携のみを取り上げている。なお、上記のような要請から企業との連携を強めたいという希望は、本節Ⅱで検討する同業・関係者ネットワークに加入する理由の1つとなりうる。また、報酬改定検討チーム「令和3年度障害福祉サービス等報酬改定の基本的な方向性について」（令和2（2020）年12月11日）では、Ａ型事業所の基本報酬について、「地域連携活動」を総合評価の1要素とすることが提案されている。これは、Ａ型事業所における地元企業と連携した高付加価値の商品開発や施設外就労による地域での働く場の確保などの取組みを報酬において評価しようとするものである（第20回報酬改定検討チーム資料9（令和2（2020）年11月12日））。
▶3　実際のところ、ハローワークには、雇用と福祉の連携の観点から「チーム支援」を中心となって行うことが期待されている（➡第1章第3節Ⅳ3）。また、「障害者の日常生活及び社会生活を総合

各種の助成金の窓口になっていることから、これとの関係でも、相談先として選ばれやすいといえる。

（ｂ）地域障害者職業センター　地域障害者職業センターは、独立行政法人高齢・障害・求職者雇用支援機構（以下「JEED」という）の第一線におかれた機関で、各都道府県に設置されている（本所47か所、支所5か所）。促進法は、同センターの業務の１つとして、事業主に対する障害者の雇用管理に関する事項についての助言・援助を規定していることから（促進法22条➡第１章第３節Ⅳ (2)）、同センターも重要な連携先となる。また、同センターでは、職場適応援助者（ジョブコーチ）による支援や精神障害者総合雇用支援等も行われており▶4、これらを通じて事業主との関係が築かれることもある。

（ｃ）障害者就業・生活支援センター　障害者就業・生活支援センターは、就業面と生活面の一体的な相談・支援を行う機関として設置されるもので、令和元（2019）年５月の段階で、全国に334か所ほど存在している。特例子会社やＡ型・Ｂ型事業所で就業している障害者は、就業面と生活面の双方で支援を必要としていることがあることから、同センターとの連携が必要とされる場面も多いと思われる。また、同センターの業務として、促進法は、①ハローワークや地域障害者職業センター、社会福祉施設、医療施設、特別支援学校等の関係機関との連絡調整、②支援対象障害者を雇用する事業主に対する雇用管理に関する助言等を定めており（促進法28条）、事業主も含む関係諸機関をつなぐ役割を果たすことが、障害者就業・生

的に支援するための法律に基づく指定障害福祉サービスの事業等の人員、設備及び運営に関する基準」（以下「指定基準」という）では、実習の実施や求職活動の支援、定着支援等の観点からなされる、Ａ型・Ｂ事業所とハローワークや後述の障害者就業・生活支援センター、特別支援学校等の関係機関との間の連携について、努力義務が定められている（193条・194条・195条・202条（Ｂ型準用））。さらに、第６期障害福祉計画（令和３（2021）〜令和５（2023）年度）に向けた基本指針でも、就労移行支援事業者等（Ａ型・Ｂ型を含む）とハローワークとの円滑な連携を促し、令和５（2023）年度において、福祉施設の利用者のうち必要な者がハローワークの支援を受けることができるよう、ハローワークへと誘導する福祉施設利用者数の見込みを設定すること等が求められている（障害者就業・生活支援センターとの連携・支援についても同様）。

▶4　JEED ウェブサイト（https://www.jeed.or.jp/disability/employer/index.html）。

活支援センターには期待されている（➡第1章第3節Ⅳ（2））▶5。

（d）その他　　以上の促進法に規定のある機関のほか、都道府県労働局も、総合的な労働相談の窓口として、また、各種助成金の相談窓口として、特例子会社やＡ型・Ｂ型事業所から頼りにされているといえる。加えて、労働基準監督署も、特に、障害者が雇用契約を締結して就労する特例子会社やＡ型事業所の相談先となる。

（2）総合支援法等関連

　連携先の候補となる機関のうち、障害者総合支援法（以下「総合支援法」という）に由来するものとしては、市町村や基幹相談支援センター、相談支援事業所をあげることができる。また、福祉領域では、家族の関与が予定されていることもある。

（a）市町村　　市町村（特別区を含む）は、障害福祉サービスの実施主体であり、障害者の福祉に関して必要な情報の提供を行ったり、相談に応じたり、必要な調査・指導を行うことを責務としていることから（総合支援法2条1項）、とりわけ、障害福祉サービスとして就労支援を提供しているＡ型・Ｂ型事業所は、市町村と深い関わりをもつことになる。また、訓練等給付費の支給決定や障害福祉サービス等報酬の支払いとの関係でも、市町村との関わりは重要であるといえる▶6。

（b）基幹相談支援センター　　基幹相談支援センターは、地域における相談支援▶7の中核的な役割を担う機関として、市町村

▶5　障害者就業・生活支援センターがケース会議を連携して実施した機関については、障害種別を問わず、ハローワーク、企業（特例子会社以外）、相談支援事業所、就労移行支援事業所および地域障害者職業センターが多かったという調査結果がある。身体障害を除くと、これらの機関に就労継続支援Ａ型・Ｂ型事業所が加わる。また、精神・発達障害者に関しては精神科病院・精神神経科診療所が、知的障害者に関しては特別支援学校高等部および障害者グループホームが、発達障害者については発達障害者支援センターがこれらに加わる。JEED障害者職業総合センター「地域の就労支援の現状把握に関する調査研究Ⅱ（資料シリーズNo.94）」（2016年）59～66頁。同調査研究は、就労支援ネットワークや障害者就業・生活支援センターの支援内容・体制における課題も整理して提示している。

▶6　このほか、Ａ型・Ｂ型事業所の指定権者は都道府県知事であること等から、都道府県との関係も重要である（総合支援法29条1項・36条）。

▶7　総合支援法が定める相談支援には、基本相談支援、地域相談支援、計画相談支援の3種類がある

等によって設置されるものである（総合支援法77条の2）。基幹相談支援センターの設置は任意であるが、平成31（2019）年4月の段階で、39％の市町村が設置している（687市町村・846か所）[8]。基幹相談支援センターは、相談・情報提供・助言業務を行うと同時に、地域の相談支援事業者間の連絡調整や関係機関の連携の支援を行うこととされていることから、これが設置されている場合には、特例子会社やA型・B型事業所にとって、重要な相談先・連携先の1つとなる。

（c）相談支援事業所　相談支援事業所には、指定一般相談支援事業所と指定特定相談支援事業所とがある（総合支援法51条の19・20）。前者は、基本相談支援および地域相談支援を行い、後者は、基本相談支援と計画相談支援を行う事業所である。基本相談支援は、障害者等からの相談に応じ、必要な情報の提供・助言を行うと同時に、障害福祉サービス事業者等との連絡調整を行うものであり、地域相談支援は、障害者の地域移行・地域定着のために、相談・連絡体制の確保等を行うものである。また、計画相談支援は、サービス等利用契約の作成・見直しを支援するものである（総合支援法5条18～23項）。市町村から障害者相談支援事業や住宅入居等支援事業の委託を受けて、障害者等からの一般的な相談や住居に関する相談を受け、必要な情報を提供するほか、必要な支援・サポート体制の調整等を行っている指定一般・特定相談支援事業所もある[9]。特例子会社やA型・B型事業所で就労する障害者が各種の障害福祉サービスの利用や地域生活の開始・維持に関して支援を必要とする場合、相談支援事業所は重要な連携先となりうる。

（d）家　　族　加えて、福祉領域では家族の存在が前提とされていることが多い。総合支援法は、たとえば、障害支援区分の認定[10]や自立支援給付の支給要否決定に際し、必要がある場合には、家族に意見を聴く

（総合支援法5条18項）（➡後述（c））。

[8]　厚生労働省「障害者相談支援事業の実施状況等の調査結果について」（https://www.mhlw.go.jp/content/12203000/000593428.pdf）。

[9]　厚生労働省「障害のある人に対する相談支援について」（https://www.mhlw.go.jp/bunya/shougaihoken/service/soudan.html）。

[10]　もっとも、就労継続支援の利用の際には、障害支援区分の認定を受ける必要はない（➡第1章第3節Ⅴ3）。

ことができる旨を定めている（総合支援法21条・22条）。また、指定障害福祉サービス事業に関する指定基準においても、「利用者および／またはその家族」という表現が数多く使用されており、障害福祉サービスの利用において家族の存在が大前提とされていることがうかがえる（➡本章第1節Ⅲ**2**(2)(b)）。家族は、障害者本人が実際に就労系のサービスを利用する場面でも、事業者にとって重要な連携・相談先となっているといえよう。

（e）その他　　以上のほか、各種福祉法由来のものとしては、福祉事務所（社会福祉法14条）、身体障害者更生相談所（身体障害者福祉法11条）、知的障害者更生相談所（知的障害者福祉法12条）、精神保健福祉センター（精神保健福祉法6条）、発達障害者支援センター（発達障害者支援法14条）、難病相談支援センター（難病法29条）等があり、これらについても、連携・相談先としての役割を期待しうる。

2 実際の連携先

続いて、特例子会社やＡ型・Ｂ型事業所が、実際にどのような機関と連携をとっているのかを質問票調査・インタビュー調査の結果をふまえつつ整理していきたい。

（1）外部の関係機関への相談

質問票調査の結果、特例・Ａ型・Ｂ型のいずれにおいても、障害者の雇用・就労の中で起こった問題やトラブル、悩みについて、外部の関係機関・支援機関に相談している割合が高いことがわかった。その中でも特に高い割合を示しているのが、特例子会社である（91.9％）▶11。Ａ型・Ｂ型事業所も、外部機関への相談割合は高いといえるが、特例と比べると低く、それぞれ78.1％、42.2％にとどまっている▶12。

▶11　特例子会社では、障害種別により「外部支援スコア」が有意に低くなるということはないが、特に知的障害者の多い会社で「外部支援スコア」が高いという傾向もみられた。ただし、「外部支援スコア」は、外部の関係諸機関だけでなく家族との連携の度合いも反映された数値である（➡第3章第1節Ⅱ**3**(3)・第2節Ⅰ**1**）。
▶12　Ｂ型事業所の中には、外部支援スコアがかなり低いグループが存在していることが示された

特例子会社では、障害者就業・生活支援センターへの相談割合が非常に高く、これを利用している割合は88.9％に及んだ[13]。A型・B型事業所においても、障害者就業・生活支援センターへの相談割合は高く、それぞれ68.9％[14]、52.4％に及んでいる。障害者就業・生活支援センターの相談機能は、この数字をみる限りではあるが、特に特例子会社について十分に発揮されているといえよう。

　また、雇用関係を前提とする特例・A型では、労働局・労働基準監督署への相談も多い（双方とも24.6％）。他方、総合支援法に基づくA型・B型事業所は、障害福祉の実施主体である巾町村に対する相談が多くなっている（A型：60.7％、B型：49.4％）。また、同じく総合支援法に基づく相談支援事業所への相談を利用している事業所も、一定割合存在している（A型：18.0％、B型：29.2％）。インタビュー調査では、B型事業所は基幹相談支援センターとの連携を積極的に行っていることもわかった。

(2) 家族との連携、その他

　家族との連携についても、特例・A型・B型で、それぞれ高い割合が示された（特例：63.2％、A型：67.6％、B型：70.4％）。ただ、特例・A型では、家族との連携に比して外部の関係機関・支援機関との連携が強い傾向にあるのに対し、B型では反対の傾向がみられ、家族との連携の方がむしろ強いという結果であった。

　なお、問題やトラブルが生じたときに、障害者本人とのみ話して解決する場

（→第3章第1節Ⅱ**3**(3)）。B型事業所自身が、支援的要素をすでにもっていることがその要因の1つとして推察される。

▶13　SACECによる調査でも、特例子会社については、障害者就業・生活支援センターの利用経験が高いことが示されている（158社／190社）。なお、同調査では、特別支援学校からの支援の利用経験が最も高いという結果であった（167社／190社）。特例子会社の就労支援機関への評価は、概ね良好である。SACEC報告書（2018年）41～43頁。

▶14　全Aネットによる調査では、A型事業所が定期的・日常的に連携している機関として、相談支援事業所（67.6％）やハローワーク（42.9％）を挙げる事業所が多かった。また、障害者就業・生活支援センターについては、必要に応じて連携している回答する事業所の割合（57.6％）が高かった。このほか、A型事業所の経営や運営の問題に関することでは、社会保険労務士（34.8％）や税理士（33.5％）、行政書士（10.4％）、総合経営コンサルタント（10.3％）等の外部支援の利用もみられた。全Aネット報告書（2017年）25頁、54頁。

合があるとする回答は、外部の関係機関・支援機関や家族と連携するとの回答
と比べて少なく、特に、特例子会社でその割合が低い結果となっていた（特
例：18.6％、Ａ型：33.8％、Ｂ型：34.5％）。特例子会社では、特に障害者就業・生
活支援センターの利用が進んでいることが影響していると考えられる。

3 連携の理由

　インタビュー調査の結果を整理すると、外部の関係諸機関と連携する目的と
しては、次のようなことが挙げられる。

（1）外部の関係機関との連携理由

　まず、就労以外の生活面での支援である▶15。特例・Ａ型・Ｂ型で就労して
いる障害者の中には、生活面での問題を抱えている者も多い。これへの対応の
ために、障害者就業・生活支援センターをはじめとする諸機関との連携がはか
られている。また、親等の親族の高齢化等も念頭におき、グループホーム等で
の生活を開始・維持する障害者が増えているが、そうした場合にも、生活支援
を行う機関との連携が不可欠である。なお、これらの諸機関とは、普段より関
係性を作っておくことが重要と考えられている。生じた問題に対して適切に対
応するためには、当該障害者のことを良く知っていることが必要だからであ
る。
　次に、障害者のおかれた状況の変化への対応も、関係諸機関を利用する目的
となっている。障害者のおかれた状況は、決して一定ではない。障害者が十分
な就労能力を身につけ、たとえば、特例から一般企業へ、Ａ型・Ｂ型から特例
へと移行することが可能となる場合もあれば、逆に、加齢や症状の悪化を理由
として就労能力が衰え、従前のように就労することが難しくなる場合もある。
そうした場合に、次の就労先・居場所を確保するために、関係機関との連携が

▶15　SACEC による調査では、就労支援機関に今後求めたい支援内容として、①社会生活への支援
　　を挙げた特例子会社が多かった（150社／187社）。そのほかは、②就労支援（119社／187社）、
　　③従業員家族への支援（110社／187社）、④住居（グループホーム等）の支援（94社／187
　　社）、⑤ネットワーク支援の充実（学校・医療機関等の社会資源との連携）（90社／187社）、⑥
　　就労前訓練（80社／187社）の順で希望が多かった。SACEC 報告書（2018年）45頁。

必要となる▶16。

さらに、以上のほか、就職を目的とした教育機関（特別支援学校等）との連携や、就職・再就職支援を目的としたハローワークとの連携▶17、精神障害者の医療面でのフォローを目的とした医療機関との連携、健康管理等の必要からのグループホームの職員との連携も行われていた。

(2) 家族との連携／家族との関係

家族との関係では、B型事業所において、障害者本人が意思や気持ちを表現することが難しい場合もあることを理由として、それを補う目的で家族と情報共有を行うことがなされていた。

その一方で、特例子会社では、家族への相談は最後の最後の手段であるとの回答や、家族への連絡は支援機関と連絡がつかない場合や緊急性がある場合に限られるとの回答がみられた▶18。また、家族関係に積極的に介入することがあるとすれば、それは、障害者本人の親への依存度が高い場合や、親の障害者本人への向き合い方に問題がある場合に、グループホームへの入居など本人が自立した生活ができるようにするためであるとの回答があった（家族とのコミュニケーションを重視する一方で、障害者の「自立」も重視）。これは、「親亡き後」への対応としての側面も有している。さらには、家族が障害のある従業員の職場での成長の妨げになる場合があることを懸念し、家族と連携するのではなく、支援機関を利用するようにしているとの回答もみられた。いずれも特例子会社か

▶16　なお、全Aネットによる調査では、一般就労と福祉的就労間を相互にスムーズに移行できるようにするために連携が必要とされる機関についての質問がなされていたが、ハローワークとの連携については約80％の事業所が、障害者就業・生活支援センターとの連携については約60％の事業所が、「おおいに必要である」と回答している。このほか、民間企業との連携についても、約60％の事業所が「おおいに必要である」としている。全Aネット報告書（2017年）55頁。

▶17　SACEC報告書（2020年）33頁では、ハローワークが最も割合の高い特例子会社の連携先として示されており（71％）、次いで「特別支援学校」の割合が高くなっている（57.8％）。求める支援としては、就労支援（70.7％）や定着支援（55.5％）が高い結果となっている。

▶18　もっとも、「合理的配慮指針事例集〔第3版〕」では、家族との連携や情報交換等は、特に知的障害者や精神障害者等に対する合理的配慮の例として示されているところであり、家族との連携は、就労している障害者の障害の状態等にもよるが、特例子会社やA型事業所でも予定されている。このことは、家族との連携について尋ねた質問票調査の結果からも導かれる（特例：63.2％、A型：67.6％、B型：70.4％）。

らの回答であるが、これらの回答からは、特に特例子会社において障害者を親等の親族から独立した存在としてとらえている傾向をみてとることができる（➡本章第1節Ⅲ**2**(2)(ａ)）▶19。

4 連携への希望

　以上のような目的から外部の関係機関や家族との連携を行っている特例・Ａ型・Ｂ型が存在する一方で、第3章第2節Ⅱにおいて示した「ビジネス・独立型」や「福祉・独立型」の類型に属する特例・Ａ型・Ｂ型では、外部との連携はあまり行われていない。ただ、連携が行われていないことは、連携に消極的であることを必ずしも意味しない。

　たとえば、「ビジネス・独立型」に属する会社・事業所からの自由記述回答には、支援機関の拡充・整備を求める意見が相当程度あった。再掲すると、回答には、「支援機関のパワーアップをお願いします」（特例）、「将来使える支援事業所や企業が求めるものなどの情報提供が必要」（特例）等の記述がみられた。また、地域によっては、連携先となる支援機関が十分に整備されていないことから、「労働局・労基ですら地方差があるように感じます。どこの地域でも同じように支援が受けられる環境が早く整ってほしい」（Ａ型）との声もあった（➡第3章第2節Ⅱ**3**(2)(ｂ)）。体制さえ整えば連携先となる支援機関を利用したいという希望が、これらの声からはうかがえる。

5 検討：相談支援・多機関連携の重視

　特例子会社やＡ型・Ｂ型事業所で就労している障害者の中には、就労面・生活面の双方で支援を必要としている者がいる。そのニーズは多様であり、また、障害の状況や加齢により変化しうるものである。こうした状況を前提として、各会社・事業所は、生じた、あるいは生じうる問題に単独で対応するので

▶19　ただし、Ｂ₁事業所において、パターナリズムへの警戒が示されていたことも付言しておきたい。必要性から家族との連携がなされる場合にも、あくまで障害者本人を「中心」におくことは、福祉的就労の場においても重要視されているといえよう。

はなく、関係機関・支援機関との連携の中で対応する傾向を示している。

　こうした傾向がみられることは、昨今の社会保障分野においてみられる「相談支援」の重視や「地域共生社会」の実現に向けた動きとも符合する▶20。令和元（2019）年末に公表された「地域共生社会に向けた包括的支援と多様な参加・協働の推進に関する検討会最終取りまとめ」は、市町村による「断らない相談支援体制」の構築という文脈の中で、「個人や世帯が抱える複雑化・多様化した課題を制度の狭間に落とさず、対応していくためには、多機関協働の中核の機能を強化することに加え、相談機関に関わる多職種や多機関が連携することが必要である」ことを明示している。また、「相談支援に関わる多職種については、……関係者が広く参加できる研修等を通じて、お互いの業務の理解を進め、日頃から情報交換等ができる関係性を作るなど、地域の中で幅広いネットワークを構築していくことが求められる」ことにも言及している。

　同様のことは、就労する障害者の支援についても当てはまる。多職種による連携や多機関の協働（ネットワーク）は、就労する障害者、そして、就労場所を提供する企業・事業所の支援においても重要な基盤であるといえる▶21。それゆえ、支援機関の整備における地域格差を解消しつつ、好事例を参考にしてより効果的な連携体制をいかに確保していくかを検討していくことが、今後の大きな課題となろう（➡第5章第1節Ⅳ3）▶22。なお、この点に関連して、障害分野

▶20　伝統的な社会保障は、金銭・現物などの「給付」を通して「物質的ニーズを充足する」という側面からとらえられてきた。しかし、近年、従来型の社会保障給付では解決できない問題（「引きこもり」に象徴される社会的排除等の問題）が現れてきている。そうした中で、手続的給付としての「相談支援」への注目が集まっている。菊池馨実『社会保障再考』（岩波書店・2019年）、同「相談支援体制整備の理念」社会保障3048号（2019年）32～33頁、同「手続的給付とは」社会保障3057号（2020年）24～25頁、同「社会保障再考」社会保険旬報2780号（2020年）25～29頁等。

▶21　JEED調査研究報告書147号（2019年）でも、「『障害者の就労と職場定着の効果的支援』と『地域関係機関・職種の人材育成と地域ネットワーク形成』は『社会システム』の観点からは表裏一体の課題である」との指摘がなされている。その上で、同研究では、諸外国における援助付き就業の事例や日本での障害者就労支援における多様な関係機関・職種の連携の好事例の収集等がなされている。

▶22　2040年を展望した社会保障・働き方改革本部／障害者雇用・福祉連携プロジェクトチーム「障害者就労支援の更なる充実・強化に向けた主な課題と今後の検討の方向性（中間取りまとめ）」（令和2（2020）年9月29日）では、各就労支援機関の役割の明確化等をはかりつつ、障害者就労に携わる専門的な支援人材等の役割を整理する必要性について言及がある。また、障害者雇

では、障害者等への支援体制の整備をはかるため、都道府県および市町村は、関係機関、関係団体、障害者・児およびその家族、障害者・児の福祉・医療・教育または雇用に関連する職務に従事する者その他の関係者により構成される協議会をおくように努めなければならないとされていることを付言しておきたい。協議会（自立支援協議会）には、関係機関等が相互の連絡をはかることにより、地域における障害者等への支援体制に関する課題について情報を共有し、関係機関等の連携の緊密化をはかるとともに、地域の実情に応じた体制の整備について協議を行うことが期待されている（総合支援法89条の3）▶23。また、都道府県および市町村が作成する障害福祉計画でも、「関係機関との連携に関する事項」を定めることが求められている（第6期障害福祉計画（令和3（2021）〜令和5（2023）年度）に向けた基本指針）。就労する障害者に関しても、これらのすでにある仕組みも活用しつつ、障害者のもつ多様なニーズに対応すべく、雇用・福祉の枠を越えて関係機関の連携体制が整えられていくことが望まれる。

 ## II　同業・関係者ネットワーク

　続いて、もう1つの同業・関係者ネットワークについて検討する。Iで検討したネットワークが、現実に生じている諸問題を個別具体的に解決するために行う連携のためのものであるのに対し、ここで検討する同業・関係者ネットワークは、将来の障害者雇用・就労の改善に向けて生じている課題や問題を検討する役割が与えられているように思われる。性格を異にする2つのネットワークであるが、第3章第2節での分析によれば、この2つのネットワークには一定の相関がみられ、関係機関との連携をより行っている会社・事業所（＝外部支援スコアが高い会社・事業所）の方が、同業者によるネットワークとの関係が強

用・福祉施策の連携強化に関する検討会では、就労相談に関するワンストップの窓口の設置を求める声も出て来ている（第2回同検討会資料3（令和2（2020）年11月17日））。これらの点は、同検討会のもとに置かれた「障害者の就労支援体系の在り方に関するワーキンググループ」で議論されることになる。

▶23　B₂事業所やB₃事業所の所在地域では、これが活用されていた（➡第2章第3節III 2 (5) (a)・3 (5)）。

いこととなっている（➡第3章第2節Ⅲ 1）。このこともふまえつつ、以下で同業・関係者ネットワークの実際についてみていきたい。

1 同業・関係者ネットワークの例

　本書における質問票調査・インタビュー調査を通じて、数多くの同業・関係者ネットワークが存在していることが確認された。すべてを把握・紹介することは困難であるが、具体的な同業・関係者ネットワークの例として、本書との関係の深い4つを紹介したい。なお、同業・関係者ネットワークに関しては、ネットワーク間の交流も盛んであり、障害者雇用・就労の分野では、特例・A型・B型という枠を越えた情報・意見交換、経験の共有等も行われている[24]。また、ネットワークを通じて様々な関係者とつながりをもつこともあり、ネットワークがネットワークを呼ぶ現象も起きている。

（1）障がい者ダイバーシティ研究会

　本書執筆のきっかけを提供してくれた「特定非営利活動法人 障がい者ダイバーシティ研究会」は、平成21（2009）年に設立された主として特例子会社が参加する同業・関係者ネットワークである（➡はじめに）。「雇用の『量的』拡大から雇用の『質的』側面重視へ」を1つの視点として、障害者の職業的自立に向けた活動を行っている。平成18（2006）年の障害者権利条約（以下「権利条約」という）や、これを受けてなされた平成25（2013）年促進法改正の影響のもと、とりわけ、差別禁止や合理的配慮提供義務に強い関心を寄せている団体といえる。

　活動としては、年4回の定期的な研究会のほか、大学での寄付講座の提供も行っている。いずれも、会員である特例子会社の関係者が積極的に参加・関与している。定期的な研究会で選ばれるテーマとしては、促進法の改正に関する

▶24　平成30（2018）年2月には、超党派の議員で構成される「障害者の安定雇用・安心就労の促進をめざす議員連盟」（略称：インクルーシブ雇用議連）が設立されたが、その設立総会への出席団体として、下記で紹介する全Aネット、セルプ協のほか、インタビュー調査において名前の挙がったゼンコロ、全国就労移行支援事業所連絡協議会、中小企業家同友会等もその名前を連ねている。

もの（差別禁止・合理的配慮、雇用義務制度、障害者の定義）のほか、重要な労働関係法令の改正に関するもの、経済学・保健学等の視点からの障害者雇用の検討、諸外国における障害者雇用政策などがある。また、会員である特例子会社が、自社の取組み・実践を紹介することで、障害者の雇用・就労実践に関する情報交換・情報共有を行うことも、研究会の重要な役割となっている▶25。

（2）障害者雇用企業支援協会（SACEC）

特例子会社への質問票調査に協力していただいた「一般社団法人 障害者雇用支援協会（通称「SACEC」）」は、平成22（2010）年12月に設立された、特例子会社が会員の中心を占める団体である。「障害者が自らの労働により自立する環境が作られることは、わが国の社会にとって望ましい状態である」との考えに基づいて活動を行っている。その目的は、この考えを実現する「最も有効な手段である雇用の領域において、広く産業界に意識の浸透を求めるとともに、雇用を進めようとする企業に対し民間の立場から支援」を行うことにある。

具体的な活動としては、社内で障害者雇用の担当となって間もない者を対象とする「初任者講座」や、障害者雇用の指導員・運営管理担当となって概ね3年の者を対象とする「実務者講座」のほか、会員企業同士の「企業見学会」の開催などを行っている。また、会員企業を対象として、障害者雇用等をテーマとするセミナーを実施し、会員企業の業務遂行に役立つ最新情報の提供も行っている。さらに、障害者の雇用促進や社会参加に関する政策提言等も実施している。

なお、SACEC の設立趣旨では、次のことが示されている。

　　「行政指導強化の効果もあって、雇用率達成企業は漸増しつつありますが、本来雇用側、そしてその主力である産業界自らの、社会の構成員としての自覚に立つ『法制度の有無に拘らず雇用し得るものは雇用する』という理念が、先行して一層理解・徹底される必要があるといえるのではないでしょうか。」
　　「産業界自らの対応とは、個別企業の域を超えて、団体レベルにおいても進捗を課題としてリードすること、及び実現に苦慮する企業に対し、先行企業がその経験とノウハウを伝える仕組みを作り、行政の指導とは異なる角度から進展

▶25　障がい者ダイバーシティ研究会ウェブサイト（https://www.ddjobs.jp/index.html）。

に協力することなどを通じ、制度上の義務と並行して認識を浸透させることであると考えられます。そして、産業界全体と民間先進企業が、それぞれの役割としてこの様な方向で理念はもとより具体的な実現へ向けての支援を広め、行政の活動に力を貸しながら、しかも自主的な財政に基づいて、未解決企業、ひいては社会に貢献することは、CSRの主要なテーマの1つでもあると思われます[26]。」

　自主的に守るべき規範（ソフトロー）を自ら作り出そうとする業界・同業者団体の姿が、ここに表れているといえよう。

(3) 就労継続支援A型事業所全国協議会

　A型事業所への質問票調査に協力していただいた「NPO法人 就労継続支援A型事業所全国協議会（通称「全Aネット」）」は、平成27（2015）年に設立されたA型事業所の全国組織である。障害者が雇用契約を締結して働くA型事業所の「在るべき姿」を全国的な情報交換と議論を通じて検討し、事業者の質的向上や障害者の「労働の可能性」の拡大をはかることを設立趣旨としている。具体的な活動としては、事業者間の情報共有（研修会の実施）とネットワーク化、自主的な研究事業、広報、国・自治体への要望等を行っている。

　全Aネットの基本方針としては、要約すると次のような点が示されている。①利用者の自己決定を尊重し、就労と地域生活を支援する、②生きがいのある仕事・達成感のある仕事を提供し、地域で生活できるよう最低賃金を保障する、③労働者としての権利を保障し、障害のない人と同等に活躍できる職場を提供する、④物理的にも精神的にも働きやすい環境を提供する、⑤希望に沿って一般就労への移行を支援する、⑥アセスメントを入念に実施し、利用者の希望を最大限尊重する、⑦提供するサービスの自己評価・公表を行い、事業の継続・発展に努める、である[27]。全Aネット設立の背景には、一部の事業者において利用者の処遇に問題があり、A型事業所のあり方に対して危惧の声が寄せられ、それがメディアでも大きく報道されたこともあった。これらの基本方針は、A型事業所の健全な発展のために、業界・同業者団体が自らに課す

[26]　SASECウェブサイト（http://sacec.jp/index.html）。
[27]　就労継続支援A型事業所全国協議会ウェブサイト（http://zen-a.net）。

規範といえるものであろう。

（4）全国社会就労センター協議会

　B型事業所への質問票調査に協力していただいた「全国社会就労センター協議会（通称「セルプ協」）」は、昭和52（1977）年に障害者の働く施設関係者により結成された団体である。通称のセルプ（SELP）は、英語の Self-help からの造語で、この言葉には「利用者が自立を目指して働くことに挑戦する」という願いが込められている。

　具体的な活動としては、職員や事業の向上を目指しての各種大会・研修会の実施、総合支援法における就労支援のあり方の検討（調査研究活動）、法改正や制度動向についての情報提供、働く障害者への社会の理解の促進のためのPR、厚労省や国会等への制度改善や予算に関する要望、被災地施設・事業所の支援等を行っている。

　なお、セルプ協は、自らの強みはネットワークにあるとしている。ネットワークを活用し、利用者支援等で生じる課題を乗り越え、利用者支援の質の向上、施設・事業所経営基盤の強化を目指している。また、倫理綱領として、次の点を定めている。①人権尊重（権利条約の順守と利用者の利益の最優先）、②利用者主体のサービス提供、③信頼性の確保、④職員の資質・専門性の向上、⑤施設・事業所経営の透明性の堅持、⑥地域福祉の推進である▶28。同業・関係者同士のネットワークで助け合いながら、こうした自主的に設定した規範を実現しようとする姿がみえる。

2 同業・関係者ネットワークの活用／参加理由

　上記で紹介したもののほかにも、多数の同業・関係者ネットワークが存在しているが、それらは実際のところ、どのように活用されているのだろうか。また、ネットワークに参加する理由はどのようなことにあるのだろうか。同業・関係者ネットワークへの参加の状況と参加理由について、質問票調査・インタ

▶28　全国社会就労センター協議会ウェブサイト（https://www.selp.or.jp）。

ビュー調査の結果からまとめたい。

（1）同業・関係者ネットワークの活用

　質問票調査からは、特例子会社の23.0％、A型事業所の16.4％が、B型事業所の4.8％が、加盟している同業・関係者ネットワークに障害者の就労等に関して相談をしていることが示された。また、相談先として同業者（＝他の特例・A型・B型）を選んだ割合は、それぞれ30.2％、34.4％、12.5％であった。

　障害者雇用・就労をより良いものとするために「参考にしている他社・他事業所」があると回答した特例・A型・B型は、それぞれ56.3％、39.4％、54.1％で、約半数が他社・他事業所を参考にしていた。参考にしている他社・他事業所については、同じネットワークに属している他社・他事業者であることが多いという結果であった。

　特例子会社やA型事業所に比してB型事業所では、相談先として横のつながりを利用する割合は低かったが、参考先としての他事業所の活用は十分になされているといえよう。

（2）同業・関係者ネットワークへの参加理由

　同業・関係者ネットワークに参加する理由としては、特例子会社、A型・B型事業所に共通して、情報収集が挙げられた。実際、障害者雇用・就労をより良いものにしていくために参考にするものとして多く挙げられていたのも、「研究会や情報収集の場で配布された資料」であった。情報収集は、法制度に関することから障害者雇用・就労の実務、会社・事業所経営▶29に関することまで多岐にわたって行われているといえる。

　また、同業・関係者ネットワークは、①互いに切磋琢磨するための議論の

▶29　全Aネットの調査では、A型事業所の課題の1位として、良質な仕事の確保を選ぶ事業所が多かったことが示されている（38.2％）。1～3位を総合すると、利用者の成長（能力開発等）の促進を課題とする事業所が最も多かったが（65.5％）、良質な仕事の確保がこれに続き（62.6％）、さらに、職員の質の向上を課題とする事業所も多かった（38％）。全Aネット報告書（2017年）57頁。後述の協議会（NPO法人）へのインタビュー調査でも示されていたが、各会社・事業所においては、障害者の雇用・就労に直接関わることだけではなく、会社・事業所経営に関わることに対する関心も高いことを示しているといえる。

場、②経験を共有し、自らの実践を見直す場、③好事例について情報発信をする場、④特例子会社や事業所の設立を考えている者へ助言を提供する場としても活用されていた。さらに、同業・関係者ネットワークに期待することとして、⑤社会に対する啓発活動、⑥政府・行政等に対する要望の発信の役割も挙げられていた。これらも、同業・関係者ネットワークに参加する理由を構成しているといえる。

3 同業・関係者ネットワークの役割：インタビュー①②

同業・関係者ネットワークの役割に関しては、質問票調査・インタビュー調査を補足するために、同業者で作る協議会（NPO 法人）の理事長に対してもインタビューを実施した。また、積極的にネットワークを活用している G₁事業所（➡第 2 章第 1 節インタビュー先一覧）からも話をうかがったので、下記で紹介したい。

（1）同業者で作る協議会の役割：具体例①

同業者（A 型事業所）で作る協議会（NPO 法人）の理事長に対し、平成 30 (2018) 年 7 月 19 日、協議会設立の経緯や役割等についてインタビューを実施した。同協議会をインタビュー先として選んだ理由は、同協議会が、A 型事業所の同業者団体として、障害福祉の関係者や行政を巻き込んでネットワークを構築し、情報の共有化や啓発活動を行う等の活動を精力的に行っていたことにある。

（a）設立の経緯　協議会設立のきっかけは、平成 18 (2006) 年に障害者自立支援法（以下「自立支援法」という）が施行された際に同法の内容を周知させるために立ち上げられた国からの研究事業（障害者自立支援調査研究プロジェクト）にあった。全国の就労支援の関係者（福祉工場等の関係者）が集まって、全国規模で同研究事業が行われた。

この活動を受けて、地元での活動も進めることとなり、県内に A 型事業所が 6 事業所できたところで協議会が立ち上げられ、加盟する事業所が 60 となった 2010 年代半ばに NPO 法人化した。活動を開始した 2000 年代後半は、

地方が疲弊していたときでもあったことから、協議会の活動は、地方再生事業としての性格も有していた。

（b）目　的　協議会の目的は、県内にＡ型事業所を増やしていくことにあった。自立支援法を契機として、障害者の働く場の選択の自由を大事な理念として掲げ、Ａ型事業所を増やしていくこととしたのである。Ａ型事業所を増やそうという動きは、行政主導ではなく▶30、むしろ就労支援に従事してきた人たちの自発性によるところが大きい。とりわけ、自立支援法以前は、精神障害者に雇用の場はなく、唯一、全国精神保健職親会▶31が、県の事業を利用して農業を提供していたぐらいであり、障害者が受け取れる金銭もわずかばかりのものであった。

　そこで、新しいＡ型事業所の仕組みを使って、労働法を遵守しつつ、農業を行っていこうという動きが生まれた。しかし、関係者には労働法の知識が不足していたことから、協議会に労働法に関する勉強会を開催することが求められた。労働法遵守の重要性等を説く活動も行い、そのために社労士に顧問を依頼することも行った。労働法に関する情報提供を通じて、県内のＡ型事業所の質を自らの力で確保することも、協議会の目的の１つであった。

　Ａ型事業所は、一般企業で働くことが困難な障害者を受け入れる下支えの役割を担っており、そうした障害者の受け皿にもなっている。障害者に労働者という地位を保障し、十分な所得を保障することは、障害者のやりがいや人生に大きな影響を与える。こうした点に、Ａ型事業所を増やす意義、また、協議会の活動の意義を見いだしている。

（c）業界団体と他の機関との連携　協議会は、Ａ型事業所の同業者からなる団体であるが、活動にあたっては、他の関係者との連携も重視している。県の教育委員会や特別支援学校と連携し、希望

▶30　協議会が所在する県において、特に、Ａ型事業所を作ろうという行政からの呼びかけがあったわけではない。

▶31　精神障害者社会適応訓練事業に協力して、精神障害者を職場に受け入れてきた民間企業からなる団体。昭和63（1988）年に前身となる「全国精神保健職親会連合会」が立ち上げられて以降、働く意欲と能力があるにもかかわらず就労できない精神障害者の現状を改善するため、全国組織を結成し、研修会を開催する等の活動を行ってきた。全国精神保健職親会（https://www.vfoster.org）。

者の実習は、すべて受け入れることとした。こうした連携により、平成28 (2010) 年ごろには18％であった特別支援学校の学生の就職率は、現在は50％近くにまで伸びている。

　また、「悪しきA型」問題（➡第2章第4節Ⅱ1（2））が発生した時期には、解雇された利用者に対して、会員事業所での受け入れを行い、事態の収拾に努めた。行政に対しては、第三者委員会を作るよう提言も行った。A型事業所の質の確保のための連携を重視しているが、行政とは、制度の見直しに関する意見交換も行っている▶32。

　このほか、中小企業診断協会との連携も行っている。これは、A型事業所の経営面での支援を受けるためである。県も予算を出して、この連携を支援している。

（2）ネットワークへの参加・活用：具体例②

　もう1つのインタビュー先であるG₁事業所は、ネットワークに積極的に参加し、これを活用している事業所である。A型事業所の収益力を上げ、事業所経営を成り立たせるためには、福祉の範囲にとどまらず、経済の専門家からの助言等が必要であるとの意見が少なからず存在したことが、ネットワークを活用していこうという姿勢の背景にあるという。G₁事業所がどのようにネットワークを活用しているのか、また、ネットワークにどのような意義を感じているのかを下記でみていきたい。

（a）参加しているネットワーク　　　　G₁事業所が積極的に関わっているネットワークには、中小企業家同友会、県内の関係者が集まる障害者就業サポート研究会、首都圏障害者雇用企業連絡会等がある。

　A型事業所には小中規模の事業所が多いことから、中小企業家同友会に参加している事業所は多い▶33。同会内には、障害者雇用委員会やダイバーシティ委員会等が、全国・地方のそれぞれのレベルで立ち上がっており、障害者雇用を推進する立場から、参加企業の取組み等の紹介を通じて様々な議論がなさ

▶32　協議会所在県の隣県では、令和元（2019）年度よりA型の指定に係る専門家会議を設け、事業計画や運営事項について審査を行うことがなされている。
▶33　A₁事業所も中小企業同友会に参加している（➡第2章第3節Ⅱ1（5））。

れている。A型のみならず、B型・移行支援事業所等の障害者の就労に携わっている経営者が参加していることもあり、同会は、地域社会の中で障害者雇用・就労を支える役割も果たしている。また、同会では、他の関連組織との横の連携も重視されている。

　県内の特例子会社を含む企業、A型・B型事業所、行政、学校の関係者、支援者、当事者、家族等が参加する障害者就業サポート研究会にも、A型事業所の関係者として参加している。同研究会は、障害者の就労に関する研究を行っている大学関係者が中心となって行っている研究会で、定例会が年4回のペースで開催されているが、定例会には毎回100人近くが参加している。定例会では、行政の担当者や研究者による障害者雇用政策に関する講演や、参加企業・事業所における事例報告等が企画されている。また、定例会の一環として企業や事業所の見学会を開催し、お互いの実践を共有すること等も行われている。さらに、平成30（2018）年には、「企業部会」を組織し、企業の観点から障害者の雇用における実際の課題等を話し合うことも始められた。ここには、県内の特例子会社を中心に、中小企業家同友会参加企業やこうした組織に属さない一般企業が参加している（A型・B型事業所、移行支援事業所は現段階では企業部会のコアメンバーには入っていない）。なお、企業部会は、研究会所在の地域として、次の首都圏障害者雇用企業連絡会に参加する母体作りも兼ねていた。企業部会の世話人から同連絡会の運営委員を送り込み、同連絡会セミナーの準備のための議論に加わっている。

　その首都圏障害者雇用企業連絡会[34]は、SACEC（➡本節Ⅱ1（2））が事務局を担当している特例子会社を中心とする集まりである。G₁事業所は、同連絡会にも関係者として参加している。G₁事業所の親会社は特例子会社を有しており、また、G₁事業所は、当該親会社の企業グループによる雇用義務の履行（グループ適用）の対象となっていることが、参加の背景にはある（➡第1章第3節Ⅱ3（2）（b）、第2章第4節Ⅰ4（1））。こうした背景を有する関係者として同連絡会に参加することで、特例子会社の人には知りえない情報を提供してきた。

▶34　連絡会は、中部地方（愛知、岐阜、三重、静岡）、関西地方（大阪、兵庫、京都、和歌山の一部）等にも存在しており、それぞれ、特例子会社が中心となり、地域の障害者雇用企業との連携をはかっている。

同連絡会では、地域ごとに活動を行っており、当該地域の特例子会社が中心となって、行政（労働局、県、市町村）、就労支援機関、支援学校等を巻き込んで勉強会等を行っている。また、都心部では、大企業の参加もみられる。全体での活動としては、情報交換の場としてのセミナー開催が重要であるが、そのテーマは地域ごとに提出された意見を集約して決めている。近年では、たとえば、障害者雇用管理に関わる人事・処遇の仕組み、人財開発や教育、啓蒙の仕組み等の企業における運用事例を扱いたいとの意見が出されている。また、精神障害者の雇用や定着支援に対する関心も高まっている。

（b）ネットワークへの参加の意義　　以上のような形でネットワークへの参加を積極的に行っている G₁ 事業所は、その意義について次のように考えている。

　　各企業・事業所は、本業は異なっていても、障害者雇用・就労の現場で共通の課題や悩みを抱えている。そうした企業・事業所が、相互に教え、学び、障害者雇用・就労の実践をブラッシュアップしていく過程の中で成長していくことは、障害者雇用・就労の世界を成長させることにもなる。また、一般の社員教育への出資はためらわないのに、障害者の教育にはお金をかけたくないと考えている企業が多いように見受けられて仕方がない。配慮についても、これを必要としているのは障害者だけではない。障害のない労働者も同じである。それにもかかわらず、障害者はお金がかかると考えている企業もある。こうした現状も、そこに呼びかけ、ともに集まり、学び合うコミュニティ・ネットワークを作る必要性を高めているといえる。

　　障害者雇用・就労をキーワードとしたネットワークは、とてつもない異業種交流であり、相互交流の中から、新しい働き方のヒントや価値観が生み出される可能性もある。これからも、関わっているネットワークを活用しつつ、働きたいと思っている障害者が一人でも多く働くことのできる機会を広げていけるように尽力していきたい。

4 検討：法規範の実現への影響

　以上をふまえ、最後に、同業・関係者ネットワークの役割と機能について整

理しつつ、これが法規範の実現に与える影響、さらには、法の要請を超えた自主的な規範の生成に与える影響について検討したい。

　まず、同業・関係者ネットワークに参加する側は、ネットワークの目的や規模にもよるが、これへの参加に概ね次のような利点を感じているといえる。①法制度や障害者雇用・就労の実践、会社・事業所経営に関する情報収集・交換、②他社・他事業所との経験の共有▶35、③これらを通じた人的つながりの構築等である。また、同業・関係者ネットワークの側は、①法制度や障害者雇用・就労の実践、会社・事業所経営に関する情報提供・情報発信、②会員同士の交流の場の提供、③社会への啓発活動の実施、④政府・行政等への要望活動の実施（そのための調査・研究活動を含む）、⑤業界の健全性を保つ、あるいは、その価値を高めるための自主規制等に自らの存在意義を感じているといえよう▶36。これらのことから、同業・関係者ネットワークは、法制度や他社・他事業所の取組みに対するネットワーク参加者の感度を高めると同時に、場合によっては、法が要請することを超えて当該業界における障害者雇用・就労の実践をより良いものとしていくこと等に寄与していることが推認される。

　実際のところ、第3章第2節における検討でも、次のような傾向が確認されている。すなわち、因果関係があるとまで断定することは難しいものの、「ネットワークに関わっている会社・事業所ほど、（障害者に対する）配慮の提供割合が高く、また配慮の数も多い」という傾向である。促進法や総合支援法等からの要請は、どの会社・事業所にも同じようにかかるにもかかわらず、実践においては差異がみられるわけである。この結果を受けて、「ネットワークの有無や程度によって法の効果は変わってくると考えられうる」との指摘がなされている。また、促進法改正による影響を受けたとする会社・事業所の中には「連携型」▶37の会社・事業所が多く、統計的にも有意な差があるという結果も

▶35　情報収集や経験の共有は、特例・A型・B型という枠にとらわれずに行われてもいる。

▶36　全Aネット報告書（2017年）74頁では、調査結果から上がってきた課題について、全Aネットにおいて直接取り組むべき事項と政府への要望事項とに分けて整理がなされている。前者は①や⑤に関連する活動であり、後者は④に該当する活動と性格づけることができよう。

▶37　前述のように、関係機関との連携をより行っている会社・事業所（＝外部支援スコアが高い会社・事業所）の方が、同業者によるネットワークとの関係が強く、両者の間には一定の相関がある。以下の記述は、この相関を前提にしている。

導き出された。この結果については、ネットワークに関わっている会社・事業所の方が促進法に対する反応が大きいことを示唆しているとの分析がなされている（➡第3章第2節Ⅲ2）。さらに、「福祉・独立型」の類型に属する会社・事業所では、自由記述欄において、制度に関して「［不満や使いづらさは］特にない」という回答や無回答が目についたという点も注目に値する。この結果からは、連携のないところでは制度に対する具体的な要求は出てきにくく、連携が進むことで制度に対する具体的な要求が生まれやすくなるのかもしれないとの分析がなされている（➡第3章第2節Ⅱ3(2)(d)）。

　こうした分析もふまえると、同業・関係者ネットワークは、その活動を通じて、①法が実現しようとする規範の浸透、②それに基づく障害者雇用・就労の実践の見直し（法が要請する以上の見直しを含む）、さらには、③法制度そのものへの「現場発」の改正要求に大きな影響を与え、これらを推進する力となっているといえよう。法が要請する以上の見直しは、同業・関係者ネットワークが有している自主規制的な側面によっても補強される。

第 5 章

法と実務をつなぐ雇用・就労政策

　本書の最終的な目的は、障害者雇用・就労の実態・実務をふまえた上で、これからの障害者雇用・就労政策について考察することにある。そこで本章では、第2～4章での障害者雇用・就労の実態・実務に関する分析をふまえ、まず第1節で、本調査の対象である特例子会社・A型事業所・B型事業所に関する法制度上の個別の論点（雇用義務制度、特例子会社制度、就労支援、福祉的就労）を検討する。そして、続く第2節において、中長期的な視点を伴った、包括的な障害者雇用・就労政策のあり方を提示する。

第 1 節　各制度の役割と機能

本節では、第2章から第4章において分析した障害者雇用・就労の実態をふまえ、現行の障害者雇用・就労施策の課題として、雇用義務制度（Ⅱ）、特例子会社制度（Ⅲ）、就労支援（Ⅳ）、および、福祉的就労（Ⅴ）について検討する。本節の主たる目的は、現行制度の課題を指摘し、個々の制度の枠内での解決案を提示することであるが、現行の枠組みでは解決しきれない点についても言及し、それらは第2節において検討する。

Ⅰ 検討の方向性

1 検討の手法

障害者雇用・就労政策のあり方を検討する手法は1つではない。たとえば、諸外国の法制度との比較から日本の法制度の課題を発見し解決策を示す方法がある。いくつかの手法がある中で、本書では、障害者が働く現場の実態から課題を抽出し、その解決策を示すことを目指している。日本の障害者雇用・就労法制は、諸外国の法制度の影響を受けながらも、それらを混ぜ合わせながら独自の発展を遂げてきていることが、その理由の1つである▶1。この独自の発展には、障害者雇用・就労の場の実態やニーズを反映させたと思われるものも

▶1　「雇用義務制度」は、ヨーロッパ各国の制度に倣い昭和36（1961）年に導入された制度であり、「差別禁止法理」は、アメリカの障害をもつアメリカ人法（ADA）や国連の障害者権利条約を参考に平成28（2016）年に導入された新しい制度である。現在は、雇用義務制度と差別禁止法理が併存する形となっている。

少なくない。たとえば、実際の障害者の雇用状況を反映させて法定雇用率を設定し5年ごとに見直す点や、企業組織の再編の活発化等企業経営環境の変化に対応する必要性からグループ適用や企業グループ算定特例を導入した点等である。(➡第1章第2節)。

　一方で、平成17（2005）年の障害者自立支援法（平成24（2012）年改正により障害者総合支援法に改称。以下「総合支援法」という）の制定以降、法制度と実務（現場が実現したいこと）との乖離が顕著になってきていることも、現場・実態に注目する理由の1つである。障害者雇用促進法（以下「促進法」という）や総合支援法を改正する際には、当事者の声を反映する仕組みがとられているが（➡第1章第1節Ⅰ3）、質問票調査からは、実情と法制度との乖離を指摘する現場の人たちの意見が多く寄せられており（➡第3章第2節Ⅱ3）、現場の声が十分に施策に反映されていない可能性もある。

　さらに、雇用と福祉の連携が重要視される中で（➡第1章第2節Ⅳ、第1章第3節Ⅳ3）▶2、既存の縦割りの制度（雇用は促進法、福祉（的就労）は総合支援法）の範疇では解決できない問題が生じてきており、現行の制度を前提とした検討だけでは、解決策を導くにあたって限界があると考えられる。これらの点も、実態に着目する理由である。

2 検討課題

　本節では、具体的に以下の各論点について検討する。

　第1に、障害者雇用施策の中心である雇用義務制度について、対象障害者の範囲や実雇用率のカウント方法等を検討した上で、新たな法定雇用率の設定方法を提案する。また、A型事業所の雇用義務制度における位置づけについても論じる。

▶2　雇用と福祉の連携は、厚生労働省内でも重要な政策課題として位置づけられており、「障害者就労支援の更なる充実・強化に向けた主な課題と今後の検討の方向性（中間とりまとめ）」（以下「連携強化PT中間とりまとめ」という）が、令和2（2020）年9月29日に取りまとめられた。この内容をふまえつつ、雇用施策と福祉施策のさらなる連携強化に向け、必要な対応策のより具体的な検討の方向性を議論することを目的として、同年11月から「障害者雇用・福祉施策の連携強化に関する検討会」が開催されている。

第2に、本調査の対象である特例子会社を取り上げ、主に特例子会社と親会社（関係会社・関係子会社）との関係について、あるべき方向性を示す。

第3に、就労支援として、特例子会社・Ａ型事業所・Ｂ型事業所が実施している配慮（合理的配慮を含む）に関して必要な措置を示し、助成金制度と支援機関の課題について検討する。

第4に、福祉的就労について、福祉報酬のあり方を令和3（2021）年報酬改定に向けた議論をふまえ方向性を示した上で、Ａ型事業所とＢ型事業所それぞれの課題を検討する。

II 雇用義務制度

1 対象障害者の範囲

（1）問題状況

雇用義務の対象障害者は原則として障害者手帳の所持者に限られているため（➡第1章第3節I 1）、就労が困難であっても手帳を取得できない場合[3]は、雇用義務の対象とならない。このことから、制度のはざまの問題と障害者手帳が再認定されない場合の問題が生じている。

（2）制度のはざま

制度のはざまに関する問題として、雇用義務制度が対象とする障害者の範囲と総合支援法の対象とする障害者の範囲が異なることが挙げられる。総合支援法の対象である発達障害者や難病患者は就労移行支援や就労継続支援Ａ型・Ｂ型等を利用できるが、手帳を所持していない場合は雇用義務の対象とならないため[4]、一般就労への移行に困難を伴うことがある[5]。雇用と福祉の連携や

---

[3] 障害の要件・基準に該当せず障害者手帳を取得できない場合だけでなく、特に精神障害者の場合はスティグマをおそれて手帳を取得しない場合がある。

[4] ただし、身体障害者は特定の医師・産業医により促進法別表に掲げる障害を有する旨の診断書・

切れ目のない支援を実施していくためには、この問題を解決しなければならない▶6。具体的には、手帳がない場合であっても、精神障害者の場合は総合支援法に基づく自立支援医療（精神通院医療）の受給者証によって、また、難病の場合は「難病の患者に対する医療等に関する法律」に基づく医療受給者証によって、雇用義務の対象とすることが考えられる。

　ただし、このような対応策はあくまで現行制度を前提としたものである。本来、雇用義務制度は、「長期にわたり、職業生活に相当の制限を受け」る障害者（促進法2条1号）に適当な雇用の場を与えることを事業主に求めるものであり、また、福祉的就労は主に「通常の事業所に雇用されることが困難な障害者」（総合支援法5条14項）を対象とするものである。制度全体の枠組みを再検討する際には、これらの就労困難性を適切に評価する仕組みを導入した上で、切れ目のない支援が行われるようにすべきである（➡本章第2節1）▶7。

（3）再認定されなかった場合の対応

　精神障害者保健福祉手帳の交付を受けた者は、2年ごとに精神障害の状態にあることについて、都道府県知事の認定を受けなければならない（精神保健福祉法45条4項）▶8。そのため、症状が改善した場合には再認定されないことがあるが、雇用義務の対象障害者として手厚い配慮を受け、安定した就労が可能であったからこそ、症状が改善した場合も考えられる。現場からも、手帳返却後に何らかの（雇用義務制度上の）メリットを付与してほしいとの意見が寄せられている。再認定がなされなかったとしても、従前どおりの配慮が継続して提供

意見書の交付を受けた場合、また、知的障害者は知的障害者判定機関により知的障害があると判定された場合（促進法施行規則1条の2）、障害者手帳を所持していなくとも雇用義務制度の対象になる（➡第1章第3節11）。そのため、障害者手帳を所持していない難病患者であっても、上記手続を経ることにより雇用義務の対象となることがある。

▶5　障害者を採用する理由が法定雇用率の達成である場合、雇用率カウントが可能な者（障害者手帳の所持者）を優先的に雇用すると考えられるためである。

▶6　障害者雇用分科会における「今後の検討に向けた論点整理（案）」でも、手帳を所持しない者の取扱いについて、同様の課題が示されている（第100回障害者雇用分科会（令和2（2020）年10月16日）資料3-2、1④）。

▶7　切れ目のない支援のためには、差別禁止や合理的配慮に関する規定の対象となる障害者の範囲についても、併せて検討する必要がある。

▶8　療育手帳についても更新制を採用する都道府県が存在しており、その場合は同様の問題が生じうる。

されるよう一定期間は雇用義務の対象として認めるべきと考える。

　いずれにせよ、現行制度の問題は、障害者手帳が必ずしも就労困難性を十分に反映していないにもかかわらず、その手帳制度を前提に雇用義務の対象を決めていることにある。職業生活上の困難を抱えているかどうかを評価する指標が、手帳制度とは別に設けられるべきである（➡本章第2節Ⅰ）。

2 実雇用率のカウント方法

（1）問題状況

　実雇用率は、「障害の程度」と「労働時間の長さ」によってカウント数に差が設けられている（➡第1章第3節Ⅱ1(2)）。障害の程度について、重度の身体障害者と重度の知的障害者は1人の雇用をもって2人とみなすダブルカウントが採用されており、労働時間の長さについては、原則として、週の所定労働時間が30時間以上の場合は1カウント、20時間以上30時間未満の場合は0.5カウントとされる。現場からは、これらに加え、「加齢による労働能力の低下」（高年齢の障害者の人数等）や「定着率・勤続年数」を実雇用率のカウントにあたって加算することを望む声が多数寄せられた。また、精神障害者の安定就労の困難さ等をふまえたカウント方法を求める意見も多くみられている。

（2）雇用義務制度の理念

　雇用義務制度は「社会連帯の理念」に基づくものであり（促進法37条1項）、社会連帯の責任をすべての事業主が平等に負担すべきとの考えから雇用率制度が導入されている[9]。ダブルカウント制度も重度障害者の雇用が一般的に困難であることにかんがみて設けられているものであり、責任の平等な負担に由来するといえよう。しかし、ダブルカウント制度が導入された昭和51（1976）年促進法改正の時代と比べ、バリアフリーやICT化が進んだ現在、一部の身体障害者の重度認定が就労の困難性と密接に関わっているとはいいがたい状況

▶9　促進法逐条解説（2003年）91頁。

にある▶10。一方で、雇用義務の対象障害者が拡大する中で、障害の種別によって就労困難性や必要とされる配慮の程度に差が生じてきてもいる。

これらをふまえると、就労する上での困難性に応じて実雇用率のカウントに差を設けること自体は合理的といえるが、その対象については再検討する必要がある。

(3) 加齢による労働能力の低下

その上で、「加齢による労働能力の低下」について検討するに、障害によっては加齢により就労困難性が高まる場合もあり、実雇用率への反映が雇用義務制度の理念にも合致する場合があるといえよう。しかし、加齢による影響は個人差があり、障害の種別や程度によっても異なるであろうことをふまえると、一律の年齢設定は望ましくない。やはり、就労困難性に応じて実雇用率をカウントする制度の導入を検討すべきである（➡本章第2節Ⅰ）。

(4) 定着率・勤続年数

「定着率の高さ」や「勤続年数の長さ」に応じた実雇用率の加算については、定着率や勤続年数は業種によっても異なることや▶11、定着率の高さは職務遂行上の支障が少ないことを示している場合も考えられることからすると、これらを実雇用率の加算対象とすることは必ずしも適切ではない。現場からの要望は、雇用継続のために様々な配慮を実施していること（コストがかかること）を、何らかの形で評価してほしいというものである。そうだとすれば、就労継続を促すための特別な措置や就労困難性を補うための個別かつ柔軟な措置を行っているようなケースに対して助成金制度を創設（あるいは現行制度を拡充）することで対応すべきと考える（助成金について➡第1章第3節Ⅱ2 (3)・Ⅵ1）。また、障害

▶10　現行のダブルカウント制度は、障害者福祉法上の重度認定を利用したものであり、実態としての就労困難性を必ずしもふまえていない。
▶11　業種別の離職率（常用労働者数に対する離職者数の割合）をみると、宿泊業・飲食サービス業（26.9%）や生活関連サービス・娯楽業（23.9%）は離職率が高い一方、建設業、製造業、運輸業・郵便業、学術研究・専門・技術サービス業は10%前後と低い（厚生労働省「平成30年雇用動向調査結果の概要」（令和元（2019）年8月21日））。離職率の違いほどではないものの、勤続年数の長さについても、同様の傾向がみられる（厚生労働省「平成30年賃金構造基本統計調査の概要」（平成31（2019）年3月29日））。

者のキャリア形成に向けた適切な支援が行われる場合に、これを助成する仕組みをつくることも検討に値する。

(5) 労働時間

「労働時間の長さ」によって実雇用率のカウント数に差を設けることは、障害のない労働者の人数を計算する際にも短時間労働者をハーフカウントしていることや、安易な短時間での雇用を防ぐという意味でも、合理的な制度といえる。以下では、①精神障害者について暫定的（令和5（2023）年3月31日まで）に導入されている、短時間労働の精神障害者を1人としてカウントする措置（➡第1章第3節Ⅱ**1**(2)）を継続すべきかという問題と、②週所定労働時間が20時間未満の障害者の雇用率制度上の取扱いについて検討する。

（a）精神障害者　精神障害者の雇用の難しさを指摘する声は、特例子会社だけでなくA型事業所からも寄せられており、重度のカテゴリー（ダブルカウント）を設けることや、重度のカテゴリーを設けないのであれば週所定労働時間が30時間以上の精神障害者をダブルカウントすることを望む声がある。確かに、現行制度上は精神障害者にだけ重度カテゴリーがないため、身体・知的障害者に比べ不利な状況にある。こうしたことから、短時間労働の精神障害者の雇用率制度上の暫定措置について、当面は継続することが望ましい。ただし、将来的には障害の種別や労働時間にかかわらず、就労困難性に着目した新たな制度▶12を創設する必要があると考える（➡本章第2節Ⅰ）。

（b）週所定労働時間20時間未満の取扱い　令和元（2019）年促進法改正により、週所定労働時間10〜20時間の障害者（特定短時間労働者）を雇用した場合に「特例給付金」を支給する仕組みが導入された（促進法49条1号の2）。この背景には、短時間であれば働くことが可能な精神障害者が一定程度みられることや、入院や介助等の制約により働くことが困難であった重度障害者が、ICTの進展等により短時間雇用に結びついている例があること等▶13がある。今後は、このような週20時間未満の雇用を実雇用率の対象とすべきかが課題となる。

▶12　たとえば、障害ゆえに長時間の労働が難しいとの認定が受けられた場合には、短時間労働者である障害者を1人としてカウントする措置を、障害の種別にかかわらず導入するなどが考えられる。

この点について特例子会社からは、「雇用率を考えると最低でも20時間以上、働ける人材でないと雇用しないため、意欲能力があっても、時間が短いと雇用につながらない」との声が寄せられている[14]。多様な働く場を提供するためにも、週所定労働時間が20時間未満であっても、雇用率にカウントする制度の導入が望ましいと考えるが、その際には、職業生活における自立という観点から週20時間以上の雇用を実雇用率のカウント対象としてきた従来の考え方との整合性をどうはかるかや、いわゆる「悪しきA型」でみられたような障害者の能力や意向にかかわらず短時間設定とするような事例をどう防ぐかといったことなどをふまえ、検討する必要がある[15]。

(6) 福祉的就労事業所への発注

在宅就業障害者支援制度は、在宅就業障害者（自宅、就労移行支援事業所または一定の要件を満たしたB型事業所等で就業する障害者）に直接、または、在宅就業支援団体を介して在宅就業障害者に業務を発注した事業主に対して、在宅就業障害者に支払われた報酬に応じて、特例調整金等を支給する制度である。その趣旨は、雇用以外の形で就業する障害者の就業機会の確保等を支援することにある（➡第1章第3節Ⅱ2(4)）。現行制度は、法定雇用率を超えて障害者を雇用している事業主には特例調整金（または特例報奨金）を支給し、法定雇用率未達成事業主には特例調整金の額に応じて納付金額を減額するものとなっている[16]。

[13] 「今後の障害者雇用促進制度の在り方に関する研究会報告書」9頁（平成30（2018）年7月30日）。

[14] A型事業所からは、「実際は4時間以上働くのが難しい人が多い。しっかり利用を続け、生きがいや一般就労に結びついていることの重要さをつぶしている」として平均労働時間の長さを福祉報酬に反映させる仕組みを批判する声がある（➡本節Ⅴ2(2)(a)）。

[15] 週20時間未満であれば働くことができ、かつ、これを希望する人の雇用を広げるべく、超短時間雇用IDEA（Inclusive and Diverse Employment with Accommodation：配慮を伴ったインクルーシブかつ多様な雇用）モデルを構築し、自治体や企業が実践する例がみられている。同モデルのもと、受入先には、①明確な職務定義をすること、②職務遂行上、本質的でないことには柔軟に配慮すること、③同じ職場で共に働くこと、が求められる（近藤武夫「超短時間雇用IDEAモデルの現況について」第9回今後の障害者雇用促進制度の在り方に関する研究会（平成30（2018）年5月11日）資料1-2）。同研究会では、超短時間雇用IDEAモデルを利用して働く障害者のうち、短時間のままで働きたいという人がかなりの数いることが指摘されている。

[16] 特例調整金・特例報奨金の額は、調整金・報奨金との均衡をふまえて設定されている。たとえば、常用雇用労働者数100人超の事業主が、在宅就業障害者に対し1年間に総額420万円（雇用

しかし、周知の不十分さや制度の複雑さに加え、発注対象が限定的であることや実雇用率への反映がないことから制度の利用は進んでいない。そこで、在宅就業支援団体を介した発注だけでなく福祉的就労を行う事業所に直接発注することを可能にしたり、上記のような金銭的なインセンティブを超えて実雇用率にカウントできる制度を導入するかどうかが問題となる。この点について、特にB型事業所から、業務の開拓の困難さや、発注企業の言い値で仕事の価格が決まること、B型事業所に発注する企業に恩恵があれば単価等の値上げ交渉がしやすくなるなどの意見が寄せられている▶17。

福祉的就労の場における仕事の確保が重要な課題であるとの問題意識から、全Aネットが中心となって実施された研究会の報告書では、在宅就業障害者支援制度と障害者優先調達推進法を合わせたような「障害者就労促進発注制度」が提案されている▶18。同研究会は、発注額を実雇用率にカウントする制度の導入を検討していたものの、一般就労の推進をめざす日本の障害者雇用就労施策の方向をふまえ、調整金・報奨金の増額や納付金の減額という金銭的なインセンティブにとどめるとの提案をしている。

確かに、雇用義務制度は現在まで「直接雇用」のみを実雇用率にカウントするという方針を貫いてきたのであって、福祉的就労事業所への発注を実雇用率に反映させること（以下「みなし雇用」ということがある）は、大きな方針転換となる。しかし、雇用と福祉の連携のさらなる強化、総合支援法に基づく就労継続支援・就労移行支援の急激な拡大、就労継続支援（特にB型）の福祉としての役割等をふまえると、雇用義務制度の側からも、福祉的就労をさらに支援す

1人分に相当する額）の発注を行った場合、420万円÷35万円（評価額）×2万1000円（調整額）＝25万2000円が、特例調整金の額となる。

▶17　業務の量や単価は、就労継続支援事業所で働く利用者の工賃・賃金に直接影響する（➡本節V 2（2）(b)）。

▶18　報告書では、「障害者就労促進発注制度」を段階的に導入することが提案されている。第1段階として、法定雇用率達成企業が、法定雇用率の対象とならない小規模事業所とA型事業所に業務を発注した場合に、発注企業に支払われる調整金・報奨金を増額する。第1段階の方策に一定の効果があるとされた場合、第2段階として、法定雇用率未達成企業であっても障害者雇用を一定（たとえば1.8%）以上達成している企業も発注できるようにし、受注側にB型事業所と独立自営障害者を加えるというものである（全Aネット「障害者の就労促進発注制度の実現に向けて」（令和2（2020）年3月）10頁）。

る方策をとる必要があると考える。具体的には、福祉的就労事業所等への発注をその金額に応じ、実雇用率の一部に換算できる制度を新たに導入することを提案する。この点は、法定雇用率のあり方にも関連するため、雇用義務制度全体をふまえ**4**（4）で再度検討する。

3 納付金制度

（1）問題状況

　納付金制度は、障害者雇用には経済的負担を伴うことを前提に、障害者雇用を誠実に履行している事業主としていない事業主との間で生じる経済的負担のアンバランスを調整すること、および、障害者を雇用する事業主に助成等を行うことを目的として設けられたものである（➡第1章第3節Ⅱ**2**（1））[19]。

　現場からは、納付金額を引き上げることで障害者雇用のインセンティブが高まるのではないかとの意見や[20]、納付金を払うくらいなら障害者雇用に取り組んだ方がよいとして実際に一般就労への移行に結びついた例があるとの声がよせられている。このような納付金の金額に関する意見に加え、納付金制度に関する書類等の煩雑さに対する不満の声も多い（➡助成金等についても同様の不満があるため、本節Ⅳ**2**において検討する）。

（2）納付金の額

　納付金の金額は、事業主が法定雇用率に達するまで対象障害者を雇用する場合に、対象障害者1人につき通常必要とされる1か月あたりの「特別費用」の額を基準として政令で定められるところ（促進法54条2項）[21]、平成2（1990）年の政令改正により4万円から5万円に引き上げられて以降、変更はない。し

---

[19] 促進法逐条解説（2003年）198頁。

[20] ただし、令和3（2021）年3月1日から法定雇用率が2.3％に引き上げられることや新型コロナウイルスの影響があること等から、納付金の引下げを求める声もある（第98回障害者雇用分科会（令和2（2020）年7月13日）資料1、1頁等）。

[21] 納付金額の算出方法の詳細については、永野ほか編詳説促進法（2018年）113頁以下〔長谷川珠子〕参照。

かし、その後、知的障害者（平成9（1997）年促進法改正）と精神障害者（平成25（2013）年促進法改正）の雇用義務化が行われており、障害者1人につき必要とされる配慮・支援の中身も大きく変容していると考えられる[22]。「特別費用」は厚生労働省による実態調査に基づき行われているが、調査項目については明らかとされていない。多くの事業主が精神障害者の雇用に困難を感じていることが質問票調査等からも明らかとなったが、その困難さを経済的なコストとして算出しがたい部分もある。特別費用を算出するための調査項目を明らかにした上で、それが実態をふまえた形となっているかを検証する必要がある。

また、企業規模[23]によってコストに差があるかどうかも検証し、差があるのであれば、その点を納付金・報奨金の額にどのように反映させるかを検討することが望ましい[24]。

(3) 調整金・報償金のあり方

障害者雇用分科会では、大企業等が多数の障害者を雇用している場合に上限なく調整金が支出されていることについて、経済的負担を調整するという制度の趣旨の観点から、支給上限等の設定が考えられるかどうかが、今後の検討に向けた論点として挙げられている[25]。

通常は障害者の雇用数の増加に応じて障害者1人につき通常必要とされる費用の額が低減するとされる[26]。この点をふまえると、多数の障害者を雇用する大企業の場合にはそれだけコストが低減すると考えられ、支給上限の設定も

---

[22]　一概にはいえないが、身体障害者の場合は施設や機器等の物理的な配慮が中心になるのに対し、知的障害者や精神障害者の場合は、管理者や支援者あるいは同僚による人的支援が中心になると考えられる。

[23]　たとえばフランスでは、企業規模により納付金の額に差が設けられており（永野ほか編詳説促進法（2018年）120頁〔永野仁美〕）、日本でも各種の助成金は中小企業に手厚くなるよう制度設計されている。

[24]　このほか、納付金や調整金に関しては、在宅就業障害者支援制度における特例調整金・特例報奨金の金額や計算式も検討対象となりうる（➡本節Ⅱ2(6)）。

[25]　第100回障害者雇用分科会（令和2（2020）年10月16日）資料3-2、2②。なお、同箇所において、A型事業所に対し一般企業における障害者雇用と区別なく調整金が支給されていることについて、福祉報酬との関係をどう考えるかという点も検討課題として挙げられている（この点については➡本節Ⅱ5(3)）。

一理ある。ただし大企業であっても、小規模店舗・支店を多数抱える企業と、本社と数か所の支店しかない企業とでは、障害者雇用に係る事情は大きく異なる。単に従業員数だけで判断するのではなく、障害者雇用の実態もふまえた判断が必要になると考える。

　常用雇用労働者数100人以下の事業主は、納付金の納付義務はないが、報奨金の支給対象とはされている。ただし、報奨金の支給要件は調整金と比べ厳しく、100人以下の事業主は6人を超えて障害者を雇用しなければ報奨金を得られない。100人以下の事業主にも納付金の納付義務を課すべきとの議論があるが▶27、まずは、報奨金の支給要件を緩和し、中小企業が障害者雇用に積極的に取り組むようにした上で、納付金制度の適用拡大を検討すべきであると考える。

　報奨金にこのような要件を課す背景には、納付金財源は、原則として納付金の納付義務を負う事業主のために用いるとの方針があると考えられる。このことから、納付金の支払義務のない国や地方公共団体▶28には、調整金の支給がないことはもちろん各種の助成金の支給もなされない。事業主の規模や、公務部門か民間部門かによって働く障害者への支援に差が出ることがないよう、納付金財源の使い道についても改めて検討する必要がある。

4 法定雇用率のあり方

(1) 問題状況

　法定雇用率が上昇する要因としては、①対象障害者の拡大、②雇用障害者数の増加、③失業障害者数の増加がある。近年の法定雇用率の頻繁な引上げに対しては不満の声が多く寄せられているが、この問題は①と②の点に起因してお

▶26　この実態をふまえ、調整金（月額2万7000円）と納付金（月額5万円）の額が設定されている（詳細は、永野ほか編詳説促進法（2018年）115頁〔長谷川珠子〕）。
▶27　第100回障害者雇用分科会（令和2（2020）年10月16日）資料3−2、2①。
▶28　ただし、令和元（2019）年促進法改正により、法定雇用率を達成できない場合には、不足する障害者数1人につき年間60万円を翌年度の庁費の算定上減額する措置がとられることになった。

り、特に平成30（2018）年4月から精神障害者保健福祉手帳の所持者が雇用義務制度の対象となったことの影響が大きい。また、現行の算定式は、雇用される障害者数が増えれば法定雇用率が引き上がる仕組みとなっているため、障害者雇用を進めてもゴールがみえず、法定雇用率がどこまで引き上げられるかわからないことに不安や疑問を感じる事業主も少なくない。

①の点に関連して、精神障害者保健福祉手帳を所持しない精神障害者や発達障害者を実雇用率に算入することを望む事業主も多いが、対象となる障害者が広がれば、それだけ法定雇用率が上がることや、その認定方法や人数の把握が課題となることをふまえておく必要がある。また、③については、失業障害者の人数を正確に算出できているかを検証する必要がある。さらに、地方では障害者の人数が少なく、公共交通機関が整備されていないなど、都市部と地方との地域差が存在している（差が拡大している）ことを理由に、同一の法定雇用率を課すことを疑問視する声も聞かれる▶29。

そこで以下では、これらの現場の声をふまえた上で、雇用義務制度の一律性が維持できているのか、法定雇用率は実態を正確に反映できているのかを検証し、雇用率制度のあり方に関する代替案を提示する。

(2) 一律性への疑問

雇用率制度は、事業主に義務を課すものであり全国的・画一的な判定が可能であることが必須の要件であるとされてきた（➡第1章第2節Ⅱ1（1））。また、雇用義務は社会連帯の責任に基づくものであり、その責任は平等に負担されるべきであると考えられている（➡本節Ⅱ2（2））。この結果、全国一律の法定雇用率がすべての事業主に課せられることとなっているが、現実には、地域差が生じ（少なくとも地域差があると実感されている）、また、知的障害者や精神障害者にも雇用義務の対象が広がったことで、就労する上での困難性がより多様にな

▶29　総合支援法についても、地域差を無視して同一の制度を適用することへの不満がある。たとえば、送迎加算の単位数減について、公共交通機関がない地域では送迎が必要であることや地域によってガソリン代の差があることをふまえていないといった意見や、地域に実習の受け入れ先企業がほとんどなく一般就労移行が困難であるとする意見、地方では定員要件が足かせとなりやすいという意見などがある。

っていることが指摘できる。雇用する障害者の「人数」と「労働時間」を基準とする現行の雇用率制度の公平性に揺らぎが生じている中で[30]、全国一律の制度が妥当かどうかを改めて検討する時期に来ていると思われる。

（3）失業障害者数

　平成30（2018）年4月から適用される法定雇用率を設定する際、計算式に必要な数値として示された調査結果は**図表5-1-1**のとおりであった[31]。このうち、失業障害者数は、身体10.9万人、知的3.5万人、精神12.1万人であり、ほかの障害種別と比較して、精神障害者の失業者数が多いことがみてとれる。確かに、精神障害者は平成30（2018）年4月から雇用義務の対象となったばかりであり[32]、雇用されていない精神障害者が多いこともうなずける。ただし、失業障害者数は「生活のしづらさなどに関する調査」に基づき算出されたものであり、労働力調査において用いられる失業者の定義[33]が用いられているわけではない。たとえば、B型利用者でも、一般就労を目指していると回答した場合は、現実に一般就労に向けた活動をしているかどうか、あるいは、一般就労が可能かどうかにかかわらず[34]、失業者にカウントされる。

　このように失業障害者数の算出方法に疑義があるにもかかわらず、失業障害者数は法定雇用率の計算式における分子の3割を占めており、法定雇用率に大きな影響を与えている（失業障害者数を含めない場合、0.7ポイントマイナスとなる）。

---

[30]　障害の程度（重度）も実雇用率の算定にあたって加味されているが（ダブルカウント）、これが就労する上での困難性を必ずしも反映していないことは上述したとおりである（➡本節Ⅱ2(2)）。

[31]　なお、同数値に基づき算出した法定雇用率は2.421%であったが、激変緩和措置をとるとの方針のもと、平成30（2018）年4月からは2.2%とされた（➡第1章第2節Ⅴ1(1)）。

[32]　ただし、平成18（2006）年以降は、現に雇用する精神障害者（精神障害者保健福祉手帳の所持者）を実雇用率にカウントすることができた（➡第1章第2節Ⅳ1(2)）。

[33]　失業者とは、15歳以上の人口のうち、①仕事がなくて労働力調査の調査週間中に少しも仕事をしなかったこと、②仕事があればすぐに就くことができること、③調査週間を含む1か月間に仕事を探す活動や事業を始める準備をしていたこと（過去の求職活動の結果を待っている場合を含む）を満たす者をいう。

[34]　促進法の対象となる精神障害者は、「症状が安定し、就労が可能な状態にあるものとする」（促進法施行規則1条の4）とされるが、生活のしづらさなどに関する調査では、この点が確認されているわけではない。

【図表5-1-1：法定雇用率の検討に要する数値の調査結果】

	労働者	身体障害者	知的障害者	精神障害者
常用雇用労働者	3499.7万人	39.3万人	13.5万人	4.6万人
常用雇用短時間労働者	441.2万人	2.6万人	1.9万人	1.3万人
失業者	193万人	10.9万人	3.5万人	12.1万人

※障害者数は、ダブルカウント・ハーフカウントによる補正後の数字による
出所：第73回障害者雇用分科会（平成29（2017）年5月30日）資料2-1

(4) 法定雇用率の設定と義務の履行方法

　以上でみてきたように、雇用率制度の全国一律性（公平性）に揺らぎが生じており、法定雇用率の計算式が実態を反映したものとは必ずしもいえない状況となっている。今後、障害者手帳所持者以外にも対象を拡大する可能性があること（➡本節Ⅱ1（2））を勘案すると、実態を正確に法定雇用率に反映させることはますます困難になるとも考えられる。また、少なくとも5年に1度法定雇用率の見直しが行われるため、短期的な視点で雇用率達成に注力することとなり▶35、中長期的な障害者雇用の計画が立てづらいという状況も生み出してい

▶35　近年、別会社（B社）が提供・管理する農園の一区画を借り上げ、そこで障害者を働かせ、自社（A社）の実雇用率としてカウントする例がみられている。B社の提供する体験実習を受けた障害者が希望した場合、A社が採用面接を行い、A社と障害者との間で労働契約が締結される。障害者が行う作業（農作業）とA社の業務との関連性は前提とされておらず、B社が提供する農園の一区画をA社が借り上げ、農作業を指導する指導員をA社が雇用し、障害者らの指導にあたらせる。指導員の作成した日報をA社の人事担当者等が共有し、農園への定期訪問も行うとされている。B社は、この仕組みは、障害者雇用を創出し社会に貢献するものであるとして、その社会的意義を強調する。
　確かに、雇用率を達成するためだけに障害者を雇用し、十分に仕事を割り当てない事例が以前からあることをふまえると、この仕組みのもとでは、障害者らが、最低賃金を保障された安定的な仕事を得られているようであり、この仕組みを全面的に否定することはできない。しかし、A社は障害者雇用のための努力をすることなく、取組みのほぼすべてをB社に外注しているような状態といえ、A社が直接雇用により社会連帯の責任を負担したと評価してよいか、疑義が生じる仕組みであるともいえる。また、B社のビジネスモデルは、雇用率達成を目指す企業にとっては都合が良い反面、障害者を職場から排除する仕組みとして機能するリスクがあることにも留意すべきである。さらに、A社が、障害者はこの形でしか採用しないという方針をとっていた場合、障害者に対する差別にも該当しうる（促進法34条）。
　このような障害者雇用関連ビジネスは拡大する傾向にあるが、雇用率という数字ばかりに目を向け、雇用義務制度や障害者雇用施策の本質を十分に議論してこなかった結果といえるかもしれない。

る。

　そこで将来的には、法定雇用率の計算式による基準はあくまで参考値とし、福祉的就労を行う事業所への業務の発注等も実雇用率に反映できるようにした上で（➡本節Ⅱ**2**（6）、本節Ⅴ**3**（2））、計算式上の基準よりも高い率を法定雇用率として設定する仕組みを導入することを提案する▶36。たとえば、令和10（2028）年から適用する法定雇用率を3.0％とし、そのうち0.8％分までは福祉的就労事業所への発注によるカウント（みなし雇用）を認めるという方法である▶37。

　みなし雇用という方法を認めることで、企業側に義務の履行方法について一定の選択肢を与えることとなり、中長期的な視点から障害者雇用の計画をたてられるようになるとも考える▶38。また、福祉的就労事業所は、適正な価格で安定的に業務を受注できるようになる可能性が高まり、そこで働く障害者の就労条件の向上にもつながるといえよう。このように、みなし雇用は、福祉的就労にも大きな影響を及ぼすこととなる。そこで次に、雇用義務制度におけるＡ型事業所の位置づけについて検討する。

　　上述のような形態だけでなく、雇用率達成のみが目指されているような障害者雇用の実態を把握し、その妥当性について改めて検討する必要がある。
▶36　この論点に関連する雇用義務制度をめぐるフランスの最近の動向について、本節コラム３参照。
▶37　各事業主が実雇用率を計算・報告する際、直接雇用分とみなし雇用分は、明確に区分される必要があり、直接雇用が原則であるとの理念を変えるものではない。本文中の数字（3.0％と0.8％）はあくまでも一例であり、雇用障害者数と福祉的就労の利用者数の割合等を勘案して算出し、障害者雇用分科会等の議論を経た上で決定されるべきである。また、みなし雇用を実雇用率にカウントできるようにする場合、何をもって直接雇用１人分として設定するかが非常に重要となる。発注額を基準とすることがそもそも適切か、発注額とするとして金額をいくらに設定するかなど、検討しなければならない課題は多く残されている。
▶38　除外率制度（障害者の就業が一般的に困難であると認められる業種について、雇用労働者数を計算する際に除外率に相当する労働者数を控除する制度）は、平成14（2002）年促進法改正により廃止が決定されたものの、経過措置として存続している。みなし雇用が導入され場合には、除外率の早期の縮小・廃止が求められる。

コラム…3
▶▶ フランスの雇用義務制度改正

本書は、比較法の観点からではなく、現場の視点から、今後の障害者雇用・就労のあり方を検討するものである。ただ、フランスで2018年に行われた雇用義務制度改正は、同じく雇用義務制度を有する日本での議論にとって参考となるものであることからここで紹介したい。

2018年改正では、雇用義務制度に関して、①法定雇用率の定期的な見直しの導入、②雇用義務を負う対象の拡大、③保護労働・就労セクターへの発注分の納付金減額事由化等が行われ、同制度の強化がはかられた。こうした改正が行われた背景には、現在の雇用義務制度の原型を作った1987年法から30年が経過したにもかかわらず、実雇用率が3.5%にとどまっていたこと[39]や、障害者の失業リスクは平均の2倍で、非就業期間も障害のない者に比して長いこと等があった。雇用義務制度の強化により、障害者雇用を一層推進していくことが目指されたといえる。以下で、ごく簡単にではあ

るが、改正の内容について確認したい。

法定雇用率の定期的な見直し

まず、1987年法以降6%[40]に設定されてきた法定雇用率が、就労人口にしめる雇用義務対象者の割合と労働市場における彼らの状況を参照し、全国障害者諮問評議会の意見を聴取した上で、5年毎に見直されることとなった（労働法典 L.5212-2条）。6%は最低ラインと考えられていることから、今後は、労働市場における雇用義務対象者の状況をふまえて、6%以上の雇用率が設定される可能性がある。

雇用義務を負う対象の拡大

次に、雇用義務を負う対象が、雇用義務が課せられる単位の変更により拡大されることとなった。すなわち、雇用義務を課せられる単位が事業所から企業へと変更され[41]、これによって、とりわけ従業員数20名未満の事業所を複数抱え

---

[39] フランスの雇用義務の対象となる障害者の範囲は、日本の障害者の範囲と比して広いことには留意が必要である。たとえば、生産ラインで働いている場合、腕が肩より上に上がらない者は障害労働者認定を受けることができる。

[40] 6%の根拠は必ずしも明らかではないが、フランスでは、1924年に傷痍軍人を対象とする10%の雇用義務制度が導入されており、1957年法改正以降、そのうちの3%について障害労働者の雇用にあてるよう義務づけがなされていた。永野仁美『障害者の雇用と所得保障』（信山社・2013年）129頁以下。

[41] 日本では、1976年法改正で同様の改正がなされている（➡第1章第2節Ⅱ1）。

る企業について雇用義務が強化されることとなった（労働法典 L.5212-1条）。

納付金減額事由化

さらに、保護労働・就労セクターへの発注[42]が、納付金[43]減額事由へと整理しなおされることとなった。保護労働・就労セクターへの発注は、雇用義務の履行方法の1つとして認められてきた。すなわち、いわゆる「みなし雇用」として、雇用率へのカウントが可能とされてきた。しかし、こうした制度は、企業が障害者の直接雇用によって雇用率を達成している率を不明確にすることから[44]、これを明確にし、企業における障害者の直接雇用をより一層推進していくという目的のもと、同制度を納付金の減額事由へと変更することが行われた（労働法典 L.5212-10-1条）。

その他

以上のほか、フランスの雇用義務制度において認められている労働協約の締結による雇用義務の履行[45]についても改正が行われた。この方法による履行は、これまで期間の制限なく認められてきた。しかし、2018年改正で、これによる履行は最大で6年までしか認められないこととなった（3年の期間で、更新が1回可能）（労働法典 L.5212-8条）。労働協約の締結は、今後は、企業が障害者雇用に取り組む「きっかけ」を提供するものとして位置づけられることとなる。

また、雇用義務自体は負わない従業員数20名未満の企業も、障害者雇用の実態を明らかにし、企業に対してより適切な支援を行うことを目的として、障害者雇用に関する報告義務を負うこととなった（労働法典 L.5212-1条）。

フランスでは以上のような改正が2018年に行われたわけであるが、とりわけ保護労働・就労セクターへの発注をどのように位置づけるかに関しては活発

[42] 適応企業や ESAT（Etablissement et service d'aide par le travail：就労支援機関・サービス）、自営の障害労働者等への発注が対象となる。適応企業は、障害者が少なくとも55％を占める企業である（労働法典 L.5213-13条以下）。適応企業での就労は、障害者に適応した環境の中で提供されるが、通常の労働市場での就労とみなされており、労働法典の適用がある。ESAT は、様々な職業活動とともに、医療福祉的・教育的支援を提供する、いわゆる「福祉的就労」の場である（社会福祉・家族法典 L.312-1条）。ESAT で働く障害者は、労働者ではなく、福祉サービスの利用者として位置づけられている。

[43] 納付金の計算方法については、このほかにもいくつかの変更がなされたが、コラムで扱うには細かな内容となるため省略する。

[44] 従前、企業は、直接雇用で達成する部分を直接雇用率（taux d'emploi direct）、みなし雇用等も含めて達成する部分を包括雇用率（taux d'emploi global）として公表することができていた。今後、企業は、直接雇用率しか対外的に示さないこととなる。

[45] この方法で義務の履行を行う場合には、納付金の支払いは発生しない。

な議論がなされた。その過程では、保護労働・就労セクターへの発注を雇用義務の履行方法から納付金の減額事由へと変更することで、一般労働市場と保護労働・就労セクターとの間のパートナーシップが危うくなるのではないかという疑問も呈された。この点に関しては、ソフィア・クルーゼル（Sophia Cluzel）障害担当大臣が、次のようなコメントを出している。

　法は、発注を奨励する施策を廃止しようとしたのではありません。ただ、発注の評価方法を変えただけです。発注はこれからも納付金の減額という形で考慮され続けます。この新しい評価方法は、適応企業やESAT、自営の障害労働者にとって不利なものではありませんし、その顧客である企業にとっても不利なものではありません。……新しい計算方法は、改正前の仕組みと同様に発注を促すものであり、直接雇用と間接雇用とを対立させるような問題ではありません。政府は、一般企業と適応企業・ESATとの間の流動性・補完性がより一層高まることを希望しています[46]。

　本書では、フランスが廃止した発注分を雇用率にカウントする措置の導入を提案しているが（➡本章第1節Ⅱ4(4)）、以上のような保護労働・就労セクターへの発注に関してなされたフランスでの議論は、日本の雇用義務制度の中でこれをどのように位置づけるかという議論に対し、留意すべき事項を提供してくれるものといえよう。

5 A型事業所の位置づけ

(1) 問題状況

　現行制度上、A型事業所は雇用義務制度の適用を受ける。A型事業所が障害者を「雇用」していることがこの根拠とされるが、A型事業所を雇用義務制度の対象とすることについては、雇用義務制度の理念もふまえ、その妥当性を改めて検討する必要がある[47]。また、個別の論点としては、①A型事業所

▶46　法改正の内容と障害担当大臣談話については、AGEFIPH, La réforme de l'obligation d'emploi des travailleurs handicapées, Juin 2019を参照。

▶47　障害者雇用分科会における「今後の検討に向けた論点整理（案）」でも、法定雇用率の設定のための計算式におけるA型利用者の取扱いをどうすべきかが、論点してあげられている（第100回障害者雇用分科会（令和2（2020）年10月16日）資料3−2、1②）。

が雇用義務制度からの調整金（または報奨金）と総合支援法からの福祉報酬の両方を得ること、および、②グループ適用や企業グループ算定特例の制度を利用して、Ａ型事業所での障害者雇用を企業グループの雇用率にカウントすること等についても問題となる。

なお、以下で検討する事項は、Ａ型事業所を雇用義務制度の適用対象とすべきかどうかであって、Ａ型利用者が労働者であること（事業所と利用者が雇用契約を締結していること）を否定しようとするものではない。Ａ型事業所を雇用義務制度の対象から外したとしても、Ａ型利用者には依然として労働関係法令が適用される（「労働者性」の判断基準等については➡本節Ⅴ**4**（1））。

(2) Ａ型事業の目的と雇用義務制度

事業主が雇用義務を負うのは、「対象障害者の雇用に関し、社会連帯の理念に基づき、適当な雇用の場を与える共同の責務を有する」ことにあり（促進法37条1項）、「社会連帯の理念の責任は、原則としてすべての構成員に平等に負担されるべきである。そして、……障害者に一定の雇用の場を確保するためには、各事業主がその雇用する労働者数（雇用量）に応じて分担するのが合理的である。ここに雇用率という考えが産み出されたのである」とも説明される▶48。一方、就労継続支援事業は、障害者に就労の機会を提供すること自体を目的としたものである（総合支援法5条14項、同施行規則6条の10）。その実現のために福祉報酬を得ていることもふまえれば、促進法37条1項の「社会連帯の理念に基づき、適当な雇用の場を与える共同の責務を有するもの」として、Ａ型事業所を位置づけるべきではない▶49。

また、法定雇用率にＡ型利用者の人数が少なからぬ影響を及ぼしている点にも留意しなければならない。厚生労働省の研究会で示された数字▶50によれ

▶48　促進法逐条解説（2003年）91頁。
▶49　障害者自立支援法（現在の総合支援法）の制定以前に、障害者の雇用の場であった福祉工場も、雇用義務制度の適用対象とされていた。しかし、平成18（2006）年の福祉工場の施設数（123）と利用者数（3531人）と比較すると、令和2（2020）年のＡ型事業所数（3818）と利用者数（7万2187人）は、それぞれ約31倍と約20倍となっている。このような事業所数や利用者数の大幅な増加も、雇用義務制度とＡ型事業所との関係性の再検討を迫るものといえよう。
▶50　「第13回今後の障害者雇用促進制度の在り方に関する研究会」（平成30（2018）年6月29日）

ば、平成30（2018）年4月から適用される法定雇用率の見直しの際、計算式上は2.421％であったところ、分子からＡ型利用者を除外した場合の法定雇用率は2.329％と推計されている。Ａ型利用者が計算式に含まれていることによって法定雇用率を約0.1ポイント引き上げている[51]。障害者雇用の費用を福祉報酬から得ているＡ型事業所の利用者数の増加が、ほかの事業主の負担を高める結果をもたらしており、平等な負担という雇用義務制度の趣旨とも矛盾する。

　以上のことから、結論として、Ａ型事業所は雇用義務制度の対象とすべきではないと考える[52]。

（3）個別の論点

　Ａ型事業所を雇用義務制度の対象外とすることを前提としつつ、上記①と②の点についても以下簡単に検討する。

　①Ａ型事業所が調整金と福祉報酬の両方を得ることについて、質問票調査では、「経営が厳しい」（30.6％）、「調整金・報奨金と訓練等給付費の支給があるので経営できている」（25.0％）、「調整金の支給があるので経営できている」（4.2％）との回答がみられており（➡第2章第2節Ⅱ2）、調整金がＡ型事業所の経営にとって重要な役割を担っているといえる[53]。雇用義務制度から外れることになれば、それに伴い調整金を受給できないこととなるが、障害者の就労を支援する費用は福祉報酬から支払うべきと考える（福祉報酬のあり方については➡本節Ⅴ2）。ただし、Ａ型が雇用である（労働関係法令の適用を受ける）という前提は変わらないため、雇用保険二事業を財源とする助成金制度は引き続き利用

資料1、9頁。

[51]　上述した新たな法定雇用率の設定を3.0％とし、義務の履行方法としてそのうち0.8％分まではみなし雇用を認めるとの提案は（➡本節Ⅱ4（4））、Ａ型事業所を雇用義務制度の対象から外した場合の法定雇用率推計もふまえたものである。

[52]　その上で、企業等がＡ型事業所に業務を発注した場合には、当該企業の実雇用率にカウントできるようにする仕組み（みなし雇用）を導入する（➡本節Ⅱ4（4）、本章第2節Ⅱ2（2））。

[53]　ただし、規模の小さいＡ型事業所では、報奨金を得るための要件（常用雇用労働者数の4％相当数または6人のいずれか多い数を超えて障害者を雇用していること）を満たすことが困難な場合もあり、事業所の規模によって得られるメリットに差があることもうかがわれる。

できることとなる（➡第1章第3節Ⅵ1、助成金制度の拡充については➡本節Ⅳ2）[54]。また、Ａ型事業所への発注を発注企業の実雇用率に反映できる仕組み（みなし雇用）をつくることでＡ型事業所の業務量を増やし、経営の安定化を促すことも重要である（➡本節Ⅱ4（4））。

②Ａ型事業所を設立し、企業グループの実雇用率にカウントすることについては、当該制度を利用するＡ型事業所の主張（➡第2章第4節Ⅰ4）も一理ある。しかし、上述した理由からＡ型事業所は雇用義務制度の対象とすべきではなく、このような制度の利用も認められないこととなる。グループ適用等による実雇用率カウントはできなくなるが、グループ企業からＡ型事業所に業務を発注することで安定的な仕事を確保することや、福祉報酬による指導員の配置や職場環境の整備が可能となるメリットは失われるわけではない。また、みなし雇用の制度を導入することで、雇用率制度上のメリットの一部を維持することができる[55]。

Ⅲ 特例子会社制度

1 問題状況

特例子会社については、事業所数および雇用障害者数がともに増加し、グループ適用や企業グループ算定特例の利用も広がりをみせているが（➡第1章第3

---

[54] 雇用関係の助成金は、その種類によって異なる財源（雇用保険二事業、納付金制度、一般会計）から支出されているが、財源の変更によりＡ型事業所が不利とならないような対応が求められる。また、これまで支払われていた調整金を段階的に減額するなどの経過措置も必要と考える。

[55] 現行制度上、特例子会社はＡ型事業所の事業者となることができない（「障害者の日常生活及び社会生活を総合的に支援するための法律に基づく指定障害福祉サービスの事業等の人員、設備及び運営に関する基準」（平成18（2006）年厚生労働省令第171号。以下「指定基準」という）189条2項）。また、Ａ型事業所は、社会福祉法人または専ら社会福祉事業を行う者によって運営されなければならない（同条1項）。グループ内Ａ型を有する特例子会社からは、特例子会社の一事業所としてＡ型事業所を設立することを求める声がある（➡第2章第2節Ⅰ4（2））。Ａ型事業所を雇用義務制度の対象から外す場合には、特例子会社の福祉的機能をふまえ、特例子会社のＡ型事業所の設立を認めることも検討すべきである。

節Ⅱ3 (2) (d)）、インクルージョンの原則に反するとの批判もある▶56。確かに、特例子会社が、親会社やグループ企業の実雇用率達成のためだけに設立され、障害のない者との交流がほとんどない環境で、キャリア形成等の機会を与えず障害者を働かせているとすれば、「適当な雇用の場を与える共同の責務」（促進法37条1項）を果たしているとはいえないおそれがある。また、そのような場合は、「当該子会社がその雇用する対象障害者である労働者の雇用管理を適正に行うに足りる能力を有する」（同法44条1項3号）との要件を満たしていないともいえよう。

もっとも、質問票調査における「『特例子会社はインクルーシブでない』という意見を耳にするが、特例子会社も様々なタイプがあり、一般化して議論されるのは方向性を誤ると感じる」との回答▶57や、本調査から明らかとなった特例子会社の多様性からすると（➡第2章第2節・第3節Ⅰ）、特例子会社を一括りにした議論はすべきではない。

福祉的就労の領域でも同様に問題となるインクルージョンについては、本節コラム…4で扱うこととし、以下では、特例子会社等の制度が法人単位で雇用義務を課すという原則の「例外」として認められた制度であることを前提に、障害者雇用の促進という法の目的の達成や障害者の就業生活における自立の実現という観点から、特例子会社制度のあり方を検討する。また、質問票調査で明らかとなった特例子会社・Ａ型事業所・Ｂ型事業所の運営方針の重なり（「ビジネス－福祉」志向性➡第3章第1節Ⅱ3 (4)）をふまえると、「雇用と福祉の連携」の観点からも特例子会社の位置づけを再検討すべきであり（➡第4章第1節Ⅰ3）、この点については本章第2節Ⅱで検討する。

2 特例子会社と親会社・関係会社・関係子会社との関係

グループ適用が導入される際の国会の議論では、「親会社の責任のもとで」

▶56　たとえば、特例子会社は障害者権利条約のインクルージョンの原則に反する可能性があり、特例子会社はその存在意義から問われるべきと指摘するものとして、伊藤修毅「障害者雇用における特例子会社制度の現代的課題」立命館産業社会論集47巻4号（2012年）126頁。
▶57　質問票調査では、Ｂ型事業所から「特例子会社がもっと身近にあると良いと思います」との回答もみられる。

企業グループ全体や特例子会社における障害者雇用促進がはかられることが強調されていた▶58。しかし、現場の声からは、特例子会社を設立したことで障害者の雇用を特例子会社に任せきりになり、親会社として障害者の雇用義務を果たそうとしていない姿や、特例子会社の経営状況が親会社からの指示や業務量に大きく左右されている様子がみてとれる。実態は、親会社が特例子会社の自律的な経営を阻害し、障害者を雇用するという親会社の責任を特例子会社に押し付ける形となっている。本来、親会社が特例子会社の意思決定機関を支配しているという認定要件（促進法44条1項、同施行規則8条の2）は、障害者雇用を親会社の責任のもとで行うことを担保するためのものであったと考えられるが、実際には、親会社としての責任を免れつつ特例子会社の経営には口出しをするという方向に作用している。

　このような問題を解決するための一歩として、特例子会社やグループ適用を利用する際には、「親会社の責任」のもとで障害者雇用促進がはかられなければならないことを法律上明記することを提案する。さらに、その実効性を高めるために、親会社・関係会社と特例子会社との間で話し合い、①親会社とグループ適用の関係会社にも一定率以上の実雇用率の達成を求めること▶59、②親会社と関係会社の従業員数に応じた特例子会社への業務の年間発注金額（たとえば納付金額を参考にした金額）を設定すること、③特例子会社から親会社・関係会社への異動（出向・転籍等）の仕組みを整えること、あるいは、④そのほか特例子会社および親会社・関係会社における障害者雇用のための計画（雇入れ計画、キャリア支援計画、業務受発注計画等）を策定することのいずれかの方法を選択させるといった新たな制度の導入を検討すべきと考える。

▶58　第154回国会衆議院厚生労働委員会（平成14（2002）年4月5日）会議録〔澤田政府参考人〕。
▶59　企業グループ算定特例では、各関係子会社は1.2%以上の実雇用率達成が求められる。

コラム…4
▶▶ 雇用・就労分野におけるインクルージョン

インクルージョン？

　本書では、特例子会社およびA型・B型事業所に対して実態調査を行った。これらの障害者の就労場所は、とりわけ、就労への困難度が高い障害者が働く場所として重要な役割を果たしていると考えているが、他方で、インクルージョンの観点から問題があるのではないかとの意見も存在しているところである（➡本節Ⅲ1）。こうした問題は、国際的にも認識されている。たとえば、障害者権利委員会[60]が韓国のナショナル・レポートに対して出した総括所見では、「シェルタード・ワークショップ[61]を廃止し、障害者の雇用促進に向けて条約に沿って代替手段を探るよう奨励する」旨が記されている。また、カナダに対する総括所見でも、「シェルタード・ワークショッ

プ・モデルを終わらせ、開かれた労働市場へのアクセスを奨励する戦略が欠如していることを懸念する」旨の言及がある[62]。

　この問題をどのように考えればよいのだろうか。確かに、障害者が「障害者である」という理由によって労働市場（特に、一般企業での就労）から締め出されているのだとすれば、それは問題である。平成25（2013）年促進法改正で導入された差別禁止法理の観点からも許容されない。しかし、障害者の中には就労への困難性が高い者もいる。また、生産的であることを要求される一般企業での就労に苦しさや不安を感じる者もいる。障害者の置かれた状況やニーズ、希望は多様であるにもかかわらず一般就労にこだわることで、何らかの歪みや弊害は生じないのだろうか。

▶60　権利条約34条に基づき設置される委員会で、条約が定める義務の履行状況等に関して条約締約国が提出する報告書（ナショナル・レポート）について検討し、適当と認める提案や一般的な性格を有する勧告を行うこと等をその任務としている（権利条約35条・36条）。

▶61　シェルタード・ワークショップが何を指すかは、必ずしも明らかではない。というのも、各国により定義（雇用契約を前提とするか否か等）に差があるからである。ただ、オープンな労働市場で通常の仕事に就くことが困難な者を対象として、生産活動を提供する場所であるという点は、各国の定義において共通しているといって良いだろう。また、労働市場への移行促進策が講じられていることも必要とされている。Arthur O'Reilly, The right to decent work of persons with disabilities, 2007, pp.67-71.

▶62　国連・障害者権利委員会ウェブサイト（https://www.ohchr.org/FR/HRBodies/CRPD/Pages/CRPDIndex.aspx）。

統合とインクルージョンの相違

　ここで、インクルージョンに関しての概念整理がより進んでいると思われる教育分野での議論を確認したい。障害者権利員会は、「インクルーシブ教育を受ける権利に関する一般意見（第４号）」（平成28（2016）年）（以下「一般意見」という）の中で、「排除」、「分離」、「統合」および「包摂」（以下「インクルージョン」という）の相違について述べている。「インクルーシブ教育」とは何かを説明する文脈の中で出てきたものであるが、その概念整理は、雇用・就労分野でのインクルージョンを考えるに際しても参考となるものである。

　一般意見は、それぞれについて次のように述べている。

排除：排除は、生徒が直接的または間接的に、何らかの形態の教育を享受する機会を妨げられたり、否定されたりするときに発生する。
分離：分離は、障害のある生徒の教育が、特定の機能障害やさまざまな機能障害に対応するために設計され、あるいは使用される別の環境で、障害のない生徒から切り離されて行われるときに発生する。
統合：統合は、障害のある人は既存の主流の教育機関の標準化された要件に適合できるという理解の下に、彼らをそのような機関に配置するプロセスである。
インクルージョン：インクルージョンには、対象となる年齢層のすべての生徒に、公正な参加型の学習体験と、彼らのニーズと選好に最も合致した環境を提供することに貢献するというビジョンを伴った、障壁を克服するための教育内容、指導方法、アプローチ、組織体制及び方略の変更と修正を具体化した制度改革のプロセスが含まれる。たとえば組織、カリキュラム及び指導・学習方略などの構造的な変更を伴わずに障害のある生徒を通常学級に配置することは、インクルージョンにならない。さらに、統合は分離からインクルージョンへの移行を自動的に保障するものではない▶63。

　外形のみからみると、特例子会社やA型・B型事業所は、障害のある就労者を「分離」するものといえよう。しかし、一般企業で就労してさえいればインクルージョンが実現されているといえるのかというと、それも違う。上記の概念整理に従うと、たとえ一般企業での障害者の就労が実現されていたとしても、それが障害者は主流の標準化された要件に適合できるという理解のもとになされている場合、それはインクルージョンではない

▶63　以上の翻訳は、石川ミカ（日本障害者リハビリテーション協会）・長瀬修によるものである。公益財団法人日本障害者リハビリテーション協会情報センターウェブサイト（https://www.dinf.ne.jp/doc/japanese/rights/rightafter/crpd_gc4_2016_inclusive_education.html）。

ということになる。

インクルージョンの観点からの要請

障害者のおかれた状況やニーズ、希望の多様性、および、障害者権利委員会が一般意見の中で示した概念整理の2つを前提に検討すると、障害者雇用・就労の分野においてインクルージョンの観点から求められるのは、次のようなことではないだろうか。

1つめは、障害者自身で選択するキャリア展開が保障されており、そのための支援もあることである。開かれた労働市場での障害者の就労を実現していくことは重要であり、障害者がその希望や能力にもかかわらず、特例子会社やA型・B型事業所での就労に固定されているとすれば、それは問題である。しかし、障害者のキャリア展開が、雇用・福祉横断的な様々な支援策により保障されており、一般企業での就労とこれらでの就労との間に流動性と補完性とが存在しているのであれば▶64、特例子会社やA型・B型事業所での就労をインクルージョンの観点からみて否定的に評価する必要はないのではないだろうか。現時点での能力や意向に合わせて適切な就労場所を確保・提供することも、障害者のニーズや希望の多様性にかんがみると重要といえるからである。

2つめは、「障害者が働く」ということをきっかけとして、既存の標準化された労働のあり方の問い直しが、雇用の場でも福祉的就労の場でもなされていることである。雇用の場での障害者に対する「合理的配慮」の提供は、この問い直しの契機となるものの1つといえる。また、福祉的就労の場では、一般就労とは異なる働き方への価値の付与がなされても良いように思う。なお、この問い直しは、障害者のみならず、すべての者についてなされている必要もある。障害者権利委員会による一般意見でも、インクルージョンの説明の中で「すべての生徒」という言葉が使用されている。すべての者の労働のあり方の問い直しがなされて初めて、統合とは異なるインクルージョンは実現されるといえるのではないだろうか。

3つめは、どこで働くにせよ、雇用・就労環境（合理的配慮、就労支援、雇用・就労条件等）の保障がなされていることである。シェルタード・ワークショップに対して否定的なイメージがもたれているとすれば、それはそこでの就労条件保障が十分になされていないことに原因の1つがあるように思われる。特に、日本では、A型事業所での就労には労働関係法令の適用があるが、B型事業所での就労にはそれがないことから、B型の就労

▶64　一般的には福祉的就労から一般就労への移行が重要視されるが、障害の状態の変化や加齢により一般就労が困難となる場合など、一般就労から福祉的就労への移行が求められることもある。

条件保障が課題として挙げられることも多い。B型事業所のような就労場所の存在意義を肯定的に捉えなおすためにも、B型で働く障害者の就労条件保障の仕組みを整えることが重要であるといえる（➡本節Ⅴ**4**）。

4つめは、どこで働くにせよ、「働くこと」を通じて社会への参加・インクルージョンが保障されていることである。権利条約3条（c）は、障害者の「社会への完全かつ効果的な参加及び包容」を条約の一般原則として掲げている。ま

た、昨今進められている「地域共生社会」の実現という文脈の中でも、誰もが「孤立せずにその人らしい生活を送ることができるような社会としていくこと」が求められている。特例子会社やA型・B型事業所で就労する障害者も、そこでの就労を通じて、社会との接点を持ち、社会のなかに包摂されているということが、広くインクルージョンの観点から求められるといえるのではないだろうか（➡本章第2節Ⅲ**2**（4））。

 # Ⅳ 就労支援

1 配慮（合理的配慮を含む）

（1）問題状況

促進法改正により平成28（2016）年から「合理的配慮」の提供が事業主に義務づけられた（促進法36条の2・36条の3）▶65。ただし、調査対象である特例子会社・A型事業所・B型事業所は、その性質上、法的義務としての合理的配慮を超える配慮が求められており（➡第4章第1節Ⅲ）、実際に多くの企業・事業所が、質・量の両面で様々な配慮を行っている（➡第2章第2節、第3章第1節Ⅰ**2**（2））。そのような中においても、特例子会社を中心に、合理的配慮としてどこまで行うべきであるか不明である（個人のわがままと合理的配慮が必要な範囲の境界がみえない）、個々人の状況に応じた合理的配慮を提供することにより不

▶65　B型事業所は、障害者差別解消法により合理的配慮の提供義務（努力義務）を負う（8条2項）。

公平を感じる障害者がいる等の意見が寄せられている。合理的配慮の範囲の不明確さは、一般的にも問題となりうるものであり、引き続きの検討を要する。ここでは、特に特例子会社・Ａ型事業所・Ｂ型事業所において課題となりがちな私生活領域における配慮について検討する。

(2) 私生活上の配慮

　本調査によれば、私生活上の配慮については、積極的に実施する企業・事業所と、積極的には実施しない企業・事業所とに分かれており、これが連携型か独立型かの判断に一部連動している（➡第3章第2節Ⅱ）。私生活上の配慮は必ずしも事業主の義務ではないが、障害の種別・程度・特性、あるいは、経営者の判断により、実施されていると考えられる（➡第4章第1節Ⅲ2(2)）。その背景には、私生活上への関与が生活面での安定をもたらし、結果として職務の円滑な遂行につながるとの考えがある。

　プライバシー侵害やハラスメントとなりうるような私生活への過度の介入は避けなければならないが、私生活への適度な介入が障害者の職場定着に資することは、障害者就業・生活支援センターや就労定着支援事業の役割が重視されていることからも明らかである。この役割を企業や事業所自身が担っている場合には、それを助成する仕組み（納付金制度に基づく助成金制度の新設や福祉報酬における加算[66]等）を検討すべきである[67]。また、後述（➡3）するように、私生活と就労の場の両面で障害者を支え、企業・事業所およびそのほかの関係機関をコーディネートする中核的な支援機関を充実させることや連携を推進することも重要である。

---

[66]　現行法上、Ａ型事業所とＢ型事業所の人員基準として生活指導員の配置が求められている（指定基準186条1項・199条）。

[67]　当然のことながら、私生活への介入を望まない障害者もいる。私生活上の配慮を積極的に実施している企業・事業所かどうかの情報を開示し、障害者が選ぶことができるような仕組みをつくることが望ましい（➡本章第2節Ⅱ4）。

2 助成金制度等

(1) 問題状況

特定求職者雇用開発助成金(以下「特開金」という)や各種の助成金の制度(➡ 第1章第3節Ⅱ**2**・Ⅵ**1**)に対しては、①手続の煩雑さ(わかりにくい、Web上で手続が完結しない)、②頻繁な変更(周知の不十分さ)、③使いづらさ(制約の多さ)等、多くの不満の声が寄せられた。

(2) 現場に根差した助成金制度

①手続の煩雑さについては、事業主からの問い合わせに適切に対応できる体制を整えるとともに▶68、ハンコ文化の見直しなども含め Web 上ですべての手続が可能となるような環境を整備することが急務といえよう▶69 ▶70。②について、厚生労働省の特開金に関するウェブサイト▶71によれば、平成27(2015)年5月から令和2(2020)年10月の5年間に計6回の変更(支給要件、支給総額、助成対象期間、他助成金との併用、助成金の名称等に関する変更)が行われている。制度の悪用・濫用への対応や景気変動に応じた助成金額の調整等が必要な場合があるとはいえ、頻繁な制度変更は現場に混乱を招く。制度変更は最小限にとどめるべきであろう。

▶68　特開金については、労働局やハローワークが問い合わせ先とされている。質問票調査では、A型事業所が、窓口で特開金を使うなといわれたことがあり、「労働局・労基ですら地域差があるように感じます」と回答している。

▶69　令和2(2020)年7月17日に閣議決定された「規制改革実施計画」において、「法令等又は慣行により、国民や事業者等に対して紙の書面の作成・提出等を求めているもの、押印を求めているもの、又は対面での手続を求めているもの」を「見直し対象手続」とし、同年内に必要な検討を行い、法令、告示、通達等の改正やオンライン化を行うこととされた。これを受けて、厚生労働省内においても、押印を求めている手続について押印不要とする改正を行うことが予定されている。

▶70　質問票調査では、納付金制度と障害者雇用状況報告の期間や申請先が異なる点について、統一を希望する声もあった(納付金については、3月末までの当該年度の障害者を含む雇用状況等を、4月1日から5月15日の間に、JEED に申請しなければならない。障害者雇用状況報告は、毎年6月1日現在における障害者の雇用状況を、6月1日~8月31日の間に、ハローワークに報告しなければならない)。

▶71　厚生労働省ウェブサイト:特定求職者雇用開発助成金(特定就職困難者コース)(https://www.mhlw.go.jp/stf/seisakunitsuite/bunya/koyou_roudou/koyou/kyufukin/tokutei_konnan.html)。

③については、特に特開金の支給要件（離職割合要件）に関する不満が多く寄せられた▶72。質問票調査実施後の平成30（2018）年10月以降の制度改正により離職割合要件から離職要件へと変更されたが、この改正は、障害者の雇用継続やそれに向けた定着支援に対する要請をさらに強めるものと評価できる（➡第4章第1節Ⅱ2(3)）。不正な受給を防ぐため、法的に無効となるような解雇・雇止め（労働契約法16条違反等）や、助成金支給期間の終了直前・直後の解雇・雇止めなどは、厳しく取り締まる必要がある。同時に、職場定着が困難な障害者が不利とならないようにするため、就労困難性を客観的に評価する仕組みを導入し、職場定着が困難な場合には離職要件の対象外とするなどの対応をはかるべきである▶73。

(3) 就労定着支援のための助成金

　総合支援法上の「就労定着支援」は、総合支援法上の就労支援サービス等（就労移行支援、就労継続支援等）を利用した者が一般雇用に移行した場合しか利用できないが（総合支援法5条15項、同施行規則6条の10の2）、これを、学卒後すぐに一般雇用で働き始めた場合や一般雇用から一般雇用へ転職した場合等にも利用できるようにすべきである。これにより、職場定着に関する事業主の負担を軽減することができる。

3 支援機関

(1) 問題状況

　就労支援機関については、地域により質のバラツキがあることや、支援員1

▶72　質問票調査実施時は、特開金の利用に離職割合要件が課せられていた中で、職場定着が困難な障害者（主に精神障害者）の採用を控えざるをえないといった声や、精神障害者を多数雇用しているために特開金を利用できない（利用したことがない）といった声が寄せられていた。
▶73　離職要件は、①助成対象期間中に対象労働者を解雇・雇止め等した場合（事業主の干渉等による任意退職等を含む）、以後3年間当該事業所に対して特開金を支給しないこと、②支給対象期の途中で対象労働者が離職した場合は当該支給対象期（6か月）分の特開金は原則支給しないこととされている。②について離職月までは支給する（変更前に戻す）等の対応を検討すべきである。

人当たりの負担が多すぎること、支援が福祉的側面に偏っていることが質問票調査で指摘されている。「連携強化 PT 中間とりまとめ」においても、雇用施策と福祉施策との間に「制度の谷間」が生じ十分な対応ができていない部分がある一方で、支援施策間の役割関係の不明確さや支援内容の重複感[74]があるとの指摘がなされている[75]。

　この点については、地域によって利用できる支援機関（の数・量）に差があると考えられることから、制度上の重複感はある程度残した上で、中核になる支援機関を明確にし、各地域の資源を効率よく利用できるようコーディネートする役割を担わせるべきと考える[76] [77]。また、就労支援機関の職員が、雇用と福祉の両方の制度に精通できるよう、教育訓練の機会を保障することや職員数を増やすことも重要である。

(2) ネットワークの活用

　第4章2節では、ネットワークには①地域の関係機関（市町村・就労支援機関・特別支援学校等）が連携するネットワーク（支援のためのネットワーク）と②同業・関係者によるネットワークがあるとして、それぞれの役割が整理されている。また、質問票調査等の分析により、ネットワークへの関わりが法制度の理解を深める可能性があることも明らかとなっている（➡第3章第2節Ⅲ）。

　①地域のネットワークは、積極的に構築・活用することが望ましく、法制度

---

[74]　たとえば、定着支援における、障害者就業・生活支援センターと総合支援法上の就労定着支援。

[75]　この問題を検討するため、令和2（2020）年12月に「障害者の就労支援体系の在り方に関するワーキンググループ（WG）」が厚生労働省内に設置された。

[76]　現行制度上は、障害者就業・生活支援センターが、ハローワーク、地域障害者職業センター、社会福祉施設、医療施設、特別支援学校そのほかの関係機関と連絡調整等を行うこととされており（促進法28条1号）、全国に335センターが設置されている（令和2（2020）年4月1日現在）。この機能を強化するとともに、センター数を増やすことも考えられる。

[77]　障害者の就労相談については、一般就労はハローワークが担当し、福祉的就労は市町村の障害福祉課等が担当するという現状がある中で、相談者は必ずしもそのような役割分担があることを理解し選択して、相談窓口に行っているわけではない。相談窓口の違いによりその後の就労形態が異なることにならないよう（障害者本人の就労能力に応じて就労形態が決定されるよう）、雇用と福祉の連携を強化し、ワンストップの相談窓口を設置することを望む声がある（「第2回障害者雇用・福祉施策の連携強化に関する検討会」（令和2（2020）年11月17日）資料3（きょうされん提出資料）。このようなワンストップ相談窓口と中核機関との連携も有効であると考える。

により整備することが求められる。そのネットワークとしては、上記 (1) で示した中核となる機関が中心となり個々の事業者や障害者を支えるネットワークと、自治体レベルで関係機関が関わり地域の課題を解決するネットワーク（➡第 4 章第 2 節Ⅰ**5**）等、複数の階層において構築することが望ましい。

②同業・関係者によるネットワークは、自主的に構築・関与するものであり、法制度において対応すべきものではないが、公的機関（たとえば、厚生労働省、JEED、市町村等）のウェブサイト等において、ネットワークの情報や好事例を掲載することにより、ネットワークへのアクセスを容易にするという方法も考えられる。

令和 3（2021）年の福祉報酬の改定に向けた議論の中で、Ａ型事業所の報酬の基礎となる実績の評価にあたり、ネットワークの活用に関わる項目（外部研修の参加状況、他の事業所や企業からの視察、他の事業所や企業への視察、地域の企業交流会への参加状況等）を入れることが提案されている（➡本節Ⅴ**2**(2)(a)）。ネットワークの積極的な活用は法制度の理解にも資するものであり、このような提案は望ましい。

Ⅴ 福祉的就労

1 全体としての問題状況

本調査では、①労働時間、工賃、一般就労移行等の実績（成果）を反映させる福祉報酬のあり方について、現場の声が反映されていないという不満の声や、②雇用と福祉の両方の性格をもつＡ型事業所の位置づけに関する疑問の声が多く寄せられた。

また、質問票調査の因子分析の結果、③特例子会社・Ａ型事業所・Ｂ型事業所の「ビジネス−福祉」の志向性について、法制度上の位置づけを一定程度反映しているものの、個々の企業・事業所をみると、特例子会社の中にも福祉的な支援を行うところがある一方、Ａ型事業所やＢ型事業所の中にもビジネス志向が強いところがあることが明らかとなった（➡第 3 章第 2 節Ⅱ、第 4 章第 1 節

｜2）▶78。それは、各企業・事業所の運営方針が多様化・拡散しており、雇用としての特例子会社、雇用と福祉の両方の性質をもつＡ型事業所、福祉としてのＢ型事業所という制度上の役割分担が、適切に行われていない可能性があることを示している。

　以上の点はいずれも、Ａ型事業所やＢ型事業所を障害者の雇用・就労施策の中でどのように位置づけるかという問題にも関わるものであり、今後の福祉的就労施策のあり方や障害者の雇用・就労施策全体を検討する上で、非常に重要な論点といえる。全体としての議論は第２節Ⅱで行うこととし、以下では、福祉報酬に関する国の方針を整理し、Ａ型事業所およびＢ型事業所の現行制度上の課題解決に向けた提案を行う。

2　福祉報酬のあり方

(1)　概　　要

　福祉報酬は、障害福祉サービスを実施する事業所の運営・経営に大きく影響するものであり、事業所の関心が特に高い。福祉報酬について、近年（平成24（2012）年以降）は、利用者の労働時間の長さ、一般就労への移行率・数、工賃の高さ・上昇率等、事業所の実績（成果）を福祉報酬に反映させる傾向にある。特に平成30（2018）年報酬改定では、従来定員数によって設定されていた「基本報酬」が、定員数に加え、Ａ型事業所については平均労働時間によって、Ｂ型事業所については平均工賃月額によって設定されることとなり、各事業主の生産性を重視する傾向は強まっている（➡第１章第２節Ⅴ2（4））。

　このような報酬改定については、一部で「高工賃を実現している施設への報酬が少ない。もっと差をつけるべき。そうでないと職員のモチベーションがあがらない」とする、成果型の報酬をさらに進めるべきとの意見（Ｂ型事業所）があるものの、大半が福祉報酬を成果に連動させることに反対する意見であっ

▶78　ビジネス志向スコアとは、一般企業に近い形で運営しているか、福祉に重点を置いて一般企業とは異なる形で運営しているのかという面での運営方針について分析したものである。

た▶79。

(2) 令和3（2021）年報酬改定に向けた議論と課題

　令和3（2021）年の報酬改定に向けた障害者部会の議論の中では、A型では基本報酬における労働時間（利用時間）の評価と一般就労への移行が▶80、B型については基本報酬等における工賃額の評価と一般就労への移行等が、それぞれ論点となっている▶81。

（a）A型における労働時間の評価　　労働時間の評価について、議論の方向性としては引き続き実績に応じた報酬体系とするとした上で、短時間から働きたいといった利用者の支援ニーズがあることから、複数の項目における評価をスコア化し、当該スコアを実績として評価することを検討してはどうかとの提案がなされている。令和2（2020）年11月27日に開催された第20回報酬改定検討チームの資料9では、評価項目を「①1日の平均労働時間」に加え、「②生産活動」、「③多様な働き方」、「④支援力向上」、「⑤地域連携活動」とし、「①＞②＞③≧④＞⑤」を基本に、評価点（スコア）を調整するとの案とともに、各評価項目の内容のイメージ▶82が示されてい

▶79　ビジネス型の会社・事業所と福祉型の会社・事業所とでの回答傾向の違いが興味深い。第3章第2節3（2）（c）では、「ビジネス型の会社・事業所は、法制度を自分たちの活動の制約条件と考えるが（数値目標や手続の煩雑さなど）、法制度そのものは与件として受け容れる傾向があった。これに対し、「福祉・連携型」の会社・事業所には、法制度が自分たちの活動の意味づけを揺るがしうるものだという認識が広くみられる。法制度のあり方や法的な枠組みが自分たちの存在意義やアイデンティティに影響する可能性があるという意見は少なくない」との分析がなされている。ビジネス型の経営を促進させようとする方針が、福祉型の会社・事業所に大きな負担を課しているともいえる。

▶80　このほか、最低賃金減算特例について、約9割の事業所において適用者がいないこと等から今回の報酬改定においては対応しないこと、送迎加算について、公共交通機関がない等の地域の実情や重度障害などの障害特性という事情があること等から引き続き継続すること等が、提案されている。特に後者についてはその存続を望む（減算となったことへの批判の）声が多く（➡本節Ⅱ5（1））、実情に応じた対応がはかられようとしている点は評価できる。

▶81　第101回障害者部会（令和2（2020）年10月19日）資料2、27頁以下。令和3（2021）年報酬改定の内容については、報酬改定検討チームと障害者部会での議論の途上であり、今後方針が変更される可能性もある（本節は、令和2（2020）年11月月27日の第22回報酬改定検討チーム資料、同月30日の第103回障害者部会資料までをふまえ、執筆している）。

▶82　イメージによれば、①1日の労働時間40点（1日の平均労働時間の長短）、②生産活動25点

る▶83。また、事業所のホームページ等を通じて各項目の評価内容をすべて公表することを事業所に義務づけ、公表していない事業所については報酬において減算することを検討してはどうかとの提案もなされている。

　労働時間を福祉報酬に反映させることとなったきっかけに、利用時間ではなく利用日数で報酬額が決まる制度のもとで、すべての利用者の労働時間を一律に短くしていた、いわゆる「悪しきA型」問題への対応があったことを考えると▶84、その問題の解決には資する改定であったといえる。しかし、その方向での報酬改定が行きすぎたことで、短時間であれば働ける（働きたい）というニーズを十分に反映できなくなっている可能性がある。促進法において、週20時間未満の障害者の雇用に特例給付金を支給することとなったことをふまえても、労働時間（の長さ）を報酬の唯一の評価基準とすることは望ましくなく、複数の評価項目により判断するという上記方向性は妥当といえよう。

　ただし、各種の制度の難解さや煩雑さを嘆く声も多く寄せられているところであり、複数項目のスコア化が現場をさらに混乱させることがないよう、できる限りシンプルな制度とすることが望まれる▶85。また、悪しきA型のような事業所が参入することがないよう、自治体が適切な監督業務を行えるよう体制

（指定基準192条の履行状況、経営改善計画の提出状況、複数年での状況）、③多様な働き方15点（テレワーク制度、短時間勤務制度、年休の時間単位付与・計画付与制度、傷病休暇・病気休暇制度等の整備状況および活用実績）、④支援力向上15点（外部研修の参加状況、内部勉強会等の開催状況、ほかの事業所や企業からの視察・実習の受け入れ状況、ほかの事業所や企業への視察・実習の送りだし状況、地域の企業交流会への参加状況）、⑤地域連携活動5点（地元企業と連携した高付加価値の商品開発や施設外就労による地域での働く場の確保などの取組みの有無、社会的課題や地域課題の解決に向けた事業や取組みの有無）とされ、その合計点と利用定員とで基本報酬単位が決まる。

▶83　なお、第15回報酬改定検討チーム（令和2（2020）年9月24日）段階では、「1日の平均労働時間」に加え、たとえば、「経営改善計画の有無やその内容」「キャリアアップの仕組みの有無やその内容」「精神障害者等の短時間勤務希望者の受け入れ状況」等の項目が提案されていた。

▶84　平成30（2018）年報酬改定においては、労働時間の増加が利用者の賃金増加につながることや、労働時間が長いほど利用者に対する事業所としての支援コストがかかるということも平均労働時間を基本報酬設定の基準とする理由として挙げられていた。

▶85　算出方法等が複雑になりすぎないようにとの配慮から、評価項目は合計5項目にとどめられているが、その項目の中には具体的評価要素があり、必ずしもシンプルな制度とはなっていない。また、特に③④⑤の項目は実態を伴った取組みか形式的なものかを区別することが容易ではなく、加算目的の形式的な対応を誘発することがないよう注意が必要となる。

を整備することが強く望まれる（➡第2章第4節Ⅱ**1**(3)）。

（b）B型における工賃額の評価　　　平成30（2018）年度報酬改定では、「平均工賃月額」に応じたメリハリのある報酬体系とされ、その結果、各事業所の実績（平均工賃月額）の底上げにつながったと評価されている[86]。

　第15回報酬改定検討チームでは、引き続き、①実績（平均工賃月額）に応じた報酬体系とするとした上で、平均工賃月額だけでは利用者の就労支援ニーズや事業所の支援の実態を反映することが難しい側面もあることから、②平均工賃月額とは別の報酬体系（利用者の生産活動等への参加等を支援したことをもって一律の評価をする報酬体系等）の創設についても検討してはどうかとの提案がなされていた。これを受けて行われた第101回障害者部会（令和2（2020）年10月19日）では、①の点について、高工賃を評価すべき、月額約6万円の工賃支払いを目標としているといった、実績をいま以上に評価すべきとの意見が出る一方、②の点に関しても、工賃向上の取組みになじまない利用者の増加やそのような利用者が排除されない体制づくりが必要だとする意見、提案された新たな報酬体系では支援の質を高める努力をしている事業所を評価する仕組みとしては適切ではないといった意見があった。

　さらにその後開催された第20回報酬改定検討チームでは、①高い水準で工賃向上を実現している事業所について基本報酬においてさらに評価する一方、②地域住民と協働した取組みの実施など、地域を支え、地域とつながる取組み・活動への参加を支援する事業所に対して新たに報酬上の評価をすることや、ピアサポートによる支援を実施する事業所に対して新たに報酬上評価すること等が検討されている。

　このような多様かつ必ずしも相いれない意見や、質問票調査の分析によって明らかになったB型事業所の多様性をふまえると、B型事業所を1つの制度の枠に収めて取り扱うことには、もはや限界がきているように感じる。報酬体系上に新たな評価を追加するというその場しのぎの方法ではなく、障害者雇用・就労施策全体をふまえ、福祉的就労のあり方を再編すべきと考える（➡本

[86]　最も低い報酬区分（平均工賃月額5000円未満）の事業所が減少した一方で、それ以上の報酬区分（平均工賃月額5000円以上）の事業所が増加した。

章第2節Ⅱ）。

（c）A型・B型における「一般就労への移行」の評価　　平成30（2018）年度報酬改定では、就労継続支援（A型・B型）から一般就労への移行を促進するため就労移行支援体制加算[87]の見直しが行われた。令和3（2021）年報酬改定に向けた議論の中では、引き続き移行実績等に応じた評価をすることとし、さらなる評価を追加することや就労移行支援に送り出した場合についても一定の評価をすること等が、A型・B型ともに検討されている。

　一般就労への移行が障害者本人の希望と能力・適性に応じて行われるのであれば、望ましいことといえよう。しかし、現行の加算の仕組みは一般就労へ移行した障害者の人数とその定着期間（6か月）のみを評価対象とするものである[88]。そのため、人数と定着期間の達成ばかりに苦心することとなり、障害者本人の能力・適性に応じて一般就労移行が行われるものとは必ずしもなっていない[89]。また、一般就労（企業）の側での障害者雇用の理解が進まなければ、移行したとしても十分な配慮を受けられず、雇用継続は困難となる。このような懸念は、現場からも寄せられている（➡第2章第4節Ⅱ2（4））。

　就労継続支援は、本来、「通常の事業所に雇用されることが困難な障害者」を対象とした制度であり（総合支援法5条14項）、特にB型は「通常の事業所に雇用されることが困難であって、雇用契約に基づく就労が困難である者に対して行う」支援である（同施行規則6条の10第2号）。B型から一般就労への移行が

[87]　就労移行支援体制加算とは、就労継続支援A型またはB型を利用した後に一般就労に移行し、6か月以上就労継続している者がいる場合、基本報酬の区分および定員規模に応じた所定単位数に6か月以上就労している者の数を乗じて得た単位数を加算（前年度実績に応じて1年間加算）することをいう。

[88]　A型・B型事業所から一般就労に移行した場合、移行後「6か月以上」の定着があったことが福祉報酬の加算基準とされている。6か月間の雇用継続が「定着」と呼べるかは検討の余地がある。なお、就労移行支援事業所の場合、一般就労移行に移行し6か月以上定着した者の割合に応じて基本報酬が設定される。

[89]　労働能力の高い障害者が離職してしまうと事業所における収益が下がるため、離職させないようにするいわゆる囲い込みがA型事業所等で発生していることが問題として指摘されていた（永野ほか編詳説促進法（2018年）301頁〔中川純〕）。確かに、一般就労への移行を評価することにより、このような問題が解決される可能性はある。ただし、労働力としての価値と福祉報酬の加算とを天秤にかけることにもなりかねず、障害者本人を中心においた支援にはつながりにくいと考える。

容易に行えたとすれば、そのＢ型利用者は雇用契約に基づく就労が可能な者なのであって、そもそもＢ型を利用すべきではなかったということにもなる。

　このようなＡ型とＢ型の違いをふまえず、就労移行について同一の加算の仕組みを適用することは不適切であると考える。また、Ａ型だけでなくＢ型においても一般就労移行が実現できているということは[90]、一般就労が可能かどうかという面において、一部のＡ型利用者と一部のＢ型利用者とで、就労困難性に差がないことを示しているともいえる。Ａ型とＢ型の区別があいまいとなり、現行の制度の前提が崩れつつあると指摘できよう。また、もちろん、Ａ型・Ｂ型での就労を経験することで一般就労への移行が可能になる者もいようが、一般就労への移行は、主として就労移行支援事業が担うべき役割であるところ、就労継続支援事業（Ａ型・Ｂ型）にもこの役割を担わせることは、それぞれの機能をあいまいにするおそれもある。これらの点からも、福祉的就労のあり方を再編すべき時にきていると考える（➡本章第2節Ⅱ）。

　報酬改定の議論の中では、Ａ型やＢ型から就労移行支援事業所へ移行した場合にも、一定の評価をするとの案が出されている。特にＡ型からの移行の場合には、労働関係法令の適用のない形で働くこととなり、賃金が得られなくなる（あるいは、大幅に減額となる）ため、評価対象とすべきではない。

3　Ａ型事業所

(1) 問題状況

　質問票調査では、Ａ型事業所が福祉と雇用の両面をもつことから生じる矛盾や、雇用の面が強調され福祉的な軽視されていることに対する懸念が、多く寄せられた。また、いわゆる「悪しきＡ型」問題を受けた報酬改定が、真面目な事業所の運営をも阻害しているとの声がある（➡第2章第4節Ⅱ1）。雇用と

---

[90]　平成30（2018）年度のＡ型から一般就労への移行者数は4002人、Ｂ型から一般就労への移行者数は3717人であるとされる（101回障害者部会（令和2（2020）年10月19日）資料2）。Ｂ型の利用者数はＡ型の約3.5倍であり（➡第1章第1節Ⅰ3）利用者数は異なるが、Ｂ型利用者からも一定数が一般就労に移行していることを示している。

福祉の連携が重視される中で、両方の性質を有するＡ型事業所が重要な役割を果たすことが期待されている。しかし、事業所数や利用者数の急激な増加（➡第１章第１節Ⅰ**3**）、制度を悪用する事業者の存在、地域差等の様々な課題がある中で、法制度と実態との乖離がますます顕在化しているといえよう。

雇用と福祉の両方の性質をもつことから生じる問題としては、①促進法に基づく雇用施策と総合支援法に基づく福祉的就労施策との間に整合性がはかられておらず、矛盾が生じている点、②制度が複雑となり理解が難しい上、手続等が煩雑となっている点などがあげられる。②については、事業所の職員が就労支援に集中でき、現場が事務作業に過度に煩わされないような手続となるよう、制度を設計する必要がある（助成金についても同様のことがいえる➡本節Ⅳ**2**）。

（2）福祉としてのＡ型事業所

雇用施策と福祉的就労施策の整合性の問題は、障害者の雇用・就労施策の中でＡ型事業所をどのように位置づけるのかという基本的な問題と関わる。現在の施策の方向性は、報酬改定などにみられるように、福祉的側面よりも雇用や経営の面が重視される傾向にある。福祉的就労のあり方については現行制度を根本的に見直し再編されるべきと考えるが、現行の就労継続支援Ａ型を存続させるのであれば、雇用と福祉の両面を以下のように整理すべきであろう▶91。

まず、Ａ型事業所を雇用義務の適用対象から外すべきことは、上述したとおりである（➡本節Ⅱ**5**（2））。ただし、指揮命令を受けながら働き、働いたことの対価として報酬を得るという実態が変わらない限り、労働基準法上の労働者には該当するのであって、当然、労働者として労働関係法令の適用は受ける。雇用保険二事業や一般会計を財源とする各種の助成金も原則として支給対象とすべきである。

▶91　総合支援法上の福祉サービスを利用した場合、利用者は定率の負担を負う（所得に応じた４区分の負担上限月額が設定され、一月に利用したサービス料にかかわらず、上限以上の負担は生じない）。雇用の側面をもつＡ型事業所での就労に利用料負担が発生することに批判が寄せられたため、「就労継続支援Ａ型事業における利用者負担減免事業実施要綱について」（平成19（2007）年３月31日障発第0731001号）が通知され、事業所の判断により事業者の負担をもって利用料を減免することが可能となっている。

A型利用者は、「通常の事業所に雇用されることが困難な障害者」として想定されているため（総合支援法5条14項）、雇用と福祉の両面をもつとはいえ、福祉（就労支援）サービスを受けながら働く者である点を基本的なスタンスとすべきであろう。福祉としての位置づけを明確にし、利用者に福祉サービスがいきわたるよう、就労支援のための費用が福祉報酬から十分に支払われるような報酬体系にしなければならない。その上で、指定基準改正により平成29（2017）年に追加された「生産活動に係る事業の収入から生産活動に係る事業に必要な経費を控除した額に相当する金額が、利用者に支払う賃金の総額以上となるようにしなければならない」（指定基準192条2項）とする取扱いについては、維持せざるをえないと考える。確かに、令和2（2020）年3月31日時点で約6割の事業所がこの指定基準要件を満たせておらず[92]、質問票調査でも同要件に反対する声が多数寄せられた（➡第2章第2節Ⅶ**2**）。仕事を確保することが困難な現状や多様な障害者がA型事業所を利用していること等をふまえると、多くのA型事業所にとって事業の存続にも影響を及ぼしうる要件であり、難題を押し付けるものともいえる。しかし、①福祉サービスの利用に関する費用は福祉報酬でカバーし、②（利用者の）賃金の支払いに係る費用は事業収入から支払うとする仕組み[93]は明確であり、悪しき事業所が再び参入することを防ぐことにもなる。ただし、地域特性や多様な障害者を受け入れていることなどが理由となって、十分な事業収入を得られない場合もあり、A型事業所だけの責任とはいえない。経営改善計画を提出させ、改善しない事業所を取り締まるという方向ではなく、経営改善計画書の提出が、経営状況が悪い事業所に対する支援につながるような方向での行政の関与が求められる（行政の役割について➡第2章第4節Ⅱ**1**(3)）。

　A型事業所が十分な事業収入を得るためには、仕事を確保することが非常

[92]　第20回報酬改定検討チーム（令和2（2020）年11月12日）資料9、12頁。実現できない場合、事業所は経営改善計画の提出を求められる（指定基準解釈通知第11の3の（4）、「指定就労継続支援A型における適正な運営に向けた指定基準の見直し等に関する取扱い及び様式例について」（平成29（2017）年3月30日障障発0330第4号厚生労働省社会・援護局障害保健福祉部障害福祉課長通知）。

[93]　福祉報酬を賃金にあてることは、現行制度上は認められていない賃金補填となりうる。所得が十分に得られない問題は、B型利用者（や就労支援を利用することができない障害者）にも生じるものであり、賃金補填や障害年金等の制度も含め、全体として議論すべきであろう。

に重要となる。しかし、Ａ型事業所は障害者優先調達推進法のメリットをＢ型と比べ十分に受けられていない可能性があり（➡第2章第2節Ⅰ4）、また、特例子会社のように親会社や関係会社から業務を受注することはほとんどできない。Ａ型事業所が仕事を確保することができるようにするためにも、雇用義務制度の中に福祉的就労事業所への発注等を雇用率にカウントできる仕組みを導入し、Ａ型事業所もその対象とすることを提案する（➡本節Ⅱ4（4））。

4 Ｂ型事業所

(1) 問題状況

　Ｂ型利用者は「雇用契約に基づく就労が困難である者」（総合支援法施行規則6条の10第2号）とされ、労働関係法令の適用がないものとして制度設計されている。しかし、労働基準法上の労働者かどうかの判断は、当事者の主観や形式的な事情ではなく、客観的な事実や実質的な事情に基づいて行うべきであるとされており[94]、実際に、平成15（2007）年に、Ｂ型と同じような位置づけであり、労働関係法令の適用がないとされていた知的障害者の作業所において、タイムカードで勤怠管理をし遅刻すると工賃を減額する仕組みを取り入れていたことから、労働者性があるとして労基署の改善指導がなされた例がある[95]。
　このような事情を背景として、「就労継続支援事業利用者の労働者性に関する留意事項について」（平成18（2006）年10月2日障障発第1002003号）（以下「留意事項」という）により、訓練の方法等について一定の制約を事業所に課してい

---

[94] 「労働基準法研究会報告（労働基準法の『労働者』の判断基準について）」（昭和60（1985）年12月19日）。労働者か否かは、労働基準法9条（「この法律で『労働者』とは、職業の種類を問わず、事業又は事務所（以下、「事業」という。）に使用される者で、賃金を支払われる者をいう」）により、判断される。上記研究会報告は、判断基準を（ⅰ）使用性（指揮監督下の労働：①仕事の依頼等への諾否の自由の有無、②業務遂行上の指揮監督の有無、③勤務時間・勤務場所の拘束性の有無、④他人による代替性の有無）と（ⅱ）賃金性（⑤報酬の労務対償性）とし、それらの点のみでは労働者性の判断が困難な場合に、⑥事業者性の有無、⑦専属性の程度、⑧公租公課の負担を補強要素とする。

[95] 柳屋孝安「施設における障害者訓練と労働者性判断に関する一考察」季刊労働法225号（2009年）184頁注11。

る（➡第2章第4節Ⅱ3）。しかし、高い工賃を支払い、一般就労への移行が可能となるようにＢ型事業所を運営するようにとの要請が高まっており、これはＢ型利用者の労働者性を高める方向に作用する▶96。上記留意事項と矛盾する可能性が高く▶97、この点においても、Ｂ型事業所を1つの制度の枠に収め、Ｂ型利用者はおよそ労働者性がないとする現行制度の限界を示しているものといえよう。

（2）就労条件の保障

現行制度を根本的に見直し、福祉的就労を再編すべきというのが本書の考えであるが（➡本章第2節Ⅱ）、現行の就労継続支援Ｂ型を存続させるのであれば、労働者性は実態に即して客観的に判断されることと、労働者性が認められる場合には労働関係法令が適用されることをまずは周知徹底すべきである。その上で、労働関係法令の適用が認められないＢ型利用者については、一定の就労条件を保障する法政策を検討すべきである▶98。

第1に、労働者性が認められないとしても、労災保険制度の適用とすべきと考える▶99。現行制度上も、労働者以外の者であっても、業務の実態、災害の発生状況などからみて、労働者に準じて労災保険による保護を行う必要があるとの見地から、「特別加入制度」が設けられている（労災保険法33条）。対象となるのは、中小事業主（同条1号）とその事業に従事する労働者以外の者（家族従事者など。同条2号）、個人タクシー業者や大工などのいわゆる1人親方とその

▶96　高い工賃を達成しようとすれば、利用者の出欠、作業時間、作業量等を事業者が管理することになり、利用者が自由に決められなくなる上、生産活動において実施する支援が、技術的指導を超えて指揮監督となる可能性が高まる。また、利用者の技能に応じ工賃額に差をつけることにもつながりやすい。しかし、これらは「留意事項」で制約されていることであり、本来は許されないことである。

▶97　質問票調査でも、遅刻や無届欠勤に対して工賃減額を行うことがある（よくあてはまる、ややあてはまる）と回答したＢ型事業所は6割弱、職務内容・責任の程度に応じて工賃を変えている（よくあてはまる、ややあてはまる）と回答したＢ型事業所は6割強である（➡第2章第2節Ⅳ5（2）、第3章第1節Ⅰ2(1)）。

▶98　就労条件の保障は、障害者のインクルージョンを考える上でも重要である（➡本節コラム…4）

▶99　労災保険法の「労働者」は労働基準法上の「労働者」（労働基準法9条）と同一の概念であるとされている（最判平成8年11月28日労判714号14頁［横浜南労基署長（旭紙業）事件］）。

事業に従事する労働者以外の者（同条3号・4号、同施行規則46条の17）、特定農作業従事者・家内労働者等の特定作業従事者（労災保険法33条5号、同施行規則46条の18）等である。これらの者は、労働者に近似する側面があり、労働者に準じた保護の必要性があることから特別加入の制度が認められている▶100。B型利用者についても、労働者に近似する側面があることは、上述したとおりであり、業務の実態、災害の発生状況からみて、労働者に準じた労災保険による保護をはかるべきである▶101。

　第2に、それ以外の就労条件の保障を、総合支援法等の枠組みを利用した行うことを提案する。就労支援サービスを提供する事業所を開設する場合、総合支援法等に基づく指定基準を満たした上で、自治体による指定を受けなければならない。また、事業者は障害者と利用契約を締結し、契約書および重要事項説明書を利用者に交付することが義務づけられており、それらに記載すべき事項は社会福祉法等に定められている。さらに、利用者が福祉サービスを受けるに際しては、利用者ごとに個別支援計画が利用者の同意を得た上で作成され、その計画に基づきサービスが提供される。このように各段階において事業者が守るべきルールが総合支援法等において定められていることに加え、事業者の運営の適正化や運営に対する指導をはかることを目的として、自治体が実地指導（運営状況のヒアリングや法定書類の確認等）を行うこととされている（➡第2章第4節Ⅱ1(3)）。このような既存の枠組みを用いて、作業時間（労働時間）、休憩時間、休日、時間外労働、年次有給休暇、工賃の支払い方法、契約終了に関する事項、労働安全衛生、性差別等の禁止、障害者の意見を集約する制度等について、労働関係法令に準じて一定の保護をはかり、自治体等の適切な関与によっ

▶100　菊池馨実『社会保障法〔第2版〕』（有斐閣・2018年）229頁。それゆえ、労災保険の適用が認められるのは、特別加入者の行う業務のうち、労働者の行う業務に準じた業務に限定される（最判平成9年1月23日集民181号25頁〔姫路労基署長（井口重機）事件〕）。

▶101　その際、特別加入（個人加入ではなくB型事業所としての加入）の一類型として追加するか、立法により労災保険法の労働者の範囲を広げB型利用者も含まれるとするかは、なお検討を要する。後者の場合、労働者として認められていない他の働き方（個人事業主等、非雇用型の就業形態で働く人たち）への労災保険法の適用拡大も問題となりうる。その他、保険料を誰から徴収するか（労働者の場合は事業主のみが保険料を負担するが、特別加入の場合は加入者自らが負担する）、補償の額をどうするか等、検討すべき課題が残されている。

てその履行を確保する方法を検討すべきと考える[102][103]。

▶102　この点について、石﨑由希子＝永野仁美＝長谷川珠子「障害者の多様なニーズと法制度上の課題」日本労働法学会第137回大会ワークショップ（令和2（2020）年）での報告を行った。たとえば、作業時間について労働基準法に準じた形で作業時間の上限を設定すること、年次有給休暇の取得が可能となるような仕組みを導入すること（ただし年休日分の工賃額の確保については課題が残る）、事業者からの契約終了が許される行為規範を明確化すること等が考えられる。詳細は、日本労働法学会誌134号（2021年）掲載頁未定参照。最低賃金法の適用がないことから、工賃が非常に低くならざるをえないが、この点は所得保障の枠組みを別途構築する必要があると考える（➡本章第2節Ⅲ 2（3））

▶103　なお、サービス利用契約の付随義務として、信義則上、事業者は安全配慮義務や職場環境義務を負っていると考えられており、利用者が事業所内でけがをした場合や職員等からハラスメントを受けた場合には、債務不履行（民法415条）または不法行為（同709条）として、事業者が損害賠償責任を負うことがある（福岡高判平成30年1月19日労判1178号21頁［NPO法人B会事件］）。

第2節 障害者雇用・就労法制の将来像

第1節では、現行制度における課題を指摘し、個々の制度の枠内で改正すべき点について検討した。こうした中で、現行制度の枠組み自体を見直す必要がある点として、①制度の対象となる者を適切に判定する新たな仕組みの創設と、②実態をふまえた障害者雇用・就労制度の再編の必要性を指摘した。そこで本節では、まず就労困難性を適切に評価する判断枠組みについて述べ（Ⅰ）、次に、障害者雇用・就労法制の再編を試みる（Ⅱ）。最後に、本書の意義を確認した上で今後の課題を述べる（Ⅲ）。

Ⅰ 就労困難性を測る指標の必要性

1 現行制度の課題

障害者雇用促進法（以下「促進法」という）における雇用義務制度の対象障害者は、原則として障害者手帳の所持者に限られている（促進法37条2項。➡第1章第3節Ⅰ1）。しかし、障害者手帳制度は、身体障害者については身体機能の障害の有無・程度等[1]、知的障害者については知能指数と日常生活における介助の必要性等[2][3]、精神障害者については精神疾患の有無・状態と日常生

▶1　身体障害者福祉法15条、同施行規則別表第5号。

▶2　「療育手帳制度について」（昭和48（1973）年9月27日厚生省発児第156号）。

▶3　障害者自立支援法の制定過程においても、知的障害者の定義の問題について、「日本は今IQで切っておるというのが実態」「定義そのもののやり方というのも変えていかなければならないというのはおっしゃる通りだと思います」と障害福祉課長が述べている（第24回障害者部会（平成17（2005）年1月25日））。

活・社会生活への制約等▶4によって、交付の可否が決定されており、就労困難性が十分に反映されているとはいえない状況にある。このような手帳制度を前提に雇用義務の対象者を画していることから、第1節で示したような様々な制度上の課題や矛盾が生じている。

　雇用義務制度は、障害者が「長期にわたり、職業生活に相当の制限を受け、又は職業生活を営むことが著しく困難な者」（促進法2条1号）であることから、事業主に適当な雇用の場を与える共同の責務を課すものである。また、障害者総合支援法（以下「総合支援法」という）上の就労継続支援は、「通常の事業所に雇用されることが困難な障害者」（総合支援法5条14項）に対し提供される福祉サービスである▶5。

　法の定義において「就労困難性」が前提とされていることをふまえると、「就労困難性」に着目し、それをはかる指標を設定すべきと考える。それは、障害ゆえに「就労困難性」を有する者が、雇用・就労施策をその困難度に応じて適切に利用できることにもつながる。雇用と福祉の連携が重視され切れ目のない支援が目指されている中において、就労困難性の指標は、雇用分野だけなく福祉的就労分野においても用いることができる、共通の指標とすることが必要であると考える。

　このような指標の必要性は厚生労働省においても認識されている。「障害者雇用・福祉施策の連携強化に関する検討会」のもとに、令和2（2020）年12月から設置された「障害者の就労能力等の評価の在り方に関するワーキンググループ（WG）」では、雇用・福祉施策の双方において利活用できる共通のプラットフォームとしての就労能力や適性の評価の仕組みの創設や一人ひとりの就労に向けた支援計画の共有化などについて検討されることとなっている▶6。

▶4　精神保健福祉法45条、「精神障害者保健福祉手帳の障害等級の判定基準について」（平成7（1995）年9月12日健医発第1、133号）。

▶5　就労移行支援や就労定着支援も、就労のための支援を必要とする者を対象としている。

▶6　これに先立ち、JEED障害者職業総合センター「障害認定及び就労困難性の判定に係る諸外国の具体的実務状況等に関する調査研究」調査研究報告書154号（2020年）において、促進法2条の「障害者」の定義に沿った就労困難性による障害認定や障害重度判定のあり方について、フランスとドイツの取組みが分析されている。

2 就労困難性の判断枠組み

就労困難性を判断する具体的な指標は、障害者の雇用・就労に関わる多様な人々、すなわち、障害者、（雇用・福祉的就労両方の）事業主、就労支援機関等の支援者、学校関係者、医療関係者、研究者、および、厚生労働省や自治体の担当者等が関わる中で、議論し決定していくべきである。そこで本書では、具体的指標の詳細については述べず、就労困難性を判断する際の枠組みと、指標を設定する際に留意すべき点を示す。

判断枠組みとしては2段階の判定が有効であると考える。第1段階として、「就労するうえで必要となる支援の度合い」を判定する。総合支援法上の障害支援区分（総合支援法4条4項）に類似した、就労の面に着目した区分を設定するというイメージである▶7。第2段階では、第1段階の判定結果をふまえ、個々人がおかれている環境や本人の希望等も勘案して就労困難性を判断する。その判断に基づき、雇用・就労の場につなげることも想定している。その上で、必要に応じて総合支援法上の「サービス等利用計画」（総合支援法5条22項）類似のものを雇用・就労の場面で作成し、解決すべき就労上の課題（本人のニーズ）やその解決のために必要な支援等が示されることになる▶8。

第1段階では、就労する上での一般的な困難性（移動・通勤の困難さ、読み書き、計算、説明の理解、コミュニケーション、体力（体調の変動を含む）、行動障害、医療の必要性、症状の継続（予想）期間（再発可能性を含む）、困難性の改善・増悪の可能性、不就労期間、転職の頻度・回数等）を評価し、就労困難性のない0から最も高い6までの7区分とするなどの方法が考えられる。ただし、第1段階の判定は具体的な仕事を想定した上での困難性を評価するものではなく、あくまで参考値として扱うべきものとして想定している。

現行制度上、総合支援法の障害支援区分の判定は、①コンピュータが自動的に判断する1次判定と、②専門家によって構成された市町村審査会による2次判定とがある。また、訓練等給付費を希望した場合、③サービス等利用計画案

▶7　総合支援法では、介護給付費の支給を受けようとする場合は障害支援区分の認定が行われるが、訓練等給付費を希望した場合は原則として障害支援区分の認定は必要とされていない。
▶8　第1段階と第2段階を通して、現行制度上は必ずしも施策の対象となっていない、がんや糖尿病等の疾病を有する者が就労困難性を有する者として判断されることがあると考えている。

が作成され、④個別支援計画が作成される。本節で提案する就労困難性の判断枠組みは、その第1段階が①、第2段階が②と③にあたるというイメージである。

　これらの判定をどの機関が担うかが非常に重要となるが、就労支援の中核機関を設置し（➡本章第1節Ⅳ3）、判定を担わせることが考えられる。就労支援の中核機関が、障害福祉サービスの実施に責任を負う市町村と連携しつつ第1段階の判定を行い、第2段階は他の関係機関・関係者▶9とも連携をはかりながら判定するというものである。中核機関は、就労困難性の判定を行うだけでなく、就労支援の中心となり、仕事の確保・維持にも関わることが期待される。

3 就労困難性を判断する際の留意点

　就労困難性を判断する際の留意点は、以下のとおりである。

　第1段階の判定はあくまでも目安であり、利用可能なサービスや就労場所を限定するために行うものではない。ただし、第1段階（または第2段階）において就労する上で必要な支援はないと判断された場合に、福祉的就労の利用は原則として認めないとすることや、雇用義務制度上の対象から原則として除外することは考えられる▶10。一方で、必要とされる支援が量・質ともに一定以上であると判定された者を、雇用義務制度上のダブルカウントの対象とすることなども考えられる。

　第2段階の判定では、障害者本人の希望やニーズはもちろん、地域の実情（就労支援サービスの量・内容、企業数、公共交通機関の利用の可否）等をふまえ、柔軟に判断できるようにするべきである。それゆえ、中核機関には、雇用と福祉の双方について十分な知識を有していることが求められる。

　就労困難性を判断する際には、1週（または1日）にどの程度の時間の労働が

▶9　学卒後の就職であれば教育機関、福祉的就労からの移行であれば福祉的就労事業所、企業からの転職であればその従前の企業などが関わることを想定している。就職先が決まっている場合には、その会社・事業所が判定に関わることも考えられる。

▶10　ただし、促進法の差別禁止および合理的配慮規定の対象となる障害者には該当すると整理すべきである。

可能かも合わせて判断されることが望ましい。これにより、雇用義務制度上の短時間労働者の1カウント対象としたり、A型事業所における福祉報酬の算定の際に報酬区分を低く評価しない等の対応をはかることが考えられる。

　加齢や障害の症状の悪化等により就労困難性が変化することが考えられるため、就労困難性の判定は定期的に行われる必要がある。就労困難度が高まれば、雇用義務制度上のダブルカウントの対象となるなどが考えられる。一方で、働く中で経験を積み、就労困難性が低くなることも想定される。キャリアアップの契機としたり、必要な支援の量が大幅に減ると想定される場合には雇用率に関しダブルカウントから1カウントに戻すなどの対応もありうるだろう。

Ⅱ　障害者雇用・就労制度の再編

1　現行制度の課題

　就労困難性を適切に評価することは、困難度に応じた支援を受けながら最適な場で働くことを可能とする第1歩となる。次に取り組むべきは、困難度に応じた働く場を整備することとである。

　現行制度では、「一般雇用・特例子会社・A型事業所・B型事業所」という形で、就労困難性（就労能力の低減）の程度に応じた雇用・就労の場が一応整備されている（➡第1章第1節2（1）図表1-1-4）。しかし、質問票調査やインタビュー調査から必ずしも想定通りの運用となっていないことが明らかとなっており、就労困難性の程度に応じた雇用・就労の場が、十分に提供されていない状態にあると考えられる。

　また、A型事業所とB型事業所からは、法制度が実態をふまえていないとの意見が多数寄せられている。その1つが、福祉報酬の設定における生産性を重視する方針の導入・拡大への懸念であり、就労継続支援の福祉的な面が軽視され十分な支援が行えなくなることや、就労困難性の高い人の受け入れが困難となること等が指摘されている。また、質問票調査の分析により明らかとなっ

たA型事業所とB型事業所の多様化により（➡第3章第1節Ⅱ**3**(4)）、A型事業所間の二極化▶11とB型事業所間の二極化▶12が進行することも懸念される。

　これらの課題は、就労継続支援のA型とB型という2つの枠に、福祉的就労の場を押し込めようとしてきたために生じたものといえる。障害者自立支援法制定後、福祉的就労の場が急激に増える中で、当初は想定していなかったような働き方（働かせ方）が増大してきた結果といえるかもしれない。多様化する実態に合った新たな枠組みが必要とされている。そこで以下では、まず、A型事業所とB型事業所を中心として福祉的就労の場の「再編」を試み（2）、特例子会社についても若干の検討を行う（3）。さらに、各会社・事業所の情報が障害者をはじめとする外部の人々に届く仕組みを提案する（4）。

2 福祉的就労の場の再編

（1）新たな枠組み

　新たな枠組みとして、A型事業所とB型事業所をⅠ型・Ⅱ型・Ⅲ型（仮称）という3つのカテゴリーに再編することを提案する▶13。

　Ⅰ型（雇用型）は、利用者と事業所が雇用契約を締結するものであり、労働関係法令の適用を受ける▶14。また、現行制度上A型事業所に適用されている指定基準▶15192条2項（生産活動による収入から必要な経費を控除した額が、利用者に支払う賃金の総額以上となるようにしなければならない）の適用を受けるとともに、

▶11　たとえば、福祉報酬の改定に向けた議論の中でも、労働時間に応じたメリハリのある報酬体系になじむA型事業所がある一方で、そのような報酬体系がなじまないA型事業所もあるとして、労働時間に加え、生産活動、多様な働き方、支援力向上、地域連携活動等の複数の項目により実績を評価することが提案されている（➡本章第1節Ⅴ**2**(2)(a)）。

▶12　工賃向上になじむB型事業所（月額工賃6万円を目標としているという事業所もある）となじまないB型事業所とがある（➡本章第1節Ⅴ**2**(2)(b)）。

▶13　このような再編を行う際、既存のA型事業所やB型事業所がⅠ型・Ⅱ型・Ⅲ型のいずれに移行するかは、事業所の希望に基づき決定されるものと考えているが、新たな枠組みを具体的にイメージできるよう、以下ではインタビュー先の事業所がどの型に近いかを示している。

▶14　Ⅰ型も障害者に就労機会の提供等を目的とするものであるため、雇用義務制度の対象とするべきではない（➡本章第1節Ⅱ**5**(2)）。

原則として最低賃金額以上の賃金を利用者に支払う義務を負う。この点について、生産活動による収入を十分に得ることが難しく、指定基準を守ることができない A 型事業所が多数存在することは上述したとおりである（➡本章第 1 節 V 3 (2)）。そこで、原則として就労困難性が高い者は I 型利用者とはしない等の対応をとることで、生産活動による収入の確保を促すことが考えられる。

　現在の A 型事業所の中で「ビジネス型」の事業所、たとえば、インタビュー調査先の A₁ 事業所（➡第 2 章第 3 節 II 1）や、企業グループ内の A 型事業所として紹介した G₁ 事業所と G₂ 事業所（➡第 2 章第 4 節 I 4）が I 型に入るイメージである▶16。

　I 型の場合は、福祉報酬の基本報酬を事業所の生産性をふまえた設定とすることも許されよう。ただし、労働時間の長さについては、短時間であれば働くことが可能な障害者がいることから慎重な検討が必要と考える。たとえば、評価項目を複数設け、労働時間はその中の 1 項目とするなどが考えられる。一般就労への移行者数に応じた報酬加算（就労移行支援体制加算）を I 型に適用することも考えられるが、手厚い支援を受けつつ、一定の賃金を得られる場所で安心して働き続けたいという障害者ニーズに応えようとする事業所のこともふまえる必要がある。

　II 型と III 型は、利用者と事業所との間で雇用契約を締結せず、労働関係法令の適用はない（ただし労災保険制度の適用は受ける➡本章第 1 節 V 4 (2)）ものとして想定している▶17。違いは、II 型が「就労重視」であるのに対し、III 型は「社会参加重視」である点にあり、基本報酬や加算（減算）の仕組みもその違いに応じた設計とする。

　II 型（非雇用・就労重視型）には、生産活動による収入を高めることはそれほど容易ではないが（最低賃金を支払うほどの収入は確保できないが）、障害者が働く

▶15　「障害者の日常生活及び社会生活を総合的に支援するための法律に基づく指定障害福祉サービスの事業等の人員、設備及び運営に関する基準」（以下「指定基準」という）。
▶16　現在の B 型事業所であっても I 型に該当することはありうる。
▶17　ただし、この再編が障害者間の分断を生むことになってはならない。それぞれの障害者が適切な支援を受けながら自らの能力とニーズに応じた働く場を得られるように運用される必要がある。それゆえ、労働関係法令の適用がない場合であっても、就労条件や所得が保障される仕組みを別途構築しなければならない（➡本章第 1 節 V 4 (2)・本節 3 (3)）。

ことを重視する事業所が分類されることを想定している。Ａ型事業所のうちの福祉型の事業所やＢ型事業所のうちビジネス型の事業所がこれに入り、インタビュー調査先のA₂事業所（➡第２章第３節Ⅱ２）やB₃事業所（➡第２章第３節Ⅲ３）がⅡ型に含まれるというイメージである。福祉報酬は、平均工賃額に応じたメリハリのある報酬体系とすることも許容されるべきであろう。また、最低平均工賃として、たとえば月額３万円[18]とすることも考えられる。

　これに対して、Ⅲ型（非雇用・社会参加重視型）には、Ｂ型の中でも福祉型の事業所、たとえば、インタビュー調査先のB₂事業所（➡第２章第３節Ⅲ２）が分類されると考えている[19]。Ｂ型事業所は、障害者に就労の機会だけでなく居場所を提供するサービスとして想定されているものの、福祉報酬の方針が働く場を重視する傾向にあることから、就労困難性の高い障害者の受け入れが難しくなるとの指摘がある。そこで、Ⅲ型事業所は、就労困難性の高い障害者が利用できるサービスであり、社会参加の場として役割を重視するものとして位置づける。それゆえ、福祉報酬についても工賃額等の実績とは異なる指標によって報酬決定すべきである。

（2）雇用義務制度との連接（みなし雇用）

　福祉的就労事業所への仕事の発注を、自社の実雇用率にカウントできるような仕組み（みなし雇用）を導入した場合（➡本章第１節Ⅱ４(4)）、福祉的就労の場として再編されたⅠ型・Ⅱ型・Ⅲ型は、いずれもみなし雇用の対象とする。Ⅰ型は雇用型ではあるが（Ａ型事業所と同様に）雇用義務制度の対象とはせず、みなし雇用の対象とすることを想定している。

　問題は、「発注金額」に応じて実雇用率に反映させる仕組みとした場合[20]、

▶18　現行制度上就労継続支援事業所はＡ型・Ｂ型ともに、平均工賃月額が3000円を下回ってはならないとされている（指定基準192条５項・201条２項）。

▶19　なお、B₁事業所（➡第２章第３節Ⅲ１）は、質問票調査の分析では「ビジネス・連携型」に分類されたが（➡第３章第２節Ⅱ２）、インタビュー調査によって、福祉的な要素も多分に持ち合わせていることが明らかとなった。Ⅱ型にもⅢ型にも分類されうるものと考えられる。福祉的就労の場が再編された場合、最終的には事業所がいずれに移行するかを選択することになる。

▶20　現行の在宅就業障害者支援制度では、在宅就業障害者に支払われた報酬に応じて、特例調整金（特例報奨金）の額が決まる仕組みとなっているが、障害者雇用１人分に相当する発注額として

多くの作業量や複雑な業務をこなすことが困難なⅢ型事業所（あるいはⅡ型事業所）は、Ⅰ型事業所と比べて発注額が低額となりやすく、不利となる点にある。そこで、より就労困難性の高い者の就労の場の確保につながるよう、就労困難度に応じた金額設定とすること、たとえば、発注額の基準値を設けた上で、Ⅰ型はその基準値を適用するが、Ⅱ型は基準値×2／3、Ⅲ型は基準値×1／3というように金額差を設けることが考えられる[21]。

3 特例子会社の認定要件

就労困難性に応じた就労の場を提供することとし、福祉的就労の場を上記のように再編した場合、特例子会社のあり方も見直す必要が出てくる。

現行制度上、特例子会社側の要件のうち雇用される障害者に関するものは、①（特例子会社に）雇用される障害者が5人以上で、全常用労働者に占める障害者の割合が20％以上であること、②雇用される障害者に占める重度身体障害者、知的障害者および精神障害者の割合が30％以上であることとされる（促進法44条1項2号）。

就労する上での困難性の程度が小さい障害者は、可能な限り一般雇用の場で働くものとし、特例子会社では就労困難性が中程度以上の障害者が働く場とすることが望ましい[22]。上記要件の②を見直し、就労困難性が中程度以上の障害者が占める割合を一定（たとえば50％以上）以上とすることなどが求められる。

420万円（月額35万円）が設定されている。みなし雇用制度の導入にあたって、金額の見直しが必須となるが、具体的数値は本書では述べない。
- [21] 金額差はあくまでイメージをしやすいように示したものであって、直接雇用への影響や各タイプの事業所の受注能力等も勘案した上で決めることになろう。
- [22] 就労困難性が高い者が一般雇用の場で働くことを否定するものではない。むしろ、一般雇用とする場合にはダブルカウントの対象とするなど、積極的に一般雇用につながることを促すべきである。

4 情報開示とマッチング

(1) 開示する情報のイメージ

　上記のような新たな仕組みをつくった場合でも、新たな枠組みの中で多様性が生じることが当然予想される。そこで、各会社・事業所の障害者雇用・就労に取り組む姿勢・方針・支援の内容・就労条件等の情報を外部に開示することにより、障害者が自身のニーズに合った職場を探せるようにする仕組みをつくることを提案する。以下のような形で、処遇の方針や障害者への支援のあり方を見える化するという方法がある。

　たとえば、処遇や運営の方針として、仕事に対する厳格性を一定程度求めるか否か、賃金・工賃がどのような方法により決定されどのような場合に上昇するか（能力か一律か）、労働時間の柔軟な調整を個別に認めるか、キャリアの向上を重視するか、するとして、これに対する評価をどのように行っているかなどを明示させることが考えられる。また、居場所を提供し、そこで安定的に長く働くことを重視するか、それとも、能力を向上させ、転職・一般就労など本人が希望するキャリアに移行することを目指すかといった会社・事業所の方針を明示させることも適切なマッチングという観点からは効果的であろう。

　障害者への支援としては、私生活に対する支援を積極的に行っているか、家族との交流の機会を設けるなど家族との関わりを重視しているか、就労支援機関を積極的に利用しているか、他企業・事業所・地域との交流があるかを明示させることが考えられる。

　これにより、障害者は自身の就労困難性だけでなく、ニーズに合致した職場を探すことができる。就労支援の中核となる機関もこの情報を共有し、障害者の性格などもふまえて、適切な職場を紹介・支援（マッチング）することが求められる。

(2) 情報開示の方法

　総合支援法では、平成30（2018）年４月から障害福祉サービス等の情報公表制度が実施されている（総合支援法76条の３）。この背景には、障害福祉サー

ビス等を提供する事業所数が大幅に増加する中、利用者が個々のニーズに応じて良質なサービスを選択できるようにするとともに、事業者によるサービスの質の向上が重要な課題となっていることがあった。

情報公表制度のもとでは、事業者は、①基本情報（事業所の所在地、従業員数、営業時間、事業所の事業内容等）、②運営情報（障害福祉サービス等に関する具体的な取組状況として、関係機関との連携、苦情対応の状況、安全管理等の取組状況等）、③都道府県が必要と認める事項（任意）を、都道府県知事に報告しなければならない（総合支援法76条の3第1項）。報告を受けた都道府県は、報告内容を公表しなければならず（同条2項）▶23、公表内容はウェブサイト上に公開され▶24、地域や事業所名等から検索・閲覧することができるようになっている▶25。

各会社・事業所の障害者雇用・就労の取組みに関する情報は、総合支援法上の就労支援サービスを提供する事業所だけでなく、特例子会社や一般企業等も公表されることが効果的であるため、総合支援法上の上記情報公開制度だけでなく、「女性の職業生活における活躍の推進に関する法律」（以下「女性活躍推進法」という）の公表制度▶26も参考に制度設計すべきである。

なお、情報公開の場合には、促進法上の「もにす認定制度」と紐づけることも可能と思われる。ただし、情報公開としてイメージしているのは「高得点であることがよい」という指標ではなく、各会社・事業所がどういったタイプの職場であるのかが、外部にわかるようにするための指標である。両者が両立するような制度を検討する必要がある。

▶23　新規指定時、指定更新時、虚偽報告が疑われる場合などにおいて、必要に応じ訪問調査を実施し、結果を公表に反映させることができる。

▶24　独立行政法人福祉医療機構（WAM NET）により運営されている。WAM NET ウェブサイト：障害福祉サービス等情報検索（https://www.wam.go.jp/sfkohyoout/COP000100E0000.do）。

▶25　なお、「第20回報酬改定検討チーム」では、基本報酬の基礎となる実績について、①1日の平均時間、②生産活動、③多様な働き方、④支援力向上、⑤地域連携活動の観点から評価項目を設定し、事業所のホームページ等を通じて、各項目の評価内容をすべて公表することを義務づけることや、公表していない事業所については報酬において減算すること等が検討されている（➡本章第1節V2(2)(a)）。

▶26　女性活躍推進法は、自社の女性の活躍に関する状況把握や課題分析、課題解決のための数値目標と取組みを盛り込んだ行動計画の策定・届出・周知・公表等を事業主に求めるものであり、女性活躍推進に関する取組みの実施状況が優良な企業については、申請により、厚生労働大臣の認定を受けることができる。認定を受けた場合、認定マーク（えるぼし）を商品などに付することがで

III　本書の意義と今後の課題

1　本書の意義

　本書では、障害者雇用・就労政策について法と実務とがつながるよう、特例子会社・Ａ型事業所・Ｂ型事業所に対して行った質問票調査とインタビュー調査に基づき、法制度の理念の尊重と現場の声の反映の双方をふまえながら、検討を行ってきた。

　現場の声としてとりわけ大きかったのは、法制度と実態の乖離である。雇用義務制度については、平成30（2018）年４月から雇用義務化された精神障害者の雇用管理の難しさや障害者の高齢化による職務遂行能力の低減が、雇用率に反映されにくいことが課題として挙げられた。また、就労継続支援においても利用者の作業能力が十分に勘案されずに福祉サービスの支給決定がなされているとの指摘がなされていた。これらの問題は、就労困難性を適切に評価する指標がないことから生じると考え、本節１では就労困難性を判断する枠組みの試案や留意点を示した▶27。

　福祉報酬に関する点においても法制度と実態の乖離を指摘する声は多かった。これは、生産性を過度に重視する国の方針と、就労継続支援のＡ型とＢ型という２つの枠に無理やり福祉的就労の場を押し込めようとする制度に原因があると考え、福祉報酬の決定に際して留意すべき点を指摘するとともに（➡

きる。同法の公表制度に基づき、女性の活躍推進企業データベースが作成されており、各企業が自ら公表している女性の活躍状況に関するデータ（女性の採用割合・管理職割合、職場風土等に関する意識、男女の賃金差、平均勤続年数、男女別の育休取得率・期間、平均残業時間等）を検索・閲覧することができる。厚生労働省ウェブサイト：女性の活躍推進企業データベース（https://positive-ryouritsu.mhlw.go.jp/positivedb/）。

▶27　就労困難性を評価し、困難度に応じた働く場を整備するという方向性は、障害者の高齢化や第四次産業革命のもとでの科学技術の進展（AI化・ICT化等）により、一定の障害者の就労困難性を解消したり、障害者の働く場（仕事内容）が変容したりしていくことが予想される中で、一層の妥当性をもつものといえよう。さらに長期的には、科学技術の進展が障害者の働く場の減少をもたらす可能性もある。その際には、雇用義務制度やその中の個別の制度が将来的にも必要かどうかも含め検討しなければならない（長谷川珠子「科学技術・医療の発展と高齢者・障害者雇用」法律時報92巻10号（2020年）39頁）。

本章第1節Ⅴ2）、本節Ⅱでは福祉的就労を中心に障害者雇用・就労法制の再編を試みた▶28。

　さらに、雇用と福祉の連携を進め、それぞれの働く場での就労条件の保障を促すための提案を行った。その1つが「みなし雇用」の導入である（➡本章第1節Ⅱ4(4)）。このことにより、企業側に雇用義務の履行方法について一定の選択肢を与え、中長期的な視点から障害者雇用に取り組むことができるようにするとともに、福祉的就労の場における業務量の安定的な確保と賃金・工賃の向上につながると考える▶29。

　本書で行ったこれらの提案が、今後の障害者雇用・就労施策に活かされることが期待される。ただし、本書の基礎となる研究調査は、「法の規制を受ける者」（会社、事業所）が当該規制からどのような影響を受けたのかという問題意識から開始したため、働く側にいる障害者に対する調査を行っていない。本書における課題の把握や提案を障害者がどのようにとらえるのかといった点については今後の課題となる。また、そのほかにも、本書が調査対象を特例子会社・A型事業所・B型事業所に限定したことから生じる課題（**2**(1)）や、検討対象を「障害者」の「雇用・就労」としたことから生じる課題がある（**2**(2)～(4)）。

2 今後の課題

(1) 一般雇用における差別禁止・合理的配慮

　第1に、調査の対象を特例子会社・A型事業所・B型事業所としたため、本書で行った提案は、雇用義務制度と福祉的就労に関する施策が中心となっている。今後は、特例子会社以外の一般労働市場における雇用（一般雇用）に関して、①差別禁止・合理的配慮の問題、②障害情報をめぐる問題、③就労支援機

▶28　障害者雇用・就労法制における特例子会社の位置づけについては、十分に検討できていない点もあるが、親会社や関係会社との関係性を改めて見直すことを提言した（➡本章第1節Ⅲ**2**）。
▶29　労働関係法令の適用のない場合の就労条件保障についても若干の検討を行った（➡本章第1節Ⅴ**4**(2)）。

関の関わり等についても検討を行う必要がある▶30。

　①について、一般雇用では差別禁止や合理的配慮の規定の適用が問題となる場面が増えると考えられる。特例子会社では、就労困難性がある程度高い障害者に障害のない者とは異なる業務を行わせ、異なる労働条件を適用することが多い。一般雇用においてもそのような取扱いがなされることもあろうが▶31、障害者と障害のない者との業務に大差がないこともある。この場合に、労働条件が同じであれば問題はないが、当該障害者が障害者枠での採用であるという理由、業務のうちの一部を免除しているという理由、あるいは、機器の購入や施設の整備にコストがかかるという理由などにより、労働条件に差が設けられることもありうる▶32。

　また、中途障害等により従前の業務の遂行ができなくなった場合に他業務への配置転換を検討すべきか▶33、検討すべき場合にどの範囲まで広げて検討すべきか▶34、軽易な業務に配置転換を行った場合に労働条件を維持し続けるべきかなどが問題となる。これらの問題を、差別禁止規定や合理的配慮規定との関係をふまえて検討することが今後の課題である。検討の際には、雇用義務制

▶30　就労移行支援やジョブコーチ等の就労支援についての調査・研究も今後の課題である。

▶31　確かに、特定の職務を切り出し、障害者に当該職務を担当してもらう場合は促進法が禁止する差別には該当せず（促進法 Q&A〔第２版〕3-3-2）、業務内容や能力に基づいて異なる賃金が設定されていることも差別には該当しないとされている（同3-2-1、3-2-3）。したがって、特例子会社であれ一般雇用であれ、このような取扱いをすることが直ちに差別となるわけではないが、障害者の希望等に応じ、キャリア展開の機会を付与するなどの対応をとることが望ましい。

▶32　たとえば、障害者枠で採用する場合についてのみ、最初の6か月間は嘱託契約社員として扱い6か月経過後に正社員に移行させるという制度が障害者差別に該当するかどうかが問題となった事件がある（東京地判平成18年4月25日労判924号112頁［日本曹達（退職勧奨）事件］）。裁判所は、障害者雇用の維持・拡大をはかる目的があること等を理由にこの制度の合理性を認めたが、同事件は差別禁止規定導入前の判決であり、現在の差別禁止規定のもとでは異なる結論となることも考えられる。

▶33　職種や業務内容を特定せずに労働契約を締結している場合には、傷病等により従前の特定業務について労務の提供が十分にできなくなったとしても、使用者は従前業務以外に現実的配置可能な業務があるかどうかを検討することが求められている（最判平成10年4月9日労判736号15頁［片山組事件］）。

▶34　促進法上の合理的配慮の提供義務は、労働契約の内容を逸脱する過度な負担を伴う義務を事業主に課するものではないとして、総合職の従業員について一般職に広げてまで再配置先を検討する必要はないとした裁判例がある（東京地判平成27年7月29日労判1124号5頁［日本電気事件］）。私見としては、合理的配慮提供義務ないし信義則上の義務として一般職にまで広げて配置可能性を

度やその他の障害者雇用施策との整合性にも留意する必要があろう。

　一般雇用への実態調査▶35を行うことで、現場の課題を把握しこれらの課題の理論的検討に活かすとともに、ガイドラインの拡充や相談窓口▶36のさらなる整備につなげることができよう。

　②については、特例子会社・A型事業所・B型事業所では、障害者であることを開示して働いているのに対し、一般雇用では障害情報の開示を望まない者もおり、障害情報の取扱いが課題となることが考えられる▶37。差別との関係では、障害情報の取得が差別的取扱いを助長するおそれがあるため、その取得は制限的でなければならない。障害者がその開示を望まない場合はなおさらである。他方で、合理的配慮との関係では、障害の状態や働く上で支障となっている事情を把握することが配慮提供の上で必要となることから、障害に関する情報はなるべく取得したほうがよい。これらの問題を現場でどのように感じ、ジレンマを解決するためにどのような取組みをしているのか、障害当事者はどのような対応を望んでいるのかを調査し、法制度に活かしていくことが必要と考える。

　③については、一般雇用の現場が就労支援機関の関与を望んでいるか、望んでいるとしてどのよう関与を望んでいるかを調査することが、就労支援機関の機能を設定する上でも重要となる。

検討することが使用者に求められ、その上でそのような対応が過度な負担となるかどうかを検討すべきと考える。

▶35　差別禁止および合理的配慮に関する実態調査としては、JEED障害者職業センター「障害者雇用制度の改正等にともなう企業意識・行動の変化に関する研究」調査研究報告書143号（2019年）や、JEED障害者職業センター「『プライバシーガイドライン、障害者差別禁止指針及び合理的配慮指針に係る取組の実態把握に関する調査研究』に係る報告」第102回障害者雇用分科会（令和2（2020）年12月11日）資料1がある。

▶36　ハローワークでは、雇用の分野における障害者差別と合理的配慮に関する相談を障害者と事業主の双方から受けつけている。令和元（2019）年度の相談件数は計254件（障害者差別75件、合理的配慮179件。障害者から243件、事業主から7件、その他（家族など）4件）で、制度開始の平成28（2016）年度の176件からは微増しているが、十分に利用されているとはいいがたい状況といえる。

▶37　西倉実季「第8章 合理的配慮をめぐるジレンマ」川島聡＝飯野由里子＝西倉実季＝星加良司『合理的配慮』（有斐閣・2016年）163頁以下。

(2) 働きづらさを抱える人々への就労支援

　第2に、障害者以外の働きづらさを抱えている人々への支援も課題となる。就労困難性を測る指標を取り入れることにより、障害者手帳を取得できない人が雇用義務の対象となるなど、支援を受けられる人の範囲は広がる。ただし「障害ゆえの就労困難性」を前提として議論を行っているため、障害に起因しない就労困難性に対応することまでは検討できていない。この点に関しては、生活困窮者自立支援法に基づく就労訓練事業や就労準備支援事業によって、就労に困難を抱える生活困窮者に就労の機会や就労に向けた訓練の機会を提供する取組みが平成27（2015）年4月から始まっている▶38（ユニバーサル就労の取組みについて➡本節コラム…5）。就労困難性を抱える原因は多様であるところ（疾病、引きこもり、前科・前歴、偏見、不十分な教育機会、就労経験の欠如、家庭の事情等）、個別の原因ごとに対応すべきか、障害者雇用・就労施策を障害者以外にも広げていくべきかなどを議論する必要があろう▶39。

　この点に関連して、誰を労働関係法令の適用のある「労働者」としてとらえるべきかも課題となる。現行法上は、労働基準法9条の労働者の定義により労働者か否かが決まり、労働者性が認められた場合には労働関係法令が原則として100％適用されるが、労働者性が認められない場合には原則として一切の適用を受けない（➡本章第1節Ⅴ4（1））。労働者性は、指揮命令を受けながら働いているかどうか（使用性）と、働いたことの対価として報酬を得ているか（賃金性）により判断されるが、「就労困難性を有していること」がこの判断にどのような影響を与えるのかは、これまで十分に検討されこなかった。合理的配慮概念が導入されたことにより、多様な労働者への多様な配慮が議論され始めており、就労困難性もふまえた労働法制全体の検討が求められている。

▶38　ただし、同法が対象とする「生活困窮者」は「就労の状況、心身の状況、地域社会との関係性その他の事情により、現に経済的に困窮し、最低限度の生活を維持することができなくなるおそれのある者」と定義されており（3条1項）、経済的に困窮していることが制度利用の要件となっている。

▶39　促進法上の合理的配慮概念が、特別な配慮を必要とする多様な労働者（育児・介護等の家族的責任を負う者、画一的な労働者像から外れがちな、高齢者、若年者、外国人、LGBT、1人親家庭、元受刑者等）にも広がる可能性を検討したものとして、長谷川珠子『障害者雇用と合理的配慮』（日本評論社・2018年）429頁以下。

コラム…5
▶▶ ユニバーサル就労／中間的就労

　就労困難性を抱えるのは障害者に限られない。難病患者、疾病り患者、長期失業者、刑務所や少年院からの出所者、生活困窮者等、多様な事情により就労困難性を有する者は存在する。こうした多様な就労困難者に対する就労支援のあり方はどのようにあるべきか。その手がかりを得るべく、生活困窮者自立支援制度における中間的就労（就労訓練事業）▶40のモデルにもなった社会福祉法人（以下「S法人」という）における「ユニバーサル就労」の取組みを紹介する。S法人は、2015年（平成27年）4月の生活困窮者自立支援法施行以前から、「ユニバーサル就労」を「はたらきたいのにはた

らきづらいすべての人がはたらけるような仕組みをつくると同時に、誰にとってもはたらきやすく、はたらきがいのある職場環境を目指していく取り組み」と定義し、これを推進してきた。なお、以下の記述のもととなるインタビューは、S法人における「ユニバーサル就労」の支援等を担うNPO法人（以下「U法人」という）の事務所およびS法人の高齢者入所施設において、令和2（2020）年11月24日、U法人事務局長（兼就労支援員）およびS法人の高齢者入所施設・障害者通所施設で「ユニバーサル就労」の形態で就労するP・Qに対して行った▶41。

▶40　就労訓練事業の事業形態には、就労者の中に対象者である生活困窮者が一定割合以上含まれる事業を経営したり、他の事業所と連携して就労体験をさせる類型（社会的企業型）と一般事業所が対象者である生活困窮者を若干名、雇用または非雇用の形で受け入れ、就労支援担当者による支援のもと、就労を行う形態（一般事業所型）があるが、後者の形態のモデルになっているといえる。なお、対象者に就労訓練事業を実施するか否かに加え、就労訓練事業における就労を雇用型として開始するか、非雇用型として開始するかについては、対象者の意向や、対象者に行わせる業務の内容、当該事業所の受け入れにあたっての意向等を勘案して、自立相談支援機関が判断し、福祉事務所設置自治体による支援決定を経て確定する。雇用型の場合、事業所と就労者との間で雇用契約が締結されるが、非雇用型の場合、就労開始時に、自立相談支援機関の関与のもと、対象者との間で就労内容や条件等を示した文書による確認書を取り交わすことが求められている。以上につき、「生活困窮者自立支援法に基づく認定就労訓練事業の実施に関するガイドライン」（平成30（2018）年10月1日社援発1001第2号）（以下「認定就労訓練ガイドライン」という）参照。なお、就労訓練事業は民間の自主事業と位置づけられ、一定の経費補助を除けば、運営費に対する補助はされない。

▶41　また、令和2（2020）年12月9日、事務局長には、Zoomを通じて追加のインタビューにもご協力いただいている。

S法人における「ユニバーサル就労」の取組みは、平成18（2006）年6月、自ら開設する高齢者入所施設において働きづらさを抱える人を就労者として受け入れたこと、さらに、S法人の設立母体である地域生活協同組合のグループ連絡協議会の中に社会的企業研究会を設置し、県内の労働者協同組合や障害者就労を進める団体にも広く呼びかけ、事業モデルの見学会や学習会を行ったことにさかのぼる。平成24（2012）年1月には、S法人の理事長が中心となり、「ユニバーサル就労」をS法人以外の企業・団体にも広く普及していくために、U法人の前身となる任意団体が設立され、平成26（2014）年10月には、NPO法人としての認証を受けている（S法人理事長がU法人理事長を兼務）。

現在、U法人は、生活困窮者自立支援制度の自立相談支援事業・就労準備支援事業、市のひきこもり地域支援センターや子ども・若者総合相談センターの事業を受託しているほか、働きづらさを抱える当事者およびこうした人を就労者として受け入れる企業・団体（生活困窮者自立支援制度のもとで就労訓練事業を行う認定就労訓練事業所を含む）への支援等を行っている▶42。また、U法人は、S法人から「ユニバーサル就労」の就労者に対する支援等を受託している。U法人の就労支援員が、S法人の各事業所にいる就労支援担当者とともに、就労者の希望する頻度で面談を行い、希望の聴取や目標の設定を行う。面談相手が、就労先であるS法人の上司ではないことにより、就労者が職場の状況を気にしすぎることなく、希望をいいやすい仕組みをとっている。U法人の就労支援員はまた、個別支援計画を策定し、面談の度にこれを見直している。なお、面談時には私生活や家族の状況についても確認し、必要に応じて、地域包括支援センターの相談窓口につないでいる。

S法人が受け入れている就労者67人のうち、44人は障害者手帳所持者であり▶43、23人は、就労未経験者、ひきこもり、生活困窮者、精神疾患者、病弱な者、高齢者、少年院出所者等である。S法人が当初受け入れた就労困難者の多くは、障害者手帳所持者であったが、現

▶42　なお、生活困窮者自立支援制度のもとで就労訓練事業の対象となるのは、生活困窮者（現に経済的に困窮し、最低限度の生活を維持することができなくなるおそれのある者）のうち、自立相談支援機関のアセスメントにおいて、将来的に一般就労が可能と認められるが、一般就労に就く上で、まずは本人の状況に応じた柔軟な働き方をする必要があると判断された者であって、福祉事務所設置自治体による支援決定を受けたものである（認定就労訓練ガイドライン参照）。S法人における「ユニバーサル就労」の対象者はこうした生活困窮者には限定されない。

▶43　その内訳は、知的障害12人、精神障害22人、身体障害2人、高次脳機能障害3人、発達障害3人、重複障害2人である（令和2（2020）年9月時点）。

在は、制度的受け皿が十分にない人を積極的に受け入れていくべきとの理念のもと、障害者については本人の希望に沿う限り就労継続支援等の就労系障害福祉サービス等につなぐこととし、障害福祉サービスの対象とならない就労困難者を積極的に受け入れることとしている▶44。

S法人は、幅広い福祉事業に取り組んでおり、高齢者入所施設、障害者通所施設、保育施設等、県内に80近くの事業所を有しているが、就労者は各事業所に点在して、通常の職員とともに働いている。また、主な仕事内容としては、清掃（22人）や介護補助（13人）、事務補助（14人）が多いが、介護（5人）、洗濯（3人）、農業（3人）、生活支援・見守り（3人）、指導員補助、調理補助、保育補助、送迎（各1人）に従事する者もいる（兼務含む）。

ユニバーサル就労に至るプロセスは次のとおりである。マッチングワークショップや個別相談を通じて就労希望を受け付けた後、本人の希望を聞きながら実習先や見学先を決める。受け入れに際し、何らかの基準を設けて選別することは予定していないが、本人の希望と業務のマッチングがうまくいかない場合など、受け入れに至らないこともある。仕事ありきではなく、本人が何をやりたいかが重視され、それに基づき業務分解が行われる。S法人の障害者通所施設で働く就労者P（20代男性、線維筋痛症）は、「やれることが増えていく中で、自信がついてきたと思う。仕事を任されていること、必要とされていることにやりがいを感じる」と述べていた。また、S法人の高齢者入所施設で働く就労者Q（40代男性、うつ病）は、「自分がしたいことをするのがここのユニバーサル就労の特徴であり、それゆえに責任も伴うし、自己成長も促される」と述べていた▶45。就労者P・Qは、いずれも当初は清掃や水回り等の補助的な業務から開始し、徐々に担当業務を拡大し、現在は清掃等のほか、人と接する業務（介助、送迎等）を担当している。また、担当業務の拡大等に伴い、次に説明する就労形態も変化している。

S法人におけるユニバーサル就労の形態は大きく分けて4種類あり、労働法の適用を受けないもの（非雇用型）として、①無償コミューター、②有償コミューター▶46が、労働法の適用を受けるもの（雇用型）として、③UWⅡ▶47（最低賃

▶44　なお、ユニバーサル就労をしている障害者の中には、たとえば週3日S法人で勤務し、残りの週2日は他法人が運営するB型事業所の利用者として就労している者もいる。

▶45　これまで採用を断られてきた数々の経験をもつ就労者Qは、面接時に「採用しないという選択肢はない」とS法人の採用担当者からいわれたことに衝撃を受けたと話していた。

▶46　なお、コミューターの作業従事中の怪我や事故に備えて、民間の損害保険に加入している。

▶47　UWとは、ユニバーサル就労（Universal Work）の略称である。

金保障職員）、④ＵＷⅠ（一般賃金保障職員）がある。有償コミューターはかつて一律時給500円であったが、多様な就労者の受け入れと就労能力の向上に対する評価を可能にするべく、300円、500円、700円という3段階の設定とすることとした。そうしたこともあり、最近は無償コミューターとして就労している者はいない。有償コミューターの就労時間は原則として週20時間未満であり、最低賃金保障職員は、就労時間に応じて3段階に分けられる▶48。なお、Ｓ法人理事長の方針として、減額特例の利用は考えていない。一般賃金保障職員の就労時間は週30〜40時間であり、給与規程も、「ユニバーサル就労」ではない通常の時給制職員と異ならない。通常職員との違いは、支援計画の策定や面談等が行われる点や労働時間の調整（欠勤・休憩）に関する配慮が認められやすく、就労困難性に配慮した人事考課がなされる点にある。なお、地域別最低賃金の上昇により、一般賃金保障職員に対する評価を賃金に反映させることが困難になっている面はある。

できる業務内容の増加に伴い、就労形態がステップアップするよう支援計画を立て、これに沿ってステップアップする仕組みをとっているが▶49、有償コミューターにとどまることを希望する者もいる。また、加齢や症状悪化等に伴うステップダウンもありうる▶50。就労者Ｑは、「こうしたステップダウンの仕組みがあることで安心して働き続けることができる」と述べていた▶51。また、これ以上支援が必要ないと判断される場合には、Ｓ法人内で通常職員となったり、他企業・団体における一般就労へ移行する

▶48　Ａ区分が週30〜40時間以内、Ｂ区分が週20〜30時間未満、Ｃ区分が週20時間未満（週2.5時間以上）である。

▶49　非雇用型から雇用型へのステップアップにかかる期間には個人差があり、1週間でステップアップする人もいれば、数年かかる人もいる。支援者としては、半年を1つの目安とし、半年でステップアップできない場合は、その原因等の検証を行うようにしている。なお、就労者Ｐは、1年前に有償コミューターとして週1日勤務から開始し、現在は週4日勤務で9時から13時半まで働いている。また、送迎業務を担当するようになるのに伴い、最低賃金保障職員にステップアップした。

▶50　ステップダウンはＵ法人の支援者側から提案し、最終的には就労者本人の決定により行う。雇用型から非雇用型へのステップダウンの提案を行う多くのケースでは、就労者本人が最低賃金に見合う仕事をすることにプレッシャーを感じている状況にあり、提案すると、「（ステップダウンできることに）ほっとした」という反応をうけるという。本人がステップダウンを希望しない場合、改めて目標設定を行うこととなる。

▶51　就労者Ｑは、8年前に無償コミューターとして就労を開始した。無償コミューターの期間は2か月であり、有償コミューターの期間は3〜4か月であった。その後、最低賃金保障職員として、数年かけて就労時間数を延ばしてきたが、令和元（2019）年、症状悪化により休職し、現在は1日6時間、週3日（週20時間未満）働いている。

ケースもある▶52。ただし、(就労困難性を抱えていない) 通常職員と同一の人事考課等を受けることへの抵抗感から、移行希望者はそれほど多くない。こうしたことから、現在、通常職員の働き方や処遇の多元化を検討している。

S法人におけるユニバーサル就労においても次のような課題がある。第1に就労者が複数の事業所に点在しており、孤立感が生じやすい。これについては、交流会の開催により、横の連帯を形成することを検討している。また、就労者の意見を反映させる仕組みの構築も重要と事務局長は考えている。第2に、ユニバー

サル就労であるということ自体にネガティブなレッテルが貼られやすいという実情もある。この点については、職員教育・研修の充実により対応をはかっている。第3に、就労困難である理由や障害特性、ユニバーサル就労であることの開示については、本人の意向を尊重しているが、開示されない場合、通常職員との衝突や不公平感が生じやすいという問題がある。第4に、経営効率性を追求しつつも、就労者の意向やニーズを可能な限り尊重しようとする理事長の方針が、今後理事長が交代した後も継承されるかが将来に向けた課題となっている。

(3) 所得保障

第3に、所得保障のあり方についても検討していかなければならない。B型利用者は、最低賃金法をはじめとする労働関係法令の適用がなく、実際の工賃額も非常に低い▶53。新たな枠組みにおけるⅡ型利用者とⅢ型利用者も労働関係法令の適用がないものとして位置づけており、同様の問題が生じることとなる。B型利用者らの多くは障害年金を得ていると考えられるが、障害基礎年金の額は、障害等級が1級 (重度) の場合は年額97万7125円 (月額8万1427円)、2級の場合は年額78万1700円 (月額6万5141円)(令和2 (2020)年4月1日時点) で、B型事業所の平均工賃を足しても月額10万円に達しない。障害基礎年金 (2級) の額は老齢基礎年金の額と同額に設定されているが、そのことが適切か、障害の程度が重い (1級) 場合は老齢基礎年金の1.25倍とされている

▶52　なお、S法人における最低賃金保障職員・一般賃金保障職員は、1年間の有期契約締結の後、無期転換される。
▶53　平成30 (2018) 年度におけるB型事業所の平均工賃額は月額1万6118円 (1時間214円)、A型事業所の平均賃金額は7万6887円 (1時間846円) である。

が、その対象や金額が適切か、就労所得の多寡と年金額との調整が必要か等が、今後の課題となる。

　また、精神または身体に著しく重度の障害を有し、日常生活において常時特別の介護を必要とする特別障害者（在宅の20歳以上の者）に対して、重度の障害のため必要となる精神的、物質的な特別の負担の軽減の一助として特別障害者手当（月額2万7350円。令和2（2020）年4月1日時点）が支給されているが（特別児童扶養手当法26条の2）、このような手当の拡充の必要性も検討する必要があろう。

(4) 地域共生社会の実現

　第4に、就労支援や所得保障だけでなく、障害者が地域で生活するための施策も合わせて検討する必要がある▶54。平成18（2006）年に国連で採択された障害者権利条約（以下「権利条約」という）19条は、障害者が地域社会に完全に包容（full inclusion）されるための措置をとることを締約国に求めている。権利条約の批准に向けた平成23（2011）年の障害者基本法改正では、「全て障害者は、可能な限り、どこで誰と生活するかについての選択の機会が確保され、地域社会において他の人々と共生することを妨げられないこと」を法の基本原則として規定した（同法3条2号）。さらに、平成28（2016）年5月に「障害者総合支援法及び児童福祉法の一部を改正する法律」が成立し、障害者が自らの望む地域生活を営むことができるよう、「生活」と「就労」に対する支援の一層の充実等を促進するための見直しが行われている。可能な限り住み慣れた地域で自分らしい暮らしを続けることができるよう、地域の包括的な支援・サービス提供体制（地域包括ケアシステム）の構築に向けた取組みが高齢者を対象に行われているが、この取組みは障害者にも広がりをみせている。就労の場だけではなく、地域での生活も含めたインクルージョンの実現に向けて、さらなる環境整備が求められている（インクルージョンについて➡本章第1節コラム…4）。

▶54　菊池馨実『社会保障再考』（岩波書店・2019年）97頁以下。

3 おわりに

このようにさらなる検討を要する課題は残されているが、本書を通じて行った障害者雇用・就労法制に関する提案は、課題解決のための重要な第一歩となると考える。

本調査に協力してくださった多くの現場の方々への恩返しとなるよう、また、障害者がそのニーズと選好に合致した雇用・就労環境を保障されるよう、今後も調査・研究を続けていきたい。

事項索引

【著者紹介】

長谷川珠子（はせがわ・たまこ）
東北大学大学院法学研究科博士課程修了（博士（法学））。現在、福島大学行政政策学類准教授。主著として、『障害者雇用と合理的配慮―日米の比較法研究』（日本評論社・2018年）、『詳説 障害者雇用促進法〔増補補正版〕』（共編著、弘文堂・2018年）。
＊1章2節・3節、2章3節Ⅰ、5章を担当。

石﨑由希子（いしざき・ゆきこ）
東京大学大学院法学政治学研究科法曹養成専攻修了（法務博士（専門職学位））。現在、横浜国立大学大学院国際社会科学研究院准教授。近時の主な業績として、「障害者差別禁止・合理的配慮の提供に係る指針と法的課題」日本労働研究雑誌59巻8号（2017年）20頁、「障害者・高齢者を対象とする労働法理論とその変容可能性」法律時報92巻10号（2020年）45頁。
＊2章2節・3節Ⅱ・4節、4章1節、コラム…5を担当。

永野仁美（ながの・ひとみ）
東京大学大学院法学政治学研究科博士課程修了（博士（法学））。現在、上智大学法学部教授。主著として、『障害者の雇用と所得保障』（信山社・2013年）、『詳説 障害者雇用促進法〔増補補正版〕』（共編著、弘文堂・2018年）。
＊1章1節、2章1節・3節Ⅲ、4章2節、コラム…2・3・4を担当。

飯田　高（いいだ・たかし）
東京大学大学院法学政治学研究科修士課程修了（修士（法学））。現在、東京大学社会科学研究所教授。主著として、『法と社会科学をつなぐ』（有斐閣・2016年）、『危機対応の社会科学（上・下）』（共編著、東京大学出版会・2019年）。
＊3章、コラム…1を担当。

◎**本書のテキストデータを提供いたします**

本書をご購入いただいた方のうち、視覚障害、肢体不自由等の理由により、書字へのアクセスが困難な方に、本書のテキストデータを提供いたします。

【メール添付での提供を希望される場合】
①お名前・ご住所・電話番号・メールアドレスを明記した用紙と、②本ページ左下の引換券（コピー不可）を同封のうえ、下記の宛先までお申し込み下さい。

【メディアへの収録による提供を希望される場合】
①お名前・ご住所・電話番号を明記した用紙と、②本ページ左下の引換券（コピー不可）、③テキストデータ収録を希望されるメディア (CD-R もしくは USB メモリ)、④210円分の返送用切手を同封のうえ、下記の宛先までお申し込み下さい。

◎**宛先**

〒101-0062
東京都千代田区神田駿河台1－7
株式会社　弘文堂『現場からみる　障害者の雇用と就労：法と実務をつなぐ』テキストデータ係

※上記テキストデータ等にかかる本書の内容の利用・複製は、視覚障害、肢体不自由等の理由により、書字へのアクセスが困難な方に限ります。また、内容の改変、流用、転載、その他営利を目的とした利用を禁じます。

[引換券]
現場からみる
障害者の雇用
と就労：法と
実務をつなぐ

【著　者】

長谷川珠子　福島大学行政政策学類准教授

石﨑由希子　横浜国立大学大学院国際社会科学研究院准教授

永野　仁美　上智大学法学部教授

飯田　高　東京大学社会科学研究所教授

現場からみる　障害者の雇用と就労：法と実務をつなぐ

2021（令和3）年4月15日　初版1刷発行

著　者　長谷川珠子・石﨑由希子・永野仁美・飯田高

発行者　鯉渕　友南

発行所　株式会社 弘文堂　101-0062　東京都千代田区神田駿河台1の7
　　　　　　　　　　　TEL03（3294）4801　　　振替00120-6-53909
　　　　　　　　　　　https://www.koubundou.co.jp

装　幀　宇佐美純子

印　刷　大盛印刷

製　本　井上製本所

ISBN978-4-335-35872-2